Research on
CONSTITUTION OF THE
PEOPLE'S REPUBLIC OF CHINA
Among College Students in the New Era

新时代大学生宪法意识培育研究

何旺旺　著

中国财经出版传媒集团

经济科学出版社
Economic Science Press

图书在版编目（CIP）数据

新时代大学生宪法意识培育研究/何旺旺著 . −−北京：经济科学出版社，2024.10

ISBN 978 − 7 − 5218 − 4082 − 7

Ⅰ. ①新…　Ⅱ. ①何…　Ⅲ. ①大学生 − 宪法 − 法律意识 − 教育研究 − 中国　Ⅳ. ①D921.04

中国版本图书馆 CIP 数据核字（2022）第 184565 号

责任编辑：杨　洋　卢玥丞
责任校对：杨　海
责任印制：范　艳

新时代大学生宪法意识培育研究

何旺旺　著

经济科学出版社出版、发行　新华书店经销

社址：北京市海淀区阜成路甲 28 号　邮编：100142

总编部电话：010 − 88191217　发行部电话：010 − 88191522

网址：www. esp. com. cn

电子邮箱：esp@ esp. com. cn

天猫网店：经济科学出版社旗舰店

网址：http：//jjkxcbs. tmall. com

北京季蜂印刷有限公司印装

787×1092　16 开　20.25 印张　490000 字

2024 年 10 月第 1 版　2024 年 10 月第 1 次印刷

ISBN 978 − 7 − 5218 − 4082 − 7　定价：77.00 元

（图书出现印装问题，本社负责调换。电话：010 − 88191545）

（版权所有　侵权必究　打击盗版　举报热线：010 − 88191661

QQ：2242791300　营销中心电话：010 − 88191537

电子邮箱：dbts@ esp. com. cn）

前　　言

宪法意识培育是思想政治教育的重要内容之一，也是大学生成为社会主义现代化建设事业建设者和接班人的必备条件之一。自2012年11月党的十八大召开以来，党和国家对宪法意识培育较之以往给予了更多的关注，宪法意识培育被提上了重要议事日程，其重要原因在于两个方面：一方面，2014年11月"国家宪法日"的设立，与2015年7月宪法宣誓制度的构建，以及合宪性审查命题的提出与"七五"普法（2016～2020年）、"八五"普法（2021～2025年）对宪法意识培育进行强调，这为宪法意识培育提供了新的着力点。另一方面，党的全国代表大会通过的十八大报告、十九大报告，与通过的《中共中央关于全面推进依法治国若干重大问题的决定》等重要文件，对全面推进依法治国（包括全面推进依宪治国）、法律意识培育（包括宪法意识培育）等，均有重要论述，使我国法治发展迎来了蓬勃发展的新时代。

然而，作为法律意识培育特殊表现形式之一的宪法意识培育，虽然党和国家、全社会、高校及其师生较之以往对此给予了更多的重视，但在理论和实践之中，仍存在一些亟待解决的问题。例如，对法律意识培育、宪法意识培育、思想政治理论课教育三者之间的逻辑关系的厘清力度，还明显不够。次如，宪法意识培育内容过于狭窄，基本上只限于与宪法知识存在密切关系的相关内容，但对政治意识、国家意识和民族意识等内容涉及较少，没有构建起宪法意识培育的理论框架。再如，宪法意识培育成效不足，这几乎是无需质疑之事，但如何不足，不足到何种地步，却缺乏较为细致的实证分析，等等。

基于此，本书运用文献研究法、比较研究法和实证分析法等，以"新时代大学生宪法意识培育研究"为题进行研究，主要包括以下6章内容：

第1章是绪论，对本书的选题缘起与研究意义、国内外研究现状及述评、相关概念辨析与界定、研究方法、研究创新点及不足等进行了阐述，以期为本书研究的开展与推进做好准备、打好基础。

　　第2章是大学生宪法意识培育的理论指导、学理支撑与方法论。从马克思主义经典作家马克思、恩格斯、列宁、斯大林，再到我国党和国家领导人毛泽东、邓小平、江泽民、胡锦涛、习近平，对包括宪法意识培育在内的法律意识培育，均有许多重要论述，这些重要论述对新时代大学生宪法意识的培育和践行，均有理论指导作用。而且，该章还对大学生宪法意识培育研究所运用的知情意信行过程教育理论、主体间性理论和矛盾分析法作了阐述。

　　第3章是基于人民宪法近百年发展的宪法意识培育历史追溯。通过设置这一章，以期对自1931年《中华苏维埃共和国临时宪法大纲》颁布以来至今，党领导下的人民政权（人民政府）颁布的历部宪法性文件或宪法的制定、宣传与评价作以阐述。其中，1954年《中华人民共和国宪法》和1982年《中华人民共和国宪法》（尤其是后者及其五次修改）是重中之重。通过历史考察，追溯和总结人民宪法近百年发展的经验得失，从而为当代我国全面推进依法治国（包括全面推进依宪治国）提供历史启示。

　　第4章是大学生宪法意识培育的基本要素分析。本书提倡树立"大宪法意识"培育理念，主张除了继续将《宪法》文本重点内容和历次修宪的重点内容作为宪法意识培育的核心内容之外，还应以此为基础，针对不同培育对象，适当地将宪法意识培育内容向密切内容（人民宪法近百年发展史）、关联内容（宪法相关法与法律体系）、延展内容（党情、国情和内外形势）和延伸内容（道德、生活和人生教育）逐渐拓展。同时，该章将大学生与公职人员以及一般对象之中的工人、农民等群体进行对比，认为大学生宪法意识培育具有宗旨的明确性、主体的特殊性、知识的针对性、过程的衔接性和成效的时滞性等特点。而且，该章还对大学生宪法意识培育的主要功能（法律意识培育协调发展；法律制度整体认知提升；合法合理处置自己的事务；培养责任意识和公共精神；增强政治和国家之认同）和基本方法（宪法意识培育与法律意识培育相结合；抽象知识讲授与具体事例分析相结合；传统教学模式与新型教学模式相结合；一般日常教育与重要节日教育相结合；学校教育与家庭以及社会教育相结合；思想政治教育课程与其他课程相结合）作了阐述。基于这些分析，该章对大学生宪法意识培育的改善理路（须更加重视开展宪法意识培育；秉持"大宪法意识"培育理念；优化宪法意识培育的整体环境）作了阐述。

　　第5章是大学生宪法意识培育实证考察及问题分析。该章对X市不同办学层次、不同主导学科的高校大学生宪法意识培育现状进行实证考察，发现的问题有：对宪法意识培育重视程度不够；教材内容的微观说理较为欠缺；课时数量稍显不足且有待优化；部分大学生参与的主动性较低；培育方法较为陈旧且革新较慢；宪法意识培育客观环境待改善等。在此基础上，对这些问题进行了分析。

第6章是大学生宪法意识培育的改善对策。本章基于 X 市大学生宪法意识培育的实证考察及现状描述，并从中概括和提炼这方面存在的一些问题。有鉴于此，提出的改善对策有：提高对宪法意识培育的重要性认识；提高宪法意识培育的资源整合力度；探索和创设宪法意识培育的新方法；持续营造宪法意识培育的良好环境等。此外，还有一点至关重要，就是大力推进宪法实施，使包括大学生在内的诸多主体感受到宪法的存在及其力量。

本书以"新时代大学生宪法意识培育研究"为题开展研究，创新点主要有以下三个：

第一，将宪法意识培育明确作为思想政治教育内容之一开展研究。一般认为，思想政治教育内容包括五种，即世界观教育、政治观教育、人生观教育、法治观教育和道德观教育。那么，包括宪法意识培育在内的法律意识培育，理应属于法治观教育的重要内容之一。本书在将法律意识培育明确作为法治观教育的重要组成部分开展研究的基础之上，继而将宪法意识培育作为法律意识培育的重要组成部分，力求对属于思想政治教育理论的法治观教育理论能有所拓展。

第二，运用分类比较的方法，以办学层次和主导学科为依据对大学生进行分类，并研究这种分类依据对宪法意识的培育成效是否会产生影响。一段时间以来，对大学生宪法意识培育进行研究的成果，绝大多数将大学生作为一个整体进行研究，较少按照某种依据对大学生进行分类，这既容易导致研究泛泛而谈，又容易使研究欠缺具象化、说服力不足。本书以 X 市四十所本科高校为例，按照办学层次将其分为"'985''211'高校、一般公办高校、民办三本高校"，与按照主导学科将其分为"文科高校、理工科高校、美术学院等高校"，在此基础之上，分析办学层次不同和主导学科不同是否会对大学生宪法意识培育产生显著影响，而且以期对大学生宪法意识培育予以改善，提出具有针对性、可行性的对策。

第三，提倡树立"大宪法意识"培育的理念并进行阐述。诚然，宪法意识培育的核心内容应是《宪法》文本及历次修宪的重点内容，但除此之外，还应包括密切内容（人民宪法近百年发展史）、关联内容（宪法相关法与法律体系）、延展内容（党情、国情和内外形势）和延伸内容（道德、生活和人生教育）等逐渐拓展，从而使宪法意识培育内容呈现出一点多面、网状式的、向外层层拓展的一种逻辑结构。使大学生培育的不仅仅是宪法意识，还包括政治意识、国家意识和民族意识等。当然，也可以根据大学生的实际情况，对宪法意识培育内容拓展的广度和深度作出因人制宜的调整。

我国宪法意识培育历时已久，但在实践之中还存在一些问题，需要不断改善。党的十八大以来，党和国家较之以往对宪法给予了更多的重视，宪法意识培育亦有所改善，但包括大学生在内的诸多主体，距离为全面推进依法治国（包括全面推进依宪治国）、依法治国（包括依宪治国）之实现所需要的较为浓厚的宪法意识，无疑还有较长的路要走。大学生是社会主义现代化建设未来的建设者和接班人，该群体宪法意识的培育与增强意义深远。基于此，必须将他们的宪法意识培育时间前移至在校期间，这既是他们接受宪法意识培育的黄金时间，又是对他们开展宪法意识培育的关键阶段。所以，在思想政治教育的框架之下，需要处理好宪法意识培育、法律意识培育、思想政治理论课教育三者之间的逻辑关系，而且应树立"大宪法意识"培育的理念，使新时代的大学生在校期间，乃至于今后步入工作岗位以后，在纷繁复杂的社会环境之中，时刻保持清醒，遵守宪法，秉持法律意识和社会责任心，成为社会主义现代化建设事业可靠的建设者和接班人。

本书能付梓出版，很期待，也很高兴。一方面，自不量力地希望该书能对我国大学生宪法意识培育的开展与完善，以及由此而使大学生宪法意识得以增强能有所助益，那便是善莫大焉了。另一方面，由于主观上能力不足、视野有限，与客观上文献难以穷尽，该书肯定还有一些不足和阙如，只能寄希望于随后能继续就书中的一些问题进行更进一步的研习，从而弥补今天的遗憾。当然，也欢迎前辈和同行赐教。

在此，诚挚感谢西安财经大学及马克思主义学院对本书出版一事给予的热忱帮助和宝贵指教。

西安财经大学马克思主义学院讲师：何旺旺

2022 年 10 月

目　录

第 1 章
绪论

1.1　选题缘起与研究意义 ……………………………………… 1

1.2　国内外研究现状及述评 ………………………… 10

1.3　相关概念辨析与界定 …………………………… 25

1.4　研究方法 ………………………………………… 45

1.5　研究创新点及不足 ……………………………… 46

第 2 章
大学生宪法意识培育的理论指导、学理支撑与方法论

2.1　马克思主义经典作家关于宪法意识培育的相关论述 ……… 51

2.2　我国党和国家领导人关于宪法意识培育的相关论述 ……… 61

2.3　宪法意识培育的学理支撑与方法论 ………………… 70

第 3 章
基于人民宪法近百年发展的宪法意识培育历史追溯

3.1　革命战争时期宪法性文件的制定及其宣传 ……………… 81

3.2　新中国成立以来宪法性文件或宪法的制定、
宣传与评价 …………………………………………… 86

3.3　改革开放以来 1982 年《宪法》的制定、宣传与修改 …… 97

3.4　人民宪法近百年发展的历史经验总结 ………………………… 105

第4章
大学生宪法意识培育的基本要素分析

4.1　宪法意识培育的基本内容 ……………………………… 120
4.2　宪法意识培育的基本特点 ……………………………… 137
4.3　宪法意识培育的基本功能 ……………………………… 144
4.4　宪法意识培育的基本方法 ……………………………… 155
4.5　宪法意识培育的改善进路 ……………………………… 162

第5章
大学生宪法意识培育的实证考察及问题分析

5.1　宪法意识培育的实证分析——以思想政治
　　　理论课教材为考察对象 ………………………………… 169
5.2　宪法意识培育的实证分析——以 X 市高校
　　　本科大学生为考察对象 ………………………………… 187
5.3　宪法意识培育的问题及原因分析 ……………………… 251

第6章
大学生宪法意识培育的改善对策

6.1　提高对宪法意识培育的重要性认识 …………………… 259
6.2　提高宪法意识培育的资源整合力度 …………………… 266
6.3　探索和创设宪法意识培育的新方法 …………………… 270
6.4　持续营造宪法意识培育的良好环境 …………………… 276

第7章
结语

参考文献 ………………………………………………………… 287
附录 …………………………………………………………………… 305
后记 …………………………………………………………………… 312

第 1 章
绪 论

1.1 选题缘起与研究意义

1.1.1 选题缘起

2018 年 2 月，习近平在主持十九届中央政治局第四次集体学习之时发表了"关于我国宪法和推进全面依法治国"的讲话，其指出，"要坚持从青少年抓起，把宪法法律教育纳入国民教育体系，引导青少年从小掌握宪法法律知识、树立宪法法律意识、养成尊法守法习惯。"① 该论述集中体现了 2012 年 11 月党的十八大召开以来党和国家对宪法意识培育的重视。

第一，在新时代开展大学生宪法意识培育具有现实性。

2012 年 11 月，党的十八大召开以来，中共中央通过的重要文件，对宪法意识培育多有论述，这为促进全社会重视宪法意识培育营造了良好的政治环境和社会氛围，其中自然包括大学生宪法意识②培育的开展。

2012 年 11 月，党的十八大指出，"深入开展法制宣传教育，……增强全社会学法尊法守法用法意识"。③ 2013 年 11 月，党的十八届三中全会指出，"建立健全全社会忠于、遵守、维护、运用宪法法律的制度"和"健全社会普法教育机制"④。2014 年 10 月，党的十八届四中全会指出，"将每年 12 月 4 日定为国家宪法日。在全社会普遍开展宪法教育，弘扬宪法精神"⑤。同时，党的十八届中央全会召开的其他会议，对宪法或与之相关事项亦有论述。

2017 年 10 月，党的十九大指出，"推进合宪性审查工作，维护宪法权威"。⑥ 2018 年 1 月，党的十九届二中全会指出，"要在全党全社会深入开展尊崇宪法、学习宪法、遵守宪法、维护宪法、运用宪法的宣传教育活动，大力弘扬宪法精神，……不断增强人民群众宪法意识"。⑦ 2019 年 10 月，党的十九届四中全会指出，"落实宪法解释程序机制，推进合宪性审查工作"。⑧

---

① 习近平. 论坚持全面依法治国 [M]. 北京：中央文献出版社，2020：219.
② 大学生作为宪法意识培育的一种重要群体，是有"大学生的宪法意识"及"大学生的宪法意识培育"这种表述的，但为了更凝练起见，所以可以将其简化为"大学生宪法意识"及"大学生宪法意识培育"这种表述。在宪法意识培育研究领域，针对不同群体，也有"党员领导干部宪法意识培育""公职人员宪法意识培育"等表述。
③ 十八大报告辅导读本 [M]. 北京：人民出版社，2012：28.
④ 《中共中央关于全面深化改革若干重大问题的决定》辅导读本 [M]. 北京：人民出版社，2013：32.
⑤ 《中共中央关于全面推进依法治国若干重大问题的决定》辅导读本 [M]. 北京：人民出版社，2014：9.
⑥ 党的十九大报告辅导读本 [M]. 北京：人民出版社，2017：38.
⑦ 中国共产党第十八届中央委员会第五次全体会议公报 [N]. 共产党员网，2018 – 01 – 19.
⑧ 《中共中央关于坚持和完善中国特色社会主义制度、推进国家治理体系和治理能力现代化若干重大问题的决定》辅导读本 [M]. 北京：人民出版社，2019：14 – 15.

同时，党的十九届中央全会召开的其他会议，对宪法或与之相关事项亦有论述。

而且，在2016年12月4日"国家宪法日"来临之际，以新中国第一部宪法诞生地杭州北山路为基础而建立的"五四宪法"历史资料陈列馆开馆，全国人大常委会副委员长兼秘书长王晨宣读了习近平的重要指示，该指示指出，"努力为普及宪法知识、增强宪法意识、弘扬宪法精神、推动宪法实施作出贡献"。① 该指示在宏观上清晰阐明了将宪法规范从"纸面上"到"思维上"，再到"实践中"的实现路径，这是党和国家在当前及今后一段时期之内开展宪法意识培育应予以重视和遵循的基本思路。

同时，正式开始于1986年1月由党和国家主导的普法工作②，对宪法意识培育的开展历来十分重视，进入新时代以来更是如此。2016年4月，中共中央、国务院转发了《中央宣传部、司法部关于在公民中开展法治宣传教育的第七个五年规划（2016－2020年）》③（以下简称《〈"七五"普法〉通知》）④，其指出，"全民普法和守法是依法治国的长期基础性工作"。而且，将"青少年"作为全民普法的对象之一，其指出，"把法治教育纳入国民教育体系，引导青少年从小掌握法律知识、树立法治意识、养成守法习惯"。第二部分"主要任务"的第二项任务是"突出学习宣传宪法"，其指出，"坚持把学习宣传宪法摆在首要位置，在全社会普遍开展宪法教育，弘扬宪法精神，树立宪法权威"。

在"七五"普法结束、"八五"普法开始之时，2021年6月，中共中央、国务院转发了《中央宣传部、司法部关于开展法治宣传教育的第八个五年规划（2021－2025年）》⑤（以下简称《〈"八五"普法〉通知》）⑥，其指出，"七五"普法"顺利实施完成，取得重要成果"。在宪法方面的体现是，"以宪法为核心的中国特色社会主义法律体系学习宣传深入开展"。

基于"七五"普法的有力推进，《〈"八五"普法〉通知》指出，"'谁执法谁普法'等普法责任制广泛实行，……全社会法治观念明显增强，社会治理法治化水平明显提高"。第二部

---

① "五四宪法"历史资料陈列馆开馆，习近平作重要指示［N］.新华网，2016－12－04.

② 目前，我国正处于"八五普法"（2021～2025年）阶段。其中，从"一五"普法至"七五"普法开展的时间段依次是："一五"普法（1986～1990年）、"二五"普法（1991～1995年）、"三五"普法（1996～2000年）、"四五"普法（2001～2005年）、"五五"普法（2006～2010年）、"六五"普法（2011～2015年）和"七五"普法（2016～2021年）。在此，需要指出的是，按照惯例，"七五"普法应于2020年底前后结束，相应地，"八五"普法应于2021年初前后开始，但由于《"八五"普法规划》直到2021年6月才出台（延迟原因不明），所以致使"七五"普法阶段较之于以"五年"为周期的"一五"普法至"六五"普法时间段长约半年。

③ 按照《〈"三五"普法〉通知》至《〈"六五"普法〉通知》形成的表述习惯，《中央宣传部、司法部〈关于在公民中开展法治宣传教育的第七个五年规划（2016－2020年）〉》的完整标题应是《中央宣传部、司法部〈关于在公民中开展法治宣传教育的第七个五年规划（2016－2020年）〉的通知》，尽管无"的通知"的表述，但为了表述方便，书中将其简称为《〈"七五"普法〉通知》。

④ 中共中央、国务院转发《中央宣传部、司法部关于在公民中开展法治宣传教育的第七个五年规划（2016－2020年）》［N］.新华网，2016－04－17.

⑤ 中共中央、国务院转发《中央宣传部、司法部关于开展法治宣传教育的第八个五年规划（2021－2025年）》［N］.人民网－人民日报，2021－06－16.

⑥ 按照《〈"三五"普法〉通知》至《〈"六五"普法〉通知》形成的表述习惯（不包括《〈"七五"普法〉通知》），《中央宣传部、司法部〈关于开展法治宣传教育的第八个五年规划（2021－2025年）〉》的完整标题应是《中央宣传部、司法部〈关于开展法治宣传教育的第八个五年规划（2021－2025年）〉的通知》，尽管无"的通知"的表述，但为了表述方便，书中将其简称为《〈"八五"普法〉通知》。

分"明确普法重点内容"的第二项是"突出宣传宪法",其指出:

> "在全社会深入持久开展宪法宣传教育活动,……阐释好新时代依宪治国、依宪执政的内涵和意义,阐释好宪法精神。加强国旗法、国歌法等宪法相关法的学习宣传,……全面落实宪法宣誓制度。加强宪法实施案例宣传。结合'12·4'国家宪法日,开展'宪法宣传周'集中宣传活动。加强宪法理论研究,推动宪法类教材和图书的编写、修订、出版。在新市民仪式、青少年成人仪式、学生毕业仪式等活动中设置礼敬宪法环节,大力弘扬宪法精神。在'五四宪法'历史资料陈列馆基础上建设国家宪法宣传教育馆。"

较之于包括《〈"七五"普法〉通知》在内的诸份普法通知,《〈"八五"普法〉通知》对宪法意识培育的开展所给予的规定,其内容更加丰富,诸如"加强宪法实施案例宣传"等提法及其设想,均是首次提出,对于在"八五"普法期间(2021~2025 年)乃至于更远的将来开展宪法意识培育,从内容到方法、从实现创新到提高成效,必然有重大的指导作用。在此,需要指出的是,《〈"八五"普法〉通知》出台之后,各省区的人大常委会以此为根据,结合自身情况,通过了实施"八五"普法的相关决议,这在以前较为少见。在各省区范围之内,对于促进相关主体更加重视普法工作,具有很强的现实意义。例如,2021 年 7 月,陕西省人大常委会通过了《关于开展第八个五年法治宣传教育的决议》,其指出,"深入宣传宪法和宪法相关法,……深入开展'宪法宣传周''学宪法、讲宪法'等活动,加强宪法实施案例宣传,实现宪法宣传全方位、全领域、全覆盖"。①

更为重要的是,2020 年 11 月,中央全面依法治国工作会议正式提出"习近平法治思想",昭示着习近平法治思想在全面依法治国、建设法治中国的进程之中开始具有明确的指导地位,"这在马克思主义法治理念发展史和中国社会主义法治建设史上具有里程碑意义。"② 为了推动习近平法治思想在全国范围内尤其是广大高校得以广泛宣传和坚决贯彻,高等教育出版社于 2021 年 9 月出版了名为《习近平法治思想概论》的教材,认为"习近平法治思想是在波澜壮阔的时代背景下创立的,是对中国共产党领导法治建设丰富实践和宝贵经验的科学总结,是一个内涵丰富、论述深刻、逻辑严密、系统完备的科学理论体系,具有鲜明的理论风格、思维特征和实践特色"。③ 2021 年 9 月秋季开学之后,广大高校已开始开展该教材的教学活动,以教材第八章《坚持依宪治国、依宪执政》为代表的宪法意识培育内容必然会对广大大学生的宪法意识培育起到促进作用。有鉴于此,本身就包含宪法意识培育内容的大学思想政治理论课,亦应同步跟进,使之与《习近平法治思想概论》教材的课堂教学和日常学习相得益彰、相映成辉,共同服务于对大学生开展包括宪法意识培育在内的法律意识培育。

可见,2012 年 11 月党的十八大召开以来,无论是中共中央召开的中央全会通过的重要文件,还是党和国家领导人对"'五四宪法'历史资料陈列馆"开馆所作出的批示,抑或是《〈"七五"普法〉通知》《〈"八五"普法〉通知》与新近出版的、对习近平法治思想进行科

---

① 陕西省人民代表大会常务委员会关于开展第八个五年法治宣传教育的决议(2021 年 7 月 28 日陕西省第十三届人民代表大会常务委员会第二十七次会议通过)[N].陕西人大网,2021-07-30.
②③ 《习近平法治思想概论》编写组.习近平法治思想概论[M].北京:高等教育出版社,2021:1.

学总结和深入阐述的《习近平法治思想概论》教材，对宪法、宪法意识、宪法意识培育或其他与之相关的问题几乎均有论述，体现了党和国家对此十分重视。

第二，宪法发展与相关制度改革，为开展大学生宪法意识培育提供了新的立足点和落脚点。

2012 年 11 月党的十八大召开以来，随着全面深化改革和全面推进依法治国的有力实施，党和国家既建立或改革了相关制度，又开展了大规模的立法工作，对国家治理体系和治理能力现代化的建设起到了显著的推动作用，该方面主要包括以下五点：

（1）建立和完善了宪法宣誓制度。

2013 年 11 月，党的十八届四中全会通过的《中共中央关于全面推进依法治国若干重大问题的决定》（以下简称《关于全面推进依法治国若干重大问题的决定》）指出，"建立宪法宣誓制度，凡经人大及其常委会选举或者决定任命的国家工作人员正式就职时公开向宪法宣誓。"[①] 2015 年 7 月，全国人大常委会通过了《全国人民代表大会常务委员会关于实行宪法宣誓制度的决定》（以下简称《关于实行宪法宣誓制度的决定》），次年 1 月起施行。2018 年 2 月，全国人大常委会对该决定进行了修改，新决定于同年 3 月开始施行。2018 年 3 月，全国人大通过了《中华人民共和国宪法修正案》（以下简称《宪法修正案》），宪法宣誓制度据此入宪[②]。至此，由全国人大常委会通过具有立法性质的"决定"所建立的宪法宣誓制度，终于成为一项宪法制度。虽然该制度仅仅适用于"凡经人大及其常委会选举或者决定任命的国家工作人员"，但其他国家工作人员以及普通民众或其他相关主体，对该制度亦应有基本了解。因此，有必要对相关主体开展与宪法宣誓制度相关知识的教育，使其宪法意识得以增强，继而为宪法宣誓制度的深入实施奠定基础。

（2）设立"国家宪法日"。

根据《关于全面推进依法治国若干重大问题的决定》的相关论述[③]，2014 年 11 月，全国人大常委会通过了《全国人民代表大会常务委员会关于设立国家宪法日的决定》（以下简称《关于设立国家宪法日的决定》），据此将《中华人民共和国宪法》（以下简称《宪法》）于 1982 年通过的日期（12 月 4 日）定为"国家宪法日"[④]。

---

① 《中共中央关于全面推进依法治国若干重大问题的决定》辅导读本 ［M］. 北京：人民出版社，2014：9.

② 2018 年 3 月，全国人大通过了《宪法修正案》，其第 40 条规定："宪法第二十七条增加一款，作为第三款：'国家工作人员就职时应当依照法律规定公开进行宪法宣誓。'"在此，需要说明的是，我国宪法修正案的序号并非对每一次通过的修正案重新进行编号，而是从第一次即 1988 年 4 月对现行《宪法》进行修改之时便开始统一编号，到了 2018 年 3 月第五次修改宪法顺利完成之时，共形成了 52 条修正案。

③ 《中共中央关于全面推进依法治国若干重大问题的决定》指出，"将每年十二月四日定为国家宪法日。在全社会普遍开展宪法教育，弘扬宪法精神。"《中共中央关于全面推进依法治国若干重大问题的决定》辅导读本 ［M］. 人民出版社，2014：9.

④ 2001 年 4 月，中共中央、国务院发布了《中共中央、国务院关于转发〈中央宣传部、司法部关于在公民中开展法制宣传教育的第四个五年规划〉的通知》，而《中央宣传部、司法部关于在公民中开展法制宣传教育的第四个五年规划》（未查到发布的具体时间，以下简称《"四五"普法规划》）第四部分第二点第 6 条规定："将我国现行宪法实施日即 12 月 4 日，作为每年一次的全国法制宣传日。"据此，我国在 2001 年将 1982 年《宪法》即现行《宪法》通过的月份与日数（12 月 4 日）定为"全国法制宣传日"，虽然这是由《"四五"普法规划》规定的，但"四五"普法结束之后（"四五"普法从 2001 年开始至 2005 年结束），将 12 月 4 日作为"全国法制宣传日"的规定却一直有效。换言之，从 2014 年 12 月 4 日起，每年此日，既是"全国法制宣传日"，又是"国家宪法日"，如何处理好两者之间的关系，是一个值得关注的问题。

（3）通过监察体制改革，使"行政监察"转变为"国家监察"，而且使之成为一项宪法制度。

2016 年 11 月，中共中央办公厅印发《关于在北京市、山西省、浙江省开展国家监察体制改革试点方案》。同年 12 月，全国人大常委会据此通过了《关于在北京市、山西省、浙江省开展国家监察体制改革试点工作的决定》，赋予党和国家在相关省区对监察体制进行试点改革之权。次年 6 月，全国人大常委会审议了《中华人民共和国监察法（草案）》（以下简称《监察法（草案）》）。2018 年 3 月，全国人大常委会发布了《监察法（草案）》。同月，全国人大通过了《中华人民共和国监察法》（以下简称《监察法》）。又在同月，根据全国人大通过的《宪法修正案》第 52 条规定①，由"行政监察"转变来的"国家监察"得以入宪，使"一府两院"转变为"一府一委两院"。

（4）2018 年 3 月完成了对《宪法》的第五次修改。

"治国无其法则乱，守法而不变则衰。宪法作为治国安邦的总章程，必须随着时代的发展而发展。"② 在这次修宪之前，党的十九届二中全会指出，"要大力弘扬宪法精神，不断增强人民群众的宪法意识"。③ 自 2004 年 3 月修宪以来，已有十四年的时间。在此期间，特别是党的十八大以来，又有一些新的重要内容需要通过修宪使之成为宪法内容。2018 年 1 月 18 日至 19 日，党的十九届二中全会通过了《中国共产党中央委员会关于修改宪法部分内容的建议》（以下简称《关于修改宪法部分内容的建议》）。同月 25 日，中共中央公布了《关于修改宪法部分内容的建议》。次日，中共中央向全国人大常委会提出了《关于修改宪法部分内容的建议》。1 月 29 日至 30 日，全国人大常委会讨论了《关于修改宪法部分内容的建议》。3 月 11 日，全国人大通过了《宪法修正案》（序号从第 32 条至第 52 条），这自然是当前和今后一段时期之内宪法意识培育的重要内容。

（5）对一些法律特别是公法进行了修改，促进了法律体系的完善。

可以说，2012 年 11 月党的十八大召开以来，是实施改革开放和加入世贸组织以来，党和国家加强立法——具体而言，"立法"行为包含立、改、废、释、纂——的第三次高潮，而公法的大规模立法，均可以认为是宪法规范的间接实施。对于法律修改，倘若修改幅度较大，则是一部一部分别修改；倘若修改幅度较小，则经常会出现"打包"修改④。当然，在全国人大常委会的某次会期之中，这两种情况可能一起出现。某些法律的制定或修改，或是将改革成果法律化、制度化，或是将某些重大决定通过立法予以推进，或是两者兼有之。例如，2018

---

① 2018 年 3 月，全国人大通过的《宪法修正案》第 40 条规定："宪法第二十七条增加一款，作为第三款：'国家工作人员就职时应当依照法律规定公开进行宪法宣誓。'"

② 信春鹰. 我国宪法修改的重点内容及其重大历史意义（宪法学习宣传报告摘编）[N]. 人民网－人民日报，2018－05－16.

③ 中国共产党第十九届中央委员会第二次全体会议公报 [N]. 央视网，2018－01－19.

④ 例如，2015 年 8 月，全国人大常委会通过了《关于修改〈地方各级人大和地方各级政府组织法〉〈全国人大和地方各级人大选举法〉〈全国人大和地方各级人大代表法〉的决定》，决定对《地方各级人大和地方各级政府组织法》等三部法律进行修改。又如，2017 年 9 月，全国人大常委会通过了《关于修改〈法官法〉等八部法律的决定》，决定对《法官法》等八部法律进行修改。再如，2018 年 10 月，全国人大常委会通过了《关于修改〈野生动物保护法〉等十五部法律的决定》，决定对《野生动物保护法》等十五部法律进行修改。等等。

年 10 月，全国人大常委会对《中华人民共和国人民法院组织法》（以下简称《人民法院组织法》）等作了修改，相关内容可以看作是对党的相关论述的践行①。又如，2018 年 3 月，全国人大通过了《监察法》，可以看作是对公职人员实施监察全面覆盖这一目标的重大实践②。再如，2015 年 8 月，全国人大常委会对《中华人民共和国地方各级人民代表大会和地方各级人民政府组织法》（以下简称《地方各级人大和地方各级政府组织法》）等作了修改，使与选举制度相关的法律得到了发展和完善，等等。这些法律的修改或制定，从广义上讲，均是宪法发展的重要体现，因此应将其纳入宪法意识培育的范畴。

第三，新时代开展大学生宪法意识培育具有基础性、必要性和重要性。

（1）开展大学生宪法意识培育具有基础性。

宪法是建立健全社会主义法律体系的根本依据，具有基础地位，对大学生开展宪法意识培育，有助于其对社会主义法律体系有一个大致了解。在依法治国（包括依宪治国）的理论框架之中，既有属于"软件"的法律意识培育（包括宪法意识培育）的建设，又有属于"硬件"的法律制度（包括宪法制度）的建设。而"硬件"建设固然重要，但在其建设的过程之中，包括大学生在内的诸多群体，唯有对包括宪法在内的各种法律，在学习的基础之上，对其产生尊重之心、认同之情、遵守之举，继而产生包括宪法意识在内的法律意识，依法治国的"硬件"建设才能建得稳、立得牢。对大学生开展宪法意识培育，才能了解宪法部门法包括何种内容，该部门法与其他部门法之间是何种关系，对宪法具有哪些一般法律所具有的特征③，又具有哪些一般法律所不具有的特征④，也才能有一个大致认知。同时，大学生只有了解宪法意识培育，才能对宪法在法律体系和法治体系之中居于何种地位，在依法治国体系和依宪执政体系之中又居于何种地位有一个基本理解。通过开展宪法意识培育，并以之为媒介，继而对依法治国理论、依法治国实践和法律意识培育有一个立体化和体系化的学习，由此而培育起来的宪法意识，才能既全面而宏观，又具体而形象，才能使大学生对宪法或与之相关内容，了解得更广泛、更透彻，从而使其宪法意识得以切实增强。

（2）开展大学生宪法意识培育具有必要性。

"宪法"是指"集中表现统治阶级建立民主制国家的意志和利益的国家根本法。"⑤ 既然是

---

① 十八大报告辅导读本 [M]. 北京：人民出版社，2012：28－29；《中共中央关于全面深化改革若干重大问题的决定》辅导读本 [M]. 北京：人民出版社，2013：31－35；《中共中央关于全面推进依法治国若干重大问题的决定》辅导读本 [M]. 北京：人民出版社，2014：20－26. 等等。

② 《中共中央关于深化党和国家机构改革的决定》《深化党和国家机构改革方案》辅导读本 [M]. 北京：人民出版社，2018：28.

③ 有学者认为，法（律）的基本特征有四个，即"是调整社会关系的行为规范""是由国家制定或认可的行为规范""是规定权利和义务的社会性规范""是由国家强制力保证实施的社会规范"，这四个特征，凡是法律，尽皆具备。张文显. 法理学：第四版 [M]. 北京：高等教育出版社，北京大学出版社，2011：45－47.

④ 有学者认为，"宪法规范是法律规范的一种，也就具有法律规范所有的一般属性。由宪法规范的地位及内容所决定，宪法规范又具有一般法律规范不具备的特征。"而且，其认为宪法规范的特点主要有四个，即"根本性和最高性""广泛性""原则性""适应性和稳定性"。许崇德，胡锦光. 宪法：第五版 [M]. 北京：中国人民大学出版社，2014：20－21.

⑤ 周叶中. 宪法：第四版 [M]. 北京：高等教育出版社，2016：36.

根本法律，自然相当重要，是对国体、政体、国家机关之间权力的分工与行使、公民基本权利等事项进行集中规定的、地位较为特殊的法律。作为大学生，除了通过自学宪法知识而使自己宪法意识得以增强之外，国家亦应对其开展宪法意识培育，从而使其宪法意识得以增强更有保障。由此，其才能更好地行使宪法基本权利、履行宪法基本义务，并使之在人格上成为一个成熟的、可靠的、稳重的"宪法人"。而且，除了《宪法》第二章之外，其他章节虽然对基本权利和义务规定较少或没有规定①，但包括序言在内的内容，亦有必要使大学生认真学习，从而对革命与建设及改革简史、社会主义发展所处阶段、国体、政体、国家机关之间权力的分工与行使等诸多事项能有一个大致了解，从而在宪法意识之外，亦能培养其政治意识、国家意识、民族意识、国情意识、道德意识等，这亦是本书提出"大宪法意识"培育的目的所在。

（3）开展大学生宪法意识培育具有重要性。

根据思想政治教育过程理论（"知情意信行理论"），对大学生而言，无论是知识学习，还是具体实践，均同等重要，而且将两者相结合，使之共同促进，亦同样重要。较之于高中生，大学生视野面稍宽，对社会热点或热议事件关注稍多，人生阅历和知识储备得以显著增加，自然会面对一些与法律实践（包括宪法实践）相关的问题。依法治国是一个庞大的体系建设，既包括宏观的理论探索和制度构建，又包括微观的制度实施和法律实践。当然，制度实施和法律实践包括宪法制度实施和宪法实践，自不待言。唯有重视和推进对包括大学生在内的诸多群体所开展的宪法意识培育，才能增强他们行使宪法基本权利、履行宪法基本义务的意识和能力，从而将宪法实践予以深入推进。同时，这对一般法律的实践亦有推动作用。换言之，宪法实践和一般法律的实践相辅相成、相得益彰，前者的推进对后者的推进，总是有益，反之亦然。

总而言之，对于宪法意识培育，党和国家历来十分重视。尽管随着法治建设的推进和法律意识培育的开展，无论是公职人员还是普通民众，均越来越多地认识到掌握法律知识的重要性，主动而积极地学习法律知识，但这并未从根本上改变我国是一个自上而下推行法治的国家。对于包括宪法意识培育在内的法律意识培育，亦是如此。2012 年 11 月党的十八大召开以来，无论是党通过的以十八大报告、十九大报告和《关于全面推进依法治国若干重大问题的决定》等为代表的重要文件，还是党和国家领导人发表的与强调宪法、弘扬宪法相关的系列重要讲话，均有一些促进宪法意识培育的重要内容。同时，无论是宪法宣誓制度的建立、"国家宪法日"的确定，还是 2018 年 3 月修宪的完成，抑或是监察体制改革以及大规模立法工作的开展，这些均是宪法直接实施或间接实施的重大体现，自然亦属于宪法意识培育的重要内容，需要借助宪法意识培育的开展而将其予以宣传，从而使全社会对宪法发展的成果能有一个较为深入的了解，而不是只知道宪法十分重要，但不清楚宪法为何十分重要，正所谓既应"知其然"，亦应"知其所以然"，唯有如此，相关主体在对待宪法之时才能做到"内化于心，外化于行"。

---

① 《宪法》第一章"总纲"的一些规范也规定有公民的权利，尽管条文之中没有"基本"一词，但从内容上讲，这些权利均十分重要，其重要性与《宪法》第二章"公民的基本权利和义务"所规定的"基本权利"不相上下。例如，《宪法》第 13 条规定："公民的合法的私有财产不受侵犯。国家依照法律规定保护公民的私有财产权和继承权。国家为了公共利益的需要，可以依照法律规定对公民的私有财产实行征收或者征用并给予补偿。"

1.1.2　研　究　意　义

第一，研究具有理论意义。

（1）有助于丰富法律意识培育的理论和内容。

宪法意识是法律意识的重要内容之一，而宪法意识培育自然亦是法律意识培育的重要内容之一，宪法意识培育能否成功，会影响民众对作为宪法下位法的其他法律的意识培育。我国的法治建设历经曲折，直到1978年12月党的十一届三中全会的召开，为了适应改革开放新形势而稍后于1982年制定了现行《宪法》才标志着步入正轨。此后，我国法治建设的步伐加快，关系国计民生和规范公权力的法律纷纷出台，宪法的重要性亦被屡屡提及，但宪法重要性如何彰显，对民众的宪法意识如何培育，在微观上却少有较为具体而有效的应对措施。在我国的法律体系和法治体系之中，宪法是根本大法，其他法律是宪法规范的细化或补充，从这一点来讲，宪法意识与其他法律的意识之间是上位与下位的关系，宪法意识的浓厚与否，较大程度上决定了民众对其他法律的意识。那么，民众对一种法律意识的增强，亦会直接或间接地促进其对其他法律意识的增强，尤其是在同为公法或私法的情况之下。基于此，宪法意识的增强，有利于促进民众对《中华人民共和国立法法》（以下简称《立法法》）等宪法性法律的意识的增强，反之亦然。

因此，宪法意识与其他法律意识之间，既是前者统率后者和前者包括后者的关系，又是两者并立——此时，"法律"在狭义上不包括宪法——但却相互促进的关系。由此，宪法意识培育与法律意识培育亦是这种关系。在当前民众宪法意识较之于以往虽然有所增强，但仍显薄弱的现状之下，本书通过对当前大学生宪法意识的实证考察，希望了解现状、发现问题、寻找原因根源以及提出改善措施，从而为宪法意识培育研究的深入发展贡献一份力量。

（2）有助于宪法意识培育理论的确立与完善。

通过检索中国知网（CNKI）可以发现，改革开放以来，出现第1篇研究"宪法意识"的论文是在1983年，但它与我国并无关系，因为该篇论文研究的国家是日本[①]。直到1985年，才出现了两篇研究我国"宪法意识"的论文[②]，由此拉开了学术界研究宪法意识的序幕。然而，从1999年起（该年相关文章数量达15篇，首次突破两位数），对宪法意识或与之相关内容的研究才逐渐多了起来。不过，绝大多数论文均是说理有余，实证不足；宏观叙事有余，微观探讨不足。亦有一些论文与"宪法意识"的相关度其实较小。可见，宪法意识培育的研究依然稍显薄弱，而这既影响宪法意识培育理论的确立与完善，又影响对宪法意识培育进行有效地规划与指导。不过，亦正因如此，才正好彰显了本书对该领域进行探讨的理论价值和实践意义。

（3）扩展思想政治教育理论的研究视域。

---

① ［日］播磨信义，康树华. 日本学生的宪法意识与宪法教育的任务［J］. 国外法学，1983（1）：12-22.

② 严显生. 公民宪法意识问题的调查报告［J］. 北京大学学报（哲学社会科学版），1985（4）：61-69；杨泉明. 增强社会主义宪法意识是一项迫切任务［J］. 现代法学，1985（4）：5-8.

对于思想政治教育内容,陈万柏、张耀灿于 2007 年出版的《思想政治教育原理》(第二版)一书认为其包括"世界观教育""政治观教育""人生观教育""法制观教育"和"道德观教育"①,而且认为,"法制观是人们关于一定社会的法律制度和社会秩序的根本看法以及对一定社会的法律制度和社会秩序的认同意识,它包括对民主、法制和纪律的认识"。② 到了2015 年,该书的第三版将"法制观教育"改为"法治观教育",同时认为,"法治观念是指人们对法律现象在理性认识的基础上形成的重视、遵守和自觉地执行法律的思想观念"。③ 显然,《思想政治教育原理》第二版对"法制观"的定义,是着眼于"法制",而第三版对"法治观"的定义,则是着眼于"法治",意即从第二版到第三版,陈万柏、张耀灿开始区分"法制"与"法治"以及"法制观"与"法治观"的概念,这显然借鉴了法学研究的成果,这是思想政治教育内容在理论方面得以发展的表现之一。同时,陈万柏、张耀灿认为,当前开展社会主义法治教育要抓好四个方面的工作,即"向公民普及法律知识""培养公民的法治观念""提高公民的法律能力"和"促使公民养成法律习惯"④。可以说,将社会主义法治教育分解为这四个方面,以知法、信法、用法为主线,随之将信法和用法当成生活习惯的一部分的观点是中肯的,反映了在思想政治教育学视域下对法治教育(法治意识培育)的认识得到了深化。

"众所周知,公民的宪法意识是推动宪法实施和国家民主、法治进程的重要精神力量,是衡量现代国家民主法治程度的基本标尺。"⑤ 宪法意识的重要性可见一斑。同时,宪法意识培育属于法律意识培育的重要内容之一,而法律意识在思想政治教育之中的重要性亦不言而喻。宪法虽然被称为"根本法"或"根本大法",但若将其作为宪法部门法或整个法律体系之中的一个组成部分来看,与其他法律其实并无质的区别,因为宪法在本质上仍是一种成文性的法律规范。宪法之所以重要,是因为其规定的内容重要,但并不妨碍将其作为法律来看待,所以其亦应像其他法律一样获得实施,尤其是那些内容具体且执行性强的规范。至于那些内容宏观、笼统,直接执行性不强的规范,立法机关应为其制定内容具体、含义明确的下位法,以便将这种规范落到实处。然而,宪法实施的前提是民众对宪法学习、尊重和遵守,形成基本的认知和认同,这便需要对民众开展宪法意识培育,而这不仅仅是宪法学的重要内容之一,亦是思想政治教育学的重要内容之一。因此,在思想政治教育理论的指导之下,借鉴宪法学方面的相关理论,开展对宪法意识培育的研究,既可以弥补思想政治教育理论尤其是宪法意识培育理论的不足,又可以扩展思想政治教育理论的研究视域。

第二,研究具有实践意义。

到了大学阶段,思想政治理论课依然重要,虽然目前不少的高校对该课程进行了改革,但只是将上课时间的选择权让渡给了大学生,而课程本身却是必修的。对于大学生群体,除了法

---

① 陈万柏,张耀灿.思想政治教育学原理:第二版 [M].北京:高等教育出版社,2007:180-199.

② 陈万柏,张耀灿.思想政治教育学原理:第二版 [M].北京:高等教育出版社,2007:192.

③ 陈万柏,张耀灿.思想政治教育学原理:第三版 [M].北京:高等教育出版社,2015:191.

④ 陈万柏,张耀灿.思想政治教育学原理:第三版 [M].北京:高等教育出版社,2015:191-192.

⑤ 戴激涛.宪法,我该如何靠近您?——对广东 300 名大学生宪法意识调查的思考 [A].// 王瀚.法学教育研究:第 8 卷 [C].北京:法律出版社,2013:342-360.

学专业的大学生之外，其他专业的大学生尤其是理工科大学生倘若不自学或选修法律相关课程的话，接受法律意识培育一般主要依托两门思想政治理论课——《思想道德与法治》和《毛泽东思想和中国特色社会主义理论体系概论》①。这两门课的内容对法律知识确实有所涉及，但法律内容需要充实和优化。

同时，纵然法学专业大学生有条件接受法律意识培育（包括宪法意识培育），而且培育得较有成效，但一个国家法治建设的深入推进，自然不能仅仅依靠占全国民众比例极其微小的法学专业大学生。因此，参与或接受法律意识培育（包括宪法意识培育），既是法学专业大学生的任务，又是作为未来社会中坚力量的所有大学生的任务。倘若法学专业大学生和非法学专业大学生的法律意识培育有不同之处，核心点仅仅在于前者更加专业，更加全面和深入而已。但是，法学专业大学生接受了依托法学课程而开展的法律意识培育（包括宪法意识培育），其仍然需要接受依托思想政治理论课而开展的法律意识培育（包括宪法意识培育），不仅仅因为思想政治理论课是必修科目，更为重要的是，接受思想政治教育视域下的法律意识培育（包括宪法意识培育），有助于其亦从思想政治教育的角度出发，运用思想政治教育过程理论（"知情意信行理论"）对法律（包括宪法）开展学习和了解，继而萌生和增强其法律意识（包括宪法意识）。毕竟，多从一个角度来看待问题，总是有所助益的。

本书对 X 市大学生作了实证考察，借此探究 X 市高校在对大学生开展法律意识培育尤其是宪法意识培育的问题上，有何经验可以总结，有何不足需要改善，从而为 X 市乃至于全国大学生法律意识培育尤其是宪法意识培育的开展与改善尽一些绵薄之力。基于此，笔者以 X 市 2017 年 12 月本科高校的总计约 50.27 万名大学生作为基数，抽取约 1/40 的样本，发放 1250 份问卷（实际投放 1331 份，回收有效问卷 1270 份），以期对 X 市高校大学生的宪法意识培育现状进行考察。但由于不同的高校，在大学生素养、师资力量、基础设施等方面必然存在差距，所以将 X 市主要高校根据办学层次不同和主导学科不同分为两个维度（"985""211"高校、一般公办高校和民办三本高校，与文科高校、理工科高校和美术学院等高校），以求使实证考察更加具有针对性和切合实际。从而力求以可信的考察结果为基础总结经验、发现不足，并提出改善建议，继而促进 X 市乃至于全国大学生宪法意识培育的开展与改善。

1.2　　国内外研究现状及述评

1.2.1　研究现状

我国学术界对宪法意识培育或与之相关的宪法教育、宪法宣传教育、宪法普及教育等开展

---

① 当前，大学思想政治理论课共有五门，即思想道德与法治、中国近现代史纲要、马克思主义基本原理、毛泽东思想和中国特色社会主义理论体系概论、形势与政策，而包括宪法意识培育内容在内的法律意识培育内容较多的，主要是第一门课程和第四门课程，第二门课程和第五门课程只是零星出现包括宪法意识培育内容在内的法律意识培育内容。至于第三门课程，则几乎没有包括宪法意识培育内容在内的法律意识培育内容。在此，需要指出的是，这五门课的定型经历了较长时间，而有的课的名称也时有变化。

研究由来已久，而且涌现了诸多有分量的研究成果。通过对研究现状进行考察，并对其经验得失进行总结，使之为宪法意识培育的深入研究提供启示和借鉴。

通过检索中国知网（CNKI）可以发现，直至 1983 年即 1982 年《宪法》通过和开始实施的次年，才出现了改革开放以来与"宪法意识"相关的两篇论文，一篇是汉语论文，另一篇是英语论文①。其中，汉语论文研究的主题是"日本学生的宪法意识与宪法教育的任务"②，与我国民众特别是大学生的宪法意识培育并无关系。到了 1985 年，才出现了研究我国宪法意识的两篇论文。一篇是基于调研而撰写的调研报告，得出的结论是："广大公民十分迫切地需要学习宪法和其他法律知识，特别是和公民的政治、经济和社会生活密切相关的法律知识"。③ 另一篇是篇幅较短的小论文，得出的结论是："在我国大力加强以共产主义思想为核心的政治思想教育和精神文明建设，就不能不成为培养和提高社会主义宪法意识的重要思想条件"。④ 由此，学术界开启了对"宪法意识"或与之相关内容开展研究的历程。

早期对宪法意识或其培育开展研究，研究对象往往不明，通常将公民、民众或全社会等概括化为较为抽象的研究对象。后来，研究逐渐具象化，但往往将党员领导或公职人员等作为重点研究对象之一。相对而言，将青年、青少年或大学生作为重点研究对象之一的研究较少。当然，前两种研究仍然存在，并得到持续发展。对于法律意识概念⑤、宪法意识概念⑥、宪法意识内容⑦、宪法意识现状⑧、宪法意识改善⑨、宪法权威⑩、宪法意识或

---

① Kobayashi Naoki. *On Constitutional Consciousness* [J]. *The Sociology of Law*, 1983 (35)：48-53, 246.

② ［日］播磨信义，康树华. 日本学生的宪法意识与宪法教育的任务 [J]. 国外法学，1983 (1)：12-22.

③ 严显生. 公民宪法意识问题的调查报告 [J]. 北京大学学报（哲学社会科学版），1985 (4)：61-69.

④ 杨泉明. 增强社会主义宪法意识是一项迫切任务 [J]. 现代法学，1985 (4)：5-8.

⑤ 苗连营. 公民法律意识的培养与法治社会的生成 [J]. 河南社会科学，2005 (5)：33-36；张昌辉. 法律意识形态的概念分析 [J]. 法制与社会发展，2008 (4)：116-129；秦强. 转型中国的法律意识变迁 [J]. 黑龙江社会科学，2014 (6)：89-97. 等等.

⑥ 王薇. 论公民的宪法意识 [J]. 当代法学，2001 (4)：9-12；张晓琴. 宁夏公民宪法意识调查研究 [J]. 宁夏社会科学，2009 (2)：33-35；韩大元，孟凡壮. 中国社会变迁六十年的公民宪法意识 [J]. 中国社会科学，2014 (12)：123-142, 162；陈圣利，裴枫. 基层普法与增强宪法意识 [J]. 哈尔滨师范大学社会科学学报，2015 (2)：42-44. 等等.

⑦ 莫纪宏. 全面提高公民的宪法意识 [J]. 求是，2002 (8)：53-55；周立，李卫刚. 宪法意识本论 [J]. 宁夏社会科学，2004 (6)：4-9；姚秩琳. 论公民宪法意识的基本内涵 [A].// 郑州大学教育研究中心. "两岸四地公民意识教育"专题研讨会论文集 [C]. 郑州：郑州大学出版社，2008：265-268；张晓琴. 宁夏公民宪法意识调查研究 [J]. 宁夏社会科学，2009 (2)：33-35. 彭辉，史建三. 领导干部宪法意识的理论与实证研究——基于上海市 805 个领导干部调查样本数据 [J]. 行政法学研究，2013 (4)：96-102；张善根. 地域差异与公民宪法意识——基于简单量化的观察 [J]. 常州大学学报（社会科学版），2016 (5)：65-73. 等等.

⑧ 韩大元，王德志. 中国公民宪法意识调查报告 [J]. 政法论坛，2002 (6)：106-119；王峰，郝丽丽. 论公民的宪法意识及其提高 [J]. 山东工商学院学报，2005 (4)：95-98；曾明. 我国宪法普及教育的历程探析 [J]. 求索，2013 (12)：201-203；田华. 论宪法意识的培育 [J]. 河北青年管理干部学院学报. 2014 (1)：57-61. 等等.

⑨ 韩大元，孟凡壮. 中国社会变迁六十年的公民宪法意识 [J]. 中国社会科学，2014 (12)：123-142, 162；张太保. 论公民宪法意识的培养 [J]. 安徽理工大学学报（社会科学版），2004 (4)：22-24；叶海波. 论公民宪法意识的培养 [J]. 湖北社会科学，2008 (5)：142-144；王峰，郝丽丽. 论公民的宪法意识及其提高 [J]. 山东工商学院学报，2005 (4)：95-98；张志昌. 公民宪法意识的培养 [J]. 政法学刊，2002 (3)：18-20. 等等.

⑩ 易泉生. 影响宪法权威的因素和实现宪法权威的途径 [J]. 湖南经济管理干部学院学报，2006 (6)：175-176；魏治勋. 论宪法权威的自我保障制度 [J]. 西北大学学报（哲学社会科学版），2015 (1)：41-48；李林，王演兵. 树立宪法至上权威是依法治国的根本：学习四中全会《决定》及习近平总书记重要讲话的心得体会 [J]. 人民论坛，2015 (15)：68-69. 等等.

宪法基本权利变迁①、宪法意识特征②、宪法文化③、宪法实施④、宪法思维⑤、宪法意识或其培育十分重要⑥、依法治国与依宪治国之间关系⑦等方面，作了持之以恒、较为充分的研究，尤其是宪法意识概念、宪法意识现状、宪法意识改善、依法治国与依宪治国之间关系这四个方面。这些研究成果的部分或全部内容，对开展大学生宪法意识培育研究均具有重要的启示意义和借鉴价值。

当然，有学者在将青年、青少年或大学生作为研究对象之时，并不一定直接将宪法意识作为研究内容，其或是从法律意识延伸到宪法意识，或是将宪法意识作为法律意识的一项重要内容。学术界关于大学生宪法意识培育的研究，主要体现在以下六个方面：

（1）关于"大学生宪法意识"概念的研究。

王东红认为，"大学生宪法意识"是"大学生关于宪法的知识、观点、心理和思想的总和，它包括大学生对于宪法知识和基本原理的掌握程度，对于宪法功能的认识，对宪法实施的评价以及对于基本权利保护和行使状况的感受等"。⑧并将其定位为"大学生法律意识最重要

---

① 朱应平. 新中国成立以来我国宪法基本权利的变迁及评析 [A].//法制现代化研究：第十卷 [C]. 公丕祥. 南京师范大学出版社，2006：1-28；韩大元，秦强. 社会转型中的公民宪法意识及其变迁——纪念现行宪法颁布25周年 [J]. 河南省政法管理干部学院学报，2008 (1)：1-16；韩大元，孟凡壮. 中国社会变迁六十年的公民宪法意识 [J]. 中国社会科学，2014 (12)：123-142，162；郑夏蕾. 以话语分析看我国宪法意识的变迁 [J]. 江汉论坛，2015 (3)：129-132；王江伟. 改革开放以来公民法治观念研究回顾与前瞻 [J]. 政府与法治，2020 (3)：40-51. 等等。

② 王军. 简论社会主义公民意识与宪法意识 [J]. 东岳论丛，1987 (3)：100-101；朱行书. 中国宪法意识特征探析 [J]. 长江大学学报（社会科学版），2005 (2)：46-48；韩大元，秦强. 社会转型中的公民宪法意识及其变迁——纪念现行宪法颁布25周年 [J]. 河南省政法管理干部学院学报，2008 (1)：1-16；王峰. 我国宪法权威缺失的原因 [J]. 天水行政学院学报，2012 (5)：62-67. 等等。

③ 上官丕亮. 宪法命运的文化构建 [J]. 政治与法律，2004 (5)：21-25；郑洁. 宪法的文化基础及其构建 [J]. 山东社会科学，2008 (2)：128-129；江国华. 论宪法文化 [J]. 中南民族大学学报（人文社会科学版），2010 (3)：83-87；全其宪. 大学生宪法文化建设中的信仰教育与制度构建 [J]. 黑龙江高教研究，2019 (1)：85-90. 等等。

④ 刘一纯. 成就宪法稳定性的内在因素和外在条件 [J]. 武汉大学学报（社会科学版），2003 (2)：141-146；张千帆. 宪法实施的概念与路径 [J]. 清华法学，2012 (6)：19-25；范进学. 论宪法全面实施 [J]. 当代法学，2020 (5)：72-80；李昊. 紧急状态的宪法实施机制与完善路径 [J]. 法学论坛，2021 (1)：103-112；江必新，蒋清华. 习近平法治思想对宪法理论和实践的发展创新 [J]. 法学评论，2021 (2)：1-14. 等等。

⑤ 邓联繁. 论宪法思维的基本特征 [J]. 河北法学，2006 (6)：14-16；周叶中. 关于中国共产党运用宪法思维执政的思考 [J]. 中共中央党校学报，2007 (5)：38-45；李少文. 强化领导干部的宪法思维 [J]. 中国党政干部论坛，2017 (3)：68-71；戴激涛. 我国特定问题调查制度的宪法逻辑及其展开 [J]. 江西社会科学，2019 (4)：175-183，256. 等等。

⑥ 张太保. 论公民宪法意识的培养 [J]. 安徽理工大学学报（社会科学版），2004 (4)：22-24；王峰，郝丽丽. 论公民的宪法意识及其提高 [J]. 山东工商学院学报，2005 (4)：95-98；魏健馨. 宪法实施的基础条件——宪法意识及其启蒙研究 [J]. 吉林大学社会科学学报，2016 (5)：128-136，191；刁慧娟. 浅议新时代背景下大学生宪法意识的培育——以学习最新宪法修正案为例 [J]. 北方民族大学学报（哲学社会科学版），2018 (5)：78-83. 等等。

⑦ 刘博识，徐金玲，隋立双. 依宪治国：依法治国的核心 [J]. 大庆社会科学，2015 (1)：13-17；任喜荣. 理解宪法基本价值的五个维度——重塑依宪治国的观念基础 [J]. 吉林大学社会科学学报，2015 (2)：17-25，171；董和平. "依宪治国"必须树立的基本理念 [J]. 暨南学报（哲学社会科学版），2014 (11)：25-28；莫纪宏. 以宪法修改为契机全面推进依宪治国 [J]. 西北大学学报（哲学社会科学版），2018 (4)：35-45；姜明安. 论依宪治国与依法治国的关系 [J]. 法学杂志，2019 (3)：1-11；李步云. 依宪治国的科学内涵与重大意义 [J]. 法学，2018 (4)：3-6. 等等。

⑧ 王东红. 基于"思想道德修养与法律基础"课的大学生宪法意识培育 [J]. 思想教育研究，2017 (11)：90-93.

的表现形式"。当然，将"大学生"置换为其他群体，亦属可以。

相对而言，较之于对不特定群体或可以适用于所有群体的"宪法意识"概念所作的研究①，对大学生或其他群体的"宪法意识"概念所作的研究是极少的。所以，在借鉴对"宪法意识"概念已有研究成果的基础之上，应加强对"大学生宪法意识"概念的深入研究。

（2）关于大学生宪法意识或其培育具有重要性的研究。

对于大学生宪法意识，程凌从"依法治国这一基本治国方略的高度""当前青少年法制教育工作的推进"和"宪制建设的实践证明"② 给予了阐述。

李爽认为，重要性是"建设法治中国的需要"和"有效预防学生违法犯罪的重要手段"③。赵颖认为，重要性是"全面推进依法治国的必然要求""社会主义市场经济的内在需要"和"促进大学生全面发展的必备内容"④。王东红认为，重要性与必要性是"加强大学生法治教育是党和国家的明确要求""大学生宪法意识教育是大学生法治教育的重中之重"和"大学生宪法意识亟待加强"⑤，等等。对于宪法教育的重要性，韩大元作了总结性的概述，其认为，"宪法教育是一国法律教育的基石，是推进宪法实施、繁荣宪法学研究、推进法治中国建设的基础性、引导性与前瞻性的工作，它在提升公民宪法意识、弘扬宪法精神、树立宪法权威、凝聚宪法共识、培育宪法文化等方面发挥着重要作用。"⑥

可见，对于大学生宪法意识或其培育具有重要性，学者们关注较多，一般从于党和国家有利、于大学生自己亦有利两个角度进行论述的，但论述内容往往较为宏观，稍显泛泛而谈。

（3）关于大学生宪法意识培育内容的研究。

卢琴宜认为，大学生宪法教育的重点（内容）是"深化对我国根本制度的认识，坚定社会主义信念""提高对民主、自由、平等、权利等问题的科学认识"和"牢固确立依法治国的思想观念"⑦。陶先林认为，大学生宪法意识培育的基本内容是"宪法至上意识""公民意识""权利义务意识、平等意识"和"坚持四项基本原则的理念"⑧。许亚绒认为，大学生宪法意识培养的基本内容是"人权意识""公民权利意识"和"宪法至上意识"⑨。刀慧娟认为，大学生宪法意识培育的主要内容是"宪法的权威意识""忠宪意识""国家主权意识""民主平等意识""权利义务意识"和"权力监督意识"⑩，等等。

① 虽然有学者的研究主旨是"大学生宪法意识"，但只对"宪法意识"概念作了综述研究，却并未对"大学生宪法意识"概念进行定义。其认为，"专门针对大学生群体的宪法意识及其培育的系统研究仍处于相对缺乏的状态。"水晶. 大学生宪法意识研究综述：现状与反思 [J]. 教育现代化，2020（5）：170-173.
② 程凌. 当代大学生宪法意识的培养 [J]. 华南理工大学学报（社会科学版），2006（4）：29-32.
③ 李爽. 大学生依法治国理念和法律意识的培育 [J]. 沈阳农业大学学报（社会科学版），2015（3）：287-290.
④ 赵颖. 依法治国背景下浅析大学生宪法意识的培育 [J]. 辽宁师专学报（社会科学版），2019（2）：76-78.
⑤ 王东红. 基于"思想道德修养与法律基础"课的大学生宪法意识培育 [J]. 思想教育研究，2017（11）：90-93.
⑥ 韩大元. 中国宪法教育的起源及其演变 [J]. 苏州大学学报（法学版），2021（3）：1.
⑦ 卢琴宜. 重视增强当代大学生的宪法意识 [J]. 上海铁道大学学报，2000（17）：119-122.
⑧ 陶先林. 论大学生宪法意识的培养 [J]. 川北教育学院学报，2005（2）：15-18.
⑨ 许亚绒. 试论大学生宪法意识的培养 [J]. 中国成人教育，2007（9）：70-71.
⑩ 刀慧娟. 浅议新时代背景下大学生宪法意识的培育——以学习最新宪法修正案为例 [J]. 北方民族大学学报（哲学社会科学版），2018（5）：78-83.

　　对于这一方面，已有的研究成果数量较少，多数论文发表年份较早，所载刊物级别也稍显不高。而且，所提出的宪法意识培育内容较显宏观，有的还将偏向于是政治教育的内容作为宪法意识培育内容，稍显突兀，例如，"坚持四项基本原则的理念"。此外，有学者在开展调研之时，分数个维度对相关主体的宪法意识培育现状进行实证考察，这些维度虽然不是宪法意识培育内容，但在酌定宪法意识培育内容之时，可以将其作为参考①。

　　（4）关于大学生宪法意识培育现状的研究。

　　李锦顺认为，现状是"宪法至上意识缺乏""公民权利应该受到保障的意识缺乏"和"行政权力应该是有限并受到制约的意识缺乏"②。李俊卿认为，现状是"法律意识中的宪法意识存在"③，但总体而言，"缺乏对权利现象的正确的价值评价和判断，企望更多的是一种对与自己切身利益相联的实用主义关心"④。戴激涛认为，现状是"宪法依然是高居庙堂的'神坛之物'，其地位和作用并不为大学生所关注；其内容对于大多数大学生而言，是较为陌生的"⑤。王东红认为，现状是"宪法知识仍然比较缺乏""对宪法功能的认识不足""宪法权利义务意识薄弱"和"宪法意识教育存在不足"⑥。秦怡红认为，现状是"对宪法知识的掌握缺乏系统性""没有形成完备清晰的宪法理论"和"宪法意识培育的方式单调导致满意度不高"⑦，等等。

　　同时，对于大学生对2018年修宪的学习，亦有学者作了研究。其认为，现状是"往往容易将政体和国体二者混淆""普遍对其自身行使民主权利状况并不关注"和"对最新宪法修正案的内容和价值并未予以关注"⑧。

　　相对而言，大学生宪法意识或其培育现状，是关注度较高的研究点之一。从已有研究成果

---

　　①　例如，韩大元、王德志在对公民宪法意识进行调查之时，选择的六个维度是"公民的宪法知识""公民的宪法理念""公民对于宪法功能的认识""公民的基本权利意识""公民对宪法实施的评价"和"公民对修宪问题的认识"。韩大元，王德志. 中国公民宪法意识调查报告［J］. 政法论坛，2002（6）：106－119；次如，韩大元、秦强在对公民宪法意识进行调查之时，选择的六个维度是"公民的宪法认识""公民的宪法理念""公民对国家机构的认识""公民的基本权利意识""公民对宪法实施的评价"和"公民对宪法发展和完善的认识"。韩大元，秦强. 社会转型中的公民宪法意识及其变迁——纪念现行宪法颁布25周年［J］. 河南省政法管理干部学院学报，2008（1）：1－16；又如，张晓琴在对宁夏公民宪法意识进行调查之时，选择的五个维度是"公民宪法知识""公民的宪法理念""公民对宪法功能的认识""公民基本权利意识"和"公民对宪法实施的评价"。张晓琴. 宁夏公民宪法意识调查研究［J］. 宁夏社会科学，2009（2）：33－35；再如，韩大元、孟凡壮在对公民宪法意识进行调查之时，选择的五个维度是"公民的宪法知识""公民的宪法理念""公民的宪法需求""公民的宪法评价"和"公民对宪法发展的期待"。韩大元，孟凡壮. 中国社会变迁六十年的公民宪法意识［J］. 中国社会科学，2014（12）：123－142，162. 等等。可见，韩大元教授是对宪法意识培育研究保持较高频率的学者之一。

　　②　李锦顺. 论宪法意识缺位［J］. 广州广播电视大学学报，2004（3）：52－55.
　　③④　李俊卿. 大学生公民意识的实证研究与培育路径［J］. 社会科学家，2010（11）：106－109.
　　⑤　戴激涛. 宪法，我该如何靠近您？——对广东300名大学生宪法意识调查的思考［A］.// 王瀚. 法学教育研究：第8卷［C］. 北京：法律出版社，2013：342－360.
　　⑥　王东红. 基于"思想道德修养与法律基础"课的大学生宪法意识培育［J］. 思想教育研究，2017（11）：90－93.
　　⑦　秦怡红. 新时代大学生宪法意识培育研究——以吉林省5所高校为例［J］. 长春理工大学学报（社会科学版），2020（2）：52－56.
　　⑧　刀慧娟. 浅议新时代背景下大学生宪法意识的培育——以学习最新宪法修正案为例［J］. 北方民族大学学报（哲学社会科学版），2018（5）：78－83.

来看，大学生宪法意识较之于以往确实有所增强，但总体上仍不容乐观，主要体现在对宪法知识、宪法权利缺乏关注。而且，对于宪法意识培育机制，亦应给予完善。当然，亦有学者认为大学生宪法意识现状较好，只是稍有不足①。

（5）关于大学生宪法意识薄弱原因的研究。

王薇认为，原因是"封建意识（残存）""尚显薄弱的商品经济""工作中的一些失误"和"鄙视轻视宪法的民众心态"②。李锦顺认为，原因是"人治传统根深蒂固""商品经济发展缓慢""'重政策轻法律'传统没有及时转变""蔓延滋长的不良风气"和"修宪过于频繁"③。程凌认为，原因是"宪制建设的历史较短""传统文化的影响""经济基础比较薄弱"和"宪法教育不足"④。刀慧娟认为，原因是"对宪法地位认识不足""宪法理论知识不足""宪法权利意识薄弱"和"宪法信仰缺乏"⑤。秦怡红认为，原因是"缺乏……公民宪法意识培育体系""宪法教育的课程改革有待深化"和"存在不利于宪法意识培育的各种社会因素"⑥。郭思颖认为，原因是"教学内容无法完全展开""宪法理论指导作用存在局限性""教学侧重点错置"和"教学目标的定位过于模糊"⑦，等等。

此外，亦有学者，将原因简单归结于"宪法实施效果不理想"⑧。

而且，有学者从属于思想政治理论课之一的"思想道德与法治"课出发，对大学生宪法意识培育现状不佳的原因作了研究。例如，王东红认为，"最主要的客观原因是学校宪法意识教育的不足"，认为大学生"一般是通过'基础'课来接受宪法通识教育的，而'基础'课的教学效果却受教学时数、教师专业背景等原因的诸多限制，这使得许多大学生直到大学毕业，对宪法知识的掌握还是零星的、碎片化的，无法上升到对宪法原则和宪法制度的理解。"⑨

同时，有学者从属于法学专业核心课程之一的"宪法学"课出发，对大学生宪法意识培育现状不佳的原因作了研究。例如，刘雪芹认为，原因是"宪法学教学内容存在偏差""宪法的实施现状不容乐观""宪法学教学重点的错置""教学目标定位模糊"和"教学方式陈旧单一"⑩。周珩认为，原因是"忽视学生主体地位""人才培养缺少实践环节""课程结构和内容脱离中国的现实和文化"和"宪法意识和宪法观念培养不足"⑪。两位学者虽然是从宪法学课而非思想政治理论课出发，但对研究思想政治理论课视域之下大学生宪法意识培育现状为何不

① 汪栋. 论高等学校学生宪法意识的培养 [J]. 山西农业大学学报（社会科学版），2004（1）：67 – 69.

② 王薇. 公民宪法意识薄弱原因分析 [J]. 当代法学，2001（5）：4 – 5.

③ 李锦顺. 论宪法意识缺位 [J]. 广州广播电视大学学报，2004（3）：52 – 55.

④ 程凌. 当代大学生宪法意识的培养 [J]. 华南理工大学学报（社会科学版），2006（4）：29 – 32.

⑤ 刀慧娟. 浅议新时代背景下大学生宪法意识的培育——以学习最新宪法修正案为例 [J]. 北方民族大学学报（哲学社会科学版），2018（5）：78 – 83.

⑥ 秦怡红. 新时代大学生宪法意识培育研究——以吉林省 5 所高校为例 [J]. 长春理工大学学报（社会科学版），2020（2）：52 – 56.

⑦ 郭思颖. 基于宪法意识的宪法学教学创新研究 [J]. 吉林省教育学院学报，2021（3）：145 – 148.

⑧ 孙桂燕. 从宪法意识调查统计来谈大学生宪法意识的提升 [J]. 赤峰学院学报（汉文哲学社会科学版），2013（6）：107 – 108.

⑨ 王东红. 首都大学生宪法意识现状的调查与思考 [J]. 思想教育研究，2016（6）：104 – 107.

⑩ 刘雪芹. 宪法学教学中如何培养学生的宪法意识 [J]. 湖北函授大学学报，2018（8）：74 – 78.

⑪ 周珩. 新时代宪法教学改革理论与实践探索 [J]. 内蒙古电大学刊，2020（4）：78 – 82.

佳，亦有启示意义。

相对而言，在大学生宪法意识培育这一研究领域，对大学生宪法意识培育成效不佳的原因进行探讨，亦是关注度较高的研究点之一。总的来看，学者们将原因一般归结于四个：第一，人治历史过长，法治历史较短。第二，宪法知识不足，权利意识薄弱。第三，宪法意识培育机制建设不足。第四，宪法实施成效不佳。其中，第一、第三和第四，属于客观原因，第二属于主观原因。可以说，这些原因确实存在，但缺乏更为深入的思考和挖掘。

（6）关于大学生宪法意识培育如何改善的研究。

汪栋认为，途径是"加强宪法知识的教育和普及""提高和锻炼其民主实践能力"和"融入现代宪制的自由、平等和宽容精神"①。李锦顺认为，途径是"抓好普及宪法知识的工作""建立专门的违宪审查机构"和"增强宪法的弹性和稳定性"②。程凌认为，途径是"提高宪法教育的针对性""充分发挥高校法律基础课……作用"和"营造一个良好的宪法教育的外部环境"③。刀慧娟认为，途径是"加强宪法教育""重视宪法实践"和"加大宪法宣传"④。秦怡红认为，途径是"制定贯穿各教育阶段的《宪法教育大纲》""构建多层次宪法意识培育体系"和"创造良好的有利于宪法意识培育的社会环境"⑤。郭思颖认为，途径是"重构教学内容与教学重点""改变教学方式与教学观念"和"改进考核方式与考核制度"⑥，等等。

而且，亦有学者从属于思想政治理论课之一的"思想道德与法治"课出发，对大学生宪法意识培育改善作了研究。其认为，对于宪法意识教育内容，则应设置两个专题，即"宪法确立的基本原则与制度专题"和"宪法规定公民的权利与义务"⑦。对于宪法意识教育方法设计，则应运用三种方法，即"问题导入式专题教学法""案例教学法"和"实践教学法"⑧。还有学者直接提出"法律基础教学应以宪法为重点"的命题，并阐述了七点原因，即能促使"大学生明确宪法的性质、内容、地位，牢固掌握宪法、树立宪法意识"和有助于"大学生培养社会主义民主意识，厘清民主与法的关系""大学生深入理解社会主义政治文明的本质""大学生增强依法治国意识，有利于依法治国方略的贯彻落实""大学生确立生活层面上的宪法意识""增强大学生尊重和保障人权的意识，树立以人为本的观念"和"大学生自觉维护国家的长治久安"⑨。

同时，有学者从属于法学专业核心课程之一的"宪法学"课出发，对大学生宪法意识培育如何改善作了研究。其认为，解决方法是"教学内容的调整与教学重点的重构""教学方式

---

①　汪栋. 论高等学校学生宪法意识的培养［J］. 山西农业大学学报（社会科学版），2004（1）：67–69.

②　李锦顺. 论宪法意识缺位［J］. 广州广播电视大学学报，2004（3）：52–55.

③　程凌. 当代大学生宪法意识的培养［J］. 华南理工大学学报（社会科学版），2006（4）：29–32.

④　刀慧娟. 浅议新时代背景下大学生宪法意识的培育——以学习最新宪法修正案为例［J］. 北方民族大学学报（哲学社会科学版），2018（5）：78–83.

⑤　秦怡红. 新时代大学生宪法意识培育研究——以吉林省5所高校为例［J］. 长春理工大学学报（社会科学版），2020（2）：52–56.

⑥　郭思颖. 基于宪法意识的宪法学教学创新研究［J］. 吉林省教育学院学报，2021（3）：145–148.

⑦⑧　王东红. 基于"思想道德修养与法律基础"课的大学生宪法意识培育［J］. 思想教育研究，2017（11）：90–93.

⑨　马秀华，王从烈. 法律基础教学应以宪法为重点［J］. 南京人口管理干部学院学报，2006（3）：76–78.

的改变——提高学生的学习主动性"和"教学目标的改变——重视对学生公民意识的培养"①。周珩认为，改革措施是"确立学生主体地位""加大实践课程比重""突出我国的宪法文化"和"加强宪法意识和宪法观念的培养"②。两位学者虽然是从宪法学课而非思想政治理论课出发，但对研究思想政治理论课视域之下大学生宪法意识培育如何改善，亦有借鉴价值。

显然，在大学生宪法意识培育这一研究领域，关注度较高的研究点共有三个，即现状为何、原因为何和如何改善。对此，学术界研究得较为深入，有一些学者对大学生宪法意识培育的研究作了述评③。当然，已有的每一项研究成果，多数均是对大学生宪法意识培育概念、重要性为何、现状为何、原因为何和如何改善，以及其他方面之中的两个或两个以上内容开展研究，只对其中一个方面开展研究的极少。这说明大学生宪法意识培育的研究，应是一个体系，即便是为了深入研究起见，只对该体系其中的一个方面开展研究，在提出问题、分析问题和解决问题之时，在思路上亦应秉持全局观念。

同时，关于大学生宪法意识培育的原则④、目标⑤、步骤⑥等方面的研究，当前学术界虽然研究不多，但亦有学者有所涉猎。然而，关于大学生宪法意识培育的规律、特点等方面的研究，则几乎缺失。此外，以 2018 年修宪为契机，对大学生宪法意识培育进行研究的成果，虽然已出现，但仍较少⑦。

相对而言，近些年以来，学术界通过实证考察对宪法意识进行的研究逐渐增多，这可以看作是微观研究逐渐增多的一种趋势⑧，但对群体进行分类的标准，则不尽一致⑨。而且，随着

---

① 刘雪芹. 宪法学教学中如何培养学生的宪法意识 [J]. 湖北函授大学学报，2018 (8)：74 – 78.

② 周珩. 新时代宪法教学改革理论与实践探索 [J]. 内蒙古电大学刊，2020 (4)：78 – 82.

③ 王东红. 大学生宪法意识研究述评 [J]. 学校党建与思想教育，2018 (24)：83 – 85. 水晶. 大学生宪法意识研究综述：现状与反思 [J]. 教育现代化，2020 (5)：170 – 173. 等等。同时，还有以"公民"而非"大学生"作为对象，对其宪法意识研究现状进行述评的研究成果。例如，乔淑贞. 公民宪法意识研究述评 [J]. 湖北函授大学学报，2017 (23)：104 – 106. 等等。

④ 王齐一. 青年宪法意识的历史变迁、培育原则和途径 [J]. 当代青年研究，2019 (5)：122 – 128. 等等。

⑤ 李爽. 大学生依法治国理念和法律意识的培育 [J]. 沈阳农业大学学报 (社会科学版)，2015 (3)：287 – 290. 等等。

⑥ 汪栋. 论高等学校学生宪法意识的培养 [J]. 山西农业大学学报 (社会科学版)，2004 (1)：67 – 69. 等等。

⑦ 刀慧娟. 浅议新时代背景下大学生宪法意识的培育——以学习最新宪法修正案为例 [J]. 北方民族大学学报 (哲学社会科学版)，2018 (5)：78 – 83. 等等。

⑧ 韩大元，王德志. 中国公民宪法意识调查报告 [J]. 政法论坛 (中国政法大学学报)，2001 (6)：106 – 119；张萍，王静. 宁波市公民宪法知识调查 [J]. 中共宁波市委党校学报，2004 (6)：85 – 89；韩大元，秦强. 社会转型中的公民宪法意识及其变迁——纪念现行宪法颁布 25 周年 [J]. 河南省政法管理干部学院学报，2008 (1)：1 – 16；张晓琴. 宁夏公民宪法意识调查研究 [J]. 宁夏社会科学，2009 (2)：33 – 35. 韩大元，孟凡壮. 中国社会变迁六十年的公民宪法意识 [J]. 中国社会科学，2014 (12)：123 – 142，162；张善根. 地域差异与公民宪法意识——基于简单量化的观察 [J]. 常州大学学报 (社会科学版)，2016 (5)：65 – 73；彭辉，史建三. 领导干部宪法意识的理论与实证研究——基于上海市 805 个领导干部调查样本数据 [J]. 行政法学研究，2013 (4)：96 – 102；陈立峰. 新社会阶层法治意识及其培育——以浙江省的问卷调查为基础 [J]. 中共浙江省委学校学报，2017 (3)：121 – 128；邓世豹. 当代中国公民宪制意识及其发展实证分析 [M]. 中国政法大学出版社，2013. 等等。

⑨ 张善根. 地域差异与公民宪法意识——基于简单量化的观察 [J]. 常州大学学报 (社会科学版)，2016 (5)：65 – 73. 韩大元，王德志. 中国公民宪法意识调查报告 [J]. 政法论坛，2002 (6)：106 – 119. 彭辉，史建三. 领导干部宪法意识的理论与实证研究——基于上海市 805 个领导干部调查样本数据 [J]. 行政法学研究. 2013 (4)：96 – 102. 等等。

研究的深入和细化，明确将大学生作为宪法意识培育实证分析的对象，亦在增多①。

除了期刊论文之外，截至目前，研究宪法意识或与之相关内容的博士论文，共有四篇：第1篇是 2011 年东北师范大学薛剑符著的《社会主义民主政治视野下的五四宪法研究》，专业是马克思主义发展史，方向是马克思主义民主理论史。第 2 篇是 2015 年武汉大学蔡诗敏著的《李达法学思想研究》，专业是中国近现代史基本问题研究，方向是中国社会主义革命和社会主义建设基本问题研究。第 3 篇是 2017 年华中师范大学谢文晶著的《中国共产党领导人民制宪修宪的历程与经验研究》，专业是中共党史，方向不明。第 4 篇是 2021 年北京科技大学王东红著的《大学生宪法意识培育研究》，专业是思想政治教育，方向不明。

在这四篇博士论文之中，前三篇与宪法意识或宪法意识培育相关性较小，尤其是第 2 篇博士论文（《李达法学思想研究》），而第 1 篇博士论文（《社会主义民主政治视野下的五四宪法研究》）通过研究 1954 年《宪法》的制定、通过和实施，探讨新中国成立初期党和国家是如何通过制定宪法来建设社会主义民主政治的，至于第 3 篇博士论文（《中国共产党领导人民制宪修宪的历程与经验研究》），则是通过研究历次制宪修宪的历程与经验，彰显了党及其领导下的人民的宪法意识逐渐增强。但是，前三篇博士论文与本书研究的主题"新时代大学生宪法意识培育研究"距离较远。相对而言，第 4 篇博士论文《大学生宪法意识培育研究》则与本书研究的主题距离较近，其对"宪法意识概述"（包括"宪法意识的概念""宪法意识的结构""宪法意识的功能"和"宪法意识的基本内容"），与基于实证考察的"大学生宪法意识现状调查与分析""大学生宪法意识存在的问题及影响因素"和"加强大学生宪法意识培育的途径与方法"等作出的研究，对本书研究的推进，有相当显著的启示意义和借鉴价值。然而，需要指出的是，在已有的博士论文之中，唯有这篇是将大学生作为调研对象。换言之，将大学生作为调研对象，而且将其宪法意识现状及其培育路径的改善，作为博士论文的选题进行研究，截至目前显然过少，而这恰恰亦是本书研究具有时代价值和现实意义的体现。

近些年以来，关于大学生法律意识培育的著作虽然较少，但已出现。例如，石旭斋著的《大学本科生法治素养及其提升策略》，但宪法意识培育却不是该书的核心研究内容，只是稍有涉及而已。此外，一些著作比较多的是将宪法意识培育置于公民教育的视域之下开展研究。例如，蓝维等著的《公民教育：理论、历史与实践探索》、唐克军著的《比较公民教育》、檀传宝等著的《公民教育引论：国际经验、历史变迁与中国公民教育的选择》、邓世豹著的《当代中国公民宪制意识及其发展实证分析》、乔克裕等主编的《法律教育论》等。以下分而述之。

蓝维等著的《公民教育：理论、历史与实践探索》一书，分四编对"公民教育的基本理论""公民教育的历史演进""公民教育的当代实现"和"公民教育的中国探索"作了研究。

---

① 李诗林. 大学生宪法意识的分析与思考 [J]. 青少年研究（山东省团校学报），2008（4）：7－9；王东红. 首都大学生宪法意识现状的调查与思考 [J]. 思想教育研究，2016（6）：104－107；戴激涛. 宪法，我该如何靠近您？——对广东 300 名大学生宪法意识调查的思考 [A].//王瀚. 法学教育研究：第 8 卷 [C]. 北京：法律出版社，2013：342－360；刀慧娟. 浅议新时代背景下大学生宪法意识的培育——以学习最新宪法修正案为例 [J]. 北方民族大学学报（哲学社会科学版），2018（5）：78－83；石旭斋. 大学本科生法治素养及其提升策略 [M]. 北京：中国法制出版社，2019. 等等。

其中，第四编对我国公民教育的"历史回顾""当代进展""现实问题"和"基本设想"作了探讨。对于公民教育的具体内容，其认为包括"公民的权利与义务意识；自由与责任意识；国家与公民意识；民族与人类意识；民主与权威意识；团体归属与个人主体意识等"①。而且认为，"公民教育内容的选择应当是十分广泛的，它以公民与国家的权利义务关系为核心，凡直接或间接有助于学生融入国家与社会生活，并不断与社会保持协调的知识、能力和行为方式，都是公民教育的内容。"② 可见，其认为公民教育内容是"以公民与国家的权利义务关系为核心"，而这应属于宪法意识培育内容的组成部分。总的来讲，蓝维等著的《公民教育：理论、历史与实践探索》一书对宪法意识培育，以及公民的权利与义务意识和宪法意识是何种关系，并无相关论述。

唐克军著的《比较公民教育》一书，分八章对"公民资格与公民教育理论"和美国、日本、英国、法国、德国、印度、韩国、新加坡、俄罗斯、中国的公民教育，以及"世界公民教育"作了研究，其第七章对"中国的公民教育"作了探讨，虽然第一节是"中国大陆的公民教育"，而且对大学的"思想道德与法治"课程有所提及，但对宪法意识培育并无相关论述③。

檀传宝等著的《公民教育引论：国际经验、历史变迁与中国公民教育的选择》一书，分三篇对"国外公民教育的经验""中国公民教育的历史变迁"和"当代中国公民教育的方向"作了研究，其下篇的第十四章对"当代公民教育的重点内容"作了阐述，虽然第四节是"民主与法治"，但除了在个别段落之中偶尔出现"宪法"一词之外，其对宪法意识培育并无相关论述④。

邓世豹著的《当代中国公民宪制意识及其发展实证分析》一书，分十章对"实践中的宪法意识"，与人大代表、公务员、检察官、法官、媒体从业者、律师、社会管理者、农民的宪法意识，以及"当代中国公民宪法意识的发展"作了研究，并且有较为细致的实证考察，但研究对象之中并没有大学生这一群体，自然对大学生宪法意识及其培育没有涉及，但对其他群体宪法意识及其培育所作的研究，对本书开展的大学生宪法意识培育研究亦有借鉴意义。

乔克裕等主编的《法律教育论》一书，分六章对"法律教育学的双重母体""法律教育的事实分析""法律教育的价值分析""法律教育的教学""法律教育的管理"和"不同层次法律简述"作了研究。在最后一章之中，其对大学本科的法律教育、成人法律教育和普法教育作了阐述⑤。该书除了在个别段落之中偶尔出现"宪法"一词之外，对宪法意识培育并无相关论述。但其认为，"从马克思主义观点看，凡是存在着阶级和国家的社会中，必定存在着法律及其体系。……可以依据事实进一步断定，凡是存在着法律及其体系的社会中，必定存在着相应的法律教育及其体系。"⑥ 该表述揭示了我国存在法律教育及其体系的必然性，而"法律教育

①　蓝维，高峰，吕秋芳，邢永富. 公民教育：理论、历史与实践探索 [M]. 北京：人民出版社，2007：415.
②　蓝维，高峰，吕秋芳，邢永富. 公民教育：理论、历史与实践探索 [M]. 北京：人民出版社，2007：421.
③　唐克军. 比较公民教育 [M]. 北京：中国社会科学出版社，2008：170－176.
④　檀传宝，等. 公民教育引论：国际经验、历史变迁与中国公民教育的选择 [M]. 北京：人民出版社，2011：258－267.
⑤　乔克裕，曹义孙. 法律教育论 [M]. 北京：中国政法大学出版社，2014：254－326.
⑥　乔克裕，曹义孙. 法律教育论 [M]. 北京：中国政法大学出版社，2014：84.

及其体系"自然包括"宪法教育及其体系"。

对大学生宪法意识培育或与之相关内容开展研究的外文论文，通过检索中国知网（CNKI）可以发现，其数量倒是约有百篇。从 2011 年以来，外文论文虽然不是每年均出现，但其数量开始稳步增加。然而，这些外文论文，有的标题之中虽然亦有 constitution（宪法）或 constitutional awareness（宪法意识）等词，但绝大多数是研究国外的政治意识与宪法革新①、宪法意识与司法健全②、宪法公决③、宪法基本义务④、宪法惯例与宪法革新⑤、宪法情感⑥等问题，甚至还有一些层次稍低的外文会议论文，绝大多数是研究国外的法律意识与公民教育⑦、环境法律意识⑧、团体参与意识⑨等问题，但无论是哪一种研究成果，均不是以我国的宪法意识培育或与之相关内容为主题开展研究。所以，严格来讲，以我国宪法为着力点而研究宪法意识的外文论文只有 1 篇，但却是我国学者发表的汉语论文的英文翻译⑩，该汉语论文首次发表于 2014 年（第一作者与第二作者分别是中国人民大学法学院韩大元教授及其博士研究生孟凡壮）。

当然，亦有其他数量较少的外文论文，对与我国宪法或与之相关问题作了研究，只是这种相关性可能较弱⑪。可见，研究我国"宪法意识"或与之相关问题的国外研究成果还十分匮乏，这恰好反映了我国对该领域的研究还尚未引起域外学者的注意，而这说明了我国在这一研究领域的影响力和话语权还应得到更多重视，并使之得以显著提升。

对大学生宪法意识培育或与之相关问题开展研究的著作，依然是前述的蓝维等著的《公民教育：理论、历史与实践探索》等著作，这些著作在对我国大学生宪法意识培育或与之相关问题开展研究之时，对域外这方面的问题，亦或多或少有所着墨。以下分而述之：

---

① Khanal Kalpana, Bracarense Natalia. *Constitutional Change in Nepal：Liberalization，Maoist Movement，Rise of Political Consciousness and Constitutional Change* [J]. *Review of Political Economy*，2021（1）.

② Retno Mawarini Sukmariningsih. *Examining Constitutional Awareness and Strengthening Judicial Integrity* [J]. *Yustisia*，2018（12）.

③ Jonas Bergan Draege，James Dennison. *Making Sense of Italy's Constitutional Referendum* [J]. *Mediterranean Politics*，2018（7）.

④ Naveeda Khanum，Jagannath K. Dange. *Construction of Achievement Test to Assess Awareness about Fundamental Duties of Constitution* [J]. *International Journal of Research in Social Sciences*，2018（1）.

⑤ Hobbs Harry，Trotter Andrew. *The Constitutional Conventions and Constitutional Change：Making Sense of Multiple Intentions* [J]. *Adelaide Law Review*，2017（1）.

⑥ Author unknown. *National Identity and Constitutional Patriotism in the Context of Modern Hungarian History：An Overview* [J]. *The Hungarian Historical Review*，2016（1）.

⑦ Baeihaqi. *Civic Education Learning Based on Law–Related Education Approach in Developing Student's Law Awareness* [C]. 2*nd Annual Civic Education Conference*（ACEC 2019）.

⑧ Budimansyah Dasim，Fitriasari Susan，Iswandi Dede，Muthaqin Dwi Iman，Insani Nisrina Nurul. *Green Constitution：Developing Environmental Law Awareness* [C]. 2*nd International Conference on Social Sciences Education*（ICSSE 2020）.

⑨ Anna Triningsih，Oly Viana Agustine. *Community Participation as a Constitutional Awareness of Democracy Development in Digital Era* [C]. *Proceedings of the 1st International Conference on Indonesian Legal Studies*（ICILS 2018）.

⑩ 韩大元，孟凡壮，等. 中国社会变迁 60 年的公民宪法意识 [J]. 中国社会科学（英文版），2016（2）：20 – 40.

⑪ 同时，还有一篇研究我国人权建设的外文论文，但从作者名字来看，应是我国学者或华人学者，即 Wei CUI，Yexun HU. *Enhancing Humanism in the Construction of the Constitutional Government of China* [J]. *Canadian Social Science*，2014（1）. 此外，还有一篇研究大学生宪法意识的外文论文，但从作者名字来看，也应是我国学者或华人学者，即 Le Gao. *On the Cultivation of College Students' Constitutional Consciousness* [C]. *Proceedings of the 2017 7th International Conference on Education，Management，Computer and Society*（EMCS 2017）.

　　蓝维等著的《公民教育：理论、历史与实践探索》一书，不仅从纵向的维度对公民教育"在古代欧洲的萌芽""在工业社会的形成"和"在信息时代的拓展"作了研究，而且还从横向的维度对西方国家（英国、法国、德国和美国）、东方国家（日本和新加坡），以及苏联和俄罗斯的"学校公民教育的实践"作了研究，并对"东西方学校公民教育的特点与比较"作了阐述。从其研究的成果来看，无论是西方国家、东方国家，还是苏联和俄罗斯，在其公民教育内容之中，没有包括宪法意识培育内容在内的法律意识培育内容，只是零星地、隐性地、模糊地包括一些应属于宪法意识培育范畴的民主、法治等内容。

　　唐克军著的《比较公民教育》一书，仅仅从横向的维度，对域外其他国家（美国、日本、英国、法国、德国、印度、韩国、新加坡、俄罗斯）和中国（包括台湾地区和香港特区）的公民教育作了研究。相对而言，较之于《公民教育：理论、历史与实践探索》一书，《比较公民教育》对公民教育研究的方面稍窄一些，深度亦稍浅一些。但是，两者有一个共同点，即对域外国家或地区的法律意识培育几乎没有涉及，更遑论宪法意识培育了。其原因应不是两本著作在主观上不想涉及，而是域外国家或地区在客观上未将包括宪法意识培育在内的法律意识培育充分地、显性地、明确地单列于公民教育之中。

　　檀传宝等著的《公民教育引论：国际经验、历史变迁与中国公民教育的选择》一书，在其上篇"比较研究：国外公民教育的经验"部分，对英国、美国、法国、德国、日本和韩国的公民教育及其经验作了研究①。其认为，"历史与现实证明，公民教育的这种逻辑起点或价值导向，本质上应该指向个人与国家、社会之间的关系定位"。② 而且认为，公民教育的价值重点是"人权与责任"，培养目标是"能力与实践"，实践策略是"活动与教学"，综合评价是"实效与考核"③。从其对培养内容的介绍来看，无论是传统西方国家（英国、美国、法国和德国），还是学习西方国家的东方国家（日本和韩国），均将民主、法治、人权等应属于宪法意识培育的内容，较为模糊地包括在法律意识培育内容之中，而法律意识培育内容又较为隐性地包括在公民教育内容之中，导致宪法意识培育内容的独立存在感明显较弱。

　　从对域外国家或地区的公民教育开展研究的成果来看，域外国家或地区并没有将包括宪法意识教育在内的法律意识教育清楚地单列为一项教育内容，只是公民教育所包括的责任担当意识、权利和义务意识、公平公正意识等诸多内容之中模糊地含有一些法律意识的内容，该做法导致开展包括宪法意识培育在内的法律意识培育的我国，在借鉴域外国家或地区的公民教育之时带来了较大难度。虽然说"借鉴或学习，几乎是发展中国家所有领域的关键词"④，但若国情相异，发展模式不同，借鉴或学习几无可能，那只能将域外国家或地区的做法当作一种参考了。

　　此外，有一个国家值得稍加注意，即与我国一衣带水的邻国日本。该国虽然在地理上是一

---

　　①　檀传宝，等. 公民教育引论：国际经验、历史变迁与中国公民教育的选择［M］. 北京：人民出版社，2011：1 – 116.

　　②　檀传宝，等. 公民教育引论：国际经验、历史变迁与中国公民教育的选择［M］. 北京：人民出版社，2011：105.

　　③　檀传宝，等. 公民教育引论：国际经验、历史变迁与中国公民教育的选择［M］. 北京：人民出版社，2011：113 – 114.

　　④　檀传宝，等. 公民教育引论：国际经验、历史变迁与中国公民教育的选择［M］. 北京：人民出版社，2011：1.

个东亚国家，但在政治制度和经济发展程度上，时常将其归类于"西方国家"，而日本从明治维新提出和贯彻"脱亚入欧"以来，也基本上自我认定为西方国家的一员。但即便如此，其受中华文化影响有千年之久，其多数民众的法律意识仍带有传统儒家思想影响下"厌讼"或"息讼"的痕迹。在对法治的认识上，中日两国民众有一些相似之处，普通民众的法律意识并不浓厚。有学者以日本宪法诉讼制度为切入点，对日本民众的法律意识作了研究，例如魏晓阳著的《现代日本人的法律生活——从宪法诉讼看日本法律意识变迁》。该书作者认为，"对于一个体面的日本人来说，法律需要尽量避而远之。……永远不用法律或不被卷入到法律中是一个体面的日本人的通常愿望"。① 换言之，多数民众的法律意识——这里的"法律意识"广义上不包括宪法意识——并不浓厚。

然而，一个吊诡的现象是，日本多数民众的宪法意识却较强，"可以毫不夸张地说，它从整体上改变了日本国民与宪法的关系，使得宪法不再是一部规范国家机构、与国民相距遥远的法律，而是一部关系到国民切身利益的神圣法典"。② 而且，要求日本政府遵守宪法的意愿相当坚决，这是日益右翼化的日本政府每次妄图修改《日本国宪法》尤其是其第九条均会遭受民众声势浩大的反对的根本原因。换言之，多数日本民众对普通法律产生的法律意识并不强烈，但对宪法产生的宪法意识却相当浓厚，亦即宪法意识较强。虽然这在西方国家法治建设过程之中很特别，几乎是一个特例，但仍值得注意，这对于对普通法律意识有待增强，且宪法意识更有待增强的我国而言，具有相当重要的启示意义，即在法律意识——这里的"法律意识"广义上不包括宪法意识——并不浓厚的情况之下，普通民众的宪法意识经过培育，亦可以显著增强。此外，该书作者有一个重要观点需要注意，即"现代化不等于西化，现代化也可以是亚洲化。法律的现代化也是如此"。③ 这启示我国在推进包括法治在内的诸多领域的现代化之时，应注意结合我国的国情和实际，切勿全盘西化。

同时，在我国学术界，法学学者尤其是宪法学者大约自清末民国开始④，便对国外宪法开展研究，形成了汗牛充栋的研究成果，使外国宪法学成为比较法学之中十分重要且不可忽略的一个分支。但是，研究外国宪法的著作或教材⑤，基本上只专注于对外国宪法的嬗变及其制度的建立与运行，而对其民众的宪法意识及其培育，却缺乏专门研究。此外，主要对我国宪法开

---

① 魏晓阳. 现代日本人的法律生活——从宪法诉讼看日本法律意识变迁 [M]. 北京：法律出版社，2012：168.

② 魏晓阳. 现代日本人的法律生活——从宪法诉讼看日本法律意识变迁 [M]. 北京：法律出版社，2012：176.

③ 李丽辉. 法律与民族性——日本法律近代化可以可能 [M]. 北京：法律出版社，2012：240.

④ 在民国时期，对外国宪法研究的集大成者，莫过于王世杰、钱端升合著的《比较宪法》一书，较为权威的是商务印书馆于 2010 年出版的版本。该书在民国时期增订四版（第一版即初版出版于 1927 年，再版出版于 1928 年，第四版出版于 1942 年，自 1936 年第三版开始从原来王世杰独著变为王世杰与钱端升合著），是民国时期我国学者对比较宪法开展研究的集大成者，但该书与新中国成立以来尤其是改革开放的众多比较宪法学专著类似，基本上只专注于外国宪法的嬗变及其制度建立与运行，对外国宪法意识培育缺乏研究。

⑤ 沈宗灵. 比较宪法——对八国宪法的比较研究 [M]. 北京：北京大学出版社，2002；韩大元. 比较宪法学：第二版 [M]. 北京：高等教育出版社，2008；韩大元. 比较宪法——宪法文本与宪法解释 [M]. 北京：中国人民大学出版社，2008；陈欣新. 宪制之鉴 [M]. 北京：法律出版社，2008；胡锦光. 外国宪法 [M]. 北京：高等教育出版社，2011；何华辉. 比较宪法学 [M]. 武汉：武汉大学出版社，2013；王广辉. 比较宪法学：第二版 [M]. 武汉：武汉大学出版社，2020. 等等。

展研究的著作或教材，在阐述我国宪法的嬗变及其制度的建立与运行之时，对外国宪法时常亦有一些研究，但对其民众的宪法意识及其培育，亦缺乏专门研究。换言之，宪法意识及其培育，尤其是宪法意识培育这一主题，基本上还未被作为宪法学一个重要内容开展专门研究。

总的来讲，对于宪法意识或与之相关内容，域外学者的研究较为缺失，而且国内学者对域外宪法意识的研究亦较为缺乏，主要原因不在于国内学者对域外宪法意识涉及较少，而在于域外的宪法意识培育并不像我国这样是一个重大问题。之所以如此，是因为域外特别是法治历史较为悠久的西方国家，其法治发展是"自下而上"的模式，在法治缓慢发展的数百年之中，公民的法律意识（包括宪法意识）也慢慢培育起来了。即使一些公民对宪法并不了解，但由于这些国家均有一些诸如宪法诉讼、违宪审查等将宪法规范落实到实处，或者将理论上的"宪法效力"转化为实践中的"宪法实效"，且被证明为行之有效的宪法制度，成功地使宪法"活"在现实之中，这对培育广大民众的宪法意识，使之相信宪法是治国安邦不可或缺的国之重器，起到了显著作用。因此，通过实施宪法，使宪法在调控国家政治生活和公民基本权利与义务方面具有看得见、找得到、摸得着的真实成效这一点上，应是可以达成共识的。

相对而言，域外国家或地区很少有宪法意识培育，基本上是将宪法意识包括在法律意识或规则意识之中使民众通过公民教育得以知晓，而且民众的宪法意识，亦主要依靠较为完善的宪法实施机制使之知晓宪法的重要性，以至于整个国家和社会体系的运行均离不开宪法的这一氛围来培育，所以并没有将宪法意识单列出来作为公民教育十分重要的内容之一，这一方面与其法治是"自下向上"且经过数百年的缓慢形成的法治模式相关，另一方面与他们形成了较为完善的宪法实施机制继而使民众可以通过宪法实施的影响来感受宪法对国家而言十分重要的氛围相关。而我国并非如此，但宪法意识又很重要，故而需要单列出来将其作为对民众开展法律意识培育的主要内容之一。

诚然，域外国家或地区的公民教育历史较长，内容丰富，亦各有特色，但其对民众的法律意识培育几乎都没有直接的涉及，对宪法意识培育更是如此，而基本上是将法律意识培育或是显性、或是隐性地嵌入规则意识的培育之中。换言之，在域外国家或地区，包括宪法意识在内的法律意识，是作为规则意识的一项内容，与人格独立和具有思考能力，积极参与社会生活，传承国家的历史和文化，认知国家所秉持的政治制度等一起成为公民教育的重要内容。由于域外国家特别是法治历史悠久的国家，宪法意识深入社会治理体系的诸多方面，所以即使部分民众不知宪法的具体内容，但一提到宪法，也经常怀有敬畏之心。对于公民宪法意识培育，一方面依靠公民教育，另一方面依靠宪法诉讼、违宪审查等制度的实施，使民众时常能感受到宪法就在身边，继而感受到国家法治体系的建设和推进离不开宪法的调控和规范。

对于域外国家或地区，别说是宪法意识培育，就是法律意识培育——这里的"法律意识培育"广义上不包括宪法意识培育——均显得较为隐性，一般是嵌入规则意识培育之中，作为庞杂的公民教育的组成部分而出现，不像在我国，法律意识培育有党和国家组织的专门活动得以开展（例如普法计划）。而且近年来，随着宪法宣誓制度的建立与对该制度的宣传，以及"国家宪法日"的确定，一系列宪法意识培育或宪法教育等活动开展得如火如荼，以较为显性的、独立的形式出现在我国建设法治社会和推行依宪治国的征程之中，这种现象基本只出现在法治后发型的我国，这是符合我国基本国情的做法，可以作为我国法治建设的一种特色或创举。同时，较为显性的、独立的包括宪法意识培育在内的法律意识培育并无先例可供遵循，因此在全面推进依法治国（包括依宪治国）的新时代，更需要加强这方面的理论研究和实践探索，以期少走弯路或事半功倍，而这恰恰亦是本研究具有的现实意义和时代价值之一。

相对而言，在大学生宪法意识培育这一研究领域，专著对该领域的关注度，显然不如期刊。在已有的专著之中，绝大多数专著均将法律意识培育置于公民教育视域之下开展研究，但由于借鉴了域外国家或地区将公民教育内容尽可能予以拓展的做法，而将与法律意识培育相关的民主法治意识、权利义务意识等内容包含其中，但又未将这些内容明确地归属于法律意识培育。换言之，将民主法治意识、权利义务意识等内容淹没在内容十分广泛的公民教育之中，而且亦未对宪法意识培育的概念为何、内容为何、现状为何、原因为何、如何改善以及与依法治国、依宪治国之间关系为何等问题给予深入研究。更为重要的是，我国思想政治教育与域外国家或地区的公民教育并不相同且差别较大，因此将应明确归属于法律意识培育的民主法治意识、权利义务意识等内容，置于外国模式的公民教育而非中国模式的思想政治教育视域之下开展研究，本身可能就存在水土不服的弊端。

1.2.2　研究述评

对大学生宪法意识培育开展研究，主要有以下三个发展趋势：

第一，对大学生宪法意识培育重要性达成共识，无需多作讨论。但基于不同的视角，学者们各自作出了阐述，而且阐述越来越有力度。

第二，对大学生宪法意识培育开展研究，越来越多的学者开始对大学生这一群体进行分类，以使研究更加深入，更加具象化。基于此，因人制宜地提出了一些具有可行性的建议。

第三，大学生宪法意识的增强，在继续注重抽象知识教育的基础之上，更加重视实践教育。

但亦应看到，已有研究存在以下四个不足，需要给予重视和改善。

第一，对大学生宪法意识培育内容研究不够。仅仅将其停留在宪法文本的教育上，而未能将宪法意识培育内容适当地予以拓展。

第二，对大学生宪法意识培育的原则、方法、规律等方面研究不够，未给予总结和归纳，并使之指导大学生宪法意识培育的开展。

第三，对大学生宪法意识培育的历程研究不够。已有的研究成果，一般是对公民、民众或全社会等这种较为概括性或抽象化的主体的宪法意识培育历程开展研究。

第四，关于大学生宪法意识培育的研究，绝大多数是由法学尤其是宪法学学者所开展的，其自然是从法学尤其是宪法学的视角出发[①]。相应地，思想政治教育学领域的学者，显得较为

---

① 刘雪芹. 宪法学教学中如何培养学生的宪法意识 [J]. 湖北函授大学学报，2018（8）：74 – 75，78.

缺席①。换言之，从思想政治教育视角对大学生宪法意识培育开展研究有待加强。

自 20 世纪 80 年代开始，已有学者对 1982 年《宪法》通过和开始实施之后学术界对宪法学的研究情况作了概括，即"在宪法学的研究中，大多停留在对宪法的静态研究阶段，注重对宪法条文本身的诠释、阐发，忽视研究宪法制定以后在实际中的作用和发展；重视定性分析，忽视定量分析"。② 与当下相比，该问题已得到显著改观，但仍未得到彻底扭转。对此，学术界应予以重视。而且，宪法意识或与之相关内容，既是宪法学研究的重要内容，又是思想政治教育学研究的重要内容。但相对而言，思想政治教育学对宪法意识或与之相关内容的研究更显薄弱。2012 年 11 月党的十八大召开以来即中国特色社会主义进入新时代以来，党和国家较之于以往对宪法更加重视，通过了《关于实行宪法宣誓制度的决定》和《关于设立国家宪法日的决定》，提出"合宪性审查"的命题，凡此种种，在引起包括学术界在内的社会各界的热议与好评的同时，亦为学术界研究宪法提供了新的素材和着力点，随之使宪法意识或与之相关内容的研究出现了繁荣。但亦不应就此而满足，学术界应加强研究，以期加大这方面高质量的学术成果的产出，继而为宪法意识培育的开展提供充满建设性的理论指导与具有可行性的良好建议。

1.3　相关概念辨析与界定

"人文社会科学研究离不开概念的运用，概念是科学研究的起点。"③ 对于宪法意识研究，亦是如此。所以，为了便于后边研究的行文或阐述，有必要对相关概念进行集中辨析与界定。

1.3.1　中国特色社会主义进入新时代

在党于 2017 年 10 月通过的十九大报告中，"新时代"一词频频出现，总共出现了 36 次。报告伊始，便开宗明义指出，"中国共产党第十九次全国代表大会，是在全面建成小康社会决胜阶段、中国特色社会主义进入新时代的关键时期召开的一次十分重要的大会"。从形式来看，正是基于党的十九大的召开，才使"新时代"一词成为一个举国皆知的"热词"，但不能由此而认为从十九大召开，中国特色社会主义才进入"新时代"。

习近平指出，"时代的发展有一个从量变到质变的过程，在量变中蕴含和孕育着质变，质

---

① 马秀华，王从烈. 法律基础教学应以宪法为重点 [J]. 南京人口管理干部学院学报，2006（3）：76-78.
② 严显生. 公民宪法意识问题的调查报告 [J]. 北京大学学报（哲学社会科学版），1985（4）：61-69.
③ 谢红星. 类宪法现象刍论——兼论广义宪法史观及宪法史学研究对象的扩展 [J]. 云南大学学报（法学版），2009（5）：15-19.

变是量变的必然结果，同时又开启新的量变"。① 对中国特色社会主义发展阶段的划分与定性，不能只看形式，而不看实质，只要是使中国特色社会主义的发展在质上进入一个新阶段，其便与之前的发展阶段出现了不同的深刻变化。近些年以来，中国特色社会主义的发展出现了重大变化，各个方面均得以全面深化改革，而起始点便是 2012 年 11 月党的十八大的召开。实际上，在党的十九大召开期间，在对《党章》进行修改之时，用的表述是："党的十八大以来，……在习近平新时代中国特色社会主义思想指导下，……推动中国特色社会主义进入了新时代"。可见，在这次党的全国代表大会上，习近平当选为党的最高领导人，次年又当选为国家的最高领导人，之后十八届中央委员会的每一次中央全会，亦是由其主持召开，并通过了以《关于全面推进依法治国若干重大问题的决定》等为代表的对全面推进依法治国（包括全面推进依宪治国）等起到重大促进作用的重要文件。基于此，可以认为，中国特色社会主义进入"新时代"的起始点，是 2012 年 11 月党的十八大的召开，而非更晚一些的 2017 年 10 月党的十九大的召开。

1.3.2　法律与宪法、宪法与《宪法》、宪法相关法

在思想政治教育学领域，以陈万柏、张耀灿主编的《思想政治教育学原理》（第三版）为代表的教材或专著，几乎均将"法治观教育"作为思想政治教育的重要内容之一②，但对于属于法治观教育的重要因素的法律、宪法等核心词，是何种含义及其如何对其进行阐述或界定，截至目前，思想政治教育学领域的教材或专著对此却鲜有提及。那么，只能从与法律意识培育（包括宪法意识培育）存在密切关系的法学领域（包括宪法学领域）的知名教材或专著里去寻找相关阐述或界定了。

在法理学领域，张文显在其主编的《法理学》（第四版）的第四章"法的概念"对"法律"和"法"下了定义。其认为，"在现代汉语中，'法律'一词有广义和狭义两种用法。"③"广义的'法律'是指"法律的整体"。④ 而狭义的"法律"则"仅指全国人民代表大会及其常务委员会制定的法律"。⑤ 同时，其亦认为，"为加以区别，学者们有时把广义的法律称为法，把狭义的法律称作法律，但在很多场合下，仍根据约定俗成的原则，把所有的法统称为法律"。⑥ 其将"法"定义为："由国家制定或认可并依靠国家强制力保证实施的，反映由特定社会物质生活条件所决定的统治阶级意志，以权利和义务为内容，以确认、保护和发展对统治阶

───────────────

　　① 中共中央宣传部. 习近平新时代中国特色社会主义思想学习纲要 [M]. 北京：学习出版社，人民出版社，2019：12.

　　② 在陈万柏、张耀灿主编的《思想政治教育学原理》（第三版）的教材之中，其认为，思想政治教育内容包括五个方面，即"世界观教育""政治观教育""人生观教育""法治观教育"和"道德观教育"，但在"法治观教育"一节之中，其未对"社会主义民主教育"和"社会主义法治教育"进行定义，只对"纪律"进行了定义。但对如何开展"社会主义民主教育""社会主义法治教育"和"遵守纪律教育"却提出了较为细致的、具有可行性的建议. 陈万柏，张耀灿. 思想政治教育学原理：第三版 [M]. 北京：高等教育出版社，2015：190-193.

　　③④ 张文显. 法理学：第四版 [M]. 北京：高等教育出版社，北京大学出版社，2011：39.

　　⑤⑥ 张文显. 法理学：第四版 [M]. 北京：高等教育出版社，北京大学出版社，2011：39-40.

级有利的社会关系和社会秩序为目的的行为规范体系。"① 显然，该定义包含了法律的功能②。对此，有学者亦作了精确论述。其认为，"法律的主要功能也许并不在于变革，而在于建立和保持一种可以大致确定的预期，以便利人们的相互交往和行为"③。其同时认为，"法律几乎总是同秩序相联系"④。前一论述更适用于私法，而后一论述则既可以适用于公法，又可以适用于私法。但对于公法性质十分明显的宪法，其与秩序尤其是政治秩序的关系则更为密切。

可见，张文显认为"法"的范畴大于"法律"。相应地，广义上的"法律"的范畴亦肯定大于狭义上的"法律"，这是毋庸置疑的。其明确认为，广义上的"法律"是指"法律的整体"。并通过举例认为，"就我国现在的法律而论，它包括宪法"。换言之，其认为"宪法"是"法律"的一种表现形式，或者是作为"法律的整体"的一个部分。而从其对"法"下的定义来看，"宪法"自然亦属于"法"的一种表现形式，因为"为加以区别，学者们有时把广义的法律称为法"。但从狭义上的"法律"来看，由于其"仅指全国人民代表大会及其常务委员会制定的法律"，所以自然不包括"宪法"了。由此，可以认为，广义上的"法律"包括"宪法"，而狭义上的"法律"不包括"宪法"。

基于此，在本书的具体表述之中，倘若对"法律"取广义理解，则其包括"宪法"，反之亦然。如未作特别说明，则对"法律"取狭义理解，即其不包括宪法。

对于"宪法"以及基于"宪法"而产生的"宪法文化"，有学者认为，"中国近代宪法文化的产生，可以说是西学东渐的结果"⑤。对于西方国家"宪法"一词内涵的演变，其认为：

> "近代意义上的'宪法'一词是从拉丁文'constitution'翻译而来，原为'组织与确立'之意。古罗马帝国时期曾经用它来表示有关皇帝的各种建制和皇帝颁布的诏令、谕旨之类的文件。至欧洲封建时代，'constitution'已类似于国家的组织法。……经过长期的演变，尤其是资产阶级革命胜利以后制宪运动在西方各国的广泛开展，'constitution'一词的近代内涵才得以确立。"⑥

其亦认为，"从宪法的实质性内涵分析，真正具有近现代意义的宪法是资本主义经济关系、民主政治和法治获得一定程度发展之后的产物"⑦。而对于我国"宪法"一词内涵的演变，其认为：

> "与西方国家不同，在中国古代很早便出现'宪法'一词，但其语义与近代的宪法概念有着质的区别。中国古代典籍中的'宪法'一词，主要适用于三种情况：其

---

① 张文显. 法理学：第四版 [M]. 北京：高等教育出版社，北京大学出版社，2011：47.

② 但严格来讲，张文显对"法"下的这一定义，其指向应是"法律"而非"法"，因为"法"与"法律"是存在差别的。有学者认为，"'法'一词在西方法学上用法甚多，美国著名的社会法学家庞德在谈到英语 law 一词时已指出了这一点，说它有三种用法：其一，是自然科学家用于指事物的规律或定律，如万有引力定律；其二，是法哲学家所说的'自然法'，它或者指'由哲学的伦理学的法律研究所发现之原理'，或者指社会中'约束行为及调节人类相互关系的基本原则'，或者指在国家里'规定义务与权利的法律之基础'；其三，即一般通常所说的所谓法律或实在法。"[美] 庞德. 法律肄言 [M]. 北京：商务印书馆，1934：15. 转引自严存生. 法律的人性基础 [M]. 北京：中国法制出版社，2016：3.

③④ 苏力. 法治及其本土资源：修订版 [M]. 北京：中国政法大学出版社，2004：7.

⑤⑥⑦ 张晋藩. 中国宪法史：修订本 [M]. 北京：中国法制出版社，2016：1.

一，一般性的法律和法度。……其二，优于一般法的君命大法。……其三，指法律的颁布和实施。"①

　　基于此，其认为，"除了在形式上包含某种根本法的意义，中国古代的'宪法'的语义与'民主''人权'等宪法概念没有任何的内在关联。"② 可以说，其对中西方就"宪法"一词内涵演变所作的梳理和评析，是十分中肯的。但其对于"宪法"，却未进行明确的定义。相对而言，其对我国"宪法"一词内涵演变所作出的梳理和评析则较为简略，亦有学者对我国"宪法"一词的内涵自近现代以来所发生的变化，作了十分细微的梳理和评析③。

　　对于"宪法"，以陈万柏、张耀灿主编的《思想政治教育学原理》（第三版）为代表的教材或专著，亦未对其进行定义，所以还是需要借鉴法学尤其是宪法学对"宪法"所下的定义。在宪法学领域，周叶中在其主编的《宪法》（第四版）的第一章"宪法的概念"对"宪法"下了定义。其在对"宪法内容上的本质属性"（"指集中表现统治阶级建立民主制国家的意志和利益"）和"宪法形式上的本质属性"（"指它是国家的根本法"）作了探析的基础之上④，对"宪法"下了定义，即"集中表现统治阶级建立民主制国家的意志和利益的国家根本法"⑤。在我国宪法文本之中，在"宪法内容上"体现其本质属性的，是其对国体、政体、国家机关组织原则、中央和地方之间权力划分、民族区域自治制度、基本经济制度、公民基本权利和义务、国家机关之间权力的分工与行使等事项作了规定⑥。在"宪法形式上"体现其本质属性的，是其对《宪法》本身所具有的最高效力作了规定⑦。

　　而在宪法学领域，亦有其他学者从"部门法意义上"对"宪法"下了定义。例如，许崇德主编、胡锦光副主编的《宪法》（第四版），从"部门法意义上"对"宪法"下了定义。其首先对"部门法"的划分标准作了阐述，认为"通过以调整对象和调整方法为标准，将

---

①② 张晋藩. 中国宪法史：修订本［M］. 北京：中国法制出版社，2016：7.

③ 有学者认为，"早在20世纪初，梁启超就已经为宪法是什么的问题提供了答案：'宪法者何物也？立万世不易之宪典，而一国之人，无论君主为官吏为人民，皆共守之者也，为国家一切法度之根源。'这一对宪法的基本论断，成为后来宪法学的通说。至新中国成立后，我国宪法学说更多的是从'阶级意志'的角度来界定宪法概念。改革开放以来，机械单一的'阶级分析方法'逐渐淡出宪法学研究领域，学者对于宪法是什么这一根本性问题的回答体现了这种变化。……随着时代发展和学术界思想进一步解放，将'政治力量对比关系'作为宪法的本质特征逐渐成为代替阶级理论的新学说，这种学说强调宪法反映的是各种政治力量的对比关系，是对民主制度的法律化。……随着宪法学界将宪法权利作为宪法的价值核心的共识逐渐形成，学者们开始从国家和公民关系的角度认识宪法，认为宪法是调整国家（权力）与公民（权利）之间关系的根本法。……在认识到宪法作为根本法的特征基础上，晚近也有学者试图超越形式意义上的宪法，而将宪法秩序纳入宪法的范畴之中。"胡建淼. 外国公法译介与移植［M］. 北京：北京大学出版社，2009：161-164.

④⑤ 周叶中. 宪法：第四版［M］. 北京：高等教育出版社，2016：36.

⑥ 例如，《宪法》第1条第1款对国体作了规定（"中华人民共和国是工人阶级领导的、以工农联盟为基础的人民民主专政的社会主义国家"）。《宪法》第2条第2款对政体作了规定（"人民行使国家权力的机关是全国人民代表大会和地方各级人民代表大会"）。《宪法》第3条第1款对国家机构组织原则作了规定（"中华人民共和国的国家机构实行民主集中制的原则"），等等。

⑦ 例如，《宪法》序言最后一段对宪法具有最高法律效力作了规定（"本宪法以法律的形式确认了中国各族人民奋斗的成果，规定了国家的根本制度和根本任务，是国家的根本法，具有最高的法律效力。……都必须以宪法为根本的活动准则，并且负有维护宪法尊严、保证宪法实施的职责"）。《宪法》第5条第4款对位阶低于宪法的规范性文件不得与宪法相抵触作了规定（"一切法律、行政法规和地方性法规都不得同宪法相抵触"）。《宪法》第67条第7项对与宪法相抵触的行政法规、决定和命令的处置作了规定（"全国人民代表大会常务委员会行使下列职权：……（七）撤销国务院制定的同宪法、法律相抵触的行政法规、决定和命令"），等等。

法律划分为不同的部门。法律都以社会关系为调整对象，宪法同样也调整着社会关系，宪法主要以国家与公民之间这一社会关系为调整对象，与其他的法律所调整的社会关系存在巨大的差异；……因此，宪法又是一个特定的法律部门"。① 接着，其认为，"就部门法意义上的宪法而言，它是所有调整国家与公民之间关系的法律规范的总和。既包括在一个国家的法的体系中居于最高地位、具有最高法律效力的宪法，也包括具有一般法律效力的法律，即宪法性法律"。② 显然，在宪法部门法之中，前者是指《宪法》，后者是指除《宪法》之外的宪法性法律，而宪法性法律起着对相关宪法规范进行细化、补充的作用，包括《中华人民共和国全国人民代表大会组织法》（以下简称《全国人大组织法》）等组织法和《中华人民共和国民族区域自治法》（以下简称《民族区域自治法》）、《中华人民共和国国歌法》（以下简称《国歌法》）等对某些政治制度以及国家标志等进行规定的其他法律。

此外，许崇德主编、胡锦光副主编的《宪法》（第四版），亦对"根本法意义上的宪法"下了定义，其认为，"是指不仅制定了成文法典，而且成文法典在一国的法的体系中居于最高地位、具有最高法律效力的宪法"。③ 通过对比可以发现，许崇德主编、胡锦光副主编的《宪法》（第四版）所提及的"根本法意义上的"特性，基本上等同于周叶中主编的《宪法》（第四版）所提及的宪法在"宪法形式上的本质属性"。

基于此，在本书之中，倘若"宪法"是指部门法意义上的宪法，则包括以下两个方面：

一方面，是全国人大于 1982 年通过和颁布的《宪法》，以及在此基础之上，由全国人大于 1988 年、1993 年、1999 年、2004 年和 2018 年历次通过的《宪法修正案》而形成的现行《宪法》。换言之，如今适用的《宪法》，与于 1982 年通过和颁布之时的文本相比，已有较大变化。所以，严格来讲，如今适用的《宪法》是 1982 年《宪法》及其历经五次修改而形成的最新《宪法》。

另一方面，是在宪法部门法之中，除了《宪法》之外，还包括《全国人大组织法》等组织法和《民族区域自治法》等对某些政治制度以及国家标志等进行规定的其他法律。

倘若"宪法"是指"根本法意义上的宪法"，或者强调其在"形式上的本质属性"的这一特征，则是指 1982 年《宪法》及其历经五次修改而形成的最新《宪法》。而且，由于 1982 年《宪法》与现行《宪法》的文本并不相同，所以在提及现行《宪法》之时，严格来讲，并非是指由全国人大于 1982 年通过和颁布的《宪法》。可见，宪法较之于《宪法》，其内容则多得多，外延也广得多。同时，"宪法"和《宪法》以及"宪法部门法"等概念之间，虽然在内容上或逻辑上有重合之处，但亦具有鲜明的相异之处。

然而，由于本书提倡"大宪法"④ 及"大宪法意识"培育，所以本书所开展的"新时代大学生宪法意识培育研究"之中所指的"宪法"，应比部门法意义上的"宪法"的范畴更广一些，其包括以下四个部分：

第一，1982 年《宪法》及其历经五次修改而形成的最新《宪法》。

---

①②③　许崇德，胡锦光. 宪法：第四版 [M]. 北京：中国人民大学出版社，2009：12.

④　"大宪法"是指宪法意识培育内容以《宪法》文本及历次修宪的重点内容为基础，但在此基础之上作适当的拓展，使之包括人民宪法近百年发展史、宪法相关法与法律体系等诸多内容，从而扩大和加深培育对象对宪法及与宪法相关内容的理解，这在第 4 章第 1 节有具体的阐述。

第二，《全国人大组织法》等组织法和《民族区域自治法》等对某些政治制度以及国家标志等进行规定的其他法律。

第三，置于宪法意识培育范畴之中较为合适的国家与民族认知教育、党情与国情认知教育、国内国外形势认知教育等相关内容。

第四，置于宪法意识培育范畴之中亦较为合适的道德教育、生活教育和人生教育等相关内容。

所以，宪法意识培育不仅仅包括学习《宪法》文本、尊重《宪法》文本、遵守《宪法》文本和认同《宪法》文本而产生的意识，还应包括国家与民族认知教育、党情与国情认知教育、国内国外形势认知教育等更加广泛的其他内容，使大学生不仅仅树立宪法意识，还应树立政治意识、国家意识、民族意识、国情意识、道德意识等，使之成为具有中国立场、中国精神、中国内核的新一代社会主义建设者和接班人。

至于"宪法相关法"，2018 年版的《思想道德修养与法律基础》教材对此下了一个较为全面的定义，其认为，"宪法相关法是与宪法相配套、直接保障宪法实施和国家政权运作等方面的法律规范"①，并对其作了较为细致的阐释。可以说，虽然该教材并非学术专著，但其对"宪法相关法"的定义，是较为中肯的，但可惜的是到了 2021 年版的《思想道德与法治》教材，该定义及其所在的章节被删掉了。尽管如此，2018 年版的《思想道德修养与法律基础》教材对"宪法相关法"的定义，仍然具有启示意义。

2011 年 3 月，时任全国人大常委会委员长吴邦国宣布："中国特色社会主义法律体系已经基本形成"。其指出，"到目前为止，我国现行有效的法律共 229 件，涵盖宪法及宪法相关法、民商法、行政法、经济法、社会法、刑法、诉讼及非诉讼程序法等七个法律部门"②。可见，其提到了"宪法及宪法相关法"，并将此作为一个法律部门。根据中国人大网发布，截至 2021 年 12 月底，我国现行法律共 291 件。——宪法 1 件与宪法修正案 5 件、宪法相关法 49 件、民法商法 23 件、行政法 97 件、经济法 81 件、社会法 27 件、刑法 2 件③、诉讼与非诉讼程序法 11 件④。从数量上看，从 229 件到 291 件（在计算之时，将"宪法修正案 5 件"与"宪法 1 件"合计为 1 件。换言之，将"宪法修正案 5 件"纳入"宪法 1 件"之中，之所以如此，是因为通过的"宪法修正案"已融入"宪法"之中，不再单独存在），增长明显。同时，从 2008 年以来尤其是 2012 年 11 月党的十八大召开以来，2011 年时的 229 件法律，多数得以修改与完善，有些法律修改的幅度较大，几乎等同于制定了一部新的法律⑤。

从 2011 ~ 2021 年，虽然法律发展以及由此而使我国社会主义法律体系得以显著完善，但

---

① 本书编写组. 思想道德修养与法律基础：2018 年版［M］. 北京：高等教育出版社，2018：154.

② 全国人民代表大会常务委员会工作报告（2011 年）［N］. 中国人大网，2011 - 03 - 11.

③ 刑法 2 件包括两类，一类是刑法典即《刑法》和单行刑法即《全国人大常委会关于惩治骗购外汇、逃汇和非法买卖外汇犯罪的决定》以及 11 件《刑法修正案》。另一类是《反有组织犯罪法》。

④ 现行有效法律目录（291 件）（截至 2021 年 12 月 24 日十三届全国人大常委会第三十二次会议闭幕，按法律部门分类）［N］. 全国人民代表大会—中国人大网，2021 - 12 - 27.

⑤ 例如，2018 年 10 月全国人大常委会通过修订的《人民法院组织法》，使 1979 年 7 月通过的《人民法院组织法》（于 1983 年、1986 年、2006 年修订），由 2006 年的三章、41 条（第 41 条序号还在，但该条内容已于 1983 年被删除）增加为六章、59 条。同时，《人民检察院组织法》《刑事诉讼法》等亦是如此，反映了十八大以来党和国家对法律修改与法律体系完善的重视。

在法律体系之中均有"宪法相关法"的一席之地，说明该部门法的地位是稳固的，党和国家对其产生的认知是稳定的。只是 2011 年的用语是"宪法及宪法相关法"，2021 年的用语是"宪法相关法"，可见表述存在相异之处，但在本质上却是相同的，"宪法及宪法相关法"是"宪法部门法"的另一种称谓，而"宪法相关法"是"宪法及宪法相关法"或"宪法部门法"在排除"宪法"之后的其他内容。换言之，"宪法及宪法相关法"或"宪法部门法"由两部分组成，一部分是"宪法"，另一部分是"宪法相关法"。所以，中国人大网在其发布的"现行有效法律目录（291 件）"之中既然有"按法律部门分类"的表述，那么将"宪法"与"宪法相关法"相并列的做法则有失严谨，因为宪法部门法由宪法与宪法相关法共同组成，而非仅仅只是由宪法相关法单独组成。准确地讲，应是"宪法及宪法相关法 47 件"或"宪法及相关法 47 件"（宪法 1 件与宪法相关法 46 件之和）。根据 2018 年版的《思想道德修养与法律基础》教材对"宪法相关法"下的定义①，可以认为，其包括以下四个方面：

第一，"国家机构的产生、组织、职权和基本工作原则方面的法律"，例如，《全国人大组织法》、《中华人民共和国各级人民代表大会常务委员会监督法》（以下简称《各级人大常委会监督法》）、《监察法》等。

第二，"民族区域自治制度、特别行政区制度、基层群众自治制度方面的法律"，例如，《民族区域自治法》、《中华人民共和国香港特别行政区基本法》（以下简称《香港特别行政区基本法》）、《中华人民共和国居民委员会组织法》（以下简称《居民委员会组织法》）等。

第三，"维护国家主权、领土完整、国家安全、国家标志象征方面的法律"，例如，《反分裂国家法》、《中华人民共和国国家安全法》（以下简称《国家安全法》）、《中华人民共和国国旗法》（以下简称《国旗法》）等。

第四，"保障公民基本政治权利方面的法律"，例如，《中华人民共和国家赔偿法》（以下简称《赔偿法》）等②。

可见，第四个方面的法律相对较少，但并非这方面法律在内涵或外延上本来就少，而是其立法还明显不够。稳妥之计，是切实依据宪法制定对《宪法》第 35 条至第 36 条③等规定起细化性或补充性作用的立法④。至于宪法部门法，除了宪法之外的其他法律，便是宪法相关法了。但是，

---

①　2018 年版的《思想道德修养与法律基础》认为，"宪法相关法是与宪法相配套、直接保障宪法实施和国家政权运作等方面的法律规范，主要包括国家机构的产生、组织、职权和基本工作原则方面的法律，民族区域自治制度、特别行政区制度、基层群众自治制度方面的法律，维护国家主权、领土完整、国家安全、国家标志象征方面的法律，保障公民基本政治权利方面的法律。"本书编写组. 思想道德修养与法律基础：2018 年版 [M]. 北京：高等教育出版社，2018：154. 而 2021 年版的《思想道德与法治》教材，已删除了"宪法相关法"的定义，但在阐述"宪法相关法"之时仍然可以将其作为参考。

②　倘若从体现和保障公民权利的角度来看，第一个方面的《全国人大和地方各级人大选举法》亦可以属于第四个方面的法律，因为其对合格选民享有和行使选举权和被选举权能起到保障作用。

③　《宪法》第 35 条规定："中华人民共和国公民有言论、出版、集会、结社、游行、示威的自由。"《宪法》第 36 条规定："中华人民共和国公民有宗教信仰自由。任何国家机关、社会团体和个人不得强制公民信仰宗教或者不信仰宗教，不得歧视信仰宗教的公民和不信仰宗教的公民。"

④　第四个方面"保障公民基本政治权利方面的法律"较少，但保障公民基本民事权利方面的立法成果却十分突出，而 2012 年 11 月党的十八大召开以来最显著的成果莫过于 2020 年 5 月《民法典》的通过。该法历经多年制定而颁布，可以看作是对《宪法》第 13 条、第 36 条至第 38 条等规定进行细化性立法的杰出体现。

需要说明的是，在法学尤其是宪法学领域，对宪法相关法的内涵与外延给予的称谓，更多的则是"宪法性法律"。总的来讲，高等教育出版社出版的2018年版的《思想道德修养与法律基础》教材对其所下的定义是准确的，基于思想政治教育学科归属的考虑，本书采纳其对"宪法相关法"下的定义，并采用"宪法及宪法相关法"（以下简称"宪法及相关法"）、"宪法相关法"等用语。

此外，在宪法相关法之中，除了由全国人大或其常委会依据《立法法》等相关法律制定的在形式上和内容上均属严格意义上的法律之外，还包括由全国人大或其常委会通过的立法性文件。实际上，在中国人大网发布的"现行有效法律目录（291件）"列表之中亦包括《关于县级以下人大代表直接选举的若干规定》《关于在沿海港口城市设立海事法院的决定》《外交特权与豁免条例》《全国人大常委会议事规则》等。同时，宪法相关法在更广泛的意义上，亦包括由国务院签署、全国人大或其常委会批准的国际条约或协定以及我国长期遵守的国际惯例，例如《经济、社会和文化权利国际公约》。可以说，宪法相关法的内容十分广泛。

但是，由于大学生有专业课需要学习，而且依托思想政治理论课对大学生开展的宪法意识培育，亦有课时安排、授课内容、授课大纲等主观或客观因素所限，不可能将宪法意识培育内容无限地予以拓展，所以根据主要矛盾与次要矛盾以及矛盾的主要方面与次要方面的矛盾分析法，对大学生开展宪法意识培育之时，其涉及内容从"核心内容（《宪法》文本及历次修宪的重点内容）"向"密切内容（人民宪法近百年发展史）""关联内容（宪法相关法与法律体系）""延展内容（党情、国情和内外形势）"和"延伸内容（道德、生活和人生教育）"逐渐拓展的过程之中，亦需要根据高校办学层次、主导学科、专业开设、区域实情等因素作出调整。即便是法学专业大学生，对其开展宪法意识培育，以依托法学专业课为主，以依托思想政治理论课为辅，由于其接受更为专业的宪法意识培育，涉及内容有必要包括在广义上属于宪法相关法的我国签署并得以批准的国际条约或协定以及长期遵守的国际惯例，但亦适可而止，不宜无限拓展。而对于非法学专业大学生，虽然其宪法意识培育内容有必要涉及宪法相关法，但对于我国签署并得以批准的国际条约或协定以及长期遵守的国际惯例，则没有必要将此包括在内。当然，大学生若是对此感兴趣，愿意自学，则乐见其成。

1.3.3　宪法、意识、法律意识与宪法意识

根据前述分析，本书所指的"宪法"，是以《宪法》及历次修宪为重点内容，并以人民宪法近百年发展史为密切内容，以宪法相关法与法律体系为关联内容，以党情、国情和国内国外形势为延展内容，以道德、生活和人生教育为延伸内容的，包括《宪法》并以其为核心，呈现出一点多面、放射状、网状式的，由内向外层层扩展的宪法意识培育内容。其与一般意义上的"宪法"①

---

① 有学者在对中外学者的宪法定义作了评述之后认为，"宪法是集中表现统治阶级建立民主制国家的意志和利益的国家根本法。"周叶中. 宪法：第四版［M］. 北京：高等教育出版社，2016：36. 与此相比，还有更为细致的定义。有学者认为，"宪法属于国家基本法，适用于全体公民，以'保障权利、制约权力'为价值导向，以'国家性质、政治体制、宪法基本原则、核心理论、指导思想、国家权力体系以及公民的权利体系'为主要内容，是具有法治核心地位的权威性、规范性、指导性的纲领文件。"刁慧娟. 浅议新时代背景下大学生宪法意识的培育——以学习最新宪法修正案为例［J］. 北方民族大学学报（哲学社会科学版），2018（5）：78 – 83.

和作为文本的《宪法》① 相关，但与这两者并不相同，可将其称为"大宪法"，本书便是以其为基础而开展的"大宪法意识"培育研究。

至于"意识"，以陈万柏、张耀灿主编的《思想政治教育原理》（第三版）为代表的思想政治教育权威教材或专著，对其未下定义。所以，只能借助《大辞海·哲学卷》（第 2 版）寻求较为权威的定义。其认为，"意识"是"与'物质'相对应的哲学范畴"②。并认为，其是"客观世界在人脑中的主观映象。……意识不仅反映客观世界，并且创造客观世界，具有能动性。……在心理学上，意识一般指自觉的心理活动，即人对客观现实的自觉的反映。"③ 结合思想政治教育过程理论（"知情意信行理论"）④，可以认为，思想政治教育学视域下的"意识"是指，在一定外界环境之下，人们对于某种客观存在的知情意信行诸要素及其形成的步骤或过程的一种主观映象、心理活动或自觉反映。而在本书之中，"某种客观存在"自然是指"宪法"。

陈万柏、张耀灿主编的《思想政治教育原理》（第三版），虽然未对"法律意识"和"宪法意识"下定义，但对"法治观念"下了定义。其认为，"法治观念是指人们对法律现象在理性认识的基础上形成的重视、遵守和自觉地执行法律的思想观念"⑤。这对理解何谓"法律意识"有所助益，但"法律意识"和"法治观念"还是存在显著区别。由于该教材以及思想政治教育学领域的其他教材、专著对"法律意识"未下定义，所以可以借鉴法学领域对"法律意识"的研究成果来对其进行理解。苗连营对"法律意识"下过一个内容丰富、阐述细致的定义，其核心含义是，"从法律的角度感觉、认知、评价并且用以支配自己行为方式的心理活动"⑥。

同时，大辞海编辑委员会编辑的《大辞海·法学卷》（修订版）亦对"法律意识"下了定义⑦。其认为，"法律意识是社会意识的一种。包括对法的本质与作用的看法，对现行法律的要求与态度，对法律本身与法律适用的评价、理解与解释，以及对人们的行为是否合法的评价等。同世界观、政治观念、道德观念关系密切"⑧。该定义只涉及人们对法律的态度以及对所作出行为是否合法的评价，却未涉及人们依法行事或对法律的具体遵守与实践，所以该定义较之于苗连营对"法律意识"下的定义，稍显不足。实际上，尽管"法律"与"法治"相异，"观念"与"意识"亦不同，但陈万柏、张耀灿对"法治观念"下的定义，与苗连营对"法律

---

① 作为文本的《宪法》，是指制定和通过于 1982 年，并于 1988 年、1993 年、1999 年、2004 年、2018 年进行五次修改而形成的现行《宪法》。

②③ 大辞海编辑委员会. 大辞海·哲学卷：第 2 版 [M]. 上海：上海辞书出版社，2015：100.

④ 陈万柏、张耀灿认为，"经验表明，一定的品德认知需经过情感、信念、意志的催化作用，才能转化为相应的品德行为，因为思想品德的形成过程实际上是在一定外界环境影响下人们内在的知、情、意、信、行诸要素辩证运动、均衡发展的过程。"虽然两位学者没有指出这是其对"思想政治教育过程理论"所下的定义，但结合上下文是可以得出这一结论的。陈万柏，张耀灿. 思想政治教育学原理：第三版 [M]. 北京：高等教育出版社，2015：126.

⑤ 陈万柏，张耀灿. 思想政治教育学原理：第三版 [M]. 北京：高等教育出版社，2015：191.

⑥ 苗连营. 公民法律意识的培养与法治社会的生成 [J]. 河南社会科学，2005（5）：33 - 36.

⑦ 早在 20 世纪 90 年代，已有辞典对"宪法意识"下了定义，该定义在今天看来并不过时，同时亦有启发意义。例如，《中国百科大辞典》认为，宪法意识是指，"我国公民，包括一切国家机关和武装力量、各政党和各社会团体、各企业事业组织的成员，对我国宪法的认识和觉悟。"《中国百科大辞典》编委会. 中国百科大辞典 [M]. 北京：华夏出版社，1990：102. 等等。

⑧ 大辞海编辑委员会. 大辞海·法学卷：修订版 [M]. 上海：上海辞书出版社，2015：3.

意识"下的定义，存在较为明显的共通之处，因为其均包含人们对法律的感觉、认知、遵守，以及人们运用法律指导行为之意，这与思想政治教育学领域的"知情意信行理论"，以及教育学领域的"知行合一理论"，亦具有某些重合之处。

基于此，在本书之中，"法律意识"是指人们对法律在学习、了解之后，发挥一定的主观能动性而对法律主动遵守或在被动遵守之时亦愿意配合相关主体，并且对法律的重要性在内化于心、外化于行的基础之上而对法律萌生出认同的一种情感或理念认知。

至于"宪法意识"，无论是基于"根本法意义上的宪法"，或者宪法在"形式上的本质属性"的特征，而将"宪法"视为"法律"——此处"法律"取狭义理解，其不包括"宪法"——的上位法，还是基于"部门法意义上的宪法"而将"宪法部门法"与其他部门法（例如，"民商法部门法"）并列，均可以将"法律意识"定义之中的"法律"置换成"宪法"，随之便是"宪法意识"定义了，即"宪法意识是指人们对宪法在学习、了解之后，发挥一定的主观能动性而对宪法主动遵守或在被动遵守之时亦愿意配合相关主体，并且对宪法的重要性在内化于心、外化于行的基础之上而对宪法萌生出认同的一种情感或理念认知"。当然，亦有学者对"宪法意识"下了定义，但其未突出宪法意识形成的过程，只是阐述了宪法意识的表现形式及其作用发挥，即"宪法意识是指人们关于宪法的思想、观点、知识和心理的统称，具体应包括立宪、修宪、守宪、司宪等各方面的认识，相应地也会在宪法的制定、修改、遵守和维护各方面产生作用，并进而对宪法权威产生影响"。①

所以，"宪法意识"属于"法律意识"的一种表现形式，而"宪法意识培育"亦属于"法律意识培育"的一种表现形式。从逻辑上讲，只要提及了法律意识培育，即便不提及宪法意识培育，也可以认为法律意识培育隐含了宪法意识培育。但是，包括依宪治国在内的依法治国，是自上而下推动的，而且由于我国的宪法以及宪法相关法，实施程度有待提高，而全社会的法律意识尽管较之于以往已有较大幅度的提高，但属于法律意识表现形式之一的宪法意识，仍显较为薄弱。所以，需要将宪法意识从法律意识适当地单列出来，并给予更多重视和培育，从而为依宪治国的全面推进提供坚实的民意基础。

同时，与"宪法意识"相关的"宪法知识"和"宪法理念"，需要稍作辨析，前者是指"公民理解宪法原理，对宪法问题进行分析、判断和评价的前提和基础"。② 后者是指"公民对于宪法思想和宪法基本原理的信念，……是宪法意识的高级形式"。③ 两者之间的关系是：宪法知识是"公民宪法意识的基本组成部分"，而宪法意识是宪法理念的基础形式，换言之，"宪法理念是宪法意识的高级形式"。④

总的来讲，"宪法意识培育"与"法律意识培育"之间的关系，随着各自含义的不同而不同。具体而言，两者关系分为以下两种：

第一，倘若"宪法意识培育"的"宪法"是指"宪法部门法"，而"法律意识培育"的

① 王峰. 我国宪法权威缺失的原因 [J]. 天水行政学院学报，2012（5）：62-67.
②③ 韩大元，王德志. 中国公民宪法意识调查报告 [J]. 政法论坛，2002（6）：106-119.
④ 苗连营. 公民法律素质研究 [M]. 郑州：郑州大学出版社，2015：60.

"法律"则是指除了"宪法部门法"以外的部门法的总称。那么，"宪法意识培育"与"法律意识培育"之间便是并列关系。

第二，倘若"宪法意识培育"的"宪法"是指制定和通过于 1982 年，且历经 1988 年、1993 年、1999 年、2004 年、2018 年五次修改而形成的现行《宪法》。那么，其只是"法律"之中较为特殊的一部法律，而"法律意识培育"的"法律"则是指包括"宪法"在内的一切规范性文件的总称。由此，"宪法"与"法律"之间便是被包含与包含的关系，"宪法意识培育"与"法律意识培育"之间随之亦是如此。但是，在广义上的"法律"之中，除了"宪法"这一种较为特殊的"法律"之外，还包括宪法相关法在内的数量众多的法律，较之于"宪法"，这些"法律"可以统称为"其他法律"。换言之，"法律"可以分为"宪法"与"其他法律"（当然，"其他法律"亦可以称之为"一般法律"）。那么，此时"宪法意识"与"其他法律的意识"（"其他法律的意识"可以简称为"其他法律意识"）之间，"宪法意识培育"与"其他法律的意识培育"（"其他法律的意识培育"可以简称为"其他法律意识培育"）之间，均为并列关系。

但是，由于本书提倡"大宪法意识"，即"宪法"除了包括现行《宪法》从序言到正文规定的一切内容之外，还包括党情、国情、内外形势、基本道德等内容，与宪法相关法以及在其他法律意识培育过程之中适当嵌入的宪法意识培育内容。因此，对于"宪法意识培育"与"法律意识培育"之间的关系，本书选取第二种关系，即"宪法"与"法律"之间、"宪法意识"与"法律意识"之间、"宪法意识培育"与"法律意识培育"之间，均为被包含与包含的关系。之所以如此，是因为两个方面原因：一方面，本书提倡应树立"大宪法意识"培育的观念。另一方面，在"宪法"与"法律"之间，倘若从文本出发，自然极易区分，但从宪法与法律的实施，以及宪法意识培育与法律意识培育的开展，却较难做到泾渭分明的区分，而且亦没有必要将两者割裂开来。但由于在较长时间之内尤其是 2012 年 11 月党的十八大召开之前，宪法意识培育一直被重视不足，被明确提及的较少，基本上均是包含在法律意识培育之中。

基于此，一方面，为了彰显"宪法"与"法律"之间、"宪法意识"与"法律意识"之间、"宪法意识培育"与"法律意识培育"之间，均是一种被包含与包含、且不可割裂开来的依存关系。另一方面，为了使"宪法"在"法律"之中的地位、"宪法意识"在"法律意识"之中的地位、"宪法意识培育"在"法律意识培育"之中的地位，均得到突出，所以本书时常使用"包括宪法在内的法律""包括宪法意识在内的法律意识""包括宪法意识培育在内的法律意识培育"等或与之相关的表述。

1.3.4 宪法意识、宪法观念、宪法思维与宪法精神

根据前述分析，宪法意识是指，"人们对宪法在学习、了解之后，发挥一定的主观能动性而对宪法主动遵守或在被动遵守之时亦愿意配合相关主体，并且对宪法的重要性在内化于心、外化于行的基础之上而对宪法萌生出认同的一种情感或理念认知"。

对于"宪法观念"一词，陈万柏、张耀灿主编的《思想政治教育原理》（第三版）未下定义，只对"法治观念"下了定义。其认为，"法治观念是指人们对法律现象在理性认识的基础

上形成的重视、遵守和自觉地执行法律的思想观念"。① 大辞海编辑委员会编辑的较为权威的《大辞海·法学卷》（修订版）对"宪法观念"亦未下定义，但《大辞海·哲学卷》（第二版）对"观念"下了定义，即"看法、思想。思维活动的结果"②。显然，只需将"法律"换成"宪法"，便可以从陈万柏、张耀灿对"法治观念"下的定义推导出"宪法观念"的含义，即"是指人们对宪法现象在理性认识的基础上形成的重视、遵守和自觉地执行宪法的思想观念。"

当然，学术界对"宪法观念"亦有研究，但对其下定义，却较为鲜见。例如，王发棠认为，"宪法观念是人们关于宪法的各种思想、理论观点和心理的总称"。③ 与此同时，对"宪法观念"的表现或变迁，却研究较多。例如，翟国强认为，"'八二'宪法颁布以来宪法观念"的变迁，体现在五个方面，即"从根本意志到根本规范""坚持审慎的修宪理念""从政治象征到法律规范""从确认改革到规范改革"和"宪法叙事的理性化"④。从已有的研究成果来看，学术界对"宪法观念"鲜有直接定义，但对其表现却研究较多，而且多集中于"宪法观念"的变迁⑤。而从这些变化的具体内容来看，"宪法观念"远比"宪法意识"要复杂一些，也更宏观和抽象一些。

但需要指出的是，"宪法观念"与"宪治观念"存在差别，前者更倾向于强调对宪法予以学习、尊重、遵守与认同，至于是否执行，并不强调，但若能做到，自然更好。而"宪治观念"则意味着在具有"宪法意识"的基础之上，将宪法予以执行以及基于此而依宪而治的状态。可见，"宪治观念"比"宪法观念"更进一步，这也是宪法意识培育所期待实现的目的，两者关系和"法律意识"与"法治意识"之间关系相似。然而，宪法的多数规范由于具有原则性、抽象性、宏观性、不可直接实施性等特征，宪法的直接执行程度相对有限。

同时，陈万柏、张耀灿主编的《思想政治教育原理》（第三版）对"宪法观念""宪法思维"与"宪法精神"均未下定义，大辞海编辑委员会编辑的较为权威的《大辞海》亦是如此，但可以借鉴其对"观念""思维"与"精神"所下的定义，继而对"宪法观念""宪法思维"与"宪法精神"的含义及其区别进行分析。

《大辞海·哲学卷》（第二版）认为，思维是指"理性认识，或指理性认识的过程"⑥。而且认为，"在哲学上，意识和思维有时是同义的概念，但意识一词的范围较广"⑦。那么，借鉴这一阐述，可以认为，"宪法思维"是指"理性认识宪法，或指理性认识宪法的过程"。而且，宪法思维是"在宪法实践的基础上进行的"。其产生的基础在于"宪法实践"。同时，学术界对"宪法思维"亦有研究，但并不常见，研究成果多集中于21世纪的第一个十年。相对而言，

① 陈万柏，张耀灿. 思想政治教育学原理：第三版 [M]. 北京：高等教育出版社，2015：191.
② 大辞海编辑委员会. 大辞海·哲学卷：第2版 [M]. 上海：上海辞书出版社，2015：109.
③ 王发棠. 论近代中国宪法观念的萌生 [J]. 理论学刊，2014（3）：94-97.
④ 翟国强. 八二宪法颁布以来宪法观念与理论基础的变迁 [J]. 华东政法大学学报，2012（6）：106-114.
⑤ 朱炜. 试论宪法观念的更新 [J]. 政治与法律，2003（6）：23-28；谢维雁. 回望一九五四：制宪者的宪法观念及其反思 [J]. 四川大学学报（哲学社会科学版），2011（6）：114-123；莫于川. 从认识宪法、尊重宪法到依宪治国、法治中国——现行宪法31年变迁、31条修正案是我国改革发展的一个缩影 [J]. 河北法学，2014（2）：2-15. 等等.
⑥ 大辞海编辑委员会. 大辞海·哲学卷：第2版 [M]. 上海：上海辞书出版社，2015：109.
⑦ 大辞海编辑委员会. 大辞海·哲学卷：第2版 [M]. 上海：上海辞书出版社，2015：100.

周叶中对此研究较多。周叶中、邓联繁在《宪制中国战略标志论——宪法思维基本问题研究》一文中认为，"宪法思维是指大众和精英通过宪法体制这一沟通平台所共享的生活习惯与心理取向。"① 邓联繁认为，"宪法思维……是指人们运用对宪法本身的认识来观察问题、提出问题、分析问题和解决问题的思维方式"。② 周叶中认为，"宪法思维，是指人们运用宪法及其基本理论思考问题、解决问题的思维方式"。③ 可见，周叶中、邓联繁合著的《宪制中国战略标志论——宪法思维基本问题研究》一文在对"宪法思维"下定义之时，其落脚点是"生活习惯与心理取向"，而周叶中和邓联繁各自的文章在对"宪法思维"下定义之时，其落脚点均是"思维方式"。显然，相对而言，各自下定义之时与联合下定义之时，其落脚点是不一致的。

近年来，有学者以领导干部为研究对象，对"宪法思维"作了研究，并对"宪法思维"与"宪法意识"之间的区别作了阐述。例如，孙如意认为，"宪法思维不同于宪法意识，后者作为人头脑中的一种观念和认识具有静态性，而宪法思维则是宪法意识支配下形成的一种思维方式，具有动态性"。④ 其虽然将领导干部作为研究对象，但对"宪法思维"与"宪法意识"的区别却较为中肯，其秉持的"宪法思维"是"宪法意识支配下形成的一种思维方式"，且其具有"动态性"的观点，既较为新颖，又较为精准。可见，"宪法意识"先于"宪法思维"而产生，首先培育的应是宪法意识，而非宪法思维。

《大辞海·哲学卷》（第 2 版）认为，精神是指"人的内心世界观象，包括思维、意志、情感等有意识的方面，也包括其他心理活动和无意识的方面"⑤。并认为，"'精神'与'物质'相对。唯物主义常将其当作'意识'的同义概念。……唯心主义将精神当作世界的本原。"那么，借鉴这一定义，可以认为，"宪法精神"是指"人对宪法的内心世界观象，包括宪法思维、宪法意志、宪法情感等有意识的方面"，而且亦包括"其他宪法心理活动和无宪法意识的方面"。对于前一个方面，宪法精神是一种包括但不限于宪法思维、宪法意志、宪法情感等有意识的"内心世界观象"。对于后一个方面，宪法精神是"其他宪法心理活动和无宪法意识的方面"，而"其他宪法心理活动"应与前一个方面无异，更为重要的是"无宪法意识的方面"，这需要宪法思维、宪法意志、宪法情感等"内心世界观象"达到较高层次，使相关主体在产生"内心世界观象"之时自然而然地成为其内心活动根深蒂固的一部分。相对而言，这种情况之下的宪法精神，是宪法思维、宪法意志、宪法情感发展的较高层次。

与"宪法思维"相似，学术界对"宪法精神"的研究，主要集中在 21 世纪的第一个十年，而近些年研究的热度不足。例如，范毅认为，"宪法精神不应该是别的什么，而应该是国家权力体制的人本化"。⑥ 显然，该定义显得较为抽象，并不具体，但该学者对"宪法精神"与"宪法意识"之间的关系作了阐述。其认为，"宪法精神是宪法意识的最高层次，也是宪法

① 周叶中，邓联繁. 宪制中国战略标志论——宪法思维基本问题研究 [J]. 求是学刊，2005（1）：77-82.
② 邓联繁. 论宪法思维的基本特征 [J]. 河北法学，2006（6）：14-16.
③ 周叶中. 关于中国共产党运用宪法思维执政的思考 [J]. 中共中央党校学报，2007（5）：38-45.
④ 孙如意. 领导干部宪法思维的内涵与运用 [J]. 求实，2017（1）：30-39.
⑤ 大辞海编辑委员会. 大辞海·哲学卷：第 2 版 [M]. 上海：上海辞书出版社，2014：101.
⑥ 范毅. 论宪法精神的概念 [J]. 现代法学，2004（2）：62-66.

理念的指导思想，它规定着宪法理念中信念的性质，认识的范围和思考的指向，是宪法的真正本质和核心价值，即'宪法之宪法'"。① 此外，除了"宪法精神"的概念之外，该学者还对"宪法精神"的基本价值②、科学内涵③作了研究。近些年，虽然与"宪法精神"相关的论文也时有出现，但总体而言，产量不多，除了个别论文④之外，多数论文的学术性也普遍不高。就研究热度而言，其与"宪法思维"相比，相形见绌。但根据范毅的研究可以发现，"宪法精神"的层次应比"宪法意识"高一些。因此，对于大学生，培育内容应是层次较低一些的宪法意识，如此才显得较为务实。相应地，跳过宪法意识，直接培育其宪法精神，反而稍显脱离实际了。

基于此，可以认为，宪法意识、宪法观念、宪法思维与宪法精神之间所具有的基本区别是，宪法意识是"一种情感或理念认知"。宪法观念是"在理性认识的基础上形成的重视、遵守和自觉地执行法律的思想观念"，较之于宪法意识更进一步，因为其超越"情感或理念认知"而包括"执行宪法"。宪法思维是"指理性认识，或指理性认识的过程"，而且"是在社会实践的基础上进行的"，其与"宪法实践"密不可分。宪法精神是人对于宪法的"内心世界观象"，包括宪法思维、宪法意志、宪法情感等有意识或无意识的"内心世界观象"，涉及内容较多，且层次较高。

相对而言，在宪法意识、宪法观念、宪法思维与宪法精神之中，宪法意识的层次较低，是最基本或最基础的"一种情感或理念认知"。由于本书研究的主体是大学生，其绝大多数时间都是人在学校，接受宪法知识教育的时间较多，而接受宪法实践教育的机会较少，通过依托思想政治理论课而开展的宪法意识培育，使之对宪法经过学习而产生尊重、遵守与认同的情感和举动即可，并不过高要求其成为精通宪法理论、全面践行宪法的专家，这在主观上达不到，在客观上也没有必要。当然，倘若某些大学生有更高的追求，则乐见其成。因此，经过对比，本书采用"宪法意识"一词，因为该词较之于更高层次的宪法观念、宪法思维与宪法精神，更契合大学生宪法意识培育的实际情况和基本需求。

1.3.5　法制与法治、法制建设与法治建设

"'法制'与'法治'都是法律文化中的重要内容，是人类文明发展到一定阶段之后的产物。"⑤ 这两个词在今天十分常见，而且经常被不加以区分地使用，但两者之间区别还是较大

---

① 范毅.论宪法精神的概念 [J].现代法学，2004（2）：62-66.

② 范毅.论宪法精神的价值 [J].南京社会科学，2004（7）：62-67.

③ 范毅.论宪法精神的科学内涵 [J].求索，2004（8）：57-58.

④ 例如，范进学.宪法精神应成为我国的主流价值观 [J].山东社会科学，2013（2）：12-16.在该论文之中，其认为，"宪法精神具有根本的、稳固的、神圣性的恒久价值，具有整合社会价值的功能，并能够获得社会成员的普遍认同，只有宪法精神才能达致宪法秩序的生成"。由此，可以做出一个合理推论，即"具有根本的、稳固的、神圣性的恒久价值"的宪法精神，自然要比宪法意识的层次要高一些。

⑤ 郭星华.走向法治化的中国社会——我国城市居民法治意识与法律行为的实证研究 [J].江苏社会科学，2003（1）：81-86.

的。1996 年 2 月，时任党和国家领导人江泽民在讲话之中强调"实行和坚持依法治国"，这被认为是"为依法治国基本方略的确立奠定了坚实的思想理论基础"①。该年 3 月，由全国人大批准的《国民经济和社会发展"九五"计划和 2010 年远景目标纲要》将"依法治国，建设社会主义法治国家"规定为战略目标之一。到了 1997 年 9 月党的十五大召开，十五大报告出现了"健全社会主义法制，依法治国，建设社会主义法治国家"等表述，这是"依法治国"第一次出现在党的重要文件之中，但十五大亦提及"健全法制"，说明从 1997 年 9 月党的十五大开始，党正式区分"法制"和"法治"，这意味着党对法制（治）的认知有了质的进步②。

但在学术界，对这两个词进行区分则要早一些。1985 年，李步云著的《法制、民主、自由》一书，对这两个词作了区分，其认为，"'法制'是指法律制度；或者说，'法制'是法律制度的简称"③，而且，"所谓法律制度，既包括各种法律，也包括与法律的制定、执行与遵守有关的各项制度在内"④。同时，其亦认为，"法治"是"一种（仅仅是一种）治国的理论、原则和方法，是相对于'人治'这一治国的理论、原则和方法来说的"⑤。

由此可见，"法制"是指政治、经济、文化和司法等各种领域的法律以及在这些法律基础之上形成的制度。而"法治"是指以民主为前提和基础，以严格依法行事为核心，以制约公权力为关键的社会管理机制、社会活动方式和社会秩序或状态。所以，法制是实现法治的基础和前提，而法治是法制发展的更高一级的结果。可以说，李步云著的《法制、民主、自由》一书对"法制"和"法治"之间的区别与联系的阐述十分准确，虽然时过境迁，但时至今日，并不过时。

基于此，倘若是指一种由各种法律以及在这些法律基础之上形成的制度，则用"法制"一词。倘若不仅仅是指由各种法律以及在这些法律基础之上形成的制度，而其还要求该制度应以民主为前提和基础，以严格依法行事为核心，进而形成一种以制约公权力为关键的社会管理机制、社会活动方式和社会秩序或状态，则用"法治"一词。而在本书之中，"法制建设"是指各级人大及其常委会尤其是全国人大及其常委会通过立、改、废、释、纂，不断建设我国的法律体系，以及在法律体系逐渐完备的基础之上使相关法律制度日臻完善的一种行为。相应地，"法治建设"是指在"法制建设"不断推进的过程之中，坚持以民主为前提和基础，使公权力机关及其公职人员能以严格依法行事为核心，并且以制约公权力为关键而使社会管理机制、社会活动方式和社会秩序或状态不断得以优化，同时亦注重持续提高公职人员和普通民众

① 最高人民法院中国特色社会主义法治理论研究中心. 江泽民法治思想研究 [M]. 北京：人民法院出版社，2016：5.
② 在 1997 年 9 月党的十五大召开之前，尽管在党和国家的重要文件之中出现过"法治"一词，但在较大程度上可能只是恰巧出现，并不代表对"法治"与"法制"之间的差异有了清楚认知。在党的重要文件之中，第一次出现"法治"一词的是 1979 年 9 月发布的《中共中央关于坚决保证刑法、刑事诉讼法切实实施的指示》，该指示提及"在这七个重要法律中，刑法、刑事诉讼法同全国人民每天的切身利害有密切关系，它们能否严格执行，是衡量我国是否实行社会主义法治的重要标志，因此也更为广大群众所密切注意"。——确实出现了"（社会主义）法治"一词，但并不代表党当时对"法治"的确切含义已有了清楚认知。而且，在该指示之中，"（社会主义）法治"只出现了一次，而"（社会主义）法制""（社会主义）民主和法制"和"法制（教育）"则总共出现了八次之多。
③④ 李步云. 法制、民主、自由 [M]. 成都：四川人民出版社，1985：153.
⑤ 李步云. 法制、民主、自由 [M]. 成都：四川人民出版社，1985：154.

的法律意识（包括宪法意识），并借此为法制建设和法治建设源源不断注入新的精神力量的一种行为。

1.3.6　法律教育、法制教育、法治教育与法制宣传教育

以陈万柏、张耀灿主编的《思想政治教育原理》（第三版）为代表的思想政治教育权威教材或专著，对"法律""宪法"等均未下定义。因此，可以借鉴法学领域尤其是法理学、宪法学的相关教材或专著对这些概念所下的定义。张文显认为，"法"的范畴大于"法律"，但其亦认为，"为加以区别，学者们有时把广义的法律称为法"①，可以认为，其对"法"所下的定义，亦是其对"法律"所下的定义，而且实际上，该定义的政治色彩是较重的，所以将该定义适用于思想政治教育学领域对"法"或"法律"及相关概念的研究，亦是较为契合的。同时，其认为，从狭义的"法律"来看，其"仅指全国人民代表大会及其常务委员会制定的法律"②，所以"法律"自然不包括"宪法"了。但若对"法律"取广义理解，"法律"又包括"宪法"。

基于此，在本书之中，"法律教育"是指在党和国家领导之下，相关教育者对被教育者所开展的，使之在对法律学习的基础之上尊重法律、遵守法律，并对法律能产生认同甚至信仰的法律意识的一种教育活动。若对"法律"取广义理解，"法律教育"则包括"宪法教育"。若对"法律"取狭义理解，"法律教育"则不包括"宪法教育"，此时"法律"可能是法律体系之中除宪法之外的其他法律的总称，亦可能结合上下文而指某一部具体的法律。

对于"法制教育"，大辞海编辑委员会编辑的《大辞海·法学卷》（修订版）对其下的定义是："通过多种形式传授法律的基本知识，培养法律意识和守法习惯的教育"。③ 但由于"法制"是指由各种法律以及在这些法律基础之上而形成的一种制度，所以"法制教育"不能仅仅限于"法律"的教育，而应在此基础之上亦开展对"法律制度"的教育。因此，《大辞海·法学卷》（修订版）对"法制教育"所下的定义，稍欠妥当。当然，其对"法制教育"下定义之后，对"普及法律教育"重要性的肯定，却是恰如其分的。其认为，"中国宪法规定，普及法制教育是加强社会主义精神文明建设的一项重要内容"。④ 这与《宪法》第24条第1款的部分规定相对应⑤。

既然"法制"与"法治"的含义存在交集，且读音亦完全相同，导致这两个词经常被混用，亦导致"法制教育"与"法治教育"经常被混用，但它们确有区别。"法制教育"是指在开展"法律教育"的基础之上，使被教育者对基于法律而形成的制度能有所学习，而"法治教育"则比"法制教育"更进一层，是指在开展"法制教育"的基础之上，不但使被教育者

---

① 张文显. 法理学：第四版 [M]. 北京：高等教育出版社，北京大学出版社，2011：40.
② 张文显. 法理学：第四版 [M]. 北京：高等教育出版社，北京大学出版社，2011：39-40.
③④ 大辞海编辑委员会. 大辞海·教育卷：第2版 [M]. 上海：上海辞书出版社，2014：16.
⑤ 《宪法》第24条第1款规定："国家通过普及理想教育、道德教育、文化教育、纪律和法制教育，通过在城乡不同范围的群众中制定和执行各种守则、公约，加强社会主义精神文明的建设。"

不断对法律以及基于法律而形成的制度能有所学习，而且亦使被教育者对法律制度所蕴含的以民主为前提和基础、以严格依法行事为核心、以制约公权力为关键的社会管理机制等内容及其承载的法治精神，亦能有所领悟和践行。

从逻辑关系上讲，"法律宣传教育"属于"法律教育"的一个重要环节或组成部分，或者是一个子概念或下位概念，因为"法律教育"不仅仅是通过"宣传"便能实现的。在"法律宣传教育"开展的过程之中，除了"宣传"之外，亦有被教育者的配合学习、教育成效的检查、相关机构的监督、教育成效的总结与反馈等其他诸多环节。在我国，自 1986 年 1 月正式开展"一五"普法活动以来，从未间断，成效显著，目前我国处于"八五"普法期间。由此，我国形成了较为稳定的"法律宣传教育"机制，为每一个以"五年"为周期的普法而制定的《普法通知》和《普法规划》①对普法的"宣传"均有规定，这两份文件在从中央转发到地方的过程之中，相关部门亦认真做好宣传这一工作。2012 年 11 月党的十八大召开，昭示着中国特色社会主义进入了"新时代"，全面依法治国（包括全面依宪治国）全力推进，党和国家较之于以往对宪法、宪法教育（宪法意识培育）等亦给予更多关注，这对"法律教育"及其重要环节之一"法律宣传教育"必然提出了更多更高的要求。

同理，"法制教育"与"法制宣传教育"的逻辑关系，亦如同"法律教育"与"法律宣传教育"一样，后者属于"法制教育"的一个重要环节或组成部分，或者是一个子概念或下位概念。

那么，"法治教育"与"法治宣传教育"之间、"法制教育"与"法制宣传教育"之间、"法律教育"与"法律宣传教育"之间的逻辑关系，均是一致的。所以，"法治宣传教育"属于"法治教育"的一个重要环节或组成部分，或者是一个子概念或下位概念。

而且，由于本书提倡并践行主体间性理论，所以用"培育"而非"教育"一词，因此在本书之中，以用"法律意识培育"（包括"宪法意识培育"）为准，但倘若所引用的文献或文件用的是"法制教育"（或与之存在区别的"法治教育"）、"法制宣传教育"（或与之存在区别的"法治宣传教育"），则尊重原有表述，不予更改。

1.3.7 思想政治教育、思想政治理论课与思想政治教育课程

"思想政治教育"与"思想教育""政治教育"②自不相同，作为思想政治教育学的核心概念，陈万柏、张耀灿认为，该概念是指，"社会或社会群体用一定的思想观念、政治观念、

---

① 本书的《普法通知》和《普法规划》笼统是指从"一五"普法至"八五"普法党和国家制定的八份《普法通知》和《普法规划》，目前我国处于"八五"普法期间。

② 陈万柏、张耀灿主编的《思想政治教育学原理》一书，对"思想教育""政治教育"未下定义，但大辞海编辑委员会编辑的《大辞海·教育卷》对其下了准确定义。"思想教育"广义上是指，"对人的思想或观点产生影响的教育。"狭义上是指，"使受教育者形成世界观、人生观的教育。"并认为，"在中国，其任务是以辩证唯物主义、历史唯物主义为指导，使受教育者确立科学的世界观，培养其勇于实践的精神、实事求是的态度和科学的思想方法等，提高其社会主义觉悟和辨别是非的能力。"同时，其认为，"政治教育"是指"国家或社会对公民进行的关于政治理念、政治价值等方面的教育。"并认为内容是，"一定的政治统治体系所倡导的主导政治文化，代表统治阶级的观点和思想，反映统治阶级的利益和要求，并教化和渗透到每个社会成员的政治心理和政治行为，影响着特定政治社会的全部政治生活。"大辞海编辑委员会. 大辞海·教育卷 [M]. 上海：上海辞书出版社，2014：13.

道德规范，对其成员施加有目的、有计划、有组织的影响，并促使其自主地接受这种影响，从而形成符合一定社会、一定阶级所需要的思想品德的社会实践活动"。该定义内容丰富、逻辑严密、切中要害。而且，其认为，"思想政治教育也是一种教育实践活动"。同时，其亦对"思想政治教育学"等词下了准确定义，限于篇幅，在此不予展开。

由于大学生包括宪法意识培育在内的法律意识培育，依托的是大学思想政治理论课，但在对大学生开展思想政治教育之时，有时也会提及思想政治理论课，尤其是在马克思主义学院的日常教学或科研过程之中①。平时在非正式场合，对于"思想政治理论课"与"思想政治教育课程"两个词，倘若不必刻意区分而混淆使用，貌似并无大碍，但倘若在正式场合或学术研究之时，还是应对这两个词的区别稍加注意。

目前，我国高校思想政治理论课设置的基本框架，是由中央宣传部、教育部于 2005 年 3 月印发的《关于进一步加强和改进高等学校思想政治理论课的意见》所规定的。显然，其用语为"思想政治理论课"，该意见时常简称为"05 方案"②。虽然部分思想政治理论课的名称后来发生变化，其教材也根据需要不定期地进行修订，但课程设置架构未有大的变化。当然，需要指出的是，"05 方案"仅仅适用于本科生，而对于硕士生和博士生，中共中央办公厅、国务院办公厅印发有专门的文件对其进行规定③。

根据"05 方案"，当时本科生思想政治理论课的必修课共有四门：第一门是《马克思主义基本原理》，第二门是《毛泽东思想、邓小平理论和"三个代表"重要思想概论》，第三门是《中国近现代史纲要》，第四门是《思想道德修养与法律基础》。对于"形势与政策"这门课，当时只说"本、专科学生都要开设"，未言明该课是否是必修课，但自 2010 年以来，以高等教育出版社为代表的权威出版社，为该课的开设编写了专门教材，而且自 2014 年开始，将教材由一学年一本改为一学年两本，即一学期一本。可见，该课愈发被重视了。基于此，目前来看，本科生思想政治理论课的必修课应有五门④，即亦应将"形势与政策"这门课视为必修课。当然，其与四门必修课的地位稍有落差，所以其与四门必修课的考试机制可能也存在差别。

除了这四门必修课和"形势与政策"课之外，"思想政治理论课"还包括选修课，因为"05 方案"还规定，"开设'当代世界经济与政治'等选修课"。对于选修课，各个高校、各个马克思主义学院或其他二级学院，可以根据学科建设的实际情况较为自由地设置选修课，其自由裁量权自然较大。所以，严格来讲，"思想政治理论课"一般仅指按照"05 方案"对本科生所开设的四门必修课和其他应开设的课（如"形势与政策"课），这些课自然为必修课。

① 过去，有些学校没有成立马克思主义学院，承担思想政治理论课教学研究的是思想政治理论课教研室，往往简称"思政部"。
② 冯刚. 改革开放以来高校思想政治教育发展史 [M]. 北京：人民出版社，2018：81.
③ 2019 年 8 月，中共中央办公厅、国务院办公厅印发的《关于深化新时代学校思想政治理论课改革创新的若干意见》指出，"博士阶段开设'中国马克思主义与当代'，硕士阶段开设'中国特色社会主义理论与实践研究'"。
④ 例如，2021 年版即最新版的《思想道德与法治》教材认为，"高等学校本科思想政治理论课包括'马克思主义基本原理'课、'毛泽东思想和中国特色社会主义理论体系概论'课、'中国近现代史纲要'课、'思想道德与法治'课和'形势与政策'课。"本书编写组. 思想道德与法治：2021 年版 [M]. 北京：高等教育出版社，2021：10. 在此，需要指出的是，由于《思想道德与法治》教材及与之对应的思想道德与法治课之中的宪法意识培育内容，是这五本教材及与之对应的思想政治理论课之中最多的，因此在本书之中，时常将其位列第一进行阐述。

目前，一些高校将在大学阶段哪一学期上必修课的选择权，让渡给大学生，但课程本身却是必修的，由于其十分重要，因此不存在改为选修的可能性。

同时，除了"思想政治理论课"一词之外，还有"思想政治教育课"或"思想政治教育课程"等词较为常见。"思想政治教育课"可以看作是"思想政治教育课程"的简称。换言之，两者所指应该相同。但两者与"思想政治理论课"含义相差较大。相对而言，"思想政治教育课"或"思想政治教育课程"一词的使用，则较为口语化了，其可能包括以下三种使用场合：

第一，在日常生活或教学科研过程之中，在非正式场合，可能是指"05 方案"设置的"思想政治理论课"，首先肯定包括必修课，是否包括选修课，则不一定。但严格来讲，包括的可能性较小。然而，在严谨的教学科研或正式场合，倘若是指按照"05 方案"对本科生所开设的四门必修课和其他应开设的课（例如，"形势与政策"课），则应使用"思想政治理论课"，不应与"思想政治教育课"或"思想政治教育课程"混淆使用，亦不宜使用"思政课"等简称，以免产生歧义。

第二，可能是指除了"思想政治理论课"之外由各个高校、各个马克思主义学院或其他二级学院根据实际情况而开设的其他课程，其开设可能是为了响应党和国家提出的"两学一做"或"学四史"等要求，而课程的开设、考核，可能较为正式，例如排有课表，或者考核以作答试卷或交结课论文等形式体现，所以相关师生们可能将其称为"思想政治教育课"或"思想政治教育课程"，但无论是从内容上还是形式上，其与"思想政治理论课"均相差甚远，不可等而视之。

第三，可能是指高校或其马克思主义学院，为了使"思想政治理论课"的教学任务能顺利而高效地完成，为其排有课程、选有教室，而且为了鞭策听课学生能认真学习，其考核也很正式，无论开卷与否，均安排有正式的考试要求学生参加。由此，授课教师或上课学生，往往将为"思想政治理论课"安排的课程，口头上称为"思想政治教育课"或"思想政治教育课程"，甚至将其简称为"思政课程""思想政治课"[①] 或"思政课"等。然而，这些称谓严格来讲，均有失严谨。但课程内容，一般均指"思想政治理论课"讲授的内容。

可见，"思想政治理论课"与"思想政治教育课"或"思想政治教育课程"等称呼之间，差别较大。在非正式场合，且不必深究其区别的话，将其混淆使用，或许没有严重问题。但在严谨的教学科研或正式场合，还是应注意区分所具有的差别，而本书作为思想政治教育学的著作，自然应对"思想政治理论课"的含义进行准确界定，并在全文之中正确使用该词。总而言之，"思想政治理论课"是指按照"05 方案"对本科生所开设的四门必修课和其他应开设的课（例如，"形势与政策"课），不包括其他超出"05 方案"的课。倘若有其他所指，则应使用其他词语，并对其含义进行适当说明。

------

① 对于何谓"思想政治课"，大辞海编辑委员会编辑的《大辞海·教育卷》对其下了准确定义。"思想政治课"亦称"政治课"，是指"中国中小学对学生进行思想品德和社会科学基础知识教育的科目的总称"。并认为，其"包括道德、民主与法制、纪律的教育，社会生活、社会发展规律和社会主义建设常识的教育，初步的经济学和其他社会科学的教育，人生观和世界观的教育。"大辞海编辑委员会. 大辞海·教育卷［M］. 上海：上海辞书出版社，2014：313.

1.3.8　教育与培育

陈万柏、张耀灿认为，"教育是社会按照一定的需要培养合格的社会成员的实践活动"。① 较之于《大辞海·教育卷》（修订版），该定义稍显笼统，《大辞海·法学卷》（修订版）对"教育"分别从广义和狭义的视角下了定义。其中，广义上的"教育"，是指"以影响人的身心发展为直接目的的社会活动"②。而狭义上的"教育"，是指"由专职人员和专门机构进行的学校教育"③。本书是以党和国家制定的《普法通知》和《普法规划》④ 及其他重要文件为依据，以大学为场域，以大学生为对象，而开展的旨在使其宪法意识以及与此相关的其他意识得以增强的学校教育活动。当然，本书亦提倡家庭教育、社会教育，以及其他相关主体开展的教育活动，与学校教育能相得益彰，共同提高大学生宪法意识培育的成效。

但同时，由于近些年以来，在包括思想政治教育学领域在内的诸多领域，主体间性理论获得广泛的认同及践行，而且陈万柏、张耀灿主编的《思想政治教育原理》（第三版）在论述"建立良好的思想政治教育者与教育对象之间的关系"之时，亦提倡"树立民主的教育理念""加强与教育对象的情感交流"和"思想政治教育者要坚持与教育对象平等对话"，因此传统的教育方式及其呈现的教育者与被教育者之间显著的不对等以及前者对后者的单方面、纯粹的灌输式甚至"填鸭式"教育，已不契合当下教育发展的新形势。而"培育"一词包含两部分内容，一种是"教育"，另一种是"培养"，前者最大程度地包含了传统方式及其呈现的依然契合时代发展的有益因素，后者包含了教育者与被教育者应开展平等对话、践行主体间性理论的新理念，所以本书用的是"宪法意识培育"而非"宪法教育"或"宪法意识教育"等表述。

此外，需要补充的是，《大辞海·教育卷》（修订版）不但对"教育"下的定义较为中肯，而且对"教育"的论述亦较为适当，其指出，"教育随社会的产生而产生，是个人与社会发展必不可少的手段，为一切社会所必需，又随社会的进步而发展"。⑤ 所以，自2012年11月中国特色社会主义进入"新时代"以来，随着全面依法治国（包括全面依宪治国）的推进，宪法意识培育有了新的要点、任务以及需要契合的新形势，这些均是高校在开展宪法意识培育之时应予以注意的。而且，亦应在注重大学生身心发展规律的基础之上革新培育方式和培育内容。

本书开展的"新时代大学生宪法意识培育研究"之中的"大学生"，作为宪法意识培育的对象，亦需界定或澄清。通俗地讲，凡是高中毕业之后继续接受高等教育的，无论是本科教育还是专科教育，或者是其他教育，往往被统称为"大学生"或"大中专学生"。但是，由于X市的专科高校数量众多，而且一些专科高校的校区往往是租用其他学校的校区，所以校区地址随之分散、多变，实证考察难度较大，因此本书只对X市本科高校进行实证考察。此外，党和国家对高校发展提出"双一流"方案，而且已给予实施，在投放问卷之时，虽然可以知道某一

---

① 陈万柏，张耀灿.思想政治教育学原理：第三版［M］.北京：高等教育出版社，2015：4.
②③⑤ 大辞海编辑委员会.大辞海·教育卷：修订版［M］.上海：上海辞书出版社，2014：1.
④ 这里的《普法通知》和《普法规则》笼统是指从"一五"普法至"八五"普法党和国家制定的八份《普法通知》和《普法规则》，目前我国处于"八五"普法期间。

所高校是不是"一流学校"，亦可以知道某一所高校的某一个专业是不是"一流专业"，但以"双一流"为基础，对 X 市大学生的宪法意识培育现状进行考察，难度较大，所以本书还是采取"'985''211'高校、一般公办高校、民办三本高校"与"文科高校、理工科高校、美术学院等高校"这两个维度，对 X 市大学生的宪法意识培育现状进行考察，所以本书所指的"大学生"仅仅是在本科高校就读的大学生，而不包括在本科高校就读的博士生、硕士生、专科学生（有的本科高校开设有专科专业）与大中专等学校的学生。

"新时代大学生宪法意识培育"由四个词组成，即"新时代""大学生""宪法意识"和"培育"，相对而言，前三个词稍显重要一些，所以作了界定或辨析，但"培育"的含义亦应稍作说明。一般而言，"教育"一词更为常见，例如，"法制教育""法治教育""法制宣传教育""普法教育"等，这些词基本上已约定俗成，但将"教育"与"培育"相比，还是"培育"这个词更合适一些，因为"培育"包括"培养"和"教育"两层意思。换言之，"培育"内涵可以将"教育"包括在内。"培育"的第一层意思"培养"，使"培育"较之于"教育"，稍微淡化了"教育者"与"被教育者"之间的身份对立与心理落差，在尊重"教育者"对"被教育者"有权训导的前提之下，有助于促使"教育者"与"被教育者"在某些时间或场合开展平等交流与对话，使前者更愿意倾听后者的建议或要求，从而提升"被教育者"接受教育的主动性和积极性。基于此，本书将"教育者"对"被教育者"所开展的使之对宪法或与之相关内容进行学习、尊重、遵守和认同的行为称之为"培育"，而非"教育"。当然，倘若所引用的文献或文件，用的是"教育"一词，则不予更改。

1.4　研　究　方　法

1.4.1　文献分析法

"文献分析法是指搜集、鉴别、整理某一研究主题的相关文献，并对其进行系统性分析来获取信息，进而形成对事实科学认识的一种研究方法。"① 本书通过图书馆、中国知网（CNKI）等平台或网站搜集与研究主题相关的期刊论文、学术著作、学位论文、报类文章等文献，与对包括宪法意识培育在内的法律意识培育的开展起到指导作用的《普法通知》和《普法规划》以及其他重要文件进行梳理，从而明确本书研究的问题所在，继而构建研究理论和基本框架。文献分析贯穿本书写作的全过程，以期为新命题、新观点的提出进行佐证或提供理论基础，同时亦有助于适时调整研究范畴和研究细节。

---

① 黄李辉，阮永平. 文献分析法在我国管理会计研究中的应用——基于 33 篇样本文献的分析［J］. 财会通讯，2017（4）：39－43.

1.4.2　比较分析法

"比较分析法是认识事物间相同点或相异点的逻辑方法，它是通过对比分析不同事物或同一事物的不同方面的异同点，以达到认识事物的本质、特征和变化发展规律的方法。"① 本书运用比较研究法主要体现在两个方面：一方面，以"'985''211'高校、一般公办高校、民办三本高校"与"文科高校、理工科高校、美术学院等高校"这两个维度，对 X 市大学生宪法意识培育现状进行考察，以期为大学生宪法意识培育的改善，能提出具有针对性、可行性的对策。另一方面，将大学生与公职人员以及一般群体之中的工人、农民等群体进行对比，发现和总结大学生在宪法意识培育基本内容、基本特点、基本功能等方面存在的相异之处，以期在提出改善大学生宪法意识培育的对策之时能顾及该群体的特殊之处，继而做到有的放矢。

1.4.3　实证考察法

在思想政治教育学领域较为权威的、由郑永廷主编的《思想政治教育方法论》（修订版）在阐述思想政治教育信息获取方法之时，对实证考察法未有涉及，但对"社会调查方法"却有阐述。其认为，"所谓社会调查方法，简单地说是了解情况、认识社会、解决问题的方法"。② 而实证分析的基础，则是运用社会调查方法对研究对象的实际情况进行了解、认识和分析以及在此基础之上力争提出有建设性和可行性的问题解决方法。毛泽东指出，"你对于那个问题不能解决么？那末，你就去调查那个问题的现状和它的历史吧！你完完全全调查明白了，你对那个问题就有解决的办法了"。③ 只有通过实证考察，才能了解真实现状。对于宪法意识培育，亦是如此。唯有通过实证考察，才能知晓当下大学生宪法意识培育的现状与问题、经验与不足等，在此基础之上，提出的理论构建才可能切合实际。因此，笔者对 X 市高校大学生宪法意识开展实证考察，在此基础上进行问题分析和原因探究，当然前提是做好样本取样和问卷设计，力争将实证考察这一方法运用好，继而得出可以令人信服的实证考察结果。

1.5　研究创新点及不足

1.5.1　研究创新点

第一，将宪法意识培育明确作为思想政治教育内容之一进行研究。

① 郑永廷. 思想政治教育方法论：修订版 [M]. 北京：高等教育出版社，2010：105.
② 郑永廷. 思想政治教育方法论：修订版 [M]. 北京：高等教育出版社，2010：67.
③ 毛泽东选集：第一卷 [M]. 北京：人民出版社，1991：110.

从研究综述来看，已有的研究成果，运用思想政治教育的话语体系对宪法意识培育开展研究的学术成果明显较少，本书致力于运用思想政治教育学的话语体系对大学生宪法意识培育开展研究，并尽可能地提出使其得以改善的对策。

一般认为，思想政治教育内容包括五种，即世界观教育、政治观教育、人生观教育、法治观教育和道德观教育[①]。那么，包括宪法意识培育在内的法律意识培育，属于法治观教育的重要内容之一，应无疑问。对于法律意识培育，宪法意识培育既是其基础性内容，又是其核心性内容，这是由宪法在社会主义法律体系和法治体系之中具有的基础性地位和统率地位决定的。所以，宪法意识培育的重要性不言而喻，倘若一个国家的民众对宪法普遍重视不够，对宪法的重要性认识普遍不足，甚至认为学习宪法、尊重宪法、遵守宪法、认同宪法只是党员干部、公职人员之事，那么他们亦难以对效力等级低于宪法的普通法律产生比较浓厚的法律意识（此处不包括宪法意识）。本书在将法律意识培育（此处不包括宪法意识培育）明确作为法治观教育的重要组成部分开展研究的基础之上，继而将宪法意识培育亦作为法律意识培育的重要组成部分，力求对属于思想政治教育理论的法治观教育理论能有所拓展。

第二，运用分类比较的方法，以办学层次不同和主导学科不同为依据对大学生进行分类，并研究这种分类的依据对宪法意识培育的成效是否会产生影响。

一段时间以来，对大学生宪法意识培育开展研究的成果已经较多，但在这些研究之中，绝大多数将大学生作为一个整体开展研究[②]，并未按照某种依据对大学生进行分类，随之未研究分类的依据对大学生的某种意识培育是否会产生影响，这对研究成果的说服力造成了一定程度的不利影响。不过，亦有例外，而且对大学生在分类的基础之上对其宪法意识培育开展研究，以期因人制宜——准确地讲，是"因类制宜"——对大学生宪法意识培育予以改善能提出具有针对性、可行性的措施。当然，有学者提倡，在"青少年宪法教育"领域引入"面向每个

① 陈万柏，张耀灿. 思想政治教育学原理：第三版 [M]. 北京：高等教育出版社，2015：173 - 197.
② 例如，有学者以广东300名大学生为例，在对其宪法意识现状进行实证考察之时，对其所学专业进行了考察（选项包括七项，即经济学、法学、文学、理学、工学、医学和管理学），但未对所学专业是否会对宪法意识培育产生显著影响有所阐述。戴激涛. 宪法，我该如何靠近您？——对广东300名大学生宪法意识调查的思考 [A].// 王瀚. 法学教育研究：第8卷 [C]. 法律出版社，2013：342 - 360. 有学者在对被调查者的宪法意识培育现状进行实证考察之时，考虑了性别、文化程度（不识字或初识字、初中、大专专科）和职业（党政机关工作人员、事业单位工作人员、法律工作人员、国有企业职员、外资企业职员、股份制企业职员、集体与私营企业职员、在校大学生）这三个因素是否会对宪法意识培育产生显著影响。韩大元，王德志. 中国公民宪法意识调查报告 [J]. 政法论坛（中国政法大学学报），2002（6）：106 - 190. 有学者在对调查者的宪法意识进行实证考察之时，考虑了地区（华北地区、东北地区、华东地区、华南地区、西北地区、港澳台地区）、户籍（农业户口、非农业户口）和主要生活或定居的省市情况（主要在户籍所在地的外省市生活、主要在户籍所在地的省市生活）这三个因素是否会对宪法意识培育产生显著影响。张善根. 地域差异与公民宪法意识——基于简单量化的观察 [J]. 常州大学学报（社会科学版），2016（5）：65 - 73. 有学者在对调查者的法治素养及其提升进行实证考察之时，考虑了性别、年龄、最高学历、法学学历教育、政治面貌、行政级别、部门层级、所在部门这八个因素是否会对宪法意识培育产生显著影响。彭辉，史建三. 领导干部宪法意识的理论与实证研究——基于上海市805个领导干部调查样本数据 [J]. 行政法学研究，2013（4）：96 - 102. 等等。可见，随着对宪法意识研究的深入，一些学者以某种标准为依据，对研究对象进行分类，以此探析群体种类不同，是否会对宪法意识培育成效产生显著影响以及产生哪些显著影响，由此使因人制宜、因地制宜、因时制宜地提出改善宪法意识培育现状的对策更具有针对性和可行性，已俨然成为研究宪法意识的一种新思路、新范式。正如张善根所阐述的，其论文"核心主旨在于呈现宪法意识的区域差异，以便通过这个微观视角观察和呈现法治地方实践的多样性效果。从更广泛的意义上讲，是想通过这样的研究，引起学界对法治实践区域差异的关注和研究。"

人、适合每个人"[①]的教育理念。该理念固然较好,但将"因人制宜"细化到"因'每个人'制宜"的地步,其实并不现实,最务实的还是以"因类制宜"的思路对青少年宪法意识培育(包括大学生宪法意识培育)进行改善。基于此,本书以 X 市四十所本科高校为例,按照办学层次将其分为"'985''211'高校、一般公办高校、民办三本高校",与按照主导学科将其分为"文科高校、理工科高校、美术学院等高校",以这四十所本科高校的 50.27 万名大学生为基数,按照 1/40 的比例进行抽样,共投放 1250 份问卷(实际投放 1331 份,回收有效问卷为1270 份),运用实证考察方法,对大学生答题情况给予反映,在此基础之上,分析办学层次不同和主导学科不同是否会对大学生宪法意识培育产生显著影响(见表 5 – 17 ~ 表 5 – 19、见表 5 – 20 ~ 表 5 – 22)。

因此,通过实证考察可以发现,X 市大学生宪法意识培育,现状稍显不佳、成效稍显不足、提升空间较大。这提示 X 市高校应将宪法意识培育置于更为重要的位置上进行审视,而且还应因人制宜、因地制宜、因时制宜地采取一些具有针对性、可行性的改善措施,继而开展好大学生宪法意识培育这项基础性工作。全国其他地区的高校及大学生,亦当如此。

第三,提倡树立"大宪法意识"培育的理念并进行阐述。

在域外国家或地区,其将宪法意识培育包括在法律意识培育之中,而将法律意识培育又包括在公民意识培育之中,其法律意识培育与我国并不相同,不是哪一个部门法或哪一部法律的意识培育,而是包括国家意识、民族意识、权利义务意识、责任意识等诸多内容,所以域外国家或地区的法律意识培育是一种"大法律意识"的培育。但在我国,由于我国的法律意识培育,或者是指某一个部门法的意识培育(例如,民法商法部门法的意识培育[②]),或者是指某一部法律的意识培育(例如,《民法典》的意识培育),其范畴较之于域外国家或地区的法律意识培育,涉及的面稍窄一些,但同时却更加具体。

我国的宪法意识培育,较之于域外国家或地区,虽然与法律意识培育存在着无法割裂的关系,时而被包括在法律意识培育之中,时而与法律意识培育存在并列关系,但相对而言,其地位还是较为独立的,所以党和国家以及各级党委和政府、相关社会组织、高校及教师,在对包括大学生在内的诸多群体开展宪法意识培育之时,时常将宪法意识培育单列出来,这种做法是符合我国宪法意识培育较之于法律意识培育(此时不包括宪法意识培育)稍显滞后,随之应对宪法意识培育给予更多重视的实际情况的。但这种做法,亦存在容易割裂宪法意识培育与法律意识培育存在逻辑关联的嫌疑,因此需要辩证地看待两者之间的关系,该包括之时则包括,该并列之时则并列。

所以,大学生宪法意识培育的内容,是以《宪法》文本为依托,在对《宪法》文本进行

---

① 张劲. 让宪法回归生活:青少年宪法教育的一个路向 [J]. 预防青少年犯罪研究,2020 (3):11 – 21.

② "根据中国人大网发布,到 2021 年 1 月底,我国现行法律共 275 件。……中国现行有效法律数量发生较大变化,目前宪法 1 件,按法律部门分类,还有宪法相关法 46 件、民法商法 23 件、行政法 93 件、经济法 75 件、社会法25 件、刑法 1 件、诉讼与非诉讼程序法 11 件。"现行有效法律目录(291 件)(截至 2021 年 12 月 24 日十三届全国人大常委会第三十二次会议闭幕,按法律部门分类)[N]. 全国人民代表大会—中国人大网,2021 – 12 – 27. 可见,我国是将民法和商法合并称为一个部门法的,即"民法商法部门法"。当然,亦可以将其简称为"民商法部门法"或"民法部门法"。

学习的基础之上，培育对《宪法》进行尊重、遵守和认同的意识，这是多数时候对宪法意识培育内容给予的一般理解。换言之，这是狭义上或一般意义上的宪法意识培育。但其存在两个方面问题：一方面，内容稍显狭窄，对与宪法存在密切关系的宪法相关法和法律体系等内容涉及较少。另一方面，较少以宪法为依托，培养大学生的政治意识、国家意识、民族意识、国情意识、道德意识等。但是，随着我国宪法历经五次修改而日益完善，而且 2012 年 11 月党的十八大召开以来，党和国家又提出全面推进依法治国（包括全面推进依宪治国），并于 2018 年 3 月对宪法作了修改，使宪法宣誓制度、国家监察制度等内容入宪，这对我国民众宪法意识培育提出了新要求。同时，宪法作为政治性较强的根本大法，除了基本权利和义务之外，还包括社会主义建设的指导思想、国体、政体、国家机关组织原则、中央和地方之间权力划分、民族区域自治制度、基本经济制度、国家机关之间权力的分工与行使等诸多内容，这些内容均应属于宪法意识培育的内容。诚然，这些内容在大学思想政治理论课之中部分已有所涉及，但有些知识阐述或是过于简略，或是授课教师讲解较少，或是大学生未予以重视，凡此种种问题，应予以改善。

诚然，宪法意识培育内容以《宪法》文本及历次修宪为基本内容、重点内容，这亦是其核心内容，但却并非全部内容。基于"大宪法意识"培育的理念，宪法意识培育内容除了应以《宪法》文本及历次修宪的重点为核心内容之外，还应包括密切内容（人民宪法近百年发展史）、关联内容（宪法相关法与法律体系）、延展内容（党情、国情和内外形势）和延伸内容（道德、生活和人生教育），从而使宪法意识培育内容呈现出一点多面、放射状、网状式的，由内向外层层拓展的一种逻辑结构。使大学生得以培育的，不仅仅是宪法意识，还包括政治意识、国家意识、民族意识、国情意识、道德意识等。当然，根据大学生所在高校、所学专业、所居区域、发展需要等实际情况，可以对宪法意识培育内容拓展的广度和深度作出适当调整。

总而言之，就目前我国宪法意识内容来看，往往只涉及宪法本身，对政治意识、国家意识、民族意识、国情意识、道德意识等涉及过少。基于此，我国宪法意识的内容应予以拓展。使宪法意识培育内容以核心内容（即《宪法》文本及历次修宪的重点）为基础和起点，向密切内容（人民宪法近百年发展史）、关联内容（宪法相关法与法律体系）、延展内容（党情、国情和内外形势）和延伸内容（道德、生活和人生教育）逐渐拓展，继而使宪法意识培育成为一种"大宪法意识"的培育，使大学生宪法意识培育承担起对大学生这一群体开展宪法意识培育、政治意识培育、国家意识培育、民族意识培育、国情意识培育、道德意识培育等的功能。当然，这些内容从《宪法》的序言与正文，亦能直接或间接找到相关的宪法规范作为依据，而这正是本书主张"大宪法意识"培育的依据所在。当然，可以根据培育对象的实际情况，对宪法意识培育内容拓展的广度和深度作出适当调整。

1.5.2　研究的不足

本书对 X 市四十所高校大学生宪法意识培育作了实证考察，在投放问卷之时，对男女比例和投放专业、投放年级难以把控，但性别不同、专业不同、年级不同的大学生对宪法的兴趣以及参与宪法意识培育的态度可能会产生一些影响，随之对调研结果的客观性可能会产生一定的负面影响。同时，本书只对 X 市四十所高校本科生的宪法意识培育开展研究，将研究结果推导至 X 市所在省乃至于全国的本科生、硕士生、博士生、专科生甚至是我国所有的青少年，基于经济和社会发展层次和教育水平的不同，亦可能会产生误差。虽然这一不足在客观上较难克服，但在主观上仍然稍感遗憾。

第2章
大学生宪法意识培育的理论指导、
学理支撑与方法论

2.1 马克思主义经典作家关于宪法意识培育的相关论述

我国作为社会主义国家，当然是以马克思主义作为指导思想。毛泽东指出，"谢谢马克思、恩格斯、列宁和斯大林，他们给了我们以武器。这武器不是机关枪，而是马克思列宁主义"。[①]而马克思主义法学作为马克思主义基本理论的重要组成部分，在我国法治建设的进程之中，自然起着不可替代的指导作用。一个不可忽视、且长期坚持的一个真理是，"以马克思的名字为标志的马克思主义法学，是一个具有高度科学性和强大生命力的法学理论体系"。[②] 当然，"在事实上，由于客观和主观的原因，马克思主义经典作家没有、也不可能对全部法的现象都做出系统无遗的理论分析，没有、也不可能做出涉及法律领域的一切结论，生动蓬勃的社会实践生活，必将推动马克思主义法学在新的历史条件下的不断丰富和发展"。[③] 对此，列宁指出，"恩格斯在谈到他本人和他那位著名的朋友时说过：'我们的学说不是教条，而是行动的指南。'"[④]可见，对马克思主义基本理论进行理解，不能是机械的、静止的、庸俗的，而应将其与我国基本国情相结合，使之成为一种指导社会主义建设的行动指南。在新的历史条件下，深入研究马克思主义法学有何益处，有学者列举了四点，而最后一点与当下中国的法治建设尤其相关，其认为，"还可以使我们把科学的法学世界观和法学方法论运用到当代中国社会主义民主政治和法制建设的实际过程之中，从而引导依法治国、建设社会主义法治国家的发展道路"。[⑤]

对于依法治国（包括依宪治国），无论是制定法律、完善宪法等制度建设，还是开展法制教育、法治教育、法制宣传教育、法律宣传教育（包括宪法宣传教育）、法律教育（包括宪法教育）、法律意识培育（包括宪法意识培育）等普及法律（包括普及宪法）等工作，均应从马克思经典作家与马克思主义中国化过程之中对推进法治建设作出重大贡献的党和国家领导人的著作之中去寻找理论依据或相关论述，这亦是信仰和践行马克思主义的具体体现。

2.1.1 马克思恩格斯关于宪法意识培育的相关论述

"什么是法？它区别于其他社会现象的质的规定性在哪里？这是法理学首先应当回答的问

---

① 毛泽东选集：第四卷 [M]. 北京：人民出版社，1991：1469.
② 公丕祥. 马克思主义法律思想通史：第一卷 [M]. 南京：南京师范大学出版社，2014：16.
③④⑤ 公丕祥. 马克思主义法律思想通史：第一卷 [M]. 南京：南京师范大学出版社，2014：17.

题。马克思主义的法学观认为，法是体现统治阶级意志的社会规范。"① 但需要注意的是，"'法'是指事物的法则，'法律'是指人们制定的法律。只不过，在一般表述中，'法'与'法律'常常混用"。② 所以，严格来讲，"体现统治阶级意志的社会规范"只能是"法律"，而不是"法"。同时，"法是由国家强制力保障实施的社会规范"。③ 进而言之，"法律规范区别于道德规范、宗教规范、纪律规范等其他社会规范的首要之处在于，它是由国家制定或认可的并由国家强制力保障实施的社会规范体系"。④ 从广义上讲，"法律"自然包括"宪法"，而"法律规范"自然亦包括"宪法规范"了。

马克思在致力于改造不公平、不合理的社会制度之时，始终未曾放弃对法律的探究。法律是政治的重要支撑，其在意识形态领域之中，地位举足轻重。"马克思否定自己是纯粹的法学家，其不主张从法律本身理解法律，而是努力从政治经济学中寻找答案。"⑤ 其认为，"社会不是以法律为基础的。那是法学家们的幻想。相反地，法律应该以社会为基础，法律应该是社会共同的、由一定物质生产方式所产生的利益和需要的表现，而不是单个个人的恣意横行"。⑥ 可见，法律是社会现实的反映，亦是利益需求的表现，会随着社会形势的变化而变化，所以无一成不变的法律，亦无一成不变的法律规定，尤其是与反映某一时期社会发展需求相关的法律或法律规定。所以，有学者认为，"马克思主义法学最主要的贡献并不在于揭示了法的阶级意志性，而在于指明了体现在法中的阶级意志与一定物质生活条件的关系，指明了法的发展不依人的意志为转移的客观性质"。⑦ 该论述后半部分当然中肯，但前半部分有待商榷，因为马克思主义法学对法的阶级意志性以及国家的性质是阶级统治工具的揭示，亦属于最主要贡献之一。毕竟在当时，黑格尔的"国家是绝对自在自为的理性东西"⑧ 的观点较受推崇，对此正是有了马克思主义法学的批判，才使革命群众对资产阶级国家的本质有了正确认知。

时值当下，全方位的中国改革进入深水区，诸多矛盾相互交织，党和国家屡次表示要以壮士断腕的勇气来面对改革难题，而厉行法治是巩固改革成果、稳定社会秩序，以及迫使既得利益者接受改革的最佳方式之一。但是，前提是不但有日益健全的法治体系，而且还有不断根植和增强于民众心中的法律意识。当然，亦包括宪法意识，甚至宪法意识较之于民法意识、刑法意识等一般法律意识更为重要，这亦是由宪法比所有法律规范效力均高的"金字塔"式的法律体系结构所决定的。

马克思认为，"规则和秩序，正好是一种生产方式和社会固定的形式，因而是它相对地摆脱了单纯偶然性和单纯任意性的形式"。⑨ 此处的"规则"，是指包括法律在内的一切行为规范，而"秩序"是指包括法律秩序在内的一切社会秩序。有学者认为，"法律作为一种特殊的社会调整机制，体现着掌握国家政权的统治阶级意志，有利于建立起统治阶级的社会秩序，使

① 李步云，高全喜. 马克思主义法学原理 [M]. 北京：社会科学文献出版社，2014：1.
②③④ 李步云，高全喜. 马克思主义法学原理 [M]. 北京：社会科学文献出版社，2014：2.
⑤ 丁国强. 马克思的法治观 [N]. 中国文明网，2011-04-11.
⑥ 马克思恩格斯全集：第6卷 [M]. 北京：人民出版社，1961：291-292.
⑦ 王勇飞，等. 中国法理学研究综述与评价 [M]. 北京：中国政法大学出版社，1992：65.
⑧ [德] 黑格尔. 法哲学原理 [M]. 范扬，张企泰，译. 北京：商务印书馆，1961：253.
⑨ 马克思恩格斯全集：第46卷 [M]. 北京：人民出版社，2001：896.

社会成员摆脱单纯偶然性、任意性的羁绊"。① 其论证了法律以及依据法律建立的社会秩序对社会成员和社会生活所具有的积极意义，而法律亦包括宪法，社会秩序亦包括宪法秩序。然而，社会成员处于社会秩序之中，亦应注意发挥人的主观能动性，既使自己得以全面发展，亦通过自己的全面发展而促进他人乃至于社会的全面发展。

同时，虽然说法律反映的是统治阶级的利益诉求，但对统治阶级而言，又不是完全以某一个或某一部分的统治阶级的意志为转移的产物，而这一点对被统治者而言则体现得更为明显。所以，马克思认为，"一切共同的规章都是以国家为中介的，都获得了政治形式。由此便产生了一种错觉，好像法律是以意志为基础的，而且是以脱离其现实基础的意志即自由意志为基础的"。② 换言之，法律具有时代性，不能脱离现实基础而独立存在。由此，可以得出以下两点启示：

第一，法律既受物质条件制约，又具有时代性。所以，"法律是反映着革命在经济制度下社会发展的经济规则"。③ 每一个时代均有法律发展的重点，法律亦需与时俱进地获得发展。显然，那种声称"整个法律是一个预先规定一切可能关系中的一切人类行为的完美规则体系"④ 的观点有待商榷。党和国家于1978年12月作出改革开放的伟大决策以来，我国的法治建设走上了一条迅速发展的道路，其特点之一就是由无到有、由粗到细、由疏到密。2011年3月，时任全国人大常委会委员长吴邦国宣布："一个立足中国国情和实际、适应改革开放和社会主义现代化建设需要、集中体现党和人民意志，以宪法为统率，以宪法相关法、民法商法、行政法、经济法、社会法、刑法、诉讼与非诉讼程序法等多个法律部门的法律为主干，由法律、行政法规、地方性法规三个层次的法律规范构成的中国特色社会主义法律体系如期形成，社会主义经济建设、政治建设、文化建设、社会建设、生态文明建设实现有法可依"。⑤ 但是，"法律体系已经基本形成"并不代表"法律体系已经形成"或"法律体系已经完全形成"。同时，亦不代表"法治体系已经基本形成"。此后，我国的法治建设迈入了一个法律体系不断充实、法治体系持续完善的历史进程，自2012年11月党的十八大召开即中国特色社会主义进入"新时代"以来，这一进程明显加快，最大亮点有两个方面：一方面，提出和实施"全面推进依法治国"。另一方面，加强依宪治国和依宪执政的建设，使宪法无论是在理论上还是在实践中，其重要性均得到了显著体现。马克思指出，"法律只是事实的公认"。⑥ 有学者认为，"这个'事实'，就是客观存在的一定社会的经济关系"⑦。该观点是正确的，但稍显不周密，因为"事实"还应包括政治关系、法律关系（包括宪法关系）等内容。同时，"法律必须保持稳定，但又不能静止不变"。⑧ 法律如此，宪法亦是如此。所以，党和国家于2018年3月对宪法进行修改，使上一次修宪以来尤其是2012年11月党的十八大召开以来以宪法宣誓制度建立健全、

①⑦ 公丕祥. 马克思主义法律思想通史：第一卷 [M]. 南京：南京师范大学出版社，2014：401.
② 马克思恩格斯选集：第1卷 [M]. 北京：人民出版社，2012：212.
③ 《董必武选集》编辑组. 董必武选集 [M]. 北京：人民出版社，1985：346.
④ [奥] 欧根·埃利希. 法社会学原理 [M]. 舒国滢，译. 北京：中国大百科全书出版社，2009：21.
⑤ 吴邦国：如期形成并不断完善中国特色社会主义法律体系 [N]. 新华网，2013－03－08.
⑥ 马克思恩格斯全集：第4卷 [M]. 北京：人民出版社，1958：124.
⑧ [美] 罗斯科·庞德. 法律史解释 [M]. 北京：华夏出版社，1989：2.

监察体制改革等发展成果得以入宪，是及时的、必要的。而基于宪法已被较大幅度地修改，以及"国家宪法日"已被确定的新形势，大力推进包括宪法意识培育在内的相关机制建设，正当其时，亦正当其势。

第二，法律具有阶级性，反映的是统治阶级的利益诉求。尽管"立法并非超然正义的体现，它的本质是利益的选择"①，但"法律偏向统治阶级，但却不认可统治阶级的任性"②。换言之，"法律的意志性是不可否定的事实，但是法律的这种意志内容决不是任意或任性"。③ 那么，为了防止统治阶级根据自己意志随意对法律进行立、改、废、释、纂，继而损害法律所应具有的权威性和在一定时期内的稳定性，所以应对统治阶级的权力进行规制。而且，"如果过分悖反社会的一般要求，就会引起被统治阶级的激烈反抗，法律就无法得到实施"。④ 由此，便会影响到包括法治建设在内的社会主义事业的发展。所以，法律虽然反映的是统治阶级的利益诉求，但亦应考虑社会发展的阶段，以及尽量降低被统治阶级的抵触情绪，继而对被统治阶级的合法合理的权益能给予尊重，这亦是革命斗争与社会建设的策略之一。将此反映到法治建设的领域，便是要使法律在反映统治阶级的利益诉求的前提之下，亦能对被统治阶级合法合理的利益诉求给予一定程度的关照。当然，该理念亦适用于宪法的制定与实施、修改与完善，与宪法秩序的建立健全。"尽管一个国家的宪法权威状况归根结底取决于生产关系，但如果人们不先形成宪法权威意识，就不可能创制宪法权威的现实。"⑤ 因此，包括宪法权威意识在内的宪法意识，既应以意识指导实践，亦应以实践反哺意识。

1830 年法国反对王朝复辟的"七月革命"和 1832 年英国议会的选举制度改革，对德国自由民主运动具有显著的推进作用。恩格斯在这一时期的文学和政治评论作品，反映了其对自由的渴望和追求。但相对而言，该时期恩格斯对自由的思考与探索主要集中于其与谢林的论战之中。恩格斯指出，"把自由和任性这二者混在一起，在新谢林主义的思维方式中达到登峰造极的地步"。⑥ 其亦认为，"只有本身包含着必然性的那种自由才是真正的自由；的确，只有作为必然性的合乎理性性质的自由，才是真理。"⑦ 有学者认为，"恩格斯将自由、真理与必然性内在地联系在一起。按照他的看法，真正的自由是一种对现有世界的必然性的理解和自觉行动。……而且，恩格斯把必然性理解为人类理性的客观存在，认为自由所包含的必然性，是合乎理性的必然性"。⑧ 由此认为，"这一理性主义自由哲学思想，构成了恩格斯新理性批判主义法律观的哲学基础"。⑨ 所以，在恩格斯看来，自由不是为所欲为，应包含着必然性或理性性质，而自由之享有与行使，亦应合情合理。当然，恩格斯在对谢林进行批判的基础之上，虽然提出自由不是任性的观点，但并未明确提出自由应受法律（包括宪法）的合情合理之规制，但从恩格斯及其与马克思共同开创的马克思主义法学来看，必然可以得出其亦认为自由应受法

① 胡建淼. 公权力研究——立法权·行政权·司法权 [M]. 杭州：浙江大学出版社，2005：165.
②④ 王耀海. 马克思主义法学的逻辑脉向 [M]. 北京：中国社会科学出版社，2016：242.
③ 孙笑侠. 法的现象与观念 [M]. 济南：山东人民出版社，2001：2.
⑤ 赵杨. 论我国宪法权威的缺失及构建途径 [J]. 山西青年管理干部学院学报，2010（2）：56－59.
⑥⑧⑨ 公丕祥. 马克思主义法律思想通史：第一卷 [M]. 南京：南京师范大学出版社，2014：98.
⑦ 马克思恩格斯全集：第 2 卷 [M]. 北京：人民出版社，2005：389.

律（包括宪法）的合情合理之规制。相应地，同样重要、甚至更为重要的另一个理念是，自由应受法律（包括宪法）的有力有效之保障。当然，我国宪法和法律亦明文要求权利主体在享有权利之时，亦是义务主体，随之应履行相应的义务，并不得损害其他主体合法的自由和权利①。有学者认为，"任何立法的根本目的，都是建立并维护一种统治秩序，即建立并维护一种有利于、并适合于阶级统治的一定社会状态。社会秩序是全体社会成员依照法律规定，进行适合于一定社会关系类型的活动，从而形成稳定的、持续的相互关系状态"。② 其中，"立法"就包括"立宪"或"制宪"，而"有利于、并适合于阶级统治的一定社会状态"，就包括"法制状态"或"法治状态"。同时，"社会秩序"亦包括"法制秩序"。

1864 年 9 月，国际工人协会成立，次月马克思为该协会起草了《协会临时章程》。马克思指出，"一个人有责任不仅为自己本人，而且为每一个履行自己义务的人要求人权和公民权。没有无义务的权利，也没有无权利的义务"。③ 其批判的是恩格斯所指出的 19 世纪中叶西方国家存在的一种社会现象，即"几乎把一切权利赋予一个阶级，另一方面却几乎把一切义务推给另一个阶级"。④ 有学者认为，"没有无义务的权利，也没有无权利的义务"的著名论断包括两个方面含义：一方面，"在任何一种法律关系中，权利人享有权利都依赖于义务人承担义务"⑤，另一方面，"不能一方只享有权利却不承担义务，另一方只承担义务而不享有权利"。⑥当然，"在任何一种法律关系中"亦包括"在宪法关系中"。尽管权利可以放弃，但义务必须履行，由此貌似无需学习与行使权利相关的包括宪法规定在内的法律规定，相应地，只用学习与义务相关的包括宪法规定在内的法律规定。但若是如此，一方面会导致对义务理解得较为片面，随之不利于对权利和义务进行全面地认知，另一方面会影响对权利和义务进行规定的法律进行整体有效地学习。长此以往，由于对权利知之甚少，既会影响自己维护合法权利，又会导致自己对承担义务缺乏主动性和积极性。此外，我国宪法和法律规定的一些权利，同时又是义务⑦，两者相互依存，难解难分，所以在行使这些权利的同时，亦是在履行义务，唯有对其进行深入地学习，才能更好地维护权利、履行义务。

但亦有学者认为，"马克思主义法律思想早就成为人们深入研究的对象。……尽管在西方学者的著述中不乏有价值的思想，但就总体而言，他们对马克思主义法律观的解释是有失偏颇

① 例如，《宪法》第 33 条第 4 款规定："任何公民享有宪法和法律规定的权利，同时必须履行宪法和法律规定的义务。"《宪法》第 51 条规定："中华人民共和国公民在行使自由和权利的时候，不得损害国家的、社会的、集体的利益和其他公民的合法的自由和权利。"等等。

② 刘瑞复. 马克思主义法学原理读书笔记：第 1 卷——法意识原理 [M]. 北京：中国政法大学出版社，2018：414.

③ 马克思恩格斯全集：第 21 卷 [M]. 北京：人民出版社，2003：17.

④ 马克思恩格斯选集：第 4 卷 [M]. 北京：人民出版社，2012：194.

⑤ 公丕祥. 马克思主义法律思想史：第一卷 [M]. 南京：南京师范大学出版社，2014：349.

⑥ 公丕祥. 马克思主义法律思想史：第一卷 [M]. 南京：南京师范大学出版社，2014：350.

⑦ 在我国《宪法》之中，有两种基本权利同时又是基本义务，即劳动和受教育，其分别被《宪法》第 42 条第 1 款和《宪法》第 46 条所规定。前者是"中华人民共和国公民有劳动的权利和义务。"后者是"中华人民共和国公民有受教育的权利和义务。"

的"。① 并列举了两种典型观点："其一是认为在马克思、恩格斯的著作中不存在'马克思主义法律理论'。……其二是把马克思主义法律观歪曲为'经济决定论'。"② 对此，其作了回击和批判，认为马克思主义基本理论"蕴含着极为丰富、深刻的法哲学、法社会学思想"。③ 为了证成这一结论，其对马克思与恩格斯的众多文章作了研究，并以马克思著的《法兰西内战》为例，对巴黎公社的法制建设作了研究，其认为：

> "公社的法制建设贯穿于巴黎公社存在的整个期间。虽然公社并没有一部近现代意义的宪法存在，同样由于存在时间短暂，也并没有能形成一个反映巴黎公社性质的有机法律体系，但法令的制定和出台事实上构成了公社其他一切措施的前提。据统计，公社存在的两个多月时间，共发布了 361 个公告、41 个决议和法令。一方面，这一系列公告和法令本身是巴黎公社新型民主建设的证明；另一方面，它们也是巴黎公社新型民主建设的有力保障。"④

据此以及其他与巴黎公社民主建设相关的史实，其认为无产阶级新型民主与法制共有四个基本特征，即"以充分实现人民权利为依归""加强对公职人员公开的普遍的监督""人民权利保障与司法制度建设"和"公社新型民主的过渡性质"⑤，并在对第三个基本特征进行阐述之时认为，"法制建设不仅是巴黎公社革命的有力保障，而且它本身也是围绕人民权利的保障展开的"。⑥ 可见，法制建设的基本功能共有两个，即保障革命政权和人民权利，这与当今我国学术界对宪法基本功能的认识已趋于类似⑦。总而言之，该学者通过对马克思主义法律思想开展研究，不仅仅认为其肯定存在，而且还认为，"它立足于社会实践生活的激流之中而永葆其青春活力"。⑧ 随之自然可以指导我国的社会主义法治建设。对于马克思主义法律思想，学术界的研究成果已有许多，代表性著作是付子堂于 2009 年著的《文本与实践之间——马克思主义法律思想中国化问题研究》一书。该书认为，尽管马克思主义法律思想明确提出了法律的"统治阶级意志论"，但潜藏于该观点的潜台词是："法律应当成为服务于文明进步和人类解放的工具"。这显然要比"专政工具说"更贴近法律的本质，亦更具有人文关怀。那么，作为国家根本大法的宪法，虽然有表达"专政"的语句，但并不排除其亦具有限制公权力、保护公民

①②③ 公丕祥. 马克思主义法律思想通史：第一卷 [M]. 南京：南京师范大学出版社，2014：15.
④ 公丕祥. 马克思主义法律思想通史：第一卷 [M]. 南京：南京师范大学出版社，2014：504.
⑤ 公丕祥. 马克思主义法律思想通史：第一卷 [M]. 南京：南京师范大学出版社，2014：506–513.
⑥⑦ 公丕祥. 马克思主义法律思想通史：第一卷 [M]. 南京：南京师范大学出版社，2014：506–510.
⑧ 当然，对于宪法主要内容，其他学者亦有不同看法。例如，张千帆、肖泽晟认为，宪法规范"或者是规定国家机构的设置及其义务权限的划分，或者是规定对公民权利的保护"。张千帆，肖泽晟. 宪法学：第三版 [M]. 北京：法律出版社，2015：15. 汪太贤认为，"宪法调整的关系主要包括国家组织或机构之间的关系、中央与地方之间的关系、国家或政府与本国公民之间的关系"。汪太贤. 中国宪法学：第二版 [M]. 北京：法律出版社，2016：4. 林来梵认为，"如果根据法律关系说来看，宪法调整的法律关系主要是两个方面：一方面主要是国家公权力和个人私权利之间的关系，即国家和个人之间的关系。另一方面，宪法还处理国家权力内部的关系，主要是处理国家公权力机关之间的关系"。林来梵. 宪法学讲义：第二版 [M]. 北京：法律出版社，2015：50. 刀慧娟认为，"在实践中，宪法主要涉及五个方面"，即"一是解决人民与国家的关系问题，确定国家性质和国家主权地位；二是解决人民如何行使主权的问题；三是规定公民基本权利，解决'权利'与'权力'的关系问题；四是解决各行政机关之间的关系问题；五是解决国家总体与局部之间的关系问题"。刀慧娟. 浅议新时代背景下大学生宪法意识的培育——以学习最新宪法修正案为例 [J]. 北方民族大学学报（哲学社会科学版），2018（5）：78–83. 等等。

权利的法治价值。当然，更准确地讲，这种"法治"首要体现为"依宪治国"。此外，还包括近些年不断涌现的其他著作①。

时值当下，法治建设虽然遇到了一些阻力，但只能继续向前，而不能再走"人治"的老路。然而，与法治体系日益完善形成反差的是，民众的法律意识尤其是宪法意识却一直较为淡漠，倘若这种局势不改变，会对依法治国特别是依宪治国的深入推进造成掣肘。坦率而言，马克思主义经典作家囿于所处的革命或建设的时空环境，其相关论述之中的"法"或"法律"，虽然未直接而具体地提及包括"宪法"，但从广义上讲，或者以今天眼光来看，"法"或"法律"当然包括"宪法"了。同理，在相应语境之中，"法制"亦包括"宪制"，"社会状态"亦包括"宪制状态"，"社会秩序"亦包括"宪制秩序"。当然，尽管在他们那个时代，对"法制"和"法治"之间的区别与联系，以及"法制"在外延上是否包括"宪制"等问题未作具体阐释，但马克思主义经典作家关于"法"或"法制"的系列阐述，揭示了"工人阶级专政"以及根据我国国情或革命实践所确立的"人民民主专政"而建立法制的一般规律，当然可以为我国在"新时代"全面推进依法治国（包括全面推进依宪治国）提供有益的指导或启示。

2.1.2　列宁关于宪法意识培育的相关论述

列宁作为世界上第一个社会主义国家苏联的奠基人，对社会主义从理论到实践的实现居功至伟。尽管其担任苏联党和国家领导人的时间较短，而且多数时间忙于对敌斗争、巩固政权，所以对这些方面论述较多，但除此之外，其仍对苏俄（联）第一部宪法即 1917 年苏联宪法的制定、通过和实施有所论述。其中，其对宪法作出的最重要、最著名的论述莫过于"宪法是一张写着人民权利的纸。"② 有学者认为，"公民基本权利的保障，是宪法的目的之一③，但又认为这"却不是宪法本质的或必要的内容"④，显然有待商榷，因为宪法"是从根本上关切个人诸多自由和权利的法律"⑤。换言之，"尊重人作为'人'的尊严，实现人的价值，维护人之所以为'人'所享有的基本权利，是宪法的终极关怀。"⑥

1918 年 10 月至 11 月，列宁发表了"无产阶级革命和叛徒考茨基"的讲话，该讲话篇幅较长，但只有第六部分"苏维埃宪法"⑦ 有与宪法相关的论述。其指出，"只要让这些无产者和这些群众了解了我们的苏维埃宪法，他们立刻会说：'这才真正是我们的人，这才真正是工

---

①　公丕祥. 马克思主义法学中国化的进程［M］. 北京：法律出版社，2012；蒋传光. 马克思主义法学理论中国化理论与实践研究［M］. 北京：中国法制出版社，2013；李步云，高全喜. 马克思主义法学原理［M］. 北京：社会科学文献出版社，2014. 等等.

②　列宁全集：第十二卷［M］. 北京：人民出版社，1987：50.

③④　胡建淼. 公法研究：第九辑［M］. 杭州：浙江大学出版社，2011：511.

⑤　胡锦光. 宪法学原理与案例教程［M］. 北京：中国人民大学出版社，2006：10.

⑥　郑夏蕾. 以话语分析看我国宪法意识的变迁［J］. 江汉论坛，2015（3）：129 - 132.

⑦　列宁选集：第 3 卷［M］. 北京：人民出版社，1995：630 - 638.

人政党，真正是工人政府'"。① 这揭示了对民众开展宪法意识培育的重要性。当时的苏联，与新中国乃至于改革开放以来的我国一样，在开展法制建设、推进依法治国之时均是自上而下的，对于宪法，部分民众在其实施之时缺乏热情，但并不是宪法不符合时代要求，亦不是宪法未反映他们的利益诉求，而是他们对宪法的部分内容甚至是全部内容缺乏了解，因此有必要开展宪法意识培育，使之在了解宪法、学习宪法的基础之上尊重宪法、认同宪法，从而成为具有宪法意识的人。对于其他法律，亦是如此。

1918 年 11 月，根据列宁的建议，全俄苏维埃第六次非常代表大会通过的《关于切实遵守法律的决定提纲草稿》，是一个旨在促进开展法律意识培育的专门文件。其指出，"法制应当加强（或得到最严格的遵守），因为俄罗斯联邦法律的基本原则已经确定"。② 该提纲草稿对法制建设提出两个方面要求：一方面，是法制应加强。另一方面，是法律应得到最严格的遵守。而义务主体，则指向全体公民。引申地讲，在全体公民之中，除了公职人员之外，还有工人、农民、学生等诸多群体，他们虽然没有身居要职，也没有执掌公权力，但他们作为社会的重要成员，当然有严格遵守包括宪法在内的所有法律的明确义务。尤其需要强调的是，包括大学生在内的学生群体，是国家的未来，民族的希望，是社会主义的建设者和未来的接班人，是全面推进依法治国的新生力量，所以对其开展包括宪法意识培育在内的法律意识培育，自然至关重要。

1919 年 2 月，在列宁主持之下，苏俄（联）制定了《俄共（布）纲领草案》，该草案篇幅较长，但只有第八部分"党纲中关于法院的条文的第一段"③ 有与法律意识相关的论述，这亦是在《列宁选集》所收录的文献之中为数不多的一例。其指出，"废除了已被推翻的政府的法律以后，党向苏维埃选民选出的法官提出以下的口号：实现无产阶级的意志，运用无产阶级的法令，在没有相应的法令或法令不完备时，要屏弃（按照现在用词习惯，应为"摒弃"，引者注）已被推翻的政府的法律，而遵循社会主义的法律意识"。④ 同时，该草案第九部分"党纲中国民教育方面的条文"规定，"学校应当成为无产阶级专政的工具，……不仅应当传播一般共产主义原则，而且应当对劳动群众中的半无产者和非无产者的阶层传播无产阶级在思想、组织、教育等方面的影响，以利于彻底镇压剥削者的反抗和实现共产主义制度"。⑤ 对此，可以作出合理推论，教育内容虽然未明确包括 1918 年苏联宪法，但亦不会将其排除在外，因为"无产阶级在思想、组织、教育等方面的影响"，所以理应包括对苏联的法制建设、宪法实施等产生重大影响的 1918 年苏联宪法。

诚然，列宁在苏联革命取得胜利之后不久便逝世，担任苏联党和国家领导人的时间较短，无论是革命成功之前还是成功之后，其工作重心均在于对敌斗争、巩固政权，即便是对其在世之时制定的苏联 1918 年《宪法》，亦论述较少，但较少的论述，却对苏联与后来包括我国在内

---

① 列宁选集：第 3 卷 [M]. 北京：人民出版社，1995：636.
② 列宁全集：第 48 卷 [M]. 北京：人民出版社，2017：130.
③ 列宁选集：第三卷 [M]. 北京：人民出版社，1995：630 - 638.
④ 列宁选集：第三卷 [M]. 北京：人民出版社，1995：743.
⑤ 列宁选集：第三卷 [M]. 北京：人民出版社，1995：744.

的社会主义国家制定与实施宪法，均有启示意义和借鉴价值。此外，鉴于部分民众革命热情不高，部分党员干部巩固政权积极性不强，或者开展相关教育的措施不当，列宁对此发表过许多讲话或论述，这些讲话或论述包含丰富的列宁教育思想，苏联于 20 世纪 80 年代对列宁的传世文献开展过汇编工作，国内亦有高校进行了辑译①。而且，亦有学者对列宁法治思想之中的法理观作了研究，认为其包括"法治观""法价值观""民主观""法制观"和"人权观"②。这些研究成果，对我国开展包括宪法意识培育在内的法律意识培育，均有启示作用和指导价值。

2.1.3　斯大林关于宪法意识培育的相关论述

斯大林是继列宁之后苏联的第二位党和国家领导人，执政时间较长，对苏联党和国家各项制度的延续、发展影响深远。对于宪法发展，其最大功劳就是制定了 1936 年苏联《宪法》，尽管该宪法在后来因为各种原因实施成效不佳，但在制定之时斯大林作出的一些论述，对后来包括我国在内的社会主义国家制定与实施宪法，亦有启示意义和借鉴价值③。

1936 年 11 月，斯大林在全苏维埃第八次非常代表大会上作了"关于苏联宪法草案"的报告。该报告篇幅较长，第三部分"宪法草案的基本特点"论述了苏联新宪法草案的六个特点，依次是："新宪法草案是已经走过的道路的总结，是已经取得的成就的总结"。④ "新宪法草案就是以社会主义的这些准则为依据的。它反映这些准则，用立法程序把这些准则固定下来。"⑤ "宪法（之）所以需要，是为了把合乎劳动者愿望并有利于劳动者的社会秩序固定下来。"⑥ "它的出发点是，一切民族和种族，……都应当在社会一切经济生活、社会生活、国家生活和文化生活方面享有同等的权利。"⑦ "决定每个公民在社会上的地位的，不是财产状况，不是民族出身，不是性别，不是职位，而是个人的能力和个人的劳动。"⑧ "很明显，新宪法草案的民主主义，并不是'通常的''公认的'一般民主主义，而是社会主义的民主主义。"⑨ 对于这些基本特点，斯大林指出，"这就是 1924 ~ 1936 年这一时期苏联经济和社会政治生活

---

① 苏联教育科学院.领袖论教育系列——列宁论教育：上卷、下卷 [M].华东师范大学《列宁论教育》辑译小组，辑译.北京：人民教育出版社，2001.同时，亦有稍旧版本。华东师范大学《列宁教育文集》编辑组.列宁教育文集：上卷、下卷 [M].北京：人民教育出版社，1984.

② 张国安.论列宁法治思想中的法理观 [J].云南大学学报（法学版），2009（3）：9 - 16.

③ 1954 年 1 月，1954 年《宪法》在起草之时，毛泽东在为宪法起草小组制定的"宪法起草工作计划"之中指出，"为了在二月间政治局便于讨论，望各政治局委员及在京各中央委员从现在起即抽暇看下列各主要参考文件：（一）一九三六年苏联宪法及斯大林报告（有单行本）；（二）一九一八年苏俄宪法（见政府办公厅编宪法及选举法资料汇编一）；……。"其中，"斯大林报告"是指斯大林于 1936 年 11 月在全苏维埃第八次非常代表大会上作的"关于苏联宪法草案"的报告。可见，该报告以及该报告论及的 1936 年苏联《宪法》对我国制定 1954 年《宪法》产生的影响十分明显。毛泽东文集：第六卷 [M].北京：人民出版社，1999：320 - 321.

④ 斯大林选集：下卷 [M].北京：人民出版社，1979：399.

⑤⑥ 斯大林选集：下卷 [M].北京：人民出版社，1979：400.

⑦ 斯大林选集：下卷 [M].北京：人民出版社，1979：401.

⑧ 斯大林选集：下卷 [M].北京：人民出版社，1979：401 - 402.

⑨ 斯大林选集：下卷 [M].北京：人民出版社，1979：402.

中发生的各种变化和进展在新宪法草案上的反映"。① 通过阅读斯大林的论述，可以得出以下三点启示：

第一，将宪法草案与资产阶级宪法作了对比，论证其具有优越性，所以频频可见"和资产阶级宪法不同"的表述。

第二，宪法草案是"是已经取得的成就的总结""是社会主义制度在苏联已经胜利这一事实"。应是基于此，毛泽东后来认为，"无论是英国、法国、美国，或者是苏联，都是在革命成功有了民主事实之后，颁布一个根本大法，去承认它，这就是宪法"。② 所以说，无论是宪法的制定还是修改，均是对革命、建设和改革所取得成果的确认，而确认其实亦是对已取得成果的巩固③。

第三，"决定每个公民在社会上的地位的，……而是个人的能力和个人的劳动"这句论述，虽然并无"按劳分配"的表述，但已蕴含其中。无论是对民众行使权利提供便利或帮助，还是实行"按劳分配"的原则，我国均有借鉴，这在我国现行宪法之中亦能找到相应的规定④。

斯大林"关于苏联宪法草案"的这篇报告，涉及内容较多，对许多方面均有论述。例如，对于苏联民主，他指出，"民主在苏联却是给劳动者享受的民主，也就是说给所有的人享受的民主"。⑤ 对于有人主张将更多内容写入宪法，他指出，"他们竭力要把尽可能多的法律塞到宪法里去，简直要把宪法变成一部法律汇编。可是，宪法并不是法律汇编"。⑥ 对于宪法与立法机关所立之法的关系，他指出，"宪法并不排除将来立法机关的日常立法工作，而要求有这种工作。宪法给这种机关将来的立法工作以法律基础"。⑦ 等等。这些论述对于苏联民众学习宪法草案及其通过之后的正式宪法，与后来包括我国在内的社会主义国家如何看待宪法的制定以及民主、立法等内容，亦有启示意义和借鉴价值。

当然，斯大林的这篇报告，未对苏联民众在宪法草案通过之后，如何了解宪法、学习宪法、遵守宪法和认同宪法作出论述，亦是其不足之处之一。

---

① 斯大林选集：下卷 [M]. 北京：人民出版社，1979：402.

② 毛泽东选集：第二卷 [M]. 北京：人民出版社，1991：735.

③ 在我国，在党和国家的重要文件之中，亦常有通过法制建设对建设和改革成果进行巩固的论述。例如，1987年10月召开的党的十三大指出，"法制建设必须贯穿于改革的全过程。……法制建设又必须保障建设和改革的秩序，使改革的成果得以巩固。应兴应革的事情，要尽可能用法律或制度的形式加以明确"。

④ 例如，对于获得物质帮助权，1982年《宪法》第45条规定："中华人民共和国公民在年老、疾病或者丧失劳动能力的情况下，有从国家和社会获得物质帮助的权利。国家发展为公民享受这些权利所需要的社会保险、社会救济和医疗卫生事业。国家和社会保障残废军人的生活，抚恤烈士家属，优待军人家属。国家和社会帮助安排盲、聋、哑和其他有残疾的公民的劳动、生活和教育。"对于按劳分配原则，1982年《宪法》第6条第2款规定："国家在社会主义初级阶段，坚持公有制为主体、多种所有制经济共同发展的基本经济制度，坚持按劳分配为主体、多种分配方式并存的分配制度。"等等。

⑤⑥ 斯大林选集：下卷 [M]. 北京：人民出版社，1979：409.

⑦ 斯大林选集：下卷 [M]. 北京：人民出版社，1979：409 - 410.

2.2　我国党和国家领导人关于宪法意识培育的相关论述

2.2.1　毛泽东关于宪法意识培育的相关论述

毛泽东是新中国成立以来第一部宪法即 1954 年《宪法》起草和制定的组织者。在宪法制定之时，其担任起草人，"其任务是为宪法起草委员会提供可供讨论与修改的宪法草案"①，反映了其对宪法起草十分重视。

1954 年 1 月，毛泽东在为宪法起草小组制定的"宪法起草工作计划"② 之中指出，"为了在二月间政治局便于讨论计，望各政治局委员及在京各中央委员从现在起即抽暇阅看下列各主要参考文件：（一）一九三六年苏联宪法及斯大林报告（……）；（二）一九一八年苏俄宪法（……）；（三）罗马尼亚、波兰、德国、捷克等国宪法（……）；（四）一九一三年天坛宪法草案，一九二三年曹锟宪法，一九四六年蒋介石宪法（……）；（五）法国一九四六年宪法（……）。"③ 可见，毛泽东要求宪法起草小组阅看的宪法，数量众多，类型丰富。其制定的"宪法起草工作计划"亦启示我国在制定、修改和完善宪法之时，对古今中外的历史经验，应注意学习、借鉴。正因如此，当 1954 年《宪法》通过之时，林伯渠指出，这部《宪法》"既是领导者的经验和广大人民群众的经验的结合，又是中国的经验和苏联及其他人民民主国家的经验的结合"。④

1954 年 6 月，毛泽东发表了"关于中华人民共和国宪法草案"的讲话，其指出，"这个宪法草案，看样子是得人心的"。⑤ 然后，其采用设问方式，对宪法草案七个主要问题作了论述。

第一，毛泽东问"为什么要组织这样广泛的讨论呢？"⑥ 对此，其作了两点论述。"首先，……经过讨论，证实了宪法草案初稿的基本条文、基本原则，是大家赞成的。"⑦ "其次，在讨论中搜集了五千九百多条意见（不包括疑问）。……其中有一部分是不正确的。还有一部分虽然不见得很不正确，但是不适当，以不采用为好。既然不采用为什么又搜集呢？搜集这些意见有什么好处呢？"⑧ 其指出，"如果没有这些意见，宪法草案初稿虽然基本上正确，但还是不完全的，有缺点的，不周密的"。⑨ 毛泽东对宪法草案评价较高⑩，但仍谦逊指出，"现在的

---

① 韩大元，孟凡壮. 中国社会变迁六十年的公民宪法意识 [J]. 中国社会科学，2014（12）：123 – 142，162.

②③ 毛泽东文集：第六卷 [M]. 北京：人民出版社，1999：320 – 321.

④ 《林伯渠文集》编辑组. 林伯渠文集 [M]. 北京：华艺出版社，1996：639.

⑤⑥⑦⑧ 毛泽东文集：第六卷 [M]. 北京：人民出版社，1999：324.

⑨ 毛泽东文集：第六卷 [M]. 北京：人民出版社，1999：324 – 325.

⑩ 对于宪法草案为何会"得人心"，毛泽东指出，"我看理由之一，就是起草宪法采取了领导机关的意见和广大群众的意见相结合的方法。……这就是领导和群众相结合，领导和广大积极分子相结合的方法。"而且，其认为这样的方法很好，并指出，"过去我们采用了这个方法，今后也要如此。一切重要的立法都要采用这个方法。"毛泽东文集：第六卷 [M]. 北京：人民出版社，1999：325.

草案也许还有缺点，还不完全，这要征求全国人民的意见了"。①

第二，毛泽东问"在座的各位和广大积极分子为什么拥护这个宪法草案呢？为什么觉得它是好的呢？"② 其指出，"主要有两条：一条是总结了经验，一条是结合了原则性和灵活性。"③ 对此，其用较长篇幅作了论述。

第三，毛泽东对 1954 年宪法草案定调。其指出，"通过以后，全国人民每一个人都要实行（按照现在用词习惯，应为'施行'，引者注），特别是国家机关工作人员要带头实行，首先在座的各位要实行。不实行就是违反宪法"。④

第四，毛泽东对宪法草案公布之后可能产生的国际影响作了预测。其指出，"在民主阵营中，在资本主义国家中，……看到我们有一条清楚的明确的和正确的道路，他们会高兴的"。⑤ 但亦指出，"当然也有人不高兴，帝国主义、蒋介石都不会高兴的"。⑥ 而且，其认为，这部"革命的宪法"和"人民民主的宪法"，对受帝国主义、封建主义压迫的很多国家以及在世界上占多数的人民会有帮助。

第五，毛泽东对国家总目标作了论述。其指出，"我们的总目标，是为建设一个伟大的社会主义国家而奋斗"。⑦

第六，毛泽东对宪法性质与制宪目的作了论述。对于宪法性质，其指出，"我们的这个宪法，是社会主义类型的宪法，但还不是完全社会主义的宪法，它是一个过渡时期的宪法"。⑧ 对于制宪目的，其指出，"我们现在要团结全国人民，……为建设一个伟大的社会主义国家而奋斗。这个宪法就是为这个目的而写的。"⑨

第七，毛泽东对一个问题作了解释说明。问题起因是，"有人说，宪法草案中删除个别条文是由于有些人特别谦虚"。⑩ 对此，其指出，"科学没有什么谦虚不谦虚的问题。搞宪法是搞科学"。⑪

毛泽东的这篇讲话，内容较多，哲理深刻，可以得出以下七点启示：

第一，宪法制定，应经过充分讨论，这样才能得到民众的认可、拥护。唯有如此，宪法实施才能得到民众的积极参与，其在学习、了解、遵守和认同之时，才能有更多的主动性。

第二，宪法制定，既应总结古今中外的有益经验，又应将制定宪法的原则性和灵活性进行结合。

第三，在宪法草案即将通过之前，应对宪法的普及、施行予以重视，并作出相应部署。而且，应明确要求宪法制定的参与者、国家机关工作人员带头遵守与实施宪法。当然，对于广大民众，亦是如此。

第四，宪法体现的人民民主原则和社会主义原则，以及规定的发展道路，应明确遵循。

第五，对于制宪行为应胸怀自信，无需在意不友好阵营或敌对阵营的非议。

第六，对于制定目的应明确认知。而且，宪法在实施之时，应注意团结一切可以团结的

---

①②③ 毛泽东文集：第六卷 [M]．北京：人民出版社，1999：325．
④⑤⑥ 毛泽东文集：第六卷 [M]．北京：人民出版社，1999：328．
⑦⑧ 毛泽东文集：第六卷 [M]．北京：人民出版社，1999：329．
⑨⑩⑪ 毛泽东文集：第六卷 [M]．北京：人民出版社，1999：330．

力量。

第七，对于宪法内容的增加或删除，应秉持科学的、实事求是的态度。

在此，可以作出合理推论，宪法修改亦应如此。可以说，毛泽东这篇讲话，是其宪法思想的集大成者。由于这篇讲话揭示了社会主义宪法制定的基本特点、基本原则与基本规律等，因此其所具有的指导价值，不仅仅适用于当时正在制定和即将通过的 1954 年《宪法》，而且亦适用于之后我国历部宪法尤其是 1982 年《宪法》的制定、实施与修改。

同时，毛泽东对民主生活、民主教育等发表过许多讲话或论述。在此，试举以下三例：

例如，1938 年 10 月，毛泽东作了"论新阶段"的报告，其指出，"一方面，确实扩大党内的民主生活；另一方面，不至于走到极端民主化，走到破坏纪律的自由放任主义"。① 又如，1949 年 6 月，毛泽东发表了"论人民民主专政"的讲话，其指出，"有了人民的国家，人民才有可能……用民主的方法，教育自己和改造自己"。② 再如，1963 ~ 1965 年，毛泽东作出了"学习马克思主义的认识论和辩证法"的系列论述，其在第二次论述之时指出（时间是 1964 年 8 月），"要在人民群众那里学得知识，制定政策，然后再去教育人民群众"。③

总而言之，毛泽东是党和国家的第一代领导集体的核心，其宪法思想主要集于 1954 年 6 月发表的"关于中华人民共和国宪法草案"④ 的这篇讲话。该讲话篇幅较长、内容较多、哲理深刻，较之于列宁于 1918 年发表的"苏维埃宪法"的讲话（"无产阶级革命和叛徒考茨基"这篇讲话的第六部分），有明显的进步之处，最显著的莫过于强调宪法在通过之后国家机关工作人员和广大民众应予以遵守。此外，毛泽东对党的建设、革命斗争、政权巩固、党员干部教育、群众教育或向群众学习、民主法制等，发表过许多讲话或论述，这些讲话或论述对包括宪法意识培育在内的法律意识培育的开展，亦有启示意义和借鉴价值。

2.2.2　邓小平关于宪法意识培育的相关论述

邓小平作为我国改革开放的总设计师，其功绩不仅仅体现在经济体制改革方面，而且亦体现在政治体制改革和法制建设等方面。1979 年 6 月，对于民主和法制之间的辩证关系，邓小平指出，"要加强民主就要加强法制。没有广泛的民主是不行的，没有健全的法制也是不行的"⑤ 该论述后来被提炼为"民主和法制两手都不能削弱"⑥。

1986 年 6 月，邓小平发表了"在全体人民中树立法制观念"的讲话，其指出，"加强法制重要的是进行教育，根本问题是教育人。法制教育要从娃娃开始，小学、中学都要进行这个教育，社会上也要进行这个教育"。⑦ 该论述后来被提炼为一个知名命题，即"法制教育要从娃

①　毛泽东选集：第二卷［M］. 北京：人民出版社，1991：529.
②　毛泽东选集：第四卷［M］. 北京：人民出版社，1991：1476.
③　毛泽东文集：第八卷［M］. 北京：人民出版社，1999：324.
④　毛泽东文集：第六卷［M］. 北京：人民出版社，1999：324 - 331.
⑤⑥　邓小平文选：第二卷［M］. 北京：人民出版社，1994：189.
⑦　邓小平文选：第三卷［M］. 北京：人民出版社，1993：163.

娃抓起"。虽然用词质朴，但却深刻揭示了法制教育应从娃娃抓起的基本规律。但需要注意的是，邓小平这篇讲话的标题是"在全体人民中树立法制观念"，而非"法制教育要从娃娃抓起"，意即"法制教育要从娃娃抓起"只是"在全体人民中树立法制观念"的一个方面。

基于此，对包括大学生在内的各个学习阶段的学生开展法制教育，各级政府尤其是各级教育行政部门和各种学校，在课程设置、师资配备、经费拨付等方面应给予必要支持，因为求学之时是人接受法制教育最容易出成效的黄金时期，这亦是邓小平作出"法制教育要从娃娃抓起"这句论述的初衷与精髓所在。虽然其应未刻意探究"娃娃"的年龄段的下限与上限，但其应想强调在人的求学时期对其开展法制教育是最有成效的。

相对而言，从《邓小平文选》及其他收录邓小平的讲话或论述的文献来看，邓小平对包括宪法意识培育在内的法律意识培育论述较少，但其对教育、法制建设、权利保护等发表过许多讲话或论述，这些讲话或论述对包括宪法意识培育在内的法律意识培育的开展，亦有启示意义和借鉴价值。在此，试举以下三例：

例如，1977 年 5 月，邓小平发表了一个谈话，部分谈话内容是"尊重知识，尊重人才"，其指出，"抓科技必须同时抓教育。从小学抓起，一直到中学、大学"。① 又如，1980 年 12 月，邓小平发表了"贯彻调整方针，保证安定团结"的讲话，其指出，"在党政机关、军队、企业、学校和全体人民中，都必须加强纪律教育和法制教育"。② 再如，1987 年 6 月，邓小平发表了一个谈话，部分谈话内容是"没有安定的政治环境，什么事都干不成"，其指出，"中国的政治体制改革，要讲社会主义的民主，也要讲社会主义的法制。在强调发展民主的同时，要强调教育我们的人民特别是青年要有理想，守纪律"。③

邓小平对"法制"与"法治"未进行正式区分，随之在《邓小平文选》之中，与"法"相关的建设基本上均是指"法制"而非"法治"，与"法"相关的教育基本上是指"法制教育"而非"法治教育"，但这并不影响邓小平发表的与"法制教育"相关的许多讲话或论述具有深刻哲理与重大意义。正是在已有的论述及践行的基础之上，在邓小平逝世七个月之后即1997 年 9 月党的十五大召开之时，党正式开始区分"法制"与"法治"，并提出"依法治国"的重大命题④。到了 1999 年 3 月修改宪法之时，该命题经过提炼成为《宪法修正案》第 13 条规定而写入《宪法》⑤，这标志着我国的法治建设和宪法发展取得了划时代的成就，这些均与邓小平对"法制建设"的探索具有密切关系。

2.2.3   江泽民关于宪法意识培育的相关论述

1996 年 2 月，江泽民发表了"坚持依法治国"的讲话，其指出，"加强社会主义法制建

---

① 邓小平文选：第二卷 [M]. 北京：人民出版社，1994：40.
② 邓小平文选：第二卷 [M]. 北京：人民出版社，1994：360.
③ 邓小平文选：第三卷 [M]. 北京：人民出版社，1994：245.
④ 1997 年 9 月，党的十五大指出，"依法治国，发展社会主义民主政治。发展民主，健全法制，建设社会主义法治国家。"
⑤ 1999 年 3 月，全国人大通过的《宪法修正案》第 13 条规定："宪法第五条增加一款，作为第一款，规定：'中华人民共和国实行依法治国，建设社会主义法治国家。'"

设、依法治国，是邓小平建设有中国特色社会主义理论的重要组成部分，是我们党和政府管理国家和社会事务的重要方针"。① 显然，其认为，加强社会主义法制建设以及据此而推进依法治国，既是邓小平法制建设理论的重要组成部分，又是贯彻邓小平理论的具体实践体现。江泽民指出，"世界经济的实践证明，一个比较成熟的市场经济，必然要求并具有比较完备的法制"。② 随后，其对发展经济必须依靠建设法制来保障作了论述，但在推进法制建设过程之中，若想使法律得以持之以恒地贯彻执行，必然应开展法律意识培育。

同时，江泽民指出，"加强社会主义法制建设，坚持依法治国，一项重要任务是不断提高广大干部群众的法律意识和法制观念"。③ 其亦指出，"公民自觉守法、依法维护国家利益和自身权益是依法治国的重要基础。广大干部群众法律水平的高低，直接影响着依法治国的进程"。④ 而且，其还指出，"加强社会主义法制建设必须同时从两个方面着手，既要加强立法工作，……又要加强普法教育……"⑤。接着又强调，"二者缺一不可，任何时候都不可偏废"。⑥ 一方面，是法制建设的"硬件建设"，即制度建设。另一方面，是法制建设的"软件建设"，即意识培育。而且，还认为两者的关系是"缺一不可"和"不可偏废"。江泽民的这一论述，将法制教育、法制宣传教育、法律意识培育置于与法制建设的制度建设同等重要的位置上，可谓意义重大。

此外，江泽民指出，"要充分认识法制宣传教育的长期性和艰巨性，并逐步使之制度化、规范化"。⑦ 那么，我国是如何使法制宣传教育制度化、规范化的？最显著的做法就是不断坚持和加强于 1986 年 1 月正式开始的普法工作，而且为了使之有章可循，中央宣传部、司法部还为每一次以"五年"为周期的普法工作制定有《普法规划》。总的来讲，阅读江泽民"坚持依法治国"的这篇讲话，可以得出以下四点启示：

第一，加强法制建设，是中国特色社会主义理论的重要组成部分和具体实践体现。

第二，发展市场经济，应有日益完备的法制提供保障。对于包括但不限于服务于市场经济发展的法律，若想使之得以贯彻执行，应坚持和加强法制宣传教育。

第三，坚持依法治国的一项重要任务是不断提高广大干部群众的法律意识和法制观念，因为其法律水平的高低，直接影响着依法治国的进程。

第四，加强法制建设应从两个方面着手：一方面，加强立法工作，健全和完善法制。另一方面，提高干部群众遵守法律、依法办事的意识和能力，而且两者缺一不可、不可偏废。

除了这篇讲话之外，江泽民亦发表过与法制教育相关的许多讲话或论述。在此，试举以下三例：

例如，1997 年 9 月，江泽民作党的十五大报告指出，"深入开展普法教育，增强全民的法律意识，着重提高领导干部的法制观念和依法办事能力"。⑧ 又如，1998 年 12 月，江泽民在

---

① ② 　江泽民文选：第一卷 [M]. 北京：人民出版社，2006：511.
③ 　江泽民文选：第一卷 [M]. 北京：人民出版社，2006：511 – 512.
④ 　江泽民文选：第一卷 [M]. 北京：人民出版社，2006：512.
⑤ ⑥ ⑦ 　江泽民文选：第一卷 [M]. 北京：人民出版社，2006：513.
⑧ 　江泽民文选：第二卷 [M]. 北京：人民出版社，2006：31.

纪念十一届三中全会召开二十周年大会上发表了讲话，其指出，"民主总是同法制结合在一起的，什么样的民主就由什么样的法制来体现和保障"。① 再如，2000 年 2 月，江泽民发表了"正确引导青少年健康成长"的讲话，其指出，"要经常地在学生中开展纪律法制教育，增强他们的纪律法制观念，使他们懂得遵纪守法的道理"。②

江泽民法制教育思想内容丰富、意蕴深刻，虽然某些讲话提及的法制教育重点对象是领导干部或广大群众，而非大学生或包括大学生在内的青少年，但其法制教育思想包含的重视法制教育，以及健全和完善法制与提高依法办事的意识和能力之间两者缺一不可、不可偏废等理念，对于开展大学生宪法意识培育，亦可适用。

2.2.4　胡锦涛关于宪法意识培育的相关论述

2002 年 12 月，胡锦涛发表了"在首都纪念我国宪法公布施行 20 周年大会上的讲话"③，这是党和国家领导人第一次在《宪法》通过的"逢十"周年发表讲话④。该讲话除了开头语、结束语之外，分为以下四个部分：

第一，论述宪法具有重要地位、最高法律效力，以及任何主体均不能违反宪法⑤。

第二，论述 1982 年《宪法》制定与颁布的时代背景、修改次数及大致情况，与重要的政治功能。

第三，论述现行《宪法》是一部好宪法⑥。

第四，必须坚持依法治国的基本方略，而首先应做的是全面贯彻实施宪法。

可以说，这篇讲话集中体现了胡锦涛的宪法理念。虽然该讲话已过去近二十年，但今天来看，依然具有启示意义，而是否可以将这篇讲话所涉及的重要内容和深刻哲理适用于大学生宪法意识培育的开展，答案当然是肯定的。

同月 26 日，胡锦涛在十六届中央政治局第一次集体学习之时发表了讲话，其指出，"新一届中央政治局集体学习，第一次就以学习宪法为题。"⑦ 这充分反映了胡锦涛以及在其领导之

---

① 江泽民文选：第二卷 [M]. 北京：人民出版社，2006：258.

② 江泽民文选：第二卷 [M]. 北京：人民出版社，2006：590.

③ 胡锦涛在首都纪念我国宪法公布施行 20 周年大会上的讲话 [N]. 新华网，2002 - 12 - 04.

④ 在 2002 年 12 月这一月，胡锦涛在 4 日、26 日共发表了两次讲话。对于这两次讲话，有学者认为，"对学习宪法和我国宪法的内容、地位、作用与建设小康社会的关系，以及如何进一步全面贯彻实施宪法作了精辟的阐述。"肖蔚云. 增强宪法意识、维护宪法权威——学习胡锦涛同志两次关于宪法的重要讲话的体会 [J]. 法学杂志，2003 (5)：2 - 4.

⑤ 该内容与《宪法》序言第 13 段表述存在相似之处，该段规定："本宪法以法律的形式确认了中国各族人民奋斗的成果，规定了国家的根本制度和根本任务，是国家的根本法，具有最高的法律效力。全国各族人民、一切国家机关和武装力量、各政党和各社会团体、各企业事业组织，都必须以宪法为根本的活动准则，并且负有维护宪法尊严、保证宪法实施的职责。"对于该段，有学者认为，"最本质的精髓就是中国宪法具有最高权威。"但其亦认为，"中国宪法权威在当下现实生活中受到各种因素的深刻影响，其最高权威没有得到充分的尊重"，而且认为，"中国法治之路任重而道远。"李湘刚. 影响中国宪法权威的因素分析 [J]. 学术论坛，2011 (4)：99 - 102.

⑥ 胡锦涛在首都纪念我国宪法公布施行 20 周年大会上的讲话 [N]. 新华网，2002 - 12 - 04.

⑦ 胡锦涛文选：第二卷 [M]. 北京：人民出版社，2016：14.

下的十六届中央政治局对宪法十分重视。对于全面贯彻实施宪法，并且充分发挥宪法促进和保障社会主义政治文明、物质文明、精神文明的作用，胡锦涛提出三点要求，依次是："要深入学习宣传宪法，不断增强全党全国人民的宪法意识""要切实加强法律监督，保证宪法贯彻落实"和"要坚持依法执政，不断加强和改善党的领导"①。对于第一点，虽然胡锦涛指出，"学习贯彻宪法，重点在于领导干部"②，但其亦指出，"要注重在青少年中开展宪法基本知识学习教育活动"③。总的来讲，胡锦涛"树立宪法意识和宪法权威"的这篇讲话，可以得出以下三点启示：

第一，胡锦涛以及在其领导之下的十六届中央政治局对宪法十分重视。其指出，"学习宣传宪法，树立宪法意识，是一项长期任务，……努力使宪法意识和宪法权威真正在全社会牢固确立起来"。④

第二，若想全面贯彻实施宪法，使宪法发挥对社会主义建设的促进和保障作用，必须宣传宪法，增强全党全国人民的宪法意识。同时，亦应加强宪法和法律监督。

第三，对于宣传宪法、学习宪法、贯彻宪法，虽然重点在于领导干部，但青少年亦不能忽略，这是基于青少年是社会主义的建设者和未来的接班人所部署的重大政治安排和法治建设任务。

可以说，胡锦涛的"树立宪法意识和宪法权威"的这篇讲话，尽管篇幅不长，但意义重大。胡锦涛的这篇讲话和其他相关讲话，以及党和国家开展的宪法宣传活动，亦有助于 2004年修宪的有序开展与顺利完成。同时，需要注意的是，讲话提到的"青少年"，亦当然包括一代又一代的大学生。换言之，对于宪法的学习、尊重、遵守和认同，必然不能缺少大学生这一群体，而若想实现这一愿景，必然需要对其开展宪法意识培育。

除了上述两篇讲话之外，胡锦涛亦发表过与宪法意识培育相关的许多讲话或论述。在此，试举以下三例：

例如，2006 年 3 月，胡锦涛发表了"坚持社会主义法治理念"⑤的讲话，其指出，"既要积极加强法制建设，又要牢固树立社会主义法治理念"⑥。又如，2007 年 3 月，胡锦涛发表了"关于物权法的制定和实施"⑦的讲话，其指出，"要利用实施物权法的有利时机，在全社会广泛开展法制宣传教育，……增强依法行使权利、履行义务的公民意识"⑧。再如，2012 年 11月，胡锦涛作党的十八大报告指出，"深入开展法制宣传教育，……增强全社会学法尊法守法用法意识"。⑨

胡锦涛法治教育思想内容丰富、富含哲理，在主持十六届中央政治局第一次集体学习之时

①　胡锦涛文选：第二卷［M］. 北京：人民出版社，2016：15 – 17.
②③④　胡锦涛文选：第二卷［M］. 北京：人民出版社，2016：16.
⑤　胡锦涛文选：第二卷［M］. 北京：人民出版社，2016：428 – 429.
⑥　胡锦涛文选：第二卷［M］. 北京：人民出版社，2016：428.
⑦　胡锦涛文选：第二卷［M］. 北京：人民出版社，2016：585 – 589.
⑧　胡锦涛文选：第二卷［M］. 北京：人民出版社，2016：588.
⑨　胡锦涛文选：第二卷［M］. 北京：人民出版社，2016：635.

便以"学习宪法"为题，并发表了"树立宪法意识和宪法权威"的讲话①。其不但强调"要注重在青少年中开展宪法基本知识学习教育活动"②，而且还阐明原因——"青少年是祖国的未来，在他们的成长阶段就开展对宪法的学习教育，……具有长远的基础性作用"。③ 可见，其对青少年宪法教育（宪法意识培育）十分重视，而"青少年"由于包括大学生，所以胡锦涛发表的"树立宪法意识和宪法权威"这篇讲话及其蕴含的宪法教育思想自然可以指导大学生宪法意识培育的开展。此外，胡锦涛发表的与法制教育相关的许多讲话或论述，这些讲话或论述蕴含的法治教育思想自然亦可以指导大学生宪法意识培育的开展。

2.2.5   习近平关于宪法意识培育的相关论述

2012 年 11 月，党的十八大的召开，昭示着中国特色社会主义进入"新时代"。次年 3 月，第十二届全国人大第一次会议召开，习近平当选国家主席。对于宪法、宪法地位、宪法作用、依宪治国、宪法教育等，其发表的系列重要讲话或论述，对我国宪法意识培育的开展亦起到了十分重要的指导作用。

2012 年 12 月，习近平发表了"在首都各界纪念现行宪法公布施行 30 周年大会上的讲话"④，这是《宪法》通过和开始实施以来，在"逢十"举行纪念活动之时由党和国家领导人第二次发表的重要讲话。该讲话除了开头语、结束语之外，可以分为以下两个部分：

第一，回顾我国宪法制定和发展的历程，并追溯了 1949 年《共同纲领》和 1954 年《宪法》通过和颁布的重大意义。习近平指出，"宪法是国家的根本法，是治国安邦的总章程。……具有根本性、全局性、稳定性、长期性"。⑤

在该部分，其首先指出，"我国宪法以其至上的法制地位和强大的法制力量"⑥，对诸多方面的发展和进步给予了有力保障。其次指出，改革开放以来的发展历程充分证明，我国宪法是一部好宪法。再次指出，维护宪法具有重要意义，否则将会产生不利影响。最后指出，宪法发展还存在一些不足需要重视。

第二，阐述党的十八大以来党和国家对全面贯彻实施宪法提出了新要求。习近平指出，"我们要坚持不懈抓好宪法实施工作，把全面贯彻宪法实施提高到一个新水平"。⑦接着，其对全面贯彻宪法实施提出了概括式的要求，同时要求"各级党组织和党员领导干部要带头厉行法治，……不断推进各项治国理政活动的制度化、法律化"。⑧

总而言之，习近平的这篇讲话，篇幅较长，内容较多，哲理深刻，对我国宪法实践作了经验总结。同时，该篇讲话集中体现了习近平的宪法思想。由于这篇讲话的着力点，是强调宪法

---

① 对于胡锦涛的宪法权威观，有学者作了研究。例如，商继政. 论胡锦涛同志的宪法权威观 [J]. 毛泽东思想研究，2012 (6)：88 – 92.

②③ 胡锦涛文选：第二卷 [M]. 北京：人民出版社，2016：16.

④ 习近平谈治国理政 [M]. 北京：外文出版社，2014：135 – 143.

⑤⑦ 习近平谈治国理政 [M]. 北京：外文出版社，2014：138.

⑥ 习近平谈治国理政 [M]. 北京：外文出版社，2014：136.

⑧ 习近平谈治国理政 [M]. 北京：外文出版社，2014：142.

的地位、作用、功能，以及党的十八大以来全面贯彻宪法实施，因此与宪法教育、宪法宣传教育、宪法意识培育等相关的论述，虽然有所体现，但稍微显少，而且宪法教育的重点还是"各级领导干部和国家机关工作人员"①，但将这篇讲话所涉及的重要内容和深刻哲理适用于大学生宪法意识培育的开展，亦属可行。

习近平发表的与宪法、依宪执政、宪法教育、宪法普及教育、宪法意识培育等相关的许多重要讲话或论述，除了被《习近平谈治国理政》（第一卷至第四卷）收录的之外，还有其他一些讲话或论述，收录在了其他文献之中，由于其对大学生开展宪法意识培育具有指导意义和启示价值，亦需给予相当程度的重视。在此，试举以下四例：

例如，2015 年 2 月，习近平在"省部级主要领导干部学习贯彻党的十八届四中全会精神，全面推进依法治国专题研讨班上"发表了讲话，尽管针对的是省部级主要领导干部尊法、学法、守法、用法，但蕴含的重视宪法和"首要的是学习宪法"等理念，对大学生宪法意识培育的开展，亦有重要的启示意义。

次如，2016 年 12 月，在"国家宪法日"（12 月 4 日）来临之际，杭州北山路的"五四宪法"历史资料陈列馆开馆，习近平对此作出重要指示，其指出，"开展宪法宣传教育是全面依法治国的重要任务。……努力为普及宪法知识、增强宪法意识、弘扬宪法精神、推动宪法实施作出贡献"②。该指示除了重申"坚持依法治国首先要坚持依宪治国，坚持依法执政首先要坚持依宪执政"之外，亦将宪法的实施思路清楚地指了出来，即"普及宪法知识、增强宪法意识、弘扬宪法精神、推动宪法实施"，该思路是党和国家在当前和今后一段时期之内开展宪法意识培育应予以重视和遵循的。

又如，2017 年 5 月，在"五四"青年节和中国政法大学建校 65 周年来临之际，习近平来到该校考察，对法治建设或与之相关事项作了重要论述，其中便包括法律意识培育。习近平指出，"建设法治国家、法治政府、法治社会，……都离不开一支高素质的法治工作队伍。法治人才培养上不去，法治领域不能人才辈出，全面依法治国就不可能做好"③。该论述揭示了法治人才培养的重要性。诚然，在全面推进依法治国（包括全面推进依宪治国）的过程之中，制度的建设、改革和完善，固然十分重要。但同时，法治人才的培养亦十分重要。只有将这两个方面结合起来，才能相得益彰、共同进步。一代又一代法治人才的培养，为制度的建设、改革和完善提供充足的人力资源。而从制度的建设、改革和完善，亦为法治人才提供用武之地，并对人才培养的机制与成效进行检验，从而促进其不断获得发展与完善。

再如，2018 年 12 月，习近平在庆祝改革开放 40 周年大会上发表了讲话④，其指出，"我

---

① 习近平指出，"我们要在全社会加强宪法宣传教育，提高全体人民特别是各级领导干部和国家机关工作人员的宪法意识和法制观念，弘扬社会主义法治精神，努力培育社会主义法治文化，让宪法家喻户晓，在全社会牢固树立宪法和法律的权威。……我们要把宪法教育作为党员干部教育的重要内容，使各级领导干部和国家机关工作人员掌握宪法的基本知识，树立忠于宪法、遵守宪法、维护宪法的自觉意识"。习近平谈治国理政 [M]. 北京：外文出版社，2014：141.

② "五四宪法"历史资料陈列馆开馆，习近平作重要指示 [N]. 新华网，2016 - 12 - 04.

③ 习近平在中国政法大学考察 [N]. 新华社，2017 - 05 - 03.

④ 习近平谈治国理政：第三卷 [M]. 北京：外文出版社，2020：181 - 189.

们要健全民主制度、拓宽民主渠道、丰富民主形式、完善法治保障，确保人民依法享有广泛充分、真实具体、有效管用的民主权利"。① 该论述强调党和国家应尊重民众所拥有的权利，同时应持续"健全民主制度、拓宽民主渠道、丰富民主形式、完善法治保障"，继而确保民众对民主权利的切实享有。该论述尽管与宪法教育、宪法宣传教育、宪法意识培育等存在一定距离，但将该论述及其他论述适用于教育大学生重视民主权利尤其是宪法规定的基本权利，亦属可行。

同时，习近平对宪法、宪法意识培育、宪法实施、依宪治国、依宪执政等十分重视，诸如"宪法的生命在于实施，宪法的权威也在于实施"② 等重要论述，或是出自于习近平的系列重要讲话，或是出自于党的十八大报告、十九大报告和《关于全面推进依法治国若干重大问题的决定》等重要文件，而在这些文件出台的过程之中，习近平作为党和国家领导人，当然亦参与其中，而且发挥着重要的领导作用，随之可以看作是其对宪法、宪法意识培育、宪法实施、依宪治国、依宪执政等内容所秉持的宪法思想，而这对包括宪法意识培育在内的法律意识培育的开展，当然大有裨益。

从马克思主义经典作家马克思、恩格斯、列宁、斯大林，再到我国党和国家领导人毛泽东、邓小平、江泽民、胡锦涛、习近平，其对于法律意识培育（包括宪法意识培育），有的有较为直接的论述，有的虽然未有直接的论述，但其对法律制定、法制建设、公职人员或普通民众的思想政治教育等都有论述，这对法律意识培育（包括宪法意识培育）亦有指导作用。总而言之，"马克思法学的发展历程也表明：只有把马克思主义法学的基本原理同具体的时代条件和各国的基本国情密切结合起来，加以创造性的应用，才能推动马克思主义法学的新发展和新飞跃。"③

2.3　宪法意识培育的学理支撑与方法论

2.3.1　思想政治教育过程教育理论

"一定的品德认知需经过情感、信念、意志的催化作用，才能转化为相应的品德行为，因为思想品德的形成过程实际上是在一定外界环境影响下人们内在的知、情、意、信、行诸要素辩证运动、均衡发展的过程。"④ 从法律认知到法律实践，就是法律意识形成、深化、巩固的

---

① 习近平谈治国理政：第三卷 [M]. 北京：外文出版社，2020：183.
② 习近平谈治国理政 [M]. 北京：外文出版社，2014：138.
③ 公丕祥. 马克思主义法律思想通史：第一卷 [M]. 南京：南京师范大学出版社，2014：17.
④ 陈万柏，张耀灿. 思想政治教育学原理：第三版 [M]. 北京：高等教育出版社，2015：128.

路径，从而指导人们通过法律实践维护自己合法权益的过程①。当然，对于大学生开展宪法意识培育，亦是如此。那么，何谓大学生宪法意识培育的知、情、意、信、行呢？

第一，是知，"即思想品德认识，是人们对一定社会的思想道德关系以及关于这种关系的理论、原则、规范的理解和认识。"② 那么，对宪法要有一个基本认识，这是宪法认识最终内化为宪法意识，继而指导宪法实践的前提。所以，在对大学生开展宪法意识培育之时，"知"包括两个方面要求：一方面，使大学生知晓遵守宪法是保护自己合法权利的一种方式，即便不能得到某种好处，但至少不至于由于违反宪法而产生不利后果；另一方面，与大学生密切相关的一些法律尤其是宪法相关法应予以学习。

对于第一个方面，可以寻找和搜集一些"宪法事例"③，尤其是由一些知名学者基于当前社会上所发生的热点事件而合著或合编的"事例评析"④，这类书籍既有基本的宪法原理和宪法知识的阐述，又有书籍出版之前的最近一年或数年之间所发生的受到较多关注的，且从行使宪法权利或履行宪法义务的角度所评析的热点事件，这使较为抽象的原理或知识阐述，与较为具体的宪法事例相结合，必然有利于提高宪法意识培育的成效。

对于第二个方面，基于"大宪法意识"培育的理念，应将数量可观的宪法相关法进行一个逻辑归类，将与大学生的生活、学习与成长相关的法律规范筛选出来，在给予简单汇编的同时，辅之以宪法事例评析，便于大学生对法律知识进行学习和了解。可以说，"任何一个普通的法律问题都可以转化为宪法问题"。⑤ 当然，尽管宪法相关法的数量可观，但与大学生的生活、学习与成长相关的，还是《中华人民共和国全国人民代表大会和地方各级人民代表大会选举》（以下简称《全国人大和地方各级人大选举法》）、《国家赔偿法》等。因此，应摘选这些法律的重要内容作为"大宪法意识"培育的补充内容，并辅之以案例进行讲解，这样既可以

---

① 有学者认为，"思想政治教育活动的开展"分为两个步骤，即"传导思想政治观念，提高受教育者的思想政治认识"和"引导受教育者实现从品德认识到行为的转化，培养人们的品德践行能力"。而第二个步骤又分为四个环节，即"重视思想政治情感和信念的培养""提出行动要求，并促使受教育者将其内化，变成自己的动机""指导受教育者选择行为方式，锻炼品德意志"和"组织各种实践活动，培养受教育者的道德行为和习惯"。但从内容来看，该观点仍是对"知行合一"理念或"实践、认识、再实践、再认识……"理论的一种具体阐述，只是在细节上或微观上有所不同。张耀灿，郑永廷，吴潜涛，骆郁廷，等. 现代思想政治教育学：第 2 版［M］. 北京：人民出版社，2006：349 - 352.

② 陈万柏，张耀灿. 思想政治教育学原理：第三版［M］. 北京：高等教育出版社，2015：128.

③ 有学者对"宪法案例""宪法事例""宪法案件"和"宪法判决"作了区分。其认为，"宪法案例"是指，"涉及宪法问题并且对有关宪法问题存在分歧性认识的具体的宪法事实和宪法行为。""宪法事例"是指，"涉及宪法问题但是不一定存在分歧性认识的宪法事实和宪法行为。""宪法案件"是指，"涉及宪法问题并存在分歧性认识的宪法事实和宪法行为提交宪法审判程序加以解决的具体的事例。""宪法判决"是指，"宪法审判机关依据宪法规定和宪法原理，对有关的宪法案件作出的司法上的正式法律判断。"莫纪宏. 实践中的宪法学原理［M］. 北京：中国人民大学出版社，2007：634.

④ 胡锦光. 中国十大宪法事例评析［M］. 北京：法律出版社，2008～2018；韩大元. 中国宪法事例分析（第 1 卷～第 8 卷）［M］. 北京：法律出版社，2011～2018；姚建国，秦奥蕾. 宪法学案例研习［M］. 北京：中国政法大学出版社，2013；胡锦光. 宪法学原理与案例教程［M］. 北京：中国人民大学出版社，2006；韩大元. 中国宪法事例研究（一）（二）（三）（四）［M］. 北京：法律出版社，2008～2010；王禹. 中国宪法司法化：案例评析［M］. 北京：北京大学出版社，2005. 等等.

⑤ 陈建平. 让日常生活事例走近宪法学课堂［A］. ∥王瀚. 法学教育研究：第 10 卷［C］. 北京：法律出版社，2014：116 - 126.

降低宪法意识培育的工作量，又可以提高宪法意识培育的实效性。

第二，是情，"即思想品德情感，是人们在现实的思想道德关系中表现出来的一种爱憎好恶的态度"。① 那么，对大学生开展宪法意识培育成功的标志，就是他们对宪法能表现出"爱"和"好"的情感。在对大学生开展宪法意识培育之时，应破解的是其对包括宪法在内的法律较为淡漠的这一困境。他们之中的一部分人，对包括宪法在内的法律没有"爱"和"好"，亦没有"憎"和"恶"，就是一副无所谓的态度。还有一部分人认为，法律就是惩治坏人的规则，只要自己不犯事，就可以不理睬法律，就可以与法律保持较远的距离。显然，这两种认知均是需要扭转的。

因此，对包括宪法在内的法律，愿意给予重视和想要学习的态度，比学习甚至是精通某一部、某一章、某一节、某一条的法律规范更重要。所以，对大学生开展包括宪法意识培育在内的法律意识培育，重要的是培育其对法律的情感，其对法律规范的具体内容能精通更好，但知晓法律的重点内容，且学会运用法律来合法合理维护自己合法权益或解决纠纷亦可，毕竟没有必要将人人都培育成为精通法律的专业人才。但需要强调的是，知晓法律的重点内容，只是接受法律意识培育的基本底线和最低要求，既深入地了解法律，又对法律产生强烈的认同情感，自然是法律意识培育的更好目标和最佳导向。

第三，是意，"即思想品德意志，是人们在实践理想、履行道德义务的过程中，自觉地克服困难和排除障碍的毅力"。② 那么，对大学生开展包括宪法意识培育在内的法律意识培育，就是使其在享有权利和履行义务的过程之中，拥有自觉地克服困难和排除障碍的意识和能力。实际上，诸如《中华人民共和国民法典》（以下简称《民法典》）等私法尤其是在私法体系之中起着基础作用的私法，亦是某些宪法规范的细化或补充，或者是宪法精神、宪法理念的践行，绝对不可能逃逸于以宪法为根基和基础的法律体系的规制和约束。

有学者认为，"当公民的宪法权利受到侵害时，只能通过部门法规定的救济途径来进行解决，宪法能发挥的作用微乎其微，这就导致公民普遍看轻宪法，认为仅是纸上的宪法"。③ 该观点具有代表性，但并不准确，因为随着对宪法规范进行细化性立法或补充性立法的增多，民众维护权益有了更为缜密的法律规范，自然优先于宪法而被援引，这亦是宪法间接实施而产生的必然结果之一，所以不会仅仅因此而减弱宪法权威。当然，宪法发挥作用的机会或空间确实会减少，而导致民众普遍看轻宪法的根本原因还是在于宪法解释、宪法司法化、违宪审查等制度尚未激活或建立，导致其被直接实施的机会较少，从而使之存在感偏弱，与民众距离稍远。但是，对于大学生，仍然有必要对其开展宪法意识培育。当然，除了宪法之外的其他法律的意识培育，亦不能疏忽，需要在相得益彰之中共同推进。对于绝大多数违法者，其实一开始，即便不清楚到底违反了哪一部法律的哪一条规定，但一般可能知道自己做的事情不对，时常有收手的欲望，亦有及时回头的想法。然而，或是由于受到了同伙的引诱或恐吓，或是担心一旦自

① 陈万柏，张耀灿.思想政治教育学原理：第三版 [M].北京：高等教育出版社，2015：128.
② 陈万柏，张耀灿.思想政治教育学原理：第三版 [M].北京：高等教育出版社，2015：128 – 129.
③ 刘雪芹.宪法学教学中如何培养学生的宪法意识 [J].湖北函授大学学报，2018（8）：74 – 75，78.

首便会遭受法律的惩处，或是对警察能否抓到自己心存侥幸，结果是在违法的泥潭里越陷越深，最后被处以重责，追悔莫及。换言之，在某些大学生走向违法甚至犯罪的过程之中，并非总是对法律没有敬畏之心，而是缺乏尊重法律的意志和及时回头的毅力。

第四，是信，"即思想品德信念，是人们发自内心地对某种思想道德原则和规范的真诚信仰"。① 那么，对大学生开展包括宪法意识培育在内的法律意识培育，就是大学生发自内心地对法律给予真诚的信仰。从民众对法律的漠视，到民众对法律学习、了解、认同和信仰，期间需要一个较为漫长的过程。而法律意识培育开展的目的，就是提醒民众不遵守法律会遭受制裁，甚至在某些时候，遵守法律还会得到某种好处，由此使民众产生学习法律和了解法律的压力，至少是愿意参与到学校、政府或相关主体开展的普法活动之中。当这种压力足够持久，学习和了解法律的被动色彩逐渐褪去，演化为主动，而学习和了解法律的功利性心态就会逐渐消散，那么对法律的学习和了解，就会演化为对法律的认同和信仰，意即对法律有了思想政治教育过程理论之中的第四个阶段——"信"，到了这一步，对法律不再是简单地相信其有用，而是相信认同法律和信仰法律应是一般思维与正常生活的一部分。对于宪法，亦是如此。

"一定的认识，只要经过人的理性和人生经验的过滤转化为信念后，才会成为人们行为的指南。"② 对于大学生，他们对包括宪法在内的法律的认知，无非来自于两个方面：一方面，是自行学习；另一方面，是所受教育。当然，在现实生活之中，这个方面相互交织，并非泾渭分明。大学生学习法律的主要动力，是让他们知晓学习法律能更好地服务于自己的生活、学习与成长。在此基础之上，使之增强法律意识的意志和毅力更加坚定，由此形成认同法律和信仰法律的思维定式和内在品格。

第五，是行，"即思想品德行为，是人们在认识、情感、意志和信念的支配下，在实践活动中履行一定的思想道德义务的实际行为"。③ 由认识到实践，由实践再到认识，不断往复，相互检验，使认识更加深入和完善。"学习的目的全在于运用。……读书是学习，使用也是学习，并且是更重要的学习。"④ 认识与实践，在理论上前者指导后者，后者检验前者，但在实际生活之中，两者并非泾渭分明，而是在彼此交织之中相互促进和完善，循环往复。从"知情意信"到"行"，又从"行"到"知情意信"，其实就是"实践、认识、再实践、再认识……"⑤。

为了更好地遵守法律，避免因为对法律的无知而违法犯罪，以至于遭受法律惩处⑥，因为法律不宽恕法律意识薄弱的人的违法行为，那么这就要求大学生在课上认真学好法律意识培育课程，在课下积极参与学校或相关主体开展的法律意识培育活动，这是大学生法律意识培育的

①②③　陈万柏，张耀灿. 思想政治教育学原理：第三版［M］. 北京：高等教育出版社，2015：129.

④　习近平谈治国理政［M］. 北京：外文出版社，2014：406.

⑤　肖前，黄楠森，陈晏清. 马克思主义哲学原理：下册［M］. 北京：中国人民大学出版社，1994：584.

⑥　虽然宪法责任的追究，目前在我国还停留在理论上，实践上还难以操作，主要原因在于宪法实施尤其是宪法司法化还没有得以实现，但这并不代表违反宪法不会产生宪法责任。有学者认为，"宪法规范具有最高的法律效力，一方面意味着所有一般性法律规范不得与宪法规范相抵触，另一方面意味着违反宪法规范要受到相应的法律制裁，违宪行为人要承担违宪的法律责任。"李航. 关于两个宪法问题的探讨［J］. 吉林公安高等专科学校学报，2006（3）：107 - 109.

"知"。在对法律进行学习之后，对法律产生一种信任和情感，从内心深处认为应遵守法律，亦认为遵守法律确实有用，这是大学生法律意识培育的"情"。在遵守法律的过程之中，会面临诸多诱惑，或是共同违法者的引诱或恐吓，或是自身对法律的遵守还缺乏恒心或定力，或是自己对因为违法而遭受惩处还有侥幸之心。对此，一方面，自己应加强法律意识培育，使遵守法律的意识深刻地嵌入培育对象的内心。另一方面，国家应加强执法，使那些对逃脱法律制裁心存侥幸的违法者受到法律制裁，以鞭策以身试法之人及时收手，随之增强遵守法律的意志和毅力，这是大学生法律意识培育的"意"。大学生在认知法律、尊重法律和遵守法律的基础之上，会逐渐对法律产生一种情感，由被动学习到主动学习，由被动遵守到主动遵守，无论是想通过遵守法律获得某种好处，还是认为遵守法律就能避免因为违法而遭受惩处，反正遵守法律已成为其生活、学习和成长的一部分，在此基础上逐渐对法律产生认同之心、信仰之意，这是大学生法律意识培育的"信"。

大学生的法律意识培育，从"知"到"情"，再从"意"到"信"，讲的是对法律的学习、尊重、遵守和认同，基本上只是停留在法律意识培育的静态层面上，而将所学到的法律知识用于社会实践，或是更好地行使权利和履行义务，或是更好地维护合法权益，均是学以致用，这就过度到法律意识培育的动态层面上了，这是在法律意识指导之下的实践，也是大学生法律意识培育的最后一个阶段——"行"①。唯有将法律内容落实到实践上来，法律在纸面上的效力，才能转化为实践中的实效。通过一次又一次的法律实践，检验自己所学的法律知识是否充实，该过程不断往复，尊重法律、遵守法律的意识进一步增强，而法律在实践过程之中也更加深入人心。

有学者认为，"一部法律规范要真正发挥指引公民行为、规范社会秩序的作用，最终依靠的是规范下的公民对该规范的自觉认同与遵循"。② 此处"公民"，自然包括作为国家未来、民族希望的大学生。一言以蔽之，法律得以遵守，不仅仅是民众个人之事，同时亦关乎社会治理水平的提高，所以遵守法律于己、于他人、于社会，均是双赢或多赢的局面。因此，民众有义务学习法律、尊重法律、遵守法律、认同法律乃至于信仰法律，而当前我国的法律意识培育，虽然有进步但还有漫长的路要走，在推进全面依法治国的这一进程之中，开展好大学生法律意识培育的这项基础性工作，亦是党和国家的职责和义务。当然，对于宪法意识培育，亦是如此。

2.3.2　思想政治教育主体间性理论

主体间性是指，"主体间的规定性，是指主体与主体之间的相关性、调节性和统一性，是

---

① 有学者认为，"社会心理学中的'知信行模式'将人类行为的改变分为获取知识、产生信念及形成行为等三个连续过程。其中，行是最终目标，信是动力（是关键所在），而知是信与行的基础。"可见，这与思想政治教育学的"知情意信行模式"存在某些相似之处。陈圣利，裴枫. 基层普法与增强宪法意识 [J]. 哈尔滨师范大学社会科学学报，2015（1）：42 - 44.

② 韩大元，孟凡壮. 中国社会变迁六十年的公民宪法意识 [J]. 中国社会科学，2014（12）：123 - 142，162.

以个人主体性为基础，两个人或多个人主体间的内在相关性"①。而主体间性思想政治教育则是指，"在借鉴现代哲学主体间性理论的基础上，以马克思主义人本理论为价值追求，以马克思主义交往实践思想为理论支撑，教育者和受教育者在交互实践场域中，进行平等对话、交流沟通，实现了从唯我、单一、等级固化的结构图式向平等、开放、民主的互动图式的转向"②。主体间性理论是在对灌输理论进行发展和优化的基础之上而兴起的一种新的意识培育理论。何谓灌输理论？其是指，"无产阶级政党坚持把科学社会主义思想灌注和输送到无产阶级和人民群众中去，提高其政治意识和思想觉悟的学说"③。对此，马克思主义经典作家列宁有较多论述④。在社会主义意识形态发展初期，灌输理论的运用和实践，对提高文化水平整体较低的人民群众参与革命、建设和改革的积极性，成效显著。但随着时代发展，人民群众文化水平、政治觉悟和学习主动性逐步提高，所以灌输理论亦得以适当发展和必要优化。然而，"意识形态灌输理论并没有过时；应该说，灌输的条件比过去好多了，相应地，对灌输的要求也更高了"⑤。所以，稳妥之计是"坚持灌输原则，改进灌输方法"⑥。时至今日，实事求是地讲，灌输理论大体上还是适用的，但由于其对被教育者（教育对象、培育对象）主观能动性的发挥重视稍显不足，因此需要对其进行适当发展和必要优化，基于此，主体间性理论应运而生。

有学者认为，"思想政治教育者在开展思想政治教育时，必然与一定的教育对象发生某种联系，这种联系就是教育者和教育对象之间的关系"⑦。并认为这种关系的独特性或特征有四个，即"明确的目的性""兼容性""非对等性"和"以教育对象的利益为中心"⑧。其中，"明确的目的性"是指"思想政治教育者和教育对象建立关系的目的是要满足教育对象精神世界发展的需要，并帮助教育对象解决这一过程中出现的一些问题，提高其思想道德素质，双方所有的互动都是为了达到这一目的"。而"非对等性"是指"教育者与教育对象的关系是一种'予与取'的非对等的关系，也就是说，这种关系是一种非互助的关系"⑨。对于大学生宪法意识培育，"明确的目的性"和"非对等性"亦当适用。

从第一个特征（"明确的目的性"）来讲，宪法意识培育的开展主体对大学生开展宪法意识培育，目的十分明确，是为了提高和增强大学生的宪法意识，这自不待言。而从第三个特征（"非对等性"）来讲，宪法意识培育的开展主体在对大学生开展宪法意识培育的过程之中，基于维护秩序与督促培育对象认真对待宪法意识培育，所以开展主体与对象之间的地位必然是不对等的，或者具有非对等性，即便是主体间性理论得以运用和实践，使开展主体与对象之间多了一些平等、民主的因素，但两者之间具有非对等性的这一本质不会改变。同时，开展主体为了提高宪法意识培育的成效与鞭策培育对象课前认真预习、课上认真学习、课后认真复习，也

① 张耀灿.思想政治教育学前沿 [M].北京：人民出版社，2006：353.
② 罗红杰.主体间性思想政治教育的多维透视 [J].思想政治课教学，2018（4）：13-17.
③ 陈万柏，张耀灿.思想政治教育学原理：第三版 [M].北京：高等教育出版社，2015：38-39.
④ 例如，列宁指出，"工人本来也不可能有社会民主主义的意识。这种意识只能从外面灌输进去，各国的历史都证明：工人阶级单靠自己本身的力量，只能形成工联主义的意识。"列宁选集：第1卷 [M].北京：人民出版社，1995：317.
⑤⑥ 陈万柏，张耀灿.思想政治教育学原理：第三版 [M].北京：高等教育出版社，2015：39.
⑦⑨ 陈万柏，张耀灿.思想政治教育学原理：第三版 [M].北京：高等教育出版社，2015：166.
⑧ 陈万柏，张耀灿.思想政治教育学原理：第三版 [M].北京：高等教育出版社，2015：166-167.

会将考试这一"指挥棒"运用于宪法意识培育所依托的思想政治理论课的考核之中。而考试这一"指挥棒"的运用，在鞭策培育对象课前认真预习、课上认真学习、课后认真复习的同时，亦鞭策开展主体尽职尽责地将宪法意识培育开展好，尤其是处于宪法意识培育第一线的教师课前认真备课、课上认真授课、课后认真督导。由此，宪法意识培育的开展主体和对象之间具有非对等性的这一特征，必将长期存在，亦不会因为两者之间由于引入主体间性理论遂使该特征得到质的改变，而"非对等性"这一特征，其实亦是灌输理论依然存在并发挥作用的一个佐证，只是随着时代发展，思想政治教育的开展主体与对象之间多了一些平等、民主的因素，导致"灌输"色彩有所淡化，但其功能仍然存在。

从第二个特征（"兼容性"）和第四个特征（"以教育对象的利益为中心"）来讲，思想政治教育开展主体与对象之间，在具有非对等性的同时，"并不意味着在思想政治教育中可以不讲平等、民主，……也不意味着教育者不需要向教育对象学习，……而是说教育者更应该具备奉献精神，更应该努力'为他人做嫁衣裳'"。① 对于"兼容性"，其体现为以下两个方面：

一方面，是"工具性"，即开展主体与对象之间是"一种工作关系，具有明确的目的，即建立这种关系是要达到思想政治教育目的"②，而"工具性"的实现，便需要开展主体对对象是否认真学习思想政治教育进行督导和鞭策，两者之间关系体现出来的必然是非对等性，该特性其实是灌输理论的一种体现或实践。

另一方面，是"情感性"，即"这种关系带有浓厚的感情色彩，关系的维持和发展离不开双方情感的正常交流与表达"③。而"情感性"的实现，便需要开展主体对对象应多一些平视和倾听，由此两者之间的非对等性得以淡化，该特性其实是主体间性理论的一种体现或实践。因此，"兼容性"便是"工具性"与"情感性"的相互融合，同时亦是灌输理论与主体间性理论在运用或实践之时的相互借鉴。

至于"以教育对象的利益为中心"，是指"以满足教育对象多方面发展需要为中心"④。该特征便使培育对象，在其与思想政治教育的开展主体之间的地位得以突出，较之于灌输理论之中培育对象具有的被动的、消极的地位，得以显著改变。在该特征指导之下，"教育者要优先考虑教育对象的需求，真诚地关心教育对象的发展，关注教育对象在发展过程中所遇到的问题或困难，力求让教育对象产生信任、尊重、温暖、充实和满足感，从而获得更好的发展"。⑤同时，在开展思想政治教育之时，注意运用民主原则、主体原则、激励原则⑥等体现主体间性理论的原则，使培育对象能感受到地位被尊重、角色被重视、需求被倾听，随之愿意主动而积极地投入思想政治教育开展的过程之中，变"要我学"为"我要学"，继而提升思想政治教育的成效。当然，"以教育对象的利益为中心"应得以体现，但亦不可迁就教育对象，这是因为开展主体与对象之间的非对等性始终是存在的，而且思想政治教育的开展，亦需遵循国家为其制定的规划，与追求国家为其确定的目标。

---

① 陈万柏，张耀灿. 思想政治教育学原理：第三版 [M]. 北京：高等教育出版社，2015：166－167.
②③ 陈万柏，张耀灿. 思想政治教育学原理：第三版 [M]. 北京：高等教育出版社，2015：166.
④⑤ 陈万柏，张耀灿. 思想政治教育学原理：第三版 [M]. 北京：高等教育出版社，2015：167.
⑥ 陈万柏，张耀灿. 思想政治教育学原理：第三版 [M]. 北京：高等教育出版社，2015：208－214.

　　由于宪法意识培育是法律意识培育的一种表现形式，而法律意识培育又是思想政治教育的一种表现形式。那么，思想政治教育的灌输理论、主体间性理论、思想政治教育主体与教育对象关系的特征、思想政治教育的主要原则等，自然亦适用于宪法意识培育。因此，在对大学生开展宪法意识培育之时，开展主体与对象（大学生）之间，"明确的目的性"和"非对等性"应予以体现，这是保障宪法意识培育方向不跑偏、开展有秩序的关键，而这又是灌输理论的一种体现。但同时，"兼容性"和"以教育对象的利益为中心"亦应予以体现，这是保障宪法意识培育对象（大学生）的地位被尊重、角色被重视、需求被倾听，继而愿意主动而积极地参与宪法意识培育开展的过程之中，发自内心地重视宪法意识培育，继而提高宪法意识培育的成效，而这又是主体间性理论的一种体现。

　　在"坚持灌输原则，改进灌输方法"① 的前提之下，使灌输理论在运用和实践的同时，引入并运用主体间性理论，对包括宪法意识培育在内的法律意识培育的开展主体与对象之间关系进行革新，使两者之间少一些"非对等性"，多一些"兼容性"。有学者认为，"建立良好的思政教育者与教育对象之间的关系"，应做到四点，即"提高思想政治教育者的人格魅力""建立民主教育理念""加强与教育对象的情感交流"和"坚持与教育对象平等对话"②，这些措施均适用于大学生宪法意识培育。总而言之，这项工作的开展，应注意两个方面：一方面，应使之有秩序，因此体现灌输理论的"非对等性"等特征应予以体现。另一方面，应注意缓和宪法意识培育的开展主体与对象（大学生）之间的对立关系，给予大学生必要的尊重，多倾听他们对宪法意识培育开展和改善的意见或建议，继而使他们合法合理的诉求得以体现，从而愿意以主人翁的态度和角色参与到宪法意识培育开展的过程之中，这对提高他们参与的主动性、积极性，并发挥主观能动性大有裨益。

2.3.3　思想政治教育的矛盾分析法

　　在思想政治教育视域下，其信息分析的基本方法之一是"矛盾分析法"③，该方法一共有四点，依次是："发现思想矛盾""区分两类不同性质矛盾""把握思想矛盾的特性"和"分析思想矛盾的转化"④。

　　在此，需要指出的是，"思想信息的矛盾分析法，是运用马克思主义关于对立统一规律或矛盾的学说，观察和分析思想现象的科学方法"。⑤ 而此处提及的"矛盾的学说"，显然是指属于马克思主义哲学基本原理重要组成部分的主要矛盾和次要矛盾理论，以及矛盾的主要方面和次要方面理论。换言之，思想政治教育信息的矛盾分析法，是马克思主义哲学基本原理重要组

　　① 陈万柏，张耀灿. 思想政治教育学原理：第三版［M］. 北京：高等教育出版社，2015：39.
　　② 陈万柏，张耀灿. 思想政治教育学原理：第三版［M］. 北京：高等教育出版社，2015：168－171.
　　③ 思想政治教育信息分析的基本方法共有五种，依次是"矛盾分析法""系统分析法""因果分析法""比较分析法"和"定性定量分析法"，对于后四种基本方法，限于篇幅，本书不作集中阐述，但在研究过程之中若有必要，会有所提及. 郑永廷. 思想政治教育方法论：修订版［M］. 北京：高等教育出版社，2010：94－109.
　　④ 郑永廷. 思想政治教育方法论：修订版［M］. 北京：高等教育出版社，2010：94－97.
　　⑤ 郑永廷. 思想政治教育方法论：修订版［M］. 北京：高等教育出版社，2010：94.

成部分的"矛盾的学说"在思想政治教育领域的一种具体应用和表现形式。大学思想政治理论课教材之一的《马克思主义基本原理》，对该内容亦有阐述①。

　　而对于本书，第一点和第二点无需赘述，因为本书的矛盾较为明显，即大学生宪法意识稍显薄弱与全面推进依宪治国所需要的宪法意识层次之间存在矛盾。在此，主要阐述第三点和第四点。

　　第三点是"把握思想矛盾的特性"②。有学者认为，"分析思想信息，不仅要善于分析和发现存在哪些思想矛盾，正确区分两类不同性质的思想矛盾，而且要善于分析和把握思想矛盾的特殊性，这是深刻认识和正确解决思想矛盾的一个重要环节"③。其认为，欲做到这一点，需要分以下两个步骤：

　　第一个步骤，应"着重分析在诸思想矛盾中起主要作用的思想矛盾。"④ 之所以如此，是因为"主要思想矛盾制约和影响着其他思想矛盾的存在和发展，决定着思想发展过程中总体思想状态和面貌"⑤，所以一旦找准和抓住主要矛盾，便可以对问题的实质进行庖丁解牛、抽丝剥茧地分析，以及据此而提纲挈领地提出对策。当然，倘若问题复杂，其可能包含两对或两对以上的矛盾，毛泽东对此给出的方法是，"用全力找出它的主要矛盾。抓住了这个主要矛盾，一切问题就迎刃而解了"⑥。

　　第二个步骤，应"分析主要思想矛盾的主要方面"⑦。有学者认为，"人们思想发展的过程和思想状态，不仅是由主要矛盾决定的，而且是由主要思想矛盾的主要方面决定的"⑧。对于思想矛盾的性质，亦是如此。

　　由此，根据应"着重分析在诸思想矛盾中起主要作用的思想矛盾"和"分析主要思想矛盾的主要方面"的逻辑分析理路，可以得出一个推论，即在思想矛盾之中，首先应找准对思想矛盾的存在和发展起着决定作用的主要矛盾，在此基础之上，在主要思想矛盾之中，接着找准对思想主要矛盾的存在和发展起着决定作用的矛盾的主要方面。换言之，在思想矛盾之中，主要思想矛盾的主要方面，才是问题的关键所在，所以需要对这个关键问题进行分析，并提出具有针对性、可行性的应对之策。当然，对于思想矛盾之中的次要思想矛盾以及主要思想矛盾的次要方面，亦需给予必要的重视，切勿因为对其有所忽略而影响主要矛盾和矛盾的主要方面的分析与解决。

　　同时，还应注意"矛盾分析法"的第四点是"分析思想矛盾的转化"。由于事物是运动的，矛盾是变化的，所以"在认识和改造世界的活动中，就必须以发展的观点考察一切事物，与时俱进，开拓创新，使认识和实践活动符合时代发展的需要"⑨。那么，在宪法意识培育开

---

　　① 例如，2021 年版的《马克思主义基本原理》第二节"事物的普遍联系和变化发展"第二点"对立统一规律是事物发展的根本规律"对"对立统一规律"作了阐述，其将"矛盾的学说"置于该点内容之中进行阐述，而未对其另作单独阐述。本书编写组.马克思主义基本原理：2021 年版 [M].北京：高等教育出版社，2021：34-37.

　　②③④ 郑永廷.思想政治教育方法论：修订版 [M].北京：高等教育出版社，2010：95.

　　⑤⑦⑧ 郑永廷.思想政治教育方法论：修订版 [M].北京：高等教育出版社，2010：96.

　　⑥ 毛泽东著作选读：上册 [M].北京：人民出版社，1986：162.

　　⑨ 李秀林，王于，李淮春.辩证唯物主义和历史唯物主义原理：第五版 [M].北京：中国人民大学出版社，2004：192.

展的过程之中，应该用发展的眼光和观点看待不同办学层次、不同主导学科高校的大学生宪法意识培育现状，找准其主要问题和次要问题以及问题的主要原因和次要原因，因人制宜、因时制宜、因地制宜地做好应对之策，使宪法意识培育开展地有的放矢、富有成效。

本书在研究推进的过程之中，运用思想政治教育的矛盾分析法，主要体现在以下两个方面：

一方面，在开展实证考察之时，本书以 X 市大学生为例，将其分为"'985''211'高校大学生、一般公办高校大学生、民办三本高校大学生"与"文科高校大学生、理工科高校大学生、美术学院等高校大学生"两个维度，探讨办学层次不同以及与之一般相对应的教育质量对大学生宪法意识培育成效是否会有显著的影响。同理，亦探讨主导学科不同以及与之一般相对应的社会科学知识储备对大学生宪法意识培育成效是否会有显著的影响。

虽然党和国家以及各级党委和政府对包括宪法意识培育在内的法律意识培育越来越重视，自 2012 年 11 月党的十八大召开以来更是如此，但党和国家以及各级党委和政府的精力、财力、物力均是有限的。同时，各个高校亦是如此。而对于大学生，其同样如此。所以，在精力、财力、物力均有限的前提之下，对大学生开展宪法意识培育，务必抓住该工作的主要矛盾和次要矛盾，以及矛盾的主要方面和次要方面，不能大水漫灌，亦无需面面俱到。但是，无论是"'985''211'高校大学生、一般公办高校大学生、民办三本高校大学生"这一维度，还是"文科高校大学生、理工科高校大学生、美术学院等高校大学生"这一维度，本书虽然建议党和国家以及各级党委和政府在开展宪法意识培育之时，将督查重点置于每一个维度之中靠后的高校，但并不代表一定应使每一个维度之中靠后高校的宪法意识培育成效，赶上甚至超过在维度之中靠前的高校，因为在分配督查重点之时，亦应运用主要矛盾和次要矛盾以及矛盾的主要方面和次要方面的矛盾分析方法。

另一方面，在开展法律意识培育之时，主要矛盾是长期以来，对宪法意识培育重视不足。对各种群体开展宪法意识培育，在确定宪法意识培育内容之时，《宪法》文本自然是核心内容。但在此前提之下，对不同群体在培育内容上亦应稍有侧重。对于大学生这一群体，对其开展宪法意识培育，其内容一般包括以下六个层面（此处只作简单罗列，本书第 4.1 章节会对此进行详细阐述）：

第一，核心内容之一，即《宪法》文本的重点内容。第二，核心内容之二，即历次修宪的重点内容。第三，密切内容，即人民宪法近百年发展史。第四，关联内容，即宪法相关法与法律体系。第五，延展内容，即党情、国情和内外形势。第六，延伸内容，即道德、生活和人生教育。

上述六个层面，以《宪法》与修宪的重点内容作为宪法意识培育的基本内容，层层向外拓展，使宪法意识培育对象掌握的不仅仅是宪法知识，而是以掌握宪法知识为基本起点的众多相关知识。在这一层又一层的逻辑体系之中，主要矛盾是《宪法》及修宪的重点内容的学习，这既是宪法意识培育内容的基础和起点，又是宪法意识培育内容的核心和关键，次要矛盾是第三至第六点内容。而且，从第三个次要矛盾至第六个次要矛盾，随着其与主要矛盾的距离渐远，前一个次要矛盾与后一个次要矛盾之间，亦是主要矛盾和次要矛盾的关系。在一次又一次解决主要矛盾之时，亦对次要矛盾给予关注，并力争将其予以解决。唯有如此，宪法意识培育对象的宪法意识才能得以增强，其知识储备才能得以拓展，使之成为不仅仅对《宪法》文本有所熟知，而且还以熟知《宪法》文本为基础，对与《宪法》相关的众多知识尽可能有所了解，成为具有宪法立场、富有宪法意识、把握时代脉搏的一代新人。

总而言之，任何一种主体的精力、财力、物力等有形或无形的资源均是有限的，那么在开展某一项工作之时势必应对资源进行合理配置。对于大学生宪法意识培育，亦是如此。无论是宪法意识培育的开展主体（相应的党委和政府领导下的高校）、培育对象（高校大学生）以及领导者、监督者、协助者（相应的党委、政府、社会组织等），其精力、财力、物力均是有限的，所以本书以 X 市为例，将其高校大学生作为宪法意识培育对象，而且将该市高校大学生分为"'985''211'高校大学生、一般公办高校大学生、民办三本高校大学生"与"文科高校大学生、理工科高校大学生、美术学院等高校大学生"两个维度，对所属大学生的宪法学习以及宪法意识培育的最低要求进行规划。在每一个维度之中，大学生均需要将宪法意识培育的"核心内容（《宪法》文本及历次修宪的重点内容）"作为必学内容，在此前提之下，对其所学内容作出因人制宜地统筹和规划，即越是靠前的高校大学生，在"密切内容（人民宪法近百年发展史）""关联内容（宪法相关法与法律体系）""延展内容（党情、国情和内外形势）"和"延伸内容（生活、道德和人生教育）"这四个层次的内容之中，需要学习的知识便越多。

在方法运用方面，属于马克思主义哲学基本原理重要组成部分的主要矛盾与次要矛盾以及矛盾的主要方面与次要方面理论，追根溯源地讲，其亦属于马克思主义基本原理的重要组成部分，而其在开展法律意识培育（包括宪法意识培育）的过程之中，对于如何确定内容重点、对象重点等细节，以及在同一种内容、同一类对象的范畴之内，如何确定重点内容、重点对象等细节，亦具有指导作用，从而使党和国家尤其是负责开展法律意识培育（包括宪法意识培育）的主体能集中有限的精力、财力、物力等因素抓住重点、啃下难点，继而将该项工作开展地富有成效。当然，亦应注意运用好思想政治教育的"知情意信行理论"和主体间性理论等，使之与其他理论能相互结合、相得益彰。

第 3 章
基于人民宪法近百年发展的宪法意识培育历史追溯

"历史是最好的老师。经验和教训使党深刻认识到,法治是治国理政不可或缺的重要手段。"① 我国是一个法制历史悠久,但法治历史短暂的国家。而且,法治的确立经历了漫长的路径选择,才被党和国家以及领导下的人民所认可。宪法以及依宪治国、依宪执政的确立亦是如此。所以说,"全面推进依法治国,是深刻总结我国社会主义法治建设成功经验和深刻教训作出的重大选择"。② 而追溯党领导人民制定宪法、遵守宪法、实施宪法和开展宪法意识培育的历史,有益于在总结经验和吸取教训的基础之上,更好地全面推进依法治国这一项伟大事业。

3.1　革命战争时期宪法性文件的制定及其宣传

3.1.1　土地革命时期宪法性文件的制定及其宣传

1927 年 8 月,爆发了南昌起义,随后在中华大地上纷纷建立了多块革命根据地。在根据地,学校中心任务是教育包括在校学生在内的一切群体捍卫革命,所以开展的教育均是意识形态色彩较为浓厚的思想政治教育。1931 年 11 月通过、且于 1934 年 1 月修改的《中华苏维埃共和国宪法大纲》③ 未对民众的基本权利和义务作出规定,只有意识形态性较强的、体现革命需要的大纲。但是,"它与历史上的一切'约法''宪法'根本不同,是共产党领导人民制定的第一部宪法性文献,是中国宪制运动史上的一大成就和创举"。④ 其意义之大,不言而喻。

在根据地,"有些学校尽管依然开设公民科,进行法律教育,但总体上思想政治教育在根据地仍占据主导地位,有时甚至占总教育课时的 30% 以上"。⑤ 由此,根据地的思想政治教育的政治性、革命性的色彩较强,一切以意识形态教育为根本,1936 年 10 月,红军三大主力(红一方面军、红二方面军、红四方面军)在甘肃会宁会师,标志着长征胜利结束。自党中央移驻陕北之后,终于有了一个相对安全的环境,使党中央有时间、有精力去思考在根据地如何

---

①② 中共中央文献研究室. 习近平关于全面依法治国论述摘编 [M]. 北京:中央文献出版社,2015:8.

③ 1931 年 11 月,第一次全国苏维埃代表大会通过了《中华苏维埃共和国宪法大纲》,共 17 条,宣告了中华苏维埃共和国中央临时政府的成立。到了 1934 年 1 月,第二次全国苏维埃代表大会对该宪法大纲作了修订,仍是 17 条。除了文字上的个别修改之外,主要修改是在第 2 条增加了"同中农巩固的联合"的表述。

④ 曾宪义. 中国法制史:第三版 [M]. 北京:北京大学出版社,高等教育出版社,2013:372.

⑤ 檀传宝,等. 公民教育引论:国际经验、历史变迁与中国公民教育的选择 [M]. 北京:人民出版社,2011:143.

开展思想政治教育。根据抗日战争和解放战争的历史脉络，可以将党领导下的思想政治教育分为两个历史阶段，即抗日战争时期根据地的思想政治教育和解放战争时期解放区的思想政治教育。

抗日战争爆发之后，教育政策、文化方针如何制定，对激发抗日情绪、民族自信心和党赢取民意将会起到极为重要的作用。简而言之，就是"文化教育面临着一个如何适应抗日战争需要的问题"①。对此，毛泽东指出，"在一切为着战争的原则下，一切文化教育事业均应使之适合战争的需要"。② 可以说，该论述是精准的，一针见血地为抗日战争时期文化教育事业如何发展指明了方向。

有学者认为，抗日战争时期党所施行的文化教育政策包括四点内容："第一，改订学制，废除不急需或不必要的课程，……以教授战争所必需之课程及发扬学生的学习积极性为原则；第二，创设并扩大增强各种干部学校，培养大批抗日干部；第三，广泛发展民众教育，……创办敌前敌后各种地方通俗报纸，提高人民的民族文化与民族觉悟；第四，办理义务的小学教育，以民族精神教育新后代"。③ 总而言之，抗日战争时期党所秉持的文化教育政策，是契合当时的政治形势和基本形势的，一切以服务于坚持和赢得抗战为中心，亦属可取，反映了党把握政治形势以及据此制定合适的政策的意识和能力稳步提高。

3.1.2　抗日战争时期宪法性文件的制定及其宣传

1936 年 10 月，党中央到达陕北之后，随着陕甘宁边区政权的巩固，法制建设逐步开展，代表性成果便是制定了《陕甘宁边区施政纲领》④，该纲领作为宪法性文件，"具有临时宪法的性质"⑤。其于 1941 年 4 月由党的边区中央局提出，同年 11 月由陕甘宁边区第二届参议会通过。该纲领除了开头较短的序言和末尾的刊印信息⑥之外，共 21 条⑦，对民众的人权、非定法定机关不得对任何人追究法律责任、改进司法制度、学生的民主自治权利、男女平等原则与一

---

① 檀传宝，等. 公民教育引论：国际经验、历史变迁与中国公民教育的选择 [M]. 北京：人民出版社，2011：143.

② 毛泽东同志论教育工作 [M]. 北京：人民教育出版社，1958：33.

③ 金一鸣. 中国社会主义教育的轨迹 [M]. 北京：华中师范大学出版社，2000：27.

④ 在抗日战争时期，陕甘宁边区共制定有四部"纲领"。1937 年 7 月，全面抗日战争爆发。次月，中共中央在陕北洛川召开政治局扩大会议，通过了《抗日救国十大纲领》（共 10 条）。同年 11 月，陕甘宁特区（随后改称边区）根据《抗日救国十大纲领》制定了《特区政府施政纲领》（共 15 条）。1939 年 1 月，陕甘宁边区第一届参议会，通过了《陕甘宁边区抗战时期施政纲领》（共 3 章、28 条）。1941 年 4 月，陕甘宁边区中央局根据边区建设的实践经验，重新制定了《陕甘宁边区施政纲领》（共 21 条），经中共中央政治局批准，于同年 5 月 1 日公布（又称"五一纲领"），并广泛征求意见，同年 11 月正式提交边区第二届参议会，经一致通过后在全边区贯彻实施。

⑤ 张晋藩. 中国宪法史：修订本 [M]. 北京：中国法制出版社，2016：12.

⑥ 《陕甘宁边区施政纲领》末尾规定："根据一九四一年五月一日《新中华报》刊印。"

⑦ 《陕甘宁边区施政纲领》对各个条文进行编号之时，用的不是"第 X 条（"X"为汉字序词)"或"X"（"X"为汉字序词，它之前无"第"字，之后无"条"字），而是"（X）"（"X"为汉字序词）这种形式，但为了与之前表述其他宪法性文件或宪法的条文序数的形式保持一致，所以在表述《陕甘宁边区施政纲领》条文序数之时，亦用"第 X 条"这种形式。

夫一妻婚姻制度、民族平等原则等诸多内容作了规定。此外,《陕甘宁边区施政纲领》有"遵守法令"或与之类似的表述,相关法令在实施之时,自然会组织包括有义务遵守法令之主体在内的民众开展学习活动,这必然能起到对其开展"(遵守)法令意识培育"的成效,由于有"法"字,自然亦包括对其开展"法律意识培育"的成效。但是,需要注意的是,规范性文件之中的"法令"的"法"尽管必然包括边区政府制定的法律,但更包括在党领导下各级党组织和人民政权制定的一切应被遵守的政策、指令和规范性文件,所以"遵守法令"这一概括性的规定在被作为教育的内容对受教育者开展教育之时,培育的主要是其遵从意识,至于"遵守法律"意识培育(此处"法律"是狭义上的),应属次要。

在抗日战争时期,对于党领导下的所有抗日根据地,在包括开展思想政治教育在内的各个方面,均应接受陕甘宁边区的领导,但由于是战争时期,各个根据地犬牙交错,未必总是能连接在一起,而且囿于当时的通信条件,这导致各个根据地很难在思想政治教育的目标、内容、课时和教学方法上保持协同,即便是同一个根据地的不同学校,在这些方面亦不尽相同。囿于材料所限,较难得知根据地高等学校开展的思想政治教育是否包括法律意识培育的内容,但可以得知根据地中学在这一方面的情况。所以,可以根据中学开展思想政治教育的情况,对高等学校在这一方面的情况作出合理推测。在此,按照时间顺序,依次试举四例(由于陕甘宁边区是党中央驻地,因此将其举为首例):

例如,1942 年 8 月,陕甘宁边区教育厅颁布的《陕甘宁边区暂行中学规程草案》第 40 条对初级中学开设的公民知识课程所作的规定是:"公民知识每周 2 课时。每周 1 小时,主要进行策略教育、实施报告、教导概况、专题讲演"。[1] 第 41 条对高级中学开设的社会科学概论和哲学所作的规定是:"社会科学概论设在第 1 学年,每周 3 小时。哲学设在第 2 学年,每周 3 小时。"[2] 有学者认为,"抗战初期,边区政治教学偏重抗日统一战线、游击战争、民运工作等实际问题。1942 年前后边区政治教学偏重社会发展阶段、国家、阶级、革命、共产主义……等原理"。[3]

次如,1939 年 10 月,晋察冀边区确定了文化教育方针[4],根据该方针所确定的中学政治课教学内容有三种:"第一种是'中国革命史'和'社会发展史',这是正式的政治课。低年级讲'中国革命史',包括'五四运动'、党的成立、几个革命时期等。高年级政治课讲'社会发展史',也有一时期在高年级讲'联共党史''政治经济学'等。第二种是党的重大方针政策。如 1940 年讲'抗日民族统一战线';1942 年后讲'大生产运动'和'反法西斯斗争',还讲过'抗战史',毛泽东的'论持久战''论新阶段'等。第三种是时事,如国际形势、边

---

[1][2]　张志建. 中学思想政治课发展史 [M]. 北京:北京师范大学出版社,1994:167.

[3]　檀传宝,等. 公民教育引论:国际经验、历史变迁与中国公民教育的选择 [M]. 北京:人民出版社,2011:144.

[4]　该文化方针是:"第一,建立正确的抗日理论,提高民族意识;第二,粉粹敌人的奴化教育政策,肃清汉奸倾向的言论;第三,提高民众抗战胜利的信心与民众觉悟的程度,使他们自动地参加抗战。"檀传宝,等. 公民教育引论:国际经验、历史变迁与中国公民教育的选择 [M]. 北京:人民出版社,2011:144.

区形势等。政治课时大约占总课时的 30%"。①

又如，1940 年 3 月，晋绥边区颁布了新的教育纲领②，在该纲领指导之下，"1940 年，中学的课程内容有论持久战、统一战线、中日问题、国际问题、社会科学、政治常识、妇女问题、军事工作技术等。1943 年 9 月，第二次中等教育会议决定中学班主课为公民、国语、历史、数学 4 科，副科为地理、卫生、博物、理化、英语或新文字、军事常识、工艺、音乐"。③

再如，1941 年春至 1942 年秋，晋冀鲁豫边区在学校所开设的课程情况是："边区中学学制规定 3 年，课程设置一般有政治、国语、数学、历史、地理、自然常识等。同时，边区的重大政治活动，如支前、扩军、征粮、反奸、减租减息等，师生都要参加"。④

可以看出，虽然根据地中学开设有思想政治教育课程，但实际上，并非所有的课程都是"思想政治教育"。换言之，根据地的"思想政治教育"与"思想政治教育课程"存在差异，因为在思想政治教育框架之下，除了开设"思想政治教育课程"之外，还开设能起到通识教育功能的其他课程。以晋绥边区为例，在 1940 年，"思想政治教育课程"有"论持久战"和"统一战线"⑤，除了"思想政治教育课程"之外，还有中日问题、国际问题、社会科学、政治常识、妇女问题、军事工作技术等课程。但在边区开设的科目之中，既没有与法律意识培育相关的科目，又没有在哪一个科目之下开设与法律意识培育相关的课程。那么，由此推测，根据地高等学校估计亦很难有开设与法律意识培育相关的课程，但由于党一向重视重要文件的宣传教育，所以 1941 年 11 月制定的《陕甘宁边区施政纲领》应在广大党员干部、公职人员与普通民众之间宣传过、普及过，当然亦实施过，只是未将其作为教学内容对各类各级学生开展过规模较大的宣传教育活动。毕竟在当时，包括陕甘宁边区在内的根据地，"民主最大的意义在于苍生衣食足，即人的生存权是最大的民主"⑥，至于民主法制建设及其宣传教育，在主观上或客观上，还不具备集密切关注、深刻思考和大力实施的条件。

3.1.3   解放战争时期宪法性文件的制定及其宣传

1946 年 4 月，陕甘宁边区召开了第三届参议会第一次大会，通过了具有宪法性质的《陕甘宁边区宪法原则》，该宪法原则"反映了当时中国面临的两种前途与命运的形势，体现了中国共产党提出的建立自由、民主、独立的新民主主义国家的原则"⑦。对于党中央及其领导下

---

①③④   檀传宝，等. 公民教育引论：国际经验、历史变迁与中国公民教育的选择 [M]. 北京：人民出版社，2011：144.

②   该教育纲领是："第一，革命的三民主义是本区一切教育的基础，实施抗战建国纲领，民族革命十大纲领暨本署所颁布之六大施政纲领为教育之总任务；第二，为求民族的独立自由解放，必须高度的发扬民族意识，培养民族的自尊心与抗战必胜的信念，方能完成抗战到底，争取最后胜利的光荣任务，斯为教育之急务。"张志建. 中学思想政治课发展史 [M]. 北京：北京师范大学出版社，1994：181.

⑤   为了免于产生歧义，在此段落之中，为"论持久战""统一战线"和"公民"这三门课程加上双引号，但这三门课程在笔者引用的檀传宝等所著的《公民教育引论：国际经验、历史变迁与中国公民教育的选择》一书之中并没有加上双引号，特此说明。

⑥   杨冰郁. 高原新声：陕甘宁边区红色话语传播范式研究 [M]. 北京：人民出版社，2019：220.

⑦   张晋藩. 中国宪法史：修订本 [M]. 北京：中国法制出版社，2016：12.

的解放区政权阐明政策、争取民心，以及团结一切可以团结的革命力量，起到了积极的作用。该宪法原则共五个部分，依次是"政权组织""人民权利""司法""经济"和"文化"。其中，"人民权利"这部分对人民行使权利应受帮助、人民有权免于偏枯与贫困、人民有权免于愚昧及不健康、人民有权武装自卫、民族平等、男女平等①等内容作了言简意赅但却较为全面的规定。该宪法原则有以下四个特点：

第一，国家对人民行使权利应提供积极帮助，而不能只是消极的不侵犯（"人民权利"部分第 1 项规定）。第二，规定的权利内容包含了最基本的生存权利（"人民权利"部分第 2 项、第 3 项、第 4 项规定），这些权利对近现代以来饱受战争和困顿之苦的民众而言均是急需的，有利于党争取最广大人民尤其是基层人民的支持。第三，不但对男女平等作了规定，而且还特别指出应照顾妇女的特殊利益（"人民权利"部分第 6 项规定）。第四，为了便于宣传和被人民所学习和了解，还直接规定该宪法原则的内容均不宜太烦琐②。

1946 年 4 月的《陕甘宁边区宪法原则》，确立了解放区政治经济生活的基本宪法原则，在一定程度上推动了当时解放区的新民主主义建设，引领了全国人民争取和平、民主的斗争，展现了党为建立和平、民主、富强的新中国而斗争的诚意、信心和勇气。党领导下的人民及其生活、生产的地区，从"根据地"到"解放区"名称的改变，以及"解放全中国"口号的提出，昭示了解放战争取得革命胜利的形势发生了深刻变化，而为了契合新形势，思想政治教育的内容与机制亦随之发生变化，文化学习基本上一直都被重视，但革命性、政治性和意识形态色彩较为浓重的政治学习的地位亦越来越高，革命激情对调动民众参与解放战争、巩固新生政权的积极性和唤醒其当家作主的意识，成效十分明显。

但是，囿于历史条件所限，对包括学生在内的各种群体开展包括宪法意识培育在内的法律意识培育，在思想政治教育体系之下设置的课程之中，难以看到与之相关的内容，在抗日战争之时的根据地如此，在解放战争之时的解放区亦是如此。在根据地建设和解放区建设的过程之中，虽然有"遵守法令"的规定，该规定在法令实施之时亦会作为思想政治教育的内容而被各种群体学习和了解，但"法令"的"法"一般只是规范性文件的统称，其与改革开放之后党和国家开展法制建设之时提及的"法"或"法律"，相差明显。总而言之，对领导干部或公职人员行使公权力进行制约，与对广大民众享有权利、履行义务进行规制的法律，以及以学习法律、尊重法律、遵守法律和信仰法律为核心内容的法律意识培育（包括宪法意识培育），在根据地或解放区没有被重视，继而开展机制建设的历史条件。

---

①　《陕甘宁边区宪法原则》"人民权利"部分第 6 项规定："妇女除有男子平等权利外，还应照顾妇女之特殊利益。"
②　《陕甘宁边区宪法原则》末尾规定："以上规定，均不宜太烦琐。"在此，需要注意的是，该条不像是《陕甘宁边区宪法原则》"文化"部分的第 2 项，而应是"附则"部分的一则规定，因为内容之中有"均"，那说明所规制的对象不是《陕甘宁边区宪法原则》"文化"部分的第 1 项，换言之，若是如此，对于仅有的一项规定，则不必用"均"字，所以本书认为，"以上规定，均不宜太烦琐"修饰、限定的是除该规定之外的所有内容，但《陕甘宁边区宪法原则》"文化"部分之后、"以上规定不宜太烦琐"之前，并无"附则"一词，但"以上规定，均不宜太烦琐"在事实上又起着"附则"的作用。可见，虽然《陕甘宁边区宪法原则》从内容来讲，契合了当时革命形势、人民文化教育水平不高与生活因为长期战争而较为困顿的现实，但从立法（制宪）水准来讲，还有待提高，尤其是对"附则"的制定而言。

　　总的来讲，无论是土地革命战争时期、抗日战争时期，还是解放战争时期，虽然依次制定有《中华苏维埃共和国宪法大纲》《陕甘宁边区施政纲领》和《陕甘宁边区宪法原则》，且据此亦制定有相关法律，但这些于 1949 年 10 月新中国成立之前所制定的法律，基本上只是规范性文件的一种呈现形式，与改革开放之后从中央到地方制定的旨在对领导干部或公职人员依据法律行使公权力进行必要制约，与对广大民众依据法律行使权利、履行义务进行有力规制的法律（包括宪法），存在显著不同。正因如此，无论是根据地还是解放区，法制建设和包括宪法意识培育在内的法律意识培育，没有得到充分的理论探究和具体践行，这一历史"欠账"一直延续到 1949 年 10 月新中国成立之后，突破宪法和法律底线的政治运动频繁出现，对党和国家的社会主义建设造成了负面影响，直至后来爆发了使党和国家陷入危险境地的十年"文革"，一个很重要的原因就是法制建设滞后和领导干部、公职人员、广大民众的包括宪法意识培育在内的法律意识培育没有得到应有的重视，以及缺乏在此基础之上所开展的具体践行，这方面的历史教训值得重视、反思和吸取。

3.2　新中国成立以来宪法性文件或宪法的制定、宣传与评价

　　自 1949 年 10 月新中国成立，抗美援朝、土地改革和镇压反革命三项运动的开展与完成，我国实现了国家强有力的统一，迎来了一个和平环境。在此，可以将 1949 年 10 月新中国成立之后的思想政治教育历程分为三个阶段：第一个是新中国成立之后至 1978 年 12 月党的十一届三中全会召开之前。第二个是党的十一届三中全会召开之后至 2012 年 11 月党的十八大召开之前。第三个是党的十八大召开以来至今。"前三十年"的思想政治教育，发展之路并不平坦，国际局势时而紧张，国内局势从 1957 年反"右"之后由于频繁出现政治运动而有失平稳，导致包括思想政治教育在内的一切教育制度及实施，均遭到冲击，甚至是停滞。从新中国成立前夕及成立之后至 1978 年 12 月党的十一届三中全会召开之前，虽然依次制定了具有临时宪法性质的 1949 年《共同纲领》和三部正式《宪法》即 1954 年《宪法》、1975 年《宪法》和 1978 年《宪法》，但实际上，是有宪法而无长期且富有成效的宪法实施，而到了 1966 年 5 月爆发十年"文革"之后，全国范围内的国家机关工作秩序和社会正常秩序均遭到冲击，反映了该时期包括宪法意识培育在内的法律意识培育，与包括宪法制度建设在内的法律制度建设是十分薄弱的，在整体上是停滞不前的，甚至还出现了较大范围内的倒退。

3.2.1　1949 年新中国成立前夕《共同纲领》的制定

　　1949 年 9 月，新中国成立前夕中国人民政治协商会议（以下简称"政协会议"）第一届全体会议开幕，毛泽东在开幕辞之中指出，"现在的中国人民政治协商会议是在完全新的基础之

上召开的，它具有代表全国人民的性质，获得全国人民的信任和拥护"。① 由此，政协会议宣布自己代行全国人大的职权。27 日，政协会议第一届全体会议通过了《中国人民政治协商会议组织法》（以下简称《政协会议组织法》）和《中央人民政府组织法》。29 日，政协会议第一届全体会议通过了具有临时宪法性质的《中国人民政治协商会议共同纲领》（以下简称《共同纲领》），选举产生了中央人民政府委员会。《共同纲领》《政协会议组织法》和《中央人民政府组织法》"乃是新中国立国的法律基础"②。其中，最重要的当然是《共同纲领》，该纲领"主要解决的问题是，确认政权的合法性，为国家机关的成立提供合法的基础；确立国家在政治经济文化教育等领域的方针政策"③。

《共同纲领》序言篇幅可观，比从清末至民国的宪法或宪法性文件的序言都长，但亦比新中国成立之后诸部宪法的序言都短。《共同纲领》除了序言之外，共有七章、60 条，在第一部分"总纲"，第 4 条对人民的选举权和被选举权作了规定，第 5 条对人民的思想、言论等常见的基本权利作了规定，第 6 条对妇女解放、男女平等和婚姻自由作了规定，第 8 条对人民保卫祖国、遵守法律等常见的基本义务作了规定。有学者认为，《共同纲领》具有"人民性""开创性""纲领性""宪法性""现实性"和"历史性"六个特点④。此外，亦有其他学者，以基本权利为抓手，认为《共同纲领》具有以下六个特点：

> "第一，没有专门的基本权利和义务的篇章。第二，使用的是'人民'和'国民'。第三，立宪表达模式上，以积极保护的模式为主，消极权利精神不足。第四，包含了一些具有重要意义的消极自由。第五，缺乏一般性人权原则、平等原则。第六，《共同纲领》确立的一些权利和原则，如民族平等和语言文字自由，为后来的立宪一直继承。"⑤

但是，政协会议第一届全体会议自 1949 年 9 月 21 日开幕，并于同月 30 日闭幕之后便再未召开，日常行使职权的是政协会议全国委员会常务委员会。到了 1954 年 9 月《宪法》通过之后的同年 12 月，《政协会议组织法》被修改并更名为《中国人民政治协商会议章程》。"政协第一届全体会议虽然仅此一届，而且只举行过一次会议，但此次全体会议的作用和意义极其重大。"⑥ 其通过的《共同纲领》具有"宪法性"特点。对此，有学者认为，"共同纲领虽然本身不是正式的宪法，只是起临时宪法的作用，但它实际上是名称不叫宪法的宪法，是中国历史上首创的临时宪法。"⑦ 可以说，该评价在总体上是中肯的，但末尾的"是中国历史上首创的临时宪法"的评价可能稍失准确，因为在我国宪法历史上，"临时宪法"有时也指 1912 年 3 月的《中华民国临时约法》⑧，所以准确地讲，《共同纲领》是人民宪法历史上首创的临时宪法，

---

①② 许崇德. 中华人民共和国宪法史：上卷 [M]. 福州：福建人民出版社，2003：41.

③⑤ 朱应平. 新中国成立以来我国宪法基本权利的变迁及评析 [A]. //公丕祥. 法制现代化研究：第十卷 [C]. 南京：南京师范大学出版社，2006：1-28.

④ 许崇德. 中华人民共和国宪法史：上卷 [M]. 福州：福建人民出版社，2003：42-48.

⑥⑦ 许崇德. 中华人民共和国宪法史：上卷 [M]. 福州：福建人民出版社，2003：46.

⑧ 当然，亦有学者认为，1908 年 8 月的《钦定宪法大纲》是中国历史上第一部宪法性文件，对于晚清政府，是起着临时宪法作用的"临时宪法"。而 1912 年 3 月的《中华民国临时约法》是中国第一部资产阶级宪法性文件，对于民国临时政府，亦是起着临时宪法作用的"临时宪法"。

其与其他诸部宪法或宪法性文件，均被认为是"人民群众历史选择的宣言书"①。

按照常理，既然有起着临时宪法作用的《共同纲领》，而且其和《政协会议组织法》《中央人民政府组织法》在性质上"均属宪法性文件"②，那么在 1949 年 9 月至 1954 年 9 月期间，在全国范围内对全体民众应开展遵守法令教育③，其内容理应涉及这三部宪法性文件。换言之，在这一阶段，尽管并无正式宪法，但若是开展宪法意识培育，亦有具体的指向或内容。而且，党和国家历来重视对各种群体开展思想政治教育，而在新中国成立之初开展抗美援朝、土地改革、镇压反革命三项运动和巩固新生的新中国政权的过程之中，应开展过遵守法令的教育。但通过阅读相关文献④，并未发现在新中国成立之初，党和国家普遍而持久的开展过以《共同纲领》《政协会议组织法》《中央人民政府组织法》尤其是《共同纲领》为内容的临时宪法普及教育。不过，亦有学者认为，在《共同纲领》颁布之后，党决定"通过大力宣传《共同纲领》的基本思想，获取最广大民众对新民主主义政权的支持与认同"⑤。但由于较为权威的文献对普遍而持久的宣传普及《共同纲领》未有阐述⑥，所以本书对此持质疑态度，也可能有过宣传普及的表态，但实施不足。当然，通过对新民主主义政权的宣传教育而获得民众的支持与认同，肯定是有的。所以，可以作出推论，在新中国成立之初，党和国家必然开展过思想政治教育，一方面这是党和国家开展革命的常见方法之一，另一方面这是巩固新生的新中国政权的必要措施之一，但在思想政治教育的内容之中，没有涉及作为临时宪法的《共同纲领》的内容，至少是极少涉及，所以才没有留下与之相关的重要历史痕迹。其原因应有以下两个：

第一，1949 年 10 月新中国成立之时，有些地区尚未完全解放，解放军正在向未解放的地区进军。同时，抗美援朝、土地改革和镇压反革命三项运动亦迅速开展，整个国家忙于巩固新生的新中国政权。至于起着临时宪法作用的《共同纲领》的宣传普及与据此而建立民主法制，还难以集中精力予以兼顾。

第二，虽然《共同纲领》属于宪法性文件之一，而且起着临时宪法作用，但其毕竟不是正式宪法。在其与《政协会议组织法》《中央人民政府组织法》制定出来，而且据此成立中央人

---

① 付子堂，葛天博. 深化教育改革必须树立遵从宪法意识 [J]. 中国高等教育，2018 (8)：11 - 13.

② 许崇德. 中华人民共和国宪法史：上卷 [M]. 福州：福建人民出版社，2003：41.

③ 1950 年 4 月，中央人民政府委员会通过了《婚姻法》，自同年 5 月起开始实施，这是新中国成立之初出台的第一部具有基本法性质的法律，共 8 章、27 条。所以，在新中国成立之初，开展法律意识培育亦有具体内容。实际上，在新中国成立之初，确实开展过以《婚姻法》为内容的法律意识培育。该法十分重要，对于解放广大妇女，使之知晓和追求婚姻自主，起着显著的促进作用。同时，该法对新生的新中国政权获得广大女性的支持和拥护，亦有重大的积极意义。作为大学思想政治理论课教材之一的《中国近现代史纲要》，内容较多，时间跨度较大，但亦舍得笔墨对 1950 年《婚姻法》有所提及，可见该法的历史地位之重要。——"制定《中华人民共和国婚姻法》，废除封建婚姻制度，使广大妇女获得婚姻自由的权利。"本书编写组. 中国近现代史纲要：2021 年版 [M]. 北京：高等教育出版社，2021：193 - 194.

④ 在宪法史方面，最权威的研究成果之一当属已故著名宪法学者许崇德著的《中华人民共和国宪法史》（分上下两卷，福建人民出版社 2003 年版）。在宪法意识培育史方面，最权威的研究成果之一当属韩大元、孟凡壮合著的《中国社会变迁六十年的公民宪法意识》（载《中国社会科学》2014 年第 12 期，第 123 - 142、162 页）。此外，还有一篇论文与此关系密切，即朱应平著的《新中国成立以来我国宪法基本权利的变迁及评析》（载公丕祥主编《法制现代化研究》（第十卷），南京师范大学出版社 2006 年版，第 1 - 28 页）。但是，均未对《共同纲领》的普及教育有所着墨。

⑤ 王东明. 建国初期新政权合法性与意识形态资源 [J]. 党史研究与教学，2004 (2)：14 - 19.

⑥ 许崇德. 中华人民共和国宪法史：上卷 [M]. 福州：福建人民出版社，2003：13 - 101.

民政府之后，其历史使命近乎完成，其重要性亦易于有意或无意地被忽视，其宣传普及随之也就难以为继了。

总而言之，1949 年 10 月新中国成立之时，由于召开全国人大以及由其制定宪法的条件尚未成熟，所以在党的领导下，于该年 9 月召开政协会议，由其通过《共同纲领》，并使之起临时宪法的作用，当属合情合理的权宜之举。在根据《共同纲领》产生中央人民政府之后，其基本任务便已完成，在相关文献之中，亦未见对《共同纲领》的普及教育有所着墨，而在包括新中国成立之初的历史上，党和国家一直很重视通过思想政治教育来开展革命、巩固政权、发展经济和推动社会建设等重要事务，那只能作出一个合理推测，即在 1949 年 9 月《共同纲领》通过之后至 1954 年 9 月由于 1954 年《宪法》得以制定和通过而被废止期间，各种各级公权力机关应未开展过《共同纲领》的普及教育，至少可以说，在其所开展的思想政治教育过程之中，其内容并未明确的、着重的涉及到《共同纲领》。

3.2.2　1954 年《宪法》的制定、宣传、评价及不足

新中国成立之后，随着 1950 年 12 月至 1951 年 10 月抗美援朝、土地改革和镇压反革命三项运动的开展与完成，新生的新中国政权得到了巩固，人民生活、生产在和平而有序的社会环境之中获得了恢复和发展。到了 1953 年前后，普选工作已在全国范围内展开，除了个别地区之外，各地已普遍召开了基于普选而产生的人民代表大会，这为召开全国人大和由其制定宪法奠定了坚实基础。至此，"社会结构与民众需求的变化使制宪问题成为执政党和社会各界广泛关注的焦点"。[①] 基于此，1953 年 1 月，中央人民政府委员会第二十次会议决定成立以毛泽东为首的"宪法起草委员会"，其对宪法起草十分重视，"宪法草案的每一章、每一节、每一条，毛主席都亲自参加了讨论。"[②] 1954 年 3 月，毛泽东向"宪法起草委员会"提交了由党中央拟定的宪法草案初稿。同年 5 月，党中央发出了《关于在全国人民中进行宪法草案的宣传和讨论的指示》，该指示要求，"要在这个宣传和讨论中，一方面使人民初步明了《宪法》的主要内容及其对于各阶层人民自己的切身关系；另一方面还要发动人民积极地提出他们对于《宪法草案》的意见，以便《宪法》起草委员会根据人民群众所提出的可以采纳的意见，再次地修改《宪法草案》，而后提到全国人民代表大会讨论。"[③] 由此，在宪法起草委员会和全国政协的组织之下，各民主党派、无党派民主人士、各人民团体等相关单位饱满热情地以各种形式参与对宪法草案初稿的讨论，并提出了许多有益的建议。随后，"根据各座谈小组、地方和各单位讨论草案的情况，宪法起草委员会编辑了共 25 本《宪法草案初稿讨论意见汇编》"。[④] 同年 6 月，中央人民政府委员会正式公布宪法草案，向全社会征求修改意见，这是新中国成立以来，亦即党由局部执政转变为全面执政之后第一次制定宪法，党中央及其领导下的中央人民政府委员会

①④　韩大元，孟凡壮. 中国社会变迁六十年的公民宪法意识 [J]. 中国社会科学，2014（12）：123－142，162.
②　许崇德全集：第 6 卷 [M]. 北京：中国民主法制出版社，2009：1861.
③　全国人大常委会办公厅，中共中央文献研究室. 人民代表大会制度重要文献选编（一）[M]. 北京：中国民主法制出版社，中央文献出版社，2015：177.

自然相当重视，十分注意向各种群体征求意见。

同时，全国民众积极参与宪法草案的讨论，该讨论"从 1954 年 6 月 16 日开始，到 9 月 11 日结束，历时接近 3 个月"①。期间，"为了搞好草案的讨论，各地成立了宪法起草讨论委员会，培养报告员和辅导学习讨论的骨干分子，有组织地进行对宪法草案的讨论和宣传工作"。② 同时，"为了增强全社会对社会主义政权的认同感、提高广大干部群众贯彻执行过渡时期总路线的自觉性以及强化广大人民群众的公民意识与宪法观念，中央人民政府在 1954 年 6 月宪法草案正式公布的同时，就在全国开展宪法的宣传教育活动"。③ 可见，宪法宣传教育先于 1954 年《宪法》通过之前三个月便已开始，核心内容当然是宪法草案，但宣传教育的内容，又不仅仅限于宪法草案。

对此，有学者以北京市、上海市和浙江省为例，对当时民众如何参与这场讨论作了研究。在此，试举三例：例如，"北京市宪法草案讨论委员会为了使各界人民能了解宪法草案的精神，训练了 4000 名报告员，在工厂、企业、机关、学校、建筑工地、乡村、街道等地作报告。"④ 又如，"根据上海《解放日报》1954 年 9 月 5 日的报道，上海全民有 270 万人听到了有关宪法草案的报告，其中有 156 万人参加了讨论，共提出大约 16.5 万条修改和补充意见"。⑤ 再如，"从 6 月到 9 月，三个月的时间，浙江有 801 万人参与了宪法草案讨论，占到全省选民人数的 63%。……全省各地上报宪法草案修改意见 3650 条，经过整理，上报中央 935 条"。⑥ 这只是北京市、上海市和浙江省民众参与宪法草案讨论的情况，在全国其他地方亦应如此。此时，虽然宪法草案还未经该年 9 月召开的全国人大通过而成为正式宪法，但在全民参与宪法草案讨论的过程之中，亦是一次意义重大的宪法意识培育活动。

当然，一些建议确实未被采纳，但仍具有重要的历史意义，并在后来对新中国成立以来第二部制宪水平较高的 1982 年《宪法》的制定有所启示⑦。通过考察 1954 年《宪法》的制定过程，可以得出一个结论，即"新中国成立从根本上改变了旧中国的立宪模式，让人民真正成为制宪的主体。人民立宪，人民通过有序的政治参与表达意志，这是中国特色公共理性与宪法共识的达成过程"。⑧ 该制宪经验后来被 1982 年《宪法》及其历次修宪所传承，并且被发扬光大。

1954 年 9 月，中央人民政府委员会第三十四次会议决定将由"宪法委员会"拟定的宪法

---

①②⑤　韩大元，孟凡壮．中国社会变迁六十年的公民宪法意识 [J]．中国社会科学，2014（12）：123 - 142，162.

③　朱映雪，孙秦敏．新中国成立初期我国普及"五四宪法"的实践与经验研究 [J]．广西社会科学，2015（10）：124 - 128.

④　韩大元．1954 年宪法与中国宪制 [M]．武汉：武汉大学出版社，2008：361.

⑥　吴朝香．一张泛黄的稿纸、见证浙江人 60 年前的那场大讨论 [N]．浙江新闻，2014 - 12 - 09.

⑦　例如，"在全国政协组织的宪草座谈会上，有人建议将'国家组织系统'（即'国家机构'，引者注）和'公民的基本权利和义务'两章对调。该建议的理由之一便是：'我国一切权力都属于人民，应先规定'公民的基本权利和义务'。这样表示我们充分地关心人民的权利和义务，并可启发人民重视自己的权利和义务。"宪法起草委员会办公室．宪法草案初稿讨论意见汇编（一）[M]．1954 - 04 - 05．转引自韩大元，孟凡壮．中国社会变迁六十年的公民宪法意识 [J]．中国社会科学，2014（12）：123 - 142，162．虽然后来 1982 年《宪法》的制定，在排列宪法结构之时将"公民的基本权利和义务"一章置于"国家机构"之前，不知是否受到了该建议的影响，但从结果来看，1982 年《宪法》确实是这么做的。

⑧　杨银霞．再论我国 1954 年宪法的价值 [J]．长春大学学报，2017（9）：70 - 73.

草案提请全国人大进行审议。同月 20 日，第一届全国人大第一次会议通过了该宪法草案，我国第一部社会主义类型的宪法由此诞生，该宪法"明显体现了人民主权原则，开创了中国宪法的风格。……是中国宪法发展的基石"①。1954 年《宪法》除了序言之外，共四章、106 条。这四章，没有"第 N 章"的编号。按照顺序，宪法正文内容依次是"总纲""国家机构""公民的基本权利和义务"和"国旗、国徽、首都"。在第三章"公民的基本权利和义务"，第 85 条对"公民在法律上一律平等"作了规定。第 86 条对选举权和被选举权作了规定，而且对妇女有此权利作了强调，可以看作是对男女平等的一种体现，除此之外，第 96 条第 1 款对妇女在诸多方面享有与男性平等的权利又作了规定。从第 87 条至第 90 条对言论等政治自由、宗教信仰自由、人身自由等基本权利作了规定。第 95 条对科学研究等自由作了规定。第 97 条对任何违法失职的国家机关工作人员进行控告作了规定。第 100 条至第 103 条对公民基本义务作了规定。总的来讲，该《宪法》具有以下五个特点：

第一，无论是基本权利，还是基本义务，种类均较为丰富，规定的亦较为细致。第三章"公民的基本权利和义务"从第 85 条至第 99 条，对各个方面的公民基本权利均作了规定，甚至对"国外华侨的正当的权利和利益"和"受到迫害的外国人"的避难亦作了规定。

第二，对特殊群体或弱势群体提供积极保护，这是社会主义国家宪法的一贯做法，而不像大部分资本主义国家对公民权利只是秉持不侵犯的态度。倘若公民在享有或行使某些基本权利之时存在难处，国家应提供帮助。

第三，对劳动者的劳动权、休息权和在行使某些基本权利之时存在难处继而有权获得物质帮助权作了规定②，反映了社会主义国家对工人权利的重视。

第四，虽然 1954 年《宪法》将"民族平等"规定在"总纲"之中，但不再像《共同纲领》那样将其与"人民权利"规定在一起，而且对其规定的较为细致，反映党和国家对"民族平等"的性质、内涵，以及如何通过制度建设使之获得实践的认知更加深入，即"民族平等"是国家在处理民族事务之时所秉持的一项基本原则，而非具体公民所享有的一项基本权利。

第五，较之于以往由党制定的宪法性文件，1954 年《宪法》对基本义务规定得较为细致，而且内容亦较为丰富。

总而言之，从 1954 年《宪法》的宪法规范来看，党和国家在当时还是想将新中国建设成为一个尊重和保护公民的基本权利的国家的。有学者以基本权利为参照，将其与 1949 年《共同纲领》相比，认为 1954 年《宪法》具有以下三个特点：

---

① 朱映雪，孙秦敏 . 新中国成立初期我国普及"五四宪法"的实践与经验研究［J］. 广西社会科学，2015（10）：124 - 128.

② 1954 年《宪法》第 91 条规定："中华人民共和国公民有劳动的权利。国家通过国民经济有计划地发展，逐步扩大劳动就业，改善劳动条件和工资待遇，以保证公民享受这种权利。"1954 年《宪法》第 92 条规定："中华人民共和国劳动者有休息的权利。国家规定工人和职员的工作时间和休假制度，逐步扩充劳动者休息和休养的物质条件，以保证劳动者享受这种权利。"1954 年《宪法》第 93 条规定："中华人民共和国劳动者在年老、疾病或者丧失劳动能力的时候，有获得物质帮助的权利。国家举办社会保险、社会救济和群众卫生事业，并且逐步扩大这些设施，以保证劳动者享受这种权利。"

"第一，使用了'公民'这个概念。第二，使用专章即第三章确立了公民的基本权利和义务。第三，在继承《共同纲领》的基础上，权利进一步丰富和扩大。如规定了监督权（第 10 条第 2 款、第 17 条、第 38 条、第 61 条等，引者注），特别是包括了物质赔偿权（第 97 条，引者注）。"①

对于宪法实施的重要性，毛泽东在相关场合作了强调。例如，其于 1954 年 6 月发表的"关于中华人民共和国宪法草案"的讲话指出，"这个宪法草案是完全可以实行的，是必须实行的。当然，今天它还只是草案，过几个月，全国人民每一个人都要实行，特别是国家机关工作人员要带头实行，首先在座的各位要实行。不实行就是违反宪法"。②董必武亦指出，"大家加强法制宣传教育工作，提高干部和人民群众的法制观念，使大家都知道严格遵守国家法制就是维护自己的民主权利，就能受到国家保护"。③对此，许崇德认为，"1957 年以前一段时间，党不仅致力于制定宪法，而且也非常重视宪法的实施"。④可以看出，党和国家对遵守宪法、加强法制宣传教育是十分重视的，这亦是 1954 年《宪法》制定前后宪法普及教育取得较大成效的一个重要原因。

1954 年《宪法》通过和颁布之后，全国各个阶层和群体反响热烈、积极学习，掀起了新中国成立之后第一波学习宪法和培养宪法意识的高潮，这必然包括在学校开展学习宪法活动和对学生群体开展宪法意识培育。同时，学术界亦对 1954 年《宪法》与新中国成立之初起临时宪法作用的 1949 年《共同纲领》作了研究。"据不完全统计，从 1949 年到 1956 年共出版宪法书籍 344 种，其中著述 206 种，资料 138 种，还发表了大量的论文。"⑤可见，学术界研究宪法的繁荣。

得益于 1954 年 6 月至 9 月期间宪法草案在公布之后、通过之前的全民讨论，与 1954 年《宪法》通过之后的广泛宣传，《宪法》在通过之后一段时期之内得到了良好实施，且成效显著，赢得了普遍赞扬。有学者认为，"公民的宪法意识在 1954 年宪法确立的宪法秩序之下得到巩固和发展"。⑥但遗憾的是，从 1957 年 6 月反"右"运动开始，到 1978 年 12 月党的十一届三中全会召开为止，我国开始了长达约二十年的政治欠稳定时期。反"右"运动特别是其扩大化，导致 1954 年《宪法》特别是"公民的基本权利和义务"这一章的规定几乎形同虚设，使借助 1954 年《宪法》制定前后培育起来的民众宪法意识遭遇了挫折。该结果的出现，其主要有以下三个原因：

第一，虽然在 1954 年《宪法》制定之前，党在由局部执政向全面执政转变的过程之中，制定了几部宪法性文件，而且亦有所实施。但是，在革命战争特殊环境之下，宪法性文件的实

①　朱应平. 新中国成立以来我国宪法基本权利的变迁及评析［A］.//公丕祥. 法制现代化研究：第十卷［C］. 南京：南京师范大学出版社，2006：1 - 28.

②　毛泽东文集：第六卷［M］. 北京：人民出版社，1999：328.

③　董必武政治法律文集［M］. 北京：法律出版社，1986：514 - 515.

④　许崇德. 中国共产党八十年与中国宪法的发展［J］. 法学家，2001（4）：5 - 10.

⑤　韩大元. 1954 年宪法与中国宪制［M］. 武汉：武汉大学出版社，2008：361.

⑥　韩大元，孟凡壮. 中国社会变迁六十年的公民宪法意识［J］. 中国社会科学，2014（12）：123 - 142，162.

施势必受到影响，甚至让位于对夺取革命胜利的孜孜追求，容易导致宪法性文件未能长期得以实施，并获得显著成效。而这种历史惯性，自然亦容易影响到新中国成立以来第一部宪法即 1954 年《宪法》的实施。同时，"由于它的制定处在从新民主主义到社会主义转变的过程中，因此它本身还具有一定的历史局限性，其中最突出的是它监督体制的不完善"。① 所以，"为了维护宪法的权威，还必须建立行之有效的宪法监督保障制度"。②

第二，1954 年《宪法》在制定前后，通过开展全民讨论，确实使民众的宪法意识得以培育，但其对制定宪法的热情，不一定就能自然而然地转变为其参与实施宪法的动力。而且，在目前能接触的文献之中，几乎很难看到当时在各种各级学生之中是如何宣传宪法以及对其开展宪法意识培育的。20 世纪 50 年代的学生，在学校是否受到良好的包括宪法意识培育在内的法律意识培育，囿于历史材料所限，难以准确探知，但从反"右"运动特别是其扩大化以及后来"文革"之中各种学生的表现来看，可以作出推测，即其在 1954 年《宪法》制定之后恐怕未接受到富有成效的宪法意识培育。

第三，在 1954 年《宪法》通过之后的一段时期之内，虽然我国经济和社会在整体上发展较快，但毕竟基础薄弱，所以当时党和国家以及全国民众的主要精力在于开展经济建设，而依据宪法开展民主法制建设容易被置于次要地位。有学者认为，在当时，"民众对于宪法保护公民基本权利的认知也面临媒体对'宪法'一词滥用的冲击。这一时期，报刊很少宣传 1954 年宪法的实施问题，而是运用大量的篇幅报道、提倡贯彻工业'宪法'、农业'八字宪法'等"。③ 并对此举例说明④，其认为，"这些冠之以'宪法'之名的口号和宣传实际上与作为国家根本法的宪法没有关系，相反却容易造成民众对于宪法的误解。民众难以感受到宪法对基本权利的保护，宪法意识也逐步淡化"。⑤ 但亦应看到，正是因为相关政策的制定者重视宪法，才希望通过将相关政策形象地描述为"宪法"，继而唤起民众对政策及其贯彻的重视。然而，这种随意使用"宪法"一词的行为，客观上也确实对 1954 年《宪法》的权威产生了一些负面影响，自然影响全社会对宪法产生正确认识和敬畏之心。

总而言之，1954 年《宪法》规定了国家在过渡时期的总路线⑥，本意是引起全社会对总路线给予重视。然而，却容易使宪法意识有所培育但仍显薄弱的民众误认为农业、手工业和资本主义工商业一旦改造完成之后，宪法便过时了。所以，1954 年《宪法》后来被弃之不顾，既与当时一切以恢复和发展经济为导向而对宪法以及据此开展民主法制建设重视不足有关，亦与党在局部执政以及由局部执政转变为全面执政的进程之中在制定宪法、实施宪法和宪法意识培

---

① 杨银霞. 再论我国 1954 年宪法的价值 [J]. 长春大学学报，2017 (9)：70 – 73.

② 商继政. 论胡锦涛同志的宪法权威观 [J]. 毛泽东思想研究，2012 (6)：88 – 92.

③⑤ 韩大元，孟凡壮. 中国社会变迁六十年的公民宪法意识 [J]. 中国社会科学，2014 (12)：123 – 142，162.

④ 例如，执行工业"宪法"，大搞群众运动 [N]. 黑龙江日报，1958 – 10 – 25；贯彻"八字宪法"，提高播种质量 [N]. 人民日报，1959 – 10 – 19；按照作物生长规律管理秋田：胡坡公社系统全面贯彻执行农业"八字宪法" [N]. 人民日报，1960 – 07 – 29. 均转引自韩大元，孟凡壮. 中国社会变迁六十年的公民宪法意识 [J]. 中国社会科学，2014 (12)：123 – 142，162.

⑥ 1954 年《宪法》序言规定："……国家在过渡时期的总任务是逐步实现国家的社会主义工业化，逐步完成对农业、手工业和资本主义工商业的社会主义改造。……。"

育等方面经验较为缺乏有关。当然，亦不能因为 1954 年《宪法》实施成效不好而完全否定该宪法的制定水平，毛泽东对宪法发表的众多有历史意义的讲话，以及党和国家在全国范围之内开展的全民讨论与广泛的宪法宣传，对后来制定其他诸部宪法尤其是 1982 年《宪法》具有重要启示意义和借鉴价值。可以说，这段历史是经验与教训共存，进步性与局限性同在，不能因局限性而否定进步性，亦不能因为进步性而忽视局限性，而且理性地看，进步性多于局限性，当属无疑。

3.2.3   1975 年《宪法》与 1978 年《宪法》的制定

从 20 世纪 50 年代后期开始至 1975 年 1 月新《宪法》通过之前，1954 年《宪法》在理论上或法律上是有效力的，但却几乎没有实效。"这一时期，公民的基本权利失去了宪法保障。……公民的权利和自由被彻底抛在一边，不仅政治权利得不到保障，……反而是所谓的'四大自由'大行其道。"① 但"四大自由"② 绝非是符合民主法制秩序前提之下的正常自由，而是在"文革"期间对一些公职人员、普通民众实施的侵犯行为，所以"四大自由"是那个年代的特殊产物。至于 1954 年《宪法》，由于其与当时的社会形势格格不入，无法发挥应有的实效，其命运走向尽头亦是不可避免。

1975 年 1 月，第四届全国人大第一次会议通过了修改后的《宪法》，修宪主要任务是为了"反映我国人民坚持无产阶级专政下继续革命的共同愿望"。③ 这是新中国成立之后的第二部宪法，除了与 1954 年《宪法》序言篇幅相近的序言之外，共四章、30 条。这四章均有"第 N 章"的编号，这一点与 1954 年《宪法》不同。按照顺序，宪法正文内容依次是"总纲""国家机构""公民的基本权利和义务"和"国旗、国徽、首都"。第三章"公民的基本权利和义务"只有四条（第 26 条至第 29 条），这部《宪法》是在"左"的思想指导下制定的，其问题较多，反映了制宪水平较之于 1954 年《宪法》已退步较多。所以，有学者认为，"动荡的社会环境使民众疲于奔命，宪法的至上权威根本无从谈起，宪法对普通公民的生活失去意义，普通公民对宪法的疏离和冷漠也就不足为奇。"④

有学者以基本权利为参照，将其与 1954 年《宪法》相比，认为 1975 年《宪法》具有以下五个特点：

"第一，权利条文大大减少。第二，将义务置于权利之前，体现了以义务为本

---

① 韩大元，盂凡壮. 中国社会变迁六十年的公民宪法意识 [J]. 中国社会科学，2014（12）：123 – 142，162.

② "四大自由"是指"文革"期间的"大鸣、大放、大辩论、大字报"四种自由，这四种自由曾被写入 1975 年《宪法》和 1978 年《宪法》。前者第 13 条规定："大鸣、大放、大辩论、大字报，是人民群众创造的社会主义革命的新形式。……。"后者第 45 条规定："公民……有运用'大鸣、大放、大辩论、大字报'的权利。"直到 1980 年 9 月全国人大通过了《关于修改〈中华人民共和国宪法〉第四十五条的决议》，才将这"四大自由"从 1978 年《宪法》之中删除。

③ 王培英. 中国宪法文献通编：修订版 [M]. 北京：中国民主法制出版社，2007：188.

④ 戴激涛. 宪法，我该如何靠近您？——对广东 300 名大学生宪法意识调查的思考 [A]. // 王瀚. 法学教育研究：第 8 卷 [C]. 北京：法律出版社，2013：342 – 360.

位的指导思想。第三，一些条文的变动，反映了国家对公民责任义务的减轻或放弃，……。第四，一些权利具有鲜明的政治性，明显与作为公民和作为一个人应当享有的权利的保护不相符合。第五，权利的种类性质归属混乱，不符合科学性。立宪技术水平明显倒退，权利、义务不分。……多项不同性质的权利置于一个条文中。"①

　　总而言之，1975 年《宪法》的出台，是为了从宪法的角度赋予"文革"以合宪性。从这一点来看，党和国家当时还是对宪法十分重视的，只是这种重视是建立在对宪法与"文革"的认识有失准确的立场上。随着 1976 年 10 月"文革"的结束，该《宪法》"因国家政治生活发生重大变化，几乎没有来得及实施就成为了历史"②，所以对其自然不会有宪法宣传或宪法意识培育的开展了。

　　"文革"结束之后，党和国家开始重建民主法制，而该工作的开展，则需要有一部符合新形势的《宪法》提供指导。经过一段时间的筹备，到了 1978 年 3 月，第五届全国人大第一次会议通过了新的《宪法》，但与 1975 年《宪法》制定之时一样，用语亦是"修改"，但在本质上，当然亦是"制定"。对于这次制宪，时任全国人大常委会委员长叶剑英指出，"这次大会将要通过的宪法，是我国社会主义革命和社会主义建设新的发展时期的一部新宪法"。③ 对此，叶剑英作了"关于修改宪法的报告"，其指出，"国家机关的每一个工作人员，不论职位高低，……都要成为带头施行宪法、遵守宪法的模范。……为了动员和依靠广大群众的力量来保证宪法的实施，当前应该……在全国进行一次普遍的宪法宣传教育"。④ 而且还指出，"以后还要经常进行宣传教育"⑤。为了促进对新宪法的宣传，中共中央于新宪法通过的次月即 1978 年 4 月发布了《关于在全国普遍进行一次新宪法宣传教育的通知》，这是新中国成立以来党中央第一次针对新宪法的宣传而专门发布的一个通知。该通知指出，"五届全国人大通过的新宪法，是我国社会主义革命和社会主义建设新时期法治国家的总章程"，这是在党发布的文件之中第一次出现与"法治国家"相关的表述，其偶然性可能居多⑥，但仍说明了此时党和国家对重建民主法制已十分重视。

　　1978 年《宪法》序言篇幅与 1975 年《宪法》相近，正文共四章、60 条。这四章，均有"第 N 章"的编号，这与 1975 年《宪法》相同，但与 1954 年《宪法》不同。按照顺序，宪法正文内容依次是"总纲""国家机构""公民的基本权利和义务"和"国旗、国徽、首都"。与 1975 年《宪法》相同，第三章仍然是"公民的基本权利和义务"，但对内容作了大量补充，

---

　　① 朱应平. 新中国成立以来我国宪法基本权利的变迁及评析［A］.// 公丕祥. 法制现代化研究：第十卷［C］. 南京：南京师范大学出版社，2006：1 - 28.

　　② 王培英. 中国宪法文献通编：修订版［M］. 北京：中国民主法制出版社，2007：196.

　　③④⑤ 关于修改宪法的报告——一九七八年三月一日在第五届全国人民代表大会第一次会议上的报告［N］. 中国国情 - 中国网，2011 - 12 - 30.

　　⑥ 此时是 1978 年 4 月，距离在该年 12 月召开的党的十一届三中全会上作出"为了保障人民民主，必须加强社会主义法制，使民主制度化、法制化，使这种制度和法律具有稳定性、连续性和极大的权威，做到有法可依，有法必依，执法必严，违法必究"的表述尚有约八个月的时间。距离在 1997 年 9 月召开的十五大上作出"发展民主，健全法制，建设社会主义法治国家"的表述尚有约十九年的时间。基于历史的局限性和对法制或法治认识的有限性，所以在 1978 年 4 月中共中央发布的《关于在全国普遍进行一次新宪法宣传教育的通知》之中出现"法治国家"一词，其偶然性可能居多。

倘若以"条"为单位进行计算，其数量从 4 条增加到 16 条（第 44 条至第 59 条）。该章较之于 1975 年《宪法》第三章，其内容得以显著充实，反映了制宪主体的宪法意识有了明显提高。1954 年《宪法》规定的某些内容，几乎原封不动地予以恢复。在此，试举三例：例如，劳动者的劳动权、休息权、在特定条件下获得物质帮助权，以及国家有义务积极作为以使劳动者易于行使这些权利（第 48 条至第 50 条第 1 款）得以恢复。又如，科学研究等自由（第 52 条）得以恢复。再如，对任何违法失职的国家机关工作人员有权行使控告权（第 55 条）亦得以恢复。

有学者以基本权利为参照，将其与 1975 年《宪法》相比，认为 1978 年《宪法》有两个特点（原文序数用的是带圆圈的 1、2，但为了使序数与之前的表述方式保持一致，故而改为"第一"和"第二"，而其内容自然保持不变）：

> "第一，'左'倾指导思想仍然存在，并在宪法中有明确的体现。第二，宪法权利比 1975 年宪法有所增加，内容更加丰富，但仍不完整，没有恢复到 1954 年宪法的水平，其权利结构残缺不全；用词用语仍然存在不规范的现象，如第 45 条规定，公民有运用'大鸣、大放、大辩论、大字报'的权利。"①

但即便如此，1978 年《宪法》还是有一些进步之处，且显得十分新颖。例如，规定了"国家关怀和保障革命残废军人、革命烈士家属的生活"（第 50 条第 2 款）、"男女同工同酬"（第 53 条第 1 款后半部分）和"男女婚姻自主"（第 53 条第 2 款前半部分）等。此外，还有一些根据国情而制定的政策，亦被写入了宪法，例如"国家提倡和推行计划生育"（第 53 条第 3 款）等。凡此种种，说明了党和国家在 1978 年 3 月制定《宪法》之时，不但宪法意识有所恢复，而且将一些重要内容或新政策亦写入宪法，反映了其发展和完善宪法，以及依据宪法治国理政的意识和能力，均得到了显著增强。

根据党中央于 1978 年 4 月发布的《关于在全国普遍进行一次新宪法宣传教育的通知》，全国掀起了宪法宣传的高潮，其氛围与 1954 年《宪法》通过之后相似。在此，试举两例：例一，"在湖北，1978 年 4 月 28 日《湖北日报》刊发了由北京大学法律系撰写的《学习宪法讲话》，推动宪法的宣传和学习。"② 例二，"在北京，从 1978 年 5 月上旬到 6 月上旬开展了'新宪法宣传月'活动，掀起了学习和宣传宪法的热潮"。③ 这只是湖北和北京开展宪法宣传的情况，在全国其他地方亦应如此。对此，韩大元认为，"全国各地开展的宪法宣传活动有助于恢复公民的宪法意识"。④

当然，1978 年《宪法》亦有不足。在此，试举三例：例如，将"大鸣、大放、大辩论、

---

① 朱应平. 新中国成立以来我国宪法基本权利的变迁及评析［A］.//公丕祥. 法制现代化研究：第十卷［C］. 南京：南京师范大学出版社，2006：1 - 28.

② 学习新宪法、宣传新宪法、实行新宪法（按照现在用词习惯，应为"施行新宪法"，引者注）——学习新宪法讲话［N］. 湖北日报，1978 - 04 - 28. 转引自韩大元，孟凡壮. 中国社会变迁六十年的公民宪法意识［J］. 中国社会科学，2014（12）：123 - 142，162.

③ 大张旗鼓地开展"新宪法宣传月"的活动［N］. 北京日报，1978 - 05 - 07. 转引自韩大元，孟凡壮. 中国社会变迁六十年的公民宪法意识［J］. 中国社会科学，2014（12）：123 - 142，162.

④ 韩大元，孟凡壮. 中国社会变迁六十年的公民宪法意识［J］. 中国社会科学，2014（12）：123 - 142，162.

大字报"作为一项基本权利，与言论等自由规定在同一条宪法规范（第 45 条）之中。所以，1980 年 9 月第五届全国人大第三次会议通过了《关于修改〈宪法〉第四十五条的决议》①，对该问题作了修改。又如，将政治义务和法律义务混在一起作为公民的基本义务进行规定（第 56 条）。再如，未设"国家主席"一职给外交工作带来不便。凡此种种问题，不是修改某一条或某几条所能解决的，因此随着时代的进步，一部契合改革开放和现代化建设的新形势的新《宪法》呼之欲出。

3.3　改革开放以来 1982 年《宪法》的制定、宣传与修改

3.3.1　1982 年《宪法》即现行《宪法》的制定及其概况

1978 年 12 月，党的十一届三中全会召开，由此党和国家开启了领导人民建设社会主义现代化的新征程，但制定于 1978 年 3 月的《宪法》并不契合这种新形势，关键原因在于 1978 年《宪法》的制宪思想在整体上与社会主义现代化建设的新形势格格不入，这不是修改几条宪法规范便能解决的龃龉②，根本解决之道就是制定一部契合新形势的新宪法。1982 年 4 月，第五届全国人大常委会第二十三次会议通过了《关于公布〈宪法修改草案〉的决议》，并将草案交付全民讨论。许崇德认为，"全国工人、农民、知识分子和其他各界人士对修改宪法的重视和对管理国家事务的政治热情的高涨。通过全民讨论，发扬民主，使宪法的修改更好地集中了群众的智慧"。③ 此次讨论，重现了 1954 年《宪法》在其尚是草案之时交付全民讨论的盛况。全民在宪法草案讨论的过程之中，既向党和国家制定一部高水平的新宪法贡献了智慧，又使其宪法意识得到了培育，这为新宪法通过之后在全国范围内得以实施创造了良好氛围。

到了 1982 年 12 月，第五届全国人大第五次会议通过了修改后的《宪法》，该宪法亦是新中国成立以来的第四部宪法，一直沿用至今。该宪法继承了前三部宪法序言篇幅较长的传统，而且随着第二次至第五次的修改（第一次修改未涉及序言），序言内容在被修改的同时，其篇幅亦有所增加。我国对《宪法》序言的重视，成为一种雷打不动的传统，因为"宪法不仅记载一个国家争取民主自由的历史，同时承载着国家的核心价值观，成为凝聚社会共识的基础。"④而这一点，主要体现于《宪法》序言之中。1982 年《宪法》通过之后，虽然屡经修改，但其结

---

① 该决议决定："为了充分发扬社会主义民主，健全社会主义法制，维护安定团结的政治局面，保障社会主义现代化建设的顺利进行，决定取消原宪法第四十五条中公民'有运用'大鸣、大放、大辩论、大字报'的权利'的规定。"

② 第一次修改是在 1978 年《宪法》通过的次年 7 月，全国人大通过的《关于修正〈中华人民共和国宪法〉若干规定的决议》共 8 条，对《宪法》第二章相关内容作了修改。第二次修改是在 1980 年 9 月，全国人大通过的《关于修改〈中华人民共和国宪法〉第四十五条的决议》对《宪法》第 45 条作了修改。

③ 许崇德. 中华人民共和国宪法史：下卷 [M]. 福州：福建人民出版社，2003：449.

④ 韩大元，孟凡壮. 中国社会变迁六十年的公民宪法意识 [J]. 中国社会科学，2014（12）：123 – 142，162.

构并无变化，至今依然是四章，依次是"总纲""公民的基本权利和义务""国家机构"和"国旗、国歌、国徽、首都"①。对于"公民的基本权利和义务"，最大的亮点便是其在《宪法》之中的位置发生了变化，在1954年《宪法》、1975年《宪法》和1978年《宪法》之中，制宪主体均将其置于"国家机构"之后，但1982年《宪法》却反其道而行之，将其直接移至"国家机构"之前作为《宪法》的第二章，反映了制宪主体尊重民众基本权利，与建立法制国家的决心和诚意，说明其宪法意识得到了迅速、明显地增强。

在1982年《宪法》之中，第二章"公民的基本权利和义务"对绝大多数常见的公民基本权利作了规定，但还有一些理应属于公民基本权利却由于某些原因而未能规定在第二章之中，例如私有财产权和继承权，1982年《宪法》将其规定在了"总纲"之中。较之于1954年《宪法》、1975年《宪法》和1978年《宪法》，1982年《宪法》对"公民的基本权利和义务"所作的规定，除了将其移至"国家机构"之前之外，条数亦显著增多。从数目来看，1954年《宪法》是19条（第三章第85条至第103条），1975年《宪法》是4条（第三章第26条至第29条），1978年《宪法》是16条（第三章第44条至第59条），而1982年《宪法》是24条（第33条至第56条）。与条数显著增多相对应的是，"公民的基本权利和义务"的内容亦得到极大充实。通观1982年《宪法》第二章"公民的基本权利和义务"，其具有以下八个特点：

第一，该章第一条第一款（第33条第1款）②，开明宗义地对"公民"作了规定。据此，只要是"具有中华人民共和国国籍的人"，均是中国"公民"，均是《宪法》规定的基本权利的享有与行使的主体，其基本权利以及由此而衍生出的合法利益，随之应得到《宪法》的保护。

第二，权利种类丰富，内容翔实。1982年《宪法》将1954年《宪法》第三章"公民的基本权利和义务"所规定的多数内容，在恢复的基础上作了完善。而且，较之于以往宪法，1982年《宪法》还增加了获得国家赔偿权这一项基本权利③，这是我国宪法发展史上具有标志性的进步之一。

第三，明确规定享有或行使某些权利是有界限的。对于权利，无论是在行使的程序上，还是在表现内容上，均应接受宪法和法律的规制，使之充满理性、和平与秩序。所以，该章第33条第4款、第36条第2款和第3款后半部分、第51条规定权利在享有和行使之时应有界限，亦有对等的义务需要承担，这是必要的，从而使宪法内容在内涵与外延上更为周密。

第四，适当添加国家新制定的相关政策。自1978年12月党的十一届三中全会召开以来，尤其是1982年12月通过的《宪法》实施以来，党和国家的宪法意识迅速增强，通过宪法对相关政策的制定和实施进行规制的意识和能力也随之增强。基于此，1982年《宪法》第二章"公民的基本权利和义务"对相关政策作了规定。例如，第49条第2款规定："夫妻双方有实

---

① 2004年3月，全国人大通过的《宪法修正案》第31条规定："宪法第四章章名'国旗、国徽、首都'修改为'国旗、国歌、国徽、首都'。宪法第一百三十六条增加一款，作为第二款：'中华人民共和国国歌是《义勇军进行曲》。'"

② 1982年《宪法》第33条第1款规定："凡具有中华人民共和国国籍的人都是中华人民共和国公民。"

③ 1982年《宪法》第41条第3款规定："由于国家机关和国家工作人员侵犯公民权利而受到损失的人，有依照法律规定取得赔偿的权利。"

行计划生育的义务。"

第五，国家有义务积极作为，以便于为公民享有和行使某些权利提供便利。对于相关权利，国家不但应给予尊重，而且在公民享有或行使之时，国家还应通过积极作为为其提供基本的便利。换言之，对于公民享有或行使相关权利，国家不但应"消极、不侵犯"，还应"积极、有作为"①。

第六，对一些权利的认识，更加清楚。例如，1982 年《宪法》将劳动和受教育这两种特殊的事项既规定为权利，又规定为义务，而 1954 年《宪法》、1975 年《宪法》和 1978 年《宪法》均只将这两种事项规定为权利②。

第七，对劳动者的权利与义务规定很多，体现了社会主义国家对劳动者权利与义务较为重视的特点。在劳动者的劳动权（第 42 条）、休息权（第 43 条）、特定条件下获得物质帮助权（第 45 条）等方面，不但规定的内容较多，而且还规定国家应积极作为，从而为公民享有或行使这些权利提供必要的便利。

第八，将"民族平等"与"公民平等"区分开，且在宪法的不同位置给予规定，反映了制宪主体对两种平等形成了正确的、清晰的认知。1954 年《宪法》序言和"总纲"对"民族平等"作了规定③，同时第三章"公民的基本权利和义务"对"公民在法律上一律平等"作了规定④。1975 年《宪法》"总纲"对"民族平等"作了规定⑤，但对"公民在法律上一律平等"未作规定。1978 年《宪法》"总纲"对"民族平等"作了规定⑥，但对"公民在法律上一律平等"未作规定。而到了 1982 年《宪法》，其序言和"总纲"对"民族平等"作了规定⑦，第二章"公民的基本权利和义务"对"公民在法律面前一律平等"作了规定⑧。显然，1982 年《宪法》对"民族平等"与"公民平等"所作的区分和规定，更为准确和充实，而且将 1954 年《宪法》规定的"公民在法律上一律平等"改为"公民在法律面前一律平等"，这更加符合对法制建设的理解和对法治精神的追求，反映了 1982 年《宪法》的制宪主体将宪法认识提升到了一个新层次。

1982 年《宪法》对基本权利所作的规定，"无论是与 1954 年宪法相比，还是与 1975 年、1978 年宪法相比，都有巨大的进步。无论是在立宪指导思想，还是在立宪技术水平，以及在启

---

① 例如，1982 年《宪法》第 48 条第 2 款规定："……国家保护妇女的权利和利益，实行男女同工同酬，培养和选拔妇女干部。"

② 1978 年《宪法》第 48 条规定："公民有劳动的权利。……"1978 年《宪法》第 51 条规定："公民有受教育的权利。……"1975 年《宪法》第 27 条第 2 款规定："公民有劳动的权利，有受教育的权利。……"1954 年《宪法》第 91 条规定："中华人民共和国公民有劳动的权利。……"1954 年《宪法》第 94 条第 1 款规定："中华人民共和国公民有受教育的权利。……"

③ 1954 年《宪法》序言第 5 段规定："我国各民族已经团结成为一个自由平等的民族大家庭。……"1954《宪法》第 3 条第 2 款规定："各民族一律平等。……"

④ 1954 年《宪法》第 85 条规定："中华人民共和国公民在法律上一律平等。"

⑤ 1975 年《宪法》第 4 条第 2 款规定："各民族一律平等。……"

⑥ 1978 年《宪法》第 4 条第 2 款规定："各民族一律平等。……"

⑦ 1982 年《宪法》序言第 11 段规定："平等团结互助和谐的社会主义民族关系已经确立，并将继续加强。"1982 年《宪法》第 4 条第 1 款规定："中华人民共和国各民族一律平等。"

⑧ 1982 年《宪法》第 33 条第 2 款规定："中华人民共和国公民在法律面前一律平等。"

发民众宪法意识和宪法权利理念等方面所发挥的作用都有极大的发展和提高。"① 1992 年 3 月，时任全国人大副委员长的王汉斌对诸部《宪法》作了对比，其指出，"1954 年我国制定的宪法是一部好的宪法。1975 年修改制定的宪法，是'文革'产物。1978 年修改制定的宪法，也受'文革'较大的影响，还是以阶级斗争为纲，以无产阶级专政下继续革命为指导思想。"② 对于 1982 年《宪法》，其指出，"这部宪法是党的正确主张和全国人民的共同意志相结合的创造，也是集体智慧的结晶。九年多来的实践证明，这是一部具有中国特色的，合乎我国国情的，适应国家集中力量进行社会主义现代化建设需要的好宪法"③。该评价基调，无论是在 2002 年 12 月胡锦涛的"在首都纪念我国宪法公布施行 20 周年大会上的讲话"④ 之中，还是在 2012 年 12 月习近平的"在首都各界纪念现行宪法公布施行 30 周年大会上的讲话"⑤ 之中，抑或是在党和国家其他领导人发表的重要讲话之中⑥，均得到了沿袭，成为了一种稳定的认知。可见，1982 年《宪法》是一部好宪法的基本事实，既经受了历史考验，又得到了国家认可。在可以预见的将来，亦应如此。

同时，对于 1982 年《宪法》，宪法权威的继续增强、宪法实施的继续贯彻与宪法意识培育的继续开展，亦得到继续重视。对于全面贯彻宪法实施的重要性，习近平于 2012 年 12 月"在首都各界纪念现行宪法公布施行 30 周年大会上的讲话"⑦ 之中指出，"是建设社会主义法治国家的首要任务和基础性工作"。⑧ 对此，他从"坚持正确政治方向""落实依法治国基本方略""坚持人民主体地位"和"坚持党的领导"四个方面作了论述⑨。

3.3.2　党的十八大以前《宪法》的四次修改与相关重要文件

诚然，"宪法的稳定，是国家稳定的基础"。⑩ 但是，"宪法的稳定和宪法的与时俱进是不矛盾的，两者在社会实践中是统一的。……随着时代的进步、形势的发展和认识的深化，宪法同样有一个与时俱进的问题"。⑪ 所以，现行《宪法》自 1982 年 12 月通过和开始实施以来，党和国家根据宪法发展的形势需要，于 1988 年、1993 年、1999 年、2004 年和 2018 年对其作了修改。其中，除了 2018 年修改之外的其他四次修改，均发生在 2012 年 11 月党的十八大召开

①　朱应平. 新中国成立以来我国宪法基本权利的变迁及评析 [A].∥公丕祥. 法制现代化研究：第十卷 [C]. 南京：南京师范大学出版社，2006：1 - 28.
②　王汉斌. 社会主义民主法制文集：下 [M]. 北京：中国民主法制出版社，2012：371.
③　王汉斌. 社会主义民主法制文集：下 [M]. 北京：中国民主法制出版社，2012：371 - 372.
④　胡锦涛在首都纪念我国宪法公布施行 20 周年大会上的讲话 [N]. 新华网，2002 - 12 - 04.
⑤　习近平谈治国理政 [M]. 北京：外文出版社，2014：135 - 143.
⑥　例如，2003 年 12 月，时任全国人大委员长吴邦国在全国人大常委会中共党员委员会议上发表"关于修改宪法问题"的讲话之时指出，"实践证明，现行宪法是一部好宪法，总体上是适应改革开放和社会主义现代化建设需要的，应当保持稳定。"吴邦国论人大工作：上 [M]. 北京：人民出版社，2017：129.
⑦　习近平谈治国理政 [M]. 北京：外文出版社，2014：135 - 143.
⑧　习近平谈治国理政 [M]. 北京：外文出版社，2014：138.
⑨　习近平谈治国理政 [M]. 北京：外文出版社，2014：138 - 142.
⑩　吴邦国. 论人大工作：上 [M]. 北京：人民出版社，2017：129.
⑪　吴邦国. 论人大工作：上 [M]. 北京：人民出版社，2017：130.

之前。相对而言，前四次修改不如第五次修改的内容多、涉及面广、幅度大。《宪法》经过修改，得到了循序渐进、持续不断的发展和完善，为党和国家治国理政、社会主义现代化建设、法治国家建设、改革开放与公民权利保护提供了基本依据。在党的十八大之前，1982 年《宪法》共修改四次，概况如下：

第一次修改是 1988 年。该年 4 月，第七届全国人大第一次会议通过的《宪法修正案》，共有 2 个条文（序号从第 1 条至第 2 条，所述各条均是在《宪法修正案》之中的序号，而非在新公布的《宪法》文本之中的序号，下述 1993 年、1999 年、2004 年和 2018 修宪亦是如此）。

第二次修改是 1993 年。该年 3 月，第八届全国人大第一次会议通过的《宪法修正案》，共有 9 个条文（序号从第 3 条至第 11 条）。

第三次修改是 1999 年。该年 3 月，第九届全国人大第二次会议通过的《宪法修正案》，共有 6 个条文（序号从第 12 条至第 17 条）。

第四次修改是 2004 年。该年 3 月，第十届全国人大第二次会议通过的《宪法修正案》，共有 14 个条文（序号从第 18 条至第 31 条）。

改革开放以来，党中央和教育部（国家教委[①]）发布或制订了系列重要文件[②]，使思想政治理论课体系得以循序渐进、持之以恒地发展和完善。但多数文件，是针对初中学生或高中学生而发布或制定的，与大学生关系不大。总的来讲，学校思想政治理论课程的体系包括九个教学要点，即祖国和人民的利益高于一切的观念、集体主义观念、社会主义社会人与人的新型关系、自觉遵守纪律的观念、劳动观念、热爱科学、培养审美情绪、珍惜时间的观念与培养良好的个人品德。显然，这些要点所欲实现的是对学生开展政治教育和道德教育，几乎没有对其开展包括宪法意识培育在内的法律意识培育的内容。从改革开放以来尤其是 21 世纪以来至 2012 年 11 月党的十八大召开之前，党和国家发布了一些依托思想政治教育而对包括宪法意识培育在内的法律意识培育的开展可以起到直接或间接促进作用的重要文件，这些相关重要文件较多，在此只举以下五例：

2001 年 9 月，中共中央发布《公民道德建设实施纲要》，且于同日印发《关于印发〈公民道德建设实施纲要〉的通知》，借此指导和推动该纲要的实施。该纲要共八个部分、40 个点，内容虽然多，涵盖面也广，但与法律意识培育相关的内容却较少，而与宪法意识培育相关的内

---

① 1985 年 6 月，全国人大常委会决定撤销教育部，设立了国家教育委员会，但到了 1998 年 3 月，全国人大通过的《关于国务院机构改革的决定》又将国家教育委员会更名为教育部。

② 有学者对这些文件的发布或制订作了梳理，具体信息是："1980 年，教育部发布《关于改进和加强中学政治课的意见》，根据这个文件规定了课程方案。1982 年，颁布初中和高中四门课的教学大纲实行草案。同年，教育部制订《全日制五年制小学思想品德教学大纲（试行草案）》。1986 年，国家教委制订《中学思想政治课改革实验教学大纲（初稿）》和《全日制小学思想品德课教学大纲》。1988 年，发布中学六个年级的改革实验教学大纲。1992 年，制订《九年义务教育全日制小学思想品德教学大纲（试用）》。1993 年，国家教委制订《九年义务教育全日制初级中学思想政治课教学大纲（试用）》和《全日制高级中学思想政治课教学大纲（试用）》。1996~1997 年，国家教委先后编订《全日制普通高级中学思想政治课课程标准（试行）》和《九年义务教育小学思想品德和初中思想政治课课程标准（试行）》。……值得一提的是，在这期间，中共中央于 1985 年颁布《关于改革学校思想品德和政治理论课程教学的通知》，决定在初中开设公民课，并组织编写了公民教育教学大纲和教材。"檀传宝，等. 公民教育引论：国际经验、历史变迁与中国公民教育的选择 [M]. 北京：人民出版社，2011：156.

容则更少，只有一处出现了"宪法"一词，即第二部分"公民道德建设的指导思想和方针原则"第四段有"引导每个公民自觉履行宪法和法律规定的各项义务，积极承担自己应尽的社会责任"的表述。此外，该纲要第七部分第二段虽然有"认真抓好全民法制宣传教育"的字眼，但该段的核心意思却是"加强社会主义法制"。相对而言，《公民道德建设实施纲要》虽然有法律意识培育的内容，但相关性较弱，尽管有一处出现了"宪法"一词，但却将"宪法"与"法律"并列。当然，这亦是党和国家在提及"宪法"之时常见的表述方式。从实质来看，该纲要与包括宪法意识培育在内的法律意识培育关系较弱。此外，该纲领的指导思想及其所欲实现的最终目的是"培养一代又一代有理想、有道德、有文化、有纪律的社会主义公民"，但在这"四有"之中，并没有法律意识或与之相关的表述。

2002年10月，教育部、司法部、中央综治办、共青团中央印发的《关于加强青少年学生法制教育工作的若干意见》指出，"青少年学生是21世纪的建设者，法律素质是青少年学生综合素质的重要组成部分"。并指出，"完善在校学生知识结构，使法律知识成为各级各类学校的必修课内容，努力形成从小学到大学的渐进、科学、合理的法制教育体系，……努力使青少年学生法制教育在工作理念上与时俱进，在工作方式手段上实现创新，在规范化、制度化方面有新进展"。该文件是步入21世纪以来，党和国家发布的第一份旨在对青少年法制教育工作进行专门规划和指导的重要文件。

2004年10月，中共中央、国务院印发的《关于进一步加强和改进大学生思想政治教育的意见》指出，"加强民主法制教育，增强遵纪守法观念"。同时，亦指出，"学校管理工作要体现育人导向，把严格日常管理与引导大学生遵纪守法、养成良好行为习惯结合起来"。

2005年7月，中央宣传部、教育部印发的《关于进一步加强和改进高等学校思想政治理论课的意见》指出，"开展马克思主义人生观、价值观、道德观和法制观的教育，引导学生树立高尚的理想情操和养成良好的道德品质，树立体现中华民族优秀传统和时代精神的价值标准和行为规范"。据此，我国高校开设《思想道德与法治》课程，高等教育出版社等出版社出版有同名教材（课程和教材名称发生过变化），借此在高校依托思想政治理论课对大学生开展"思想道德与法治"教育。而且，根据该意见，《思想道德与法治》是高校思想政治理论课必设的必修课，而该课程自然有包括宪法意识培育在内的法律意识培育的内容。

2008年8月启动、2010年7月公布的《国家中长期教育改革和发展规划纲要（2010－2020年）》，该纲要除了序言之外，共有四个部分、二十二章、70个点。其中，第二十章是"推进依法治教"，该章分四点（总编号是从第62点至第65点），依次是"完善教育法律体系""全面推进依法行政""大力推进依法治校"和"完善督导制度和监督问责机制"。但是，与开展法律意识培育相关的内容较少，仅仅只是第三点"大力推进依法治校"有相关论述，该点第二段指出，"开展普法教育。促进师生员工提高法律素质和公民意识，自觉知法守法，遵守公共生活秩序，做遵纪守法的楷模"。第二十章的其他内容，均是旨在加强教育法治化，但并非旨在提升师生的包括宪法意识在内的法律意识。但总体来看，该纲要内容丰富、逻辑严密、可操作性强，尽管与包括宪法意识培育在内的法律意识培育相关的内容较少，但第二十章"推进依法治教"连同其他相关内容，对于提升教育的法治化、规范化水平，必然能起到积极的促进作用，而这又可以为该章第三点（总编号第 64 点）第二段提及的"开展普法教育"的推进与实现，提供良好的客观环境。

3.3.3　党的十八大以来《宪法》的重大修改与相关重要文件

随着 2012 年 11 月党的十八大的召开，社会主义建设进入了"新时代"①，各个领域焕然一新，洋溢着一种不同于党的十八大召开之前的新气象，其中就包括宪法意识培育在内的法律意识培育这项工作，党的十八大以来，党和国家对该工作给予了更多重视，而且发布了系列重要文件，目的是为包括依宪治国在内的依法治国之推进培养新一代的人才。唯有如此，才能使被誉为国家未来、民族希望的大学生在学校这样一个充满学习氛围的场域，得到充分而有效的包括宪法意识培育在内的法律意识培育，继而对党和国家全面推进依法治国（包括全面推进依宪治国）产生尊重之意、支持之心、信仰之感、拥护之情，继而造就源源不断的民心民意。

2018 年 3 月，全国人大通过的《宪法修正案》，共有 21 个条文（序号从第 32 条至第 52 条），是 1982 年《宪法》通过和开始实施以来历经 1988 年、1993 年、1999 年、2004 年和 2018 年的五次修改之中，涉及面较广、内容较多、幅度较大的一次。这次修宪主要目的，是将党的十九大确定的重要理论观点和重大方针政策写入宪法，以期彰显社会主义事业发展的新成就、新经验、新要求，从而使宪法在总体上保持连续性、稳定性、权威性的基础上，亦推动宪法与时俱进、完善发展。2012 年 11 月党的十八召开以来，党和国家发布了一些依托思想政治教育而对包括宪法意识培育在内的法律意识培育的开展可以起到直接或间接促进作用的重要文件，这些相关重要文件较多，在此只举以下五例：

2016 年 6 月，教育部、司法部、全国普法办联合印发实施的《青少年法治教育大纲》，在对青少年法律意识培育作了规定的前提之下，亦对青少年宪法意识培育作了较多规定。"青少年法治教育的指导思想和工作要求"指出，"以培育和践行社会主义核心价值观为主线，以宪法教育为核心，把法治教育融入学校教育的各个阶段，全面提高青少年法治观念和法律意识，使尊法学法守法用法成为青少年的共同追求和自觉行动"。同时指出，"以宪法教育为核心，以权利义务教育为本位。法治教育要以宪法教育和公民基本权利义务教育为重点，……要将宪法教育贯穿始终，培养和增强青少年的国家观念和公民意识"。"青少年法治教育的目标"还将青少年法治教育分为"义务教育阶段""高中教育阶段"和"高等教育阶段"，适用于大学生法治教育的"高等教育阶段"指出，"进一步深化对法治理念、法治原则、重要法律概念的认识与理解，基本掌握公民常用法律知识，基本具备以法治思维和法治方式维护自身权利、参与社会公共事务、化解矛盾纠纷的能力，牢固树立法治观念，认识全面依法治国的重大意义，坚定走中国特色社会主义法治道路的理想和信念"。

---

① 虽然 2017 年 10 月才通过修改《党章》正式提出中国特色社会主义进入了"新时代"的命题，但在修改《党章》之时亦有"党的十八大以来，……在习近平新时代中国特色社会主义思想指导下，中国共产党领导全国各族人民，统揽伟大斗争、伟大工程、伟大事业、伟大梦想，推动中国特色社会主义进入了新时代"的表述。可见，2012 年 11 月党的十八大的召开，是中国特色社会主义进入"新时代"的标志。

2019 年 8 月，中共中央办公厅、国务院办公厅印发的《关于深化新时代学校思想政治理论课改革创新的若干意见》指出，"本科阶段开设'马克思主义基本原理概论''毛泽东思想和中国特色社会主义理论体系概论''中国近现代史纲要''思想道德修养与法律基础''形势与政策'"。这早已实现，而且一直在坚持和改善。该意见同时指出，"各高校要重点围绕习近平新时代中国特色社会主义思想，党史、国史、改革开放史、社会主义发展史，宪法法律，中华优秀传统文化等设定课程模块，开设系列选择性必修课程"。该意见还指出，"坚持用习近平新时代中国特色社会主义思想铸魂育人，以政治认同、家国情怀、道德修养、法治意识、文化素养为重点，……系统进行中国特色社会主义和中国梦教育、社会主义核心价值观教育、法治教育、劳动教育、心理健康教育、中华优秀传统文化教育"。可见，该规定不但提及了"法治意识""法治教育"，而且还提及"宪法法律"，但美中不足的是，"宪法法律"只能开设选择性必修课程，若不选择，又当如何？因此，该规定在贯彻之时，有可能会随着高校自由裁量的行使而使"宪法法律"作为"选择性必修课程"的设想落空。

2019 年 10 月，中共中央、国务院印发实施的《新时代公民道德建设实施纲要》，从标题来看，是涉及"道德建设"的，但从内容来看，亦对民众法律意识培育作了较多规定。其"总体要求"指出，"坚持发挥社会主义法治的促进和保障作用，以法治承载道德理念、鲜明道德导向、弘扬美德义行，……以法治的力量引导人们向上向善"。同时，"重点任务"指出，"坚持德法兼治，以道德滋养法治精神，以法治体现道德理念，全面贯彻实施宪法，推动社会主义核心价值观融入法治建设，将社会主义核心价值观要求全面体现到中国特色社会主义法律体系中，……为弘扬主流价值提供良好社会环境和制度保障"。而且，"发挥制度保障作用"指出，"着力增强人们的法治意识、公共意识、规则意识、责任意识"。此外，"深化道德教育引导"指出，"推进全民守法普法，加强社会主义法治文化建设，营造全社会讲法治、重道德的良好环境，引导人们增强法治意识、坚守道德底线"。可见，该纲要对法律意识培育规定较多，而且还提及"全面贯彻实施宪法"，所以该纲要对宪法意识培育的开展，必有推动作用。

2020 年 12 月，中共中央印发的《法治社会建设实施纲要（2020 - 2025 年）》指出，"深入宣传宪法，弘扬宪法精神，增强宪法意识，推动形成尊崇宪法、学习宪法、遵守宪法、维护宪法、运用宪法的社会氛围。……持续开展全国学生'学宪法讲宪法'活动。推动'12·4'国家宪法日和'宪法宣传周'集中宣传活动制度化，实现宪法宣传教育常态化"。[①]

2021 年 1 月，中共中央印发的《法治中国建设规划（2020 - 2025 年）》指出，"在全社会深入开展尊崇宪法、学习宪法、遵守宪法、维护宪法、运用宪法的宪法学习宣传教育活动，普及宪法知识，弘扬宪法精神。……加强青少年宪法法律教育，增强青少年的规则意识、法治观念。在'五四宪法'历史资料陈列馆基础上建设国家宪法宣传教育馆。加强宪法理论研究和教材编写、修订、使用，凝练我国宪法的时代特色和实践特色，形成中国特色社会主义宪法理论和宪法话语体系"。该规划提及"在'五四宪法'历史资料陈列馆基础上建设国家宪法宣传教育馆"，实属难得，亦有学者提出此类建议，其认为，"'五四宪法'历史资料陈列馆还不能

---

①　中共中央印发《法治中国建设规划（2020 - 2025 年）》［N］. 新华社，2021 - 01 - 10.

与专门宪法博物馆相比"①，所以有必要建设专门的宪法博物馆，并应将该博物馆的宣传教育作为"一种提高公民宪法意识和培育宪法文化的重要途径"②。

　　除了上述所举五例之外，党和国家亦发布了众多对大学生思想政治教育起到推动作用的其他文件③，这些文件或许只提及思想政治教育，但由于大学生法律意识培育（包括宪法意识培育）属于思想政治教育的重要内容之一，因此这些文件对开展法律意识培育（包括宪法意识培育）当然亦有指导作用。

3.4　人民宪法近百年发展的历史经验总结

3.4.1　早前重视制定与通过，忽视宪法长久实施及成效

　　自 1931 年《中华苏维埃共和国宪法大纲》颁布以来，在党的领导之下，根据地、解放区和新中国制定了诸部宪法或宪法性文件。这些宪法或宪法性文件的制定与通过，被视为是开展革命、巩固政权或建立与完善国家机构，以及尊重和保障民众基本权利的一条重要途径。但是，除了 1982 年《宪法》之外，其他宪法或宪法性文件，一旦得以通过以及据此而选举出领导层，其重要性随着时间的流逝，便容易被有意或无意地忽视了。基于此，其是否获得持续实施以及实施成效如何，也就容易无人问津了。所以说，"颁布宪法是一回事，实践宪法又是一回事"。④ 对此，1954 年《宪法》可谓是典型。自 1956 年完成对农业、手工业和资本主义工商业的改造之后，其重要性便很快被忽略。对于后来频繁发生的政治运动，其对公权力的分工与制约，与对部分公职人员和普通民众基本权利的保障与行使未发挥有效作用。在 1975 年《宪法》未通过之前，1954 年《宪法》实际上已处于没有实效的状态了。

　　而对于 1975 年《宪法》，该宪法在人民宪法的发展史上，其对公民基本权利和义务，亦作了规定。这些规定，虽然稍显粗略，但若重视其实施成效，延续至"文革"的一些悲剧，亦能有所减免。对于 1978 年《宪法》，其制宪水平，虽然不能与 1982 年《宪法》相比，但较之于1975 年《宪法》，仍有较大提升，但囿于当时政治氛围和社会环境，实施成效亦受影响。而从制宪角度，宣告"文革"真正结束、改革开放新时期全面到来的标志便是 1982 年《宪法》的通过与开始实施。

---

　　①② 李晓波. 我国宪法博物馆建设的理念、功能和路径 [J]. 苏州师范大学学报，2019（6）：138 – 146.
　　③ 例如，2013 年 5 月教育部发布《关于加强和改进高校青年教师思想政治工作的若干意见》，2014 年 10 月中共中央发布《关于加强和改进思想政治工作的若干意见》，2017 年 2 月中共中央、国务院印发《关于加强和改进新形势下高校思想政治工作的意见》，2019 年 8 月中共中央办公厅、国务院办公厅印发《关于深化新时代学校思想政治理论课改革创新的若干意见》，2019 年 9 月教育部印发《"新时代高校思想政治理论课创优行动"工作方案》，2020 年 2 月教育部印发《新时代高等学校思想政治理论课教师队伍建设规定》，等等。
　　④ 王光辉，杨盛达. 论宪法实践权威的达致——以亚洲代表性国家为考察对象 [J]. 宁波大学学报（人文科学版），2009（2）：117 – 122，128.

"法律并非随意的陈述,而是应被遵守的规定、被定出来的裁判准则,简言之:规范。"① 无需多言,宪法亦应如此。但在人民宪法的发展史上,相对而言,除了 1982 年《宪法》之外,其他宪法或宪法性文件,基本上均重视其制定与通过,但未过多久便被忽略,随之忽视其实施成效,导致人民政权建设与民众权利保障,时常因为政治运动特别是其扩大化而遭受不利影响,该教训后来被党和国家吸取,其集中表现便是 1982 年《宪法》在通过之后,党和国家十分重视其实施成效,并对其给予了与时俱进、一以贯之的完善。可以说,"法律必须被信仰,否则它将形同虚设"② 的论点,或是对古今中外,或是对宪法或其他法律,均概莫能外。

3.4.2　早前重视通过后短暂宣传,忽视实施后长久教育

对于人民宪法发展史上的诸部宪法或宪法性文件,在制定之前,精心准备;在通过前夕,力争完善;在通过之后,大力宣传。对此,以 1954 年《宪法》和 1982 年《宪法》为典型,但两者最大区别在于后者在通过之后,党和国家除了对其宣传给予重视之外,亦通过普法教育等机制对各种群体开展宪法意识培育,使其宪法意识得以持续增强。"一个法律制度行之有效的首要保障必须是它能为社会所接受,而强制性的制裁只能作为次要的和辅助性的保障。"③ 宪法如此,依据宪法而建立的制度亦是如此。而欲使之为社会所接受,一方面应使其内容反映民众诉求和契合时代发展,另一方面应通过宣传使之被民众广泛熟知以及在此基础之上得以实施。对于我国宪法,第一方面已不存在问题,而第二方面还应继续给予重视和加强。

1954 年《宪法》在草案形成之后,党和国家将其公之于众,向全国民众征求修改意见,而全国民众亦以极大的热情参与其中,并提出了许多有益的修改建议,其中不乏被党和国家所重视甚至是吸收。1954 年宪法草案的广泛宣传,对全国人民亦是一种深入的宪法意识培育活动,这对后来正式《宪法》的宣传是一种预热和铺垫。1954 年《宪法》在通过之后,在全国范围内开展了声势浩大的宣传活动,与此伴随的,亦是宪法的普及、了解和学习,与对宪法的尊重、遵守和信仰。遗憾的是,并未一直持续下去。在客观上,"由于在新中国成立初期不可能立即制定出完备的法律,只能靠党的政策、靠党的指示办事。"④ 在主观上,"在对发挥国家机关的作用和健全社会主义法制,以及进行社会主义法制宣传教育方面不够重视"⑤。这导致全国范围内宪法意识的缺失,致使宪法实施及其成效被普遍忽视,对民主法制建设造成冲击,其经验教训至今仍应被重视和吸取。

对于诸部宪法或宪法性文件,重视通过后之短暂宣传,而轻视实施后之长久教育,1931

① [德] 卡尔·拉伦茨. 法学方法论 [M]. 陈爱娥,译. 北京:商务印书馆,2003:94.
② [美] 伯尔曼. 法律与宗教 [M]. 梁治平,译. 北京:三联书店,1991:14.
③ [美] E. 博登海默. 法理学:法律哲学与法律方法 [M]. 邓正来,译. 北京:中国政法大学出版社,2004:365.
④⑤ 王薇. 公民宪法意识薄弱原因分析 [J]. 当代法学,2001 (5):4 - 5.

年《中华苏维埃共和国宪法大纲》、1941 年《陕甘宁边区施政纲领》和 1946 年《陕甘宁边区宪法原则》如此，1954 年《宪法》、1975 年《宪法》和 1978 年《宪法》亦是如此。除了 1982 年《宪法》之外的诸部宪法或宪法性文件，其在制定之时、通过之时和实施之初，宣传势头强劲，但实施一段时间之后，宪法宣传的后劲则逐渐不足，包括宪法在内的法律，则逐渐淹没在超出宪法和法律规制范畴的政治运动之中，结果便是公权力得不到有效制约，民众基本权利得不到有效保障，而全国范围内宪法意识缺失的两个重要原因便是宪法意识培育不足和宪法实施缺失。当然，不仅仅是宪法存在这一问题，普通法律亦存在这一问题。无论是外国著名哲言"法律的生命不是逻辑，而是经验"①，还是我国经典论述"法律的生命在于实施，法律的权威也在于实施"②，均说明法律制定得再好，但若未得到实施，其亦难以存续长久。当然，对于宪法，亦是如此。

有鉴于此，1982 年 12 月《宪法》通过之后，约隔三年，1985 年 11 月中共中央、国务院转发了《中央宣传部、司法部〈关于向全体公民基本普及法律常识的五年规划〉》。同年 12 月，全国人大常委会通过了《关于在公民中基本普及法律常识的决定》。由此，党和国家开展了自新中国成立以来，当然也是改革开放以来第一次具有启蒙式的、扫除法盲性质的全民普法工作，基本目标是"通过普及法律常识教育，使全体公民增强法制观念，知法、守法，养成依法办事的习惯"。普法内容既包括一般法律，又包括宪法。此次普法工作临近结束之时，各方对普法结果均表示满意，并认为该项活动有必要继续开展。因此，到了 1990 年 12 月，中共中央、国务院转发了《中央宣传部、司法部〈关于在公民中开展法制宣传教育的第二个五年规划〉的通知》，由此开始了"二五"普法活动③。2012 年 11 月十八大召开以来，党和国家对普法工作更加重视，并发布了系列重要文件，例如 2016 年 6 月《青少年法治教育大纲》、2020 年 12 月《法治社会建设实施纲要（2020 – 2025 年）》、2021 年 1 月《法治中国建设规划（2020 – 2025 年）》，等等。同时，指导"八五"普法工作开展的《〈"八五"普法〉规划》《〈"八五"普法〉通知》，亦已出台。

作为一个缺乏法治传统的国家，"民众长期所见多为非法治的情形，并一直处于非法治的状态之中。要在整个社会推行法治，进行法律的普及工作当然是第一步"④。董必武指出，"因为群众运动是不完全依靠法律的，甚至对他们自己创造的表现自己意识的法律有时也不太重视"⑤。当然，对于宪法，亦是如此。而且，并不是在法律（包括宪法）通过和开始实施之初将普法工作如火如荼地开展一段时间便可了事，而是应将普法工作长久开展下去，即便全社会

---

① ［美］小奥利弗·温德尔·霍姆斯. 普通法［M］. 冉昊，姚中秋，译. 北京：中国政法大学出版社，2006：1.
② 《中共中央关于全面推进依法治国若干重大问题的决定》辅导读本［M］. 北京：人民出版社，2014：15.
③ 从"一五"普法至"七五"普法开展的时间段依次是："一五"普法（1986～1990 年）、"二五"普法（1991～1995 年）、"三五"普法（1996～2000 年）、"四五"普法（2001～2005 年）、"五五"普法（2006～2010 年）、"六五"普法（2011～2015 年）和"七五"普法（2016～2021 年）。目前，我国处于"八五普法"（2021～2025 年）阶段。在此，需要指出的是，按照惯例，"七五"普法应于 2020 年底前后结束，相应地，"八五"普法应于 2021 年初前后开始，但由于《"八五"普法规划》直到 2021 年 6 月才出台（延迟原因不明），所以致使"七五"普法阶段较之于以"五年"为周期的"一五"普法至"六五"普法时间段长约半年。
④ 卓泽渊. 中国"普法"二十年：回顾与前瞻［J］. 探索，2006（1）：150 – 152.
⑤ 董必武政治法律文集［M］. 北京：法律出版社，1986：332 – 333.

的法律意识（包括宪法意识）得以明显增强，该工作亦不可有所松懈。所以，在可以预见的未来，包括宪法意识培育在内的法律意识培育，在继续开展的前提之下，党和国家应给予宪法更多重视，并应不断完善以普法教育为代表的法律意识培育机制。

3.4.3　早前重视对既定事实之承认，忽视对未来之规划

毛泽东指出，"无论是英国、法国、美国，或者是苏联，都是在革命成功有了民主事实之后，颁布一个根本大法，去承认它，这就是宪法"。① 1954 年宪法草案公布之后，毛泽东亦指出，"用宪法这样一个根本大法的形式，把人民民主和社会主义原则固定下来，……使全国人民感到有一条清晰的、明确的和正确的道路可走，就可以提高全国人民的积极性"。② 这些论述均很精准。但需要指出的是，作为根本大法的宪法，承认的不仅仅是民主事实，还包括政治事实等重大事项。无论是 1931 年《中华苏维埃共和国宪法大纲》、1941 年《陕甘宁边区施政纲领》和 1946 年《陕甘宁边区宪法原则》，还是 1949 年《共同纲领》、1954 年《宪法》、1978 年《宪法》和 1982 年《宪法》，均是如此。在诸部宪法或宪法性文件之中，以 1949 年《共同纲领》、1954 年《宪法》和 1982 年《宪法》为典型。

例如，1949 年《共同纲领》通过前夕，尽管全国解放战争尚未结束，但已步入尾声，而党领导人民取得革命胜利，并由局部执政转变为全面执政，已是指日可待③。在党的领导下，与党合作的民主党派人士、无党派人士或著名社会贤达等进步力量，共同参与制定《共同纲领》，是为了在法律上确认全国解放战争基本取得胜利的事实，并且草创党即将开始全面执政所需要的国家机构的建立与运行机制④。同时，借鉴以往诸部宪法性文件，对民众基本权利和义务作出规定⑤。凡此种种，均是对既定政治事实、民主事实的承认，同时亦是对已达成共识的其他重大事项的承认。所以，"宪法的主要功能并不在于为未来提供一套政治运行规则，设计一套宪法纠纷解决机制，而在于对既成事实的确认"。⑥ 该论述十分中肯，但亦稍显偏颇。

又如，1954 年《宪法》通过前夕，经过抗美援朝、土地改革和镇压反革命三项运动，新中国政权得以巩固，这为通过开展社会主义改造而逐步过渡到社会主义社会夯实了基础。同

---

① 毛泽东选集：第二卷 [M]. 北京：人民出版社，1991：735.
② 毛泽东文集：第六卷 [M]. 北京：人民出版社，1999：328.
③ 《共同纲领》序言规定："中国人民解放战争和人民革命的伟大胜利，已使帝国主义、封建主义和官僚资本主义在中国的统治时代宣告结束。中国人民由被压迫的地位变成为新社会新国家的主人，而以人民民主专政的共和国代替那封建买办法西斯专政的国民党反动统治。……。"
④ 《共同纲领》序言规定："中国人民政治协商会议代表全国人民的意志，宣告中华人民共和国的成立，组织人民自己的中央政府。……。"
⑤ 对于基本权利，例如，《共同纲领》"总纲"第 4 条规定："中华人民共和国人民依法有选举权和被选举权。"第 5 条规定："中华人民共和国人民有思想、言论、集会、结社、通讯、人身、居住、迁徙、宗教信仰及示威游行的自由权。"第 6 条规定："中华人民共和国废除束缚妇女的封建制度。妇女在政治的、经济的、文化教育的、社会的生活各方面，均有与男子平等的权利。实行男女婚姻自由。"等等。对于义务，例如《共同纲领》"总纲"第 8 条规定："中华人民共和国国民均有保卫祖国、遵守法律、遵守劳动纪律、爱护公共财产、应征公役兵役和缴纳赋税的义务。"等等。
⑥ 苗连营. 宪法实施的观念共识与行动逻辑 [J]. 法学，2013 (11)：58 – 65.

时，民族遗留问题已得到妥善处理，与其他国家逐渐建交并打破外交孤立。基于此，在国内形势大好、国际形势乐观之际，召开第一届全国人大而制定宪法以及据此而建立属于社会主义性质的国家机构的时机已臻成熟。由此，1954 年《宪法》得以制定和通过，并开始实施，该宪法较之于以往诸部宪法性文件，内容更齐全、结构更完备、逻辑更严密。当然，由于制定于和平年代，而且得益于党全面执政的政治事实，与全国人大代表来自全国的普遍性，遂使 1954 年《宪法》的民主性质和民主色彩，亦更为浓厚，所以该宪法的诞生，不仅仅是对既定政治事实的承认，亦是对既定民主事实的承认。由此，我国人民宪法的发展进入了一个全新的时期，一个更高的层次。

再如，1982 年《宪法》通过前夕，1978 年 12 月党的十一届三中全会召开，开展了真理标准问题的大讨论，既解放思想，又实事求是，昭示从思想上完成了对"文革"的反思。而且，1978 年《宪法》虽然经过两次修改[①]，但该宪法在理念上与实施改革开放、建设社会主义现代化的新形势格格不入，而通过修改个别条款并不能解决这一问题，因此需要制定一部新宪法。同时，改革开放已历时数年之久，对一些问题较之于以往已有了新认知，同时对民众基本权利在宪法之中的地位，以及其在内容的丰富上、范畴的拓展上，亦基本达成一致意见。

此外，党和国家逐步提出"一国两制、和平统一"的方针用于解决国家统一的遗留问题。凡此种种，若使之入宪，已不是对 1978 年《宪法》的部分条款给予修改便能实现的，唯一之计便是在借鉴以往诸部宪法或宪法性文件制定与实施的经验教训的基础之上，结合实施改革开放和建设社会主义现代化的新形势，与党和国家以及领导下的民众对民主法制、民众基本权利等形成的新认知，制定出一部契合现实社会需求，并力争对将来一段时间国家发展能起到指导作用的新宪法。基于此，1982 年《宪法》得以迅速制定和通过，并开始实施。在此，需要指出的是，1982 年《宪法》将"公民的基本权利和义务"前置至第一章"总纲"之后、第三章"国家机构"之前，该做法与 1954 年《宪法》截然相反，这不是简单的顺序置换，而是反映了制宪主体鉴于以往对民众基本权利重视不足的教训，而对"公民的基本权利和义务"一章在新宪法中的顺序作出的特殊安排，昭示了党和国家对民众基本权利应予保障的诚意和勇气，亦反映了制宪理念的进步。

当然，在对既定事实之承认与对未来之规划之间，重视前者而轻视后者，只是在程度上有所区别，而不是非此即彼、完全相对的关系。之所以如此，是因为在 1949 年《共同纲领》、1954 年《宪法》和 1982 年《宪法》之中，亦有对未来之规划的宪法规定，只是从整体和长远来看，这点做得稍显不够而已。在此，各举一例：1949 年《共同纲领》对解放全中国作了规定，1954 年《宪法》对农业、手工业和资本主义工商业的改造作了规定，1982 年《宪法》对设置特别行政区而解决国家统一遗留问题作了规定，等等。

---

① 1979 年 7 月，全国人大通过的《关于修正〈中华人民共和国宪法〉若干规定的决议》，共 8 条修正案。1980 年 9 月，全国人大通过的《关于修改〈中华人民共和国宪法〉第四十五条的决议》，共 1 条修正案。

3.4.4　早前宪法教育重视成人，忽视学生这一重要群体

新中国成立之初，中学教学计划之中均有政治课程，但由于抗美援朝、土地改革和镇压反革命三项运动的开展，党和国家难以有充足精力对课程设置和教学内容进行缜密而具有连续性的规划，所以课程设置和教学内容显得多变和繁杂，大多数时候，均以通俗读物作为暂用教材。1950 年 5 月，教育部主办的《人民教育》创刊，毛泽东为该刊的题词有"恢复和发展人民教育是当前重要任务之一"的表述①。当然，这一时期教育的开展，除了以毛泽东为教育提出的任务作为指导，还有 1949 年《共同纲领》的相关规定作为依据②。1949 年 12 月，教育部召开了第一次全国教育会议，确定新民主主义教育的目标是"为人民服务"，但首先应为工农服务，为当前的革命斗争和建设服务。由于从根据地、解放区开始，党对思想政治教育一直十分重视，所以新中国成立之初对学生群体是否开展法律意识培育，自然是看其思想政治教育是如何开展的。正所谓"理论创新每前进一步，理论武装就要跟进一步。理论武装的重要途径就是开展思想政治教育"。③ 有学者认为，"有关思想政治教育的内容，不仅出现在各级各类学校的暂行规定中，同时在学校中也逐渐建立了思想政治教育工作制度"。④ 其具体情况是：

> "第一，实行教导合一，在校长之下，大学设教务处等组织机构，统一安排学校教学和政治思想教育；第二，开设政治课，对学生进行政治理论教育；第三，对学生进行经常性的时事政策教育；第四，组织学生参加政治运动以及各种社会活动；第五，在学校组织成立新民主主义青年团和少年先锋队。"⑤

但是，需要指出的是，从根据地、解放区开始，思想政治教育的政治性、革命性一直较强，所以在思想政治教育框架之下，包含宪法意识培育在内的法律意识培育，其内容一直较少，而且地位不显，仅有的内容，往往使之与政令遵守教育结合在一起，可以统称为"遵守法令"教育。到新中国成立之初，这在整体上得到了承袭。此外，1954 年 5 月，中共中央发布的《关于在全国人民中进行宪法草案的宣传和讨论的指示》虽然要求，"各省（市）应立即将《宪法草案》（初稿）印发给各专区、各县、各市和市辖区、各大中学校、各部队、各工矿企业的党内外干部和民主人士阅读，并编成小组加以讨论"。⑥ 但从阐述内容来看，宪法草案主

---

① 胡绳. 中国共产党七十年 [M]. 北京：中国党史出版社，1991：289.
② 《共同纲领》专辟一章即第五章"文化教育政策"对新中国成立之初的文化教育秉持何种政策作了规定，最重要的是第 41 条和第 47 条这两条。前者规定："中华人民共和国的文化教育为新民主主义的，即民族的、科学的、大众的文化教育。人民政府的文化教育工作，应以提高人民文化水平、培养国家建设人才、肃清封建的、买办的、法西斯主义的思想、发展为人民服务的思想为主要任务。"后者规定："有计划、有步骤地实行普及教育，加强中等教育和高等教育，注重技术教育，加强劳动者的业余教育和在职干部教育，给青年知识分子和旧知识分子以革命的政治教育，以应革命工作和国家建设工作的广泛需要。"
③ 冯刚. 改革开放以来高校思想政治教育发展史 [M]. 北京：人民出版社，2018：29.
④⑤ 金一鸣. 中国社会主义教育的轨迹 [M]. 上海：华东师范大学出版社，2000：109 – 110.
⑥ 全国人大常委会办公厅，中共中央文献研究室. 人民代表大会制度重要文献选编（一）[M]. 北京：中国民主法制出版社，中央文献出版社，2015：178.

要宣传对象是普通群众，而不包括指示所提及的"各大中学校"的学生。

1957 年 6 月，"反右倾"运动爆发，但其迅速扩大化，使社会主义正常发展遭受重大冲击。1959 年 7 月，教育部颁布了《中等学校政治课教学大纲（试行草案）》，该大纲草案要求全国中学开设政治课，设有"革命故事""青年修养""中国革命和中国共产党""社会发展史""社会科学基本知识讲座""经济建设常识"和"宪法基本知识"等课程，但却未制定教学大纲，这对大纲草案的具体实施自然不利。但同时，在"反右倾"运动扩大化之后，该大纲草案要求在全国中学开设的政治课有"宪法基本常识"内容，十分难得。这说明截至此时，党和国家对 1954 年《宪法》的宣传教育，仍然是重视的。但由于"反右倾"运动扩大化的出现，1954 年《宪法》并未得以有效实施，亦是事实。1962 年 9 月，党的八届十中全会召开，毛泽东提出了阶级和阶级斗争的问题。有此情势，"教育要服从、服务于'反修、防修'的需要，强调阶级斗争"。[1] 此后，党和国家对教育工作开展发布了系列文件[2]，但这些文件均未对学生群体开展包括宪法意识培育在内的法律意识培育作出规定，这说明日益高涨的政治运动对民主法制建设产生了干扰。

从 1956～1966 年，教育的"规模和结构以及制度化建设也得到了进一步的完善"[3]。例如，1961 年 9 月中共中央批准试行《教育部直属高等学校暂行工作条例（草案）》。但这一时期教育的发展，只是体现在"数量和规模上"，而不包括"结构以及制度化建设"，从形式上来讲，党和国家制定的思想政治教育课程尽管革命性和政治性的内容较多，但还是有一些科学的内容。然而，由于在各种各级学校开展思想政治教育不力，而且已有的开展，并未设置包括宪法意识培育在内的法律意识培育的相关内容。而且，从实质来看，教育理性、教育规律、教育秩序已不存在，"这也是'文革'始于高校，而一部分青年学生充当开路'先锋'的重要原因。"[4]

在土地革命战争时期、抗日战争时期或解放战争时期，学生群体亦进入党及其领导下的人民政权开展思想政治教育的对象范围，但囿于历史局限，在思想政治教育框架之中，包括宪法性文件教育在内的法律教育未获得明确的、较为独立的地位，一般与政令教育统称为"遵守法令教育"。新中国成立以来，在 1949 年《共同纲领》和 1954 年《宪法》、1975 年《宪法》和1978 年《宪法》之中，只有 1954 年《宪法》和 1978 年《宪法》在制定前后，针对宪法草案开展过全民讨论和宣传教育，但在相关资料之中，几乎难以看到学生群体有组织、有计划地参与其中。换言之，学生群体被过多的有意或无意忽视了。例如，1954 年《宪法》在制定前后

① 檀传宝，等. 公民教育引论：国际经验、历史变迁与中国公民教育的选择 [M]. 北京：人民出版社，2011：152.

② 1964 年 8 月，中共中央、国务院发布《高等学校毕业生劳动实习试行条例》。同时，高等教育部设立的"全国高等学校毕业生劳动实习领导小组"发布《关于高等学校毕业生劳动实习试点情况和今后工作意见的报告》。同年 9 月，中共中央、国务院发布《关于组织高等学校文科师生参加社会主义教育运动的通知》。1965 年 2 月，中共中央、国务院发布《关于组织高等学校理工科师生参加社会主义教育运动的通知》，等等。

③ 檀传宝，等. 公民教育引论：国际经验、历史变迁与中国公民教育的选择 [M]. 北京：人民出版社，2011：154.

④ 周良书 . 1956～1966 年：中共在高校中的建设 [J]. 党史研究与教学，2010（2）：43－51.

开展的宪法意识培育之中，其对象基本上均是一般群众，未将大学生列入其中。例如，"福州，300 多个扩音器分别以福州话、闽南话向全市 50 万人播送草案内容；四川，宣传员向群众作了约 15 万次宣传，听众达 1800 万人，……持续两个多月的讨论，参加人数达 1.5 亿人之多，占全国人口的四分之一"。① 而根据权威文献来看②，在北京、上海、浙江亦是如此。在此，可以作出合理推论，在全国其他地方大概亦是如此。

到了1982 年《宪法》通过和开始实施之后，在开展的包括宪法意识培育在内的法律意识培育之中，包括高校大学生在内的青少年这一群体被频繁给予重视。同时，在党和国家开展的以普法教育为代表的法律宣传教育机制之中，青少年群体较之于以往，获得了更多的、契合法律宣传教育长远发展的关注（见表 3 - 1）。唯有如此，作为国家未来、民族希望的青少年群体，其在富有激情参与政治活动的同时，亦能做到理性、和平、合法，而这一目标的实现，应寄希望于对其开展富有成效的法律意识培育，而法律意识培育自然包括宪法意识培育。但是，需要指出的是，以《普法通知》③ 和《普法规划》为指导的普法教育，是由党和国家开展的最具代表性、亦是最具广泛性和影响力的法律意识培育活动，尽管诸份《普法规划》均将"青少年"作为普法重点对象之一，其中《〈"六五"普法〉规划》还将"青少年"作为普法重点对象的重中之重，而且通过对"青少年"给予广义解释，亦可以将大学生包括在内，但毕竟需要合理推断。所以，还是建议党和国家往后在制定《普法规划》之时对包括大学生在内的学生群体的法律意识培育（包括宪法意识培育）能给予清楚而准确的规定。当然，对于《普法通知》，亦是如此。

表 3 - 1　　　　　普法对象之信息汇总——以《普法规划》为考察对象

时间段：名称	普法一般对象	普法重点对象
1986～1990 年："一五"规划	"对象是工人、农（牧、渔）民、知识分子、干部、学生、军人、其他劳动者和城镇居民中一切有接受教育能力的公民"	"各级干部，尤其是各级领导干部""青少年"
1991～1995 年："二五"规划	"工人、农（牧、渔）民、知识分子、干部、学生、军人、个体劳动者以及其他一切有接受教育能力的公民"	"县、团级以上各级领导干部，特别是党、政、军高级干部；执法人员，包括司法人员和行政执法人员；青少年，特别是大、中学校的在校生"
1996～2000 年："三五"规划	"工人、农（牧、渔）民、知识分子、干部、企业经营管理人员、学生、军人和个体劳动者及其他一切有接受教育能力的公民"	"县、处级以上领导干部，司法人员，行政执法人员，企业经营管理人员，青少年"

① 许崇德. 制定宪法、一切权利属于人民［N］. 人大新闻网，2009 - 08 - 06.
② 韩大元.1954 年宪法与中国宪制［M］. 武汉：武汉大学出版社，2008：361；许崇德. 中华人民共和国宪法史：上卷［M］. 福州：福建人民出版社，2003：148；吴朝香. 一张泛黄的稿纸，见证浙江人 60 年前的那场大讨论［N］. 浙江新闻，2014 - 12 - 09. 等等。
③ 较之于从"一五"至"七五"的《普法规划》，诸份《普法通知》在提及普法对象之时，只有《〈"七五"普法〉通知》将"青少年"作为普法对象之一（另外两个是"领导干部"和"国家工作人员"）。

时间段：名称	普法一般对象	普法重点对象
2001～2005 年："四五"规划	"一切有接受教育能力的公民"	"各级领导干部、司法和行政执法人员、青少年、企业经营管理人员"
2006～2010 年："五五"规划	"一切有接受教育能力的公民"	"领导干部、公务员、青少年、企业经营管理人员和农民"
2011～2015 年："六五"规划	"一切有接受教育能力的公民"	"领导干部、公务员、青少年、企事业经营管理人员和农民""领导干部和青少年"（重中之重）
2016～2020 年："七五"规划	"一切有接受教育能力的公民"	"领导干部和青少年"

　　总而言之，在改革开放之前，之所以频繁发生对社会主义建设造成干扰的政治运动及其扩大化，教训之一就是包括宪法制度在内的法律制度的建设，未能给予充分重视，而为包括宪法在内的法律的实施造就良好民意基础的包括宪法意识培育在内的法律意识培育，自然亦不能忽视。可以认为，将学生这一群体纳入包括宪法意识培育在内的法律意识培育的对象，既是历史教训，又是现实需求。当然，根据学生群体与党员干部、公职人员、普通民众之间的区别，可以对其包括宪法意识培育在内的法律意识培育的时间、地点、内容、教材等作出因人制宜的特殊安排，亦是必要之举。

　　虽然 1982 年《宪法》在制定和修改的过程之中，确实具有鲜明的人民性，但由于宪法绝大多数内容具有宏观性、抽象性和原则性，而"宪法在从精英文化向大众文化转型的过程中，学校教育和宪法事件潜在刺激等起着举足轻重的作用"。[①] 所以，在对各种群体开展包括宪法意识培育在内的法律意识培育的过程之中，与早前相比，学校教育及学生群体，获得了更多注意。在正式始于 1986 年 1 月的普法活动等法律意识培育机制之中，学生群体亦作为普法对象之一获得持久关注，甚至在普法的某一个阶段，其与党员干部、公职人员一样被列为普法对象，这一做法有力地回击了以为学生群体未手握公权力而不必将其作为普法对象尤其是重点对象的言论。总的来讲，各种群体的包括宪法意识在内的法律意识，较之于以往虽然显著增强，但距离全面推进依法治国（包括全面推进依宪治国）需要的层次，还有很长的路要走，而在这条路上，包括宪法意识在内的法律意识的增强，不仅仅是手握公权力的党员干部、公职人员的责任，亦是包括学生群体在内的其他众多群体的责任，而且在学生群体之中，最重要的莫过于大学生这一群体了，因为"大学生作为社会成员中接受高等教育的群体，具有良好的文化底蕴和道德修养，他们的法治观念和法治意识程度以其特有的作用影响着整个社会法治观念和意识水平"。[②] 同时，亦不应忽视宪法意识培育在法律意识培育之中的重要地位。

---

① 张占杰. 宪法社会化：宪法实施的着力点 [J]. 河南师范大学学报（哲学社会科学版），2013（9）：50－54.
② 李爽. 大学生依法治国理念和法律意识的培育 [J]. 沈阳农业大学学报（社会科学版），2015（3）：287－290.

3.4.5   公权力制约与基本权利保障，早前重视稍显不足

"作为一个国家，既享有国家权利，也拥有国家权力。国家若没有权利将不成为国家，没有权利的国家在国际法上是不存在的；而国家若没有权力则将一片混乱，没有权力的国家对内无法进行有效的统治和管理。"① 所以，国家对内拥有统治和管理的权力，是建立社会秩序、维护民众安宁的基础，尤其是在我国这样一个基本国情复杂、发展任务较重的多民族国家，更是如此。因此，"一个国家的政治，到底还是脱离不了权利。"② 问题的关键在于，一方面应确保国家拥有强大的统治力量和治理权力，另一方面应根据宪法和法律对这种权力进行规制，以防止公权力溢出法治轨道，从而对民众享有和行使基本权利造成损害。

我国作为社会主义国家，不实行权力分立，而实行民主集中制③。同时，对民众基本权利给予尊重和保障④，这在宪法或宪法性文件尤其是新中国成立以来的诸部宪法之中均有反映，说明"宪法的核心价值是保障公民权利，这是宪法追求的基本目标"。⑤ 而严格来讲，"保障公民权利"只是宪法核心价值之一，亦是其追求的基本目标之一。当然，无论是规定民主集中制，还是规定公民基本权利，均以 1982 年《宪法》为典型。而且，该宪法还对权力分工作了规定⑥，希望通过权力分工实现权力制约，从而对民众权利起到间接的保障作用。然而，1982 年《宪法》之前的诸部宪法或宪法性文件，尽管对权力分工未作明确规定，但并不代表该原则不被重视和未被实行，但依靠权力分工而实现对公权力的有效制约，在现实之中却一直有所欠缺。"由于历史的、观念的诸多原因，人们对宪法的理解长期集中于政治层面、国家层面。"⑦ 而与此相对应的，是对民众基本权利尊重不足、保障有缺。在人民宪法发展的历史上，每一次政治运动的扩大，基本上均有两种结果出现，一种是公权力不受有效制约，另一种是民众基本权利欠缺有效保障，这两种结果是一体两面的关系，而问题核心还是在于对宪法实施及其成效重视不足，以及相关机制建设较为薄弱。

---

① 马岭. 宪法权力解读 [M]. 北京：北京大学出版社，2003：11.

② 钱穆. 中国历代政治得失：第 2 版 [M]. 北京：生活·读书·新知三联书店，2005：154.

③ 1949 年《共同纲领》第 15 条规定："各级政权机关一律实行民主集中制。……"1954 年《宪法》第 2 条第 2 款规定："全国人民代表大会、地方各级人民代表大会和其他国家机关，一律实行民主集中制。……"1975 年《宪法》第 3 条第 2 款规定："各级人民代表大会和其他国家机关，一律实行民主集中制。"1978 年《宪法》第 3 条第 2 款规定："全国人民代表大会、地方各级人民代表大会和其他国家机关，一律实行民主集中制。"1982 年《宪法》第 3 条第 1 款规定："中华人民共和国的国家机构实行民主集中制的原则。"

④ 在诸部宪法或宪法性文件之中，与"保障"或"帮助"相关的规定很多。在此，仅以 1982 年《宪法》为例进行说明。例如，第 14 条第 4 款规定："国家建立健全同经济发展水平相适应的社会保障制度。"又如，第 33 条第 3 款规定："国家尊重和保障人权"。再如，第 54 条规定："中华人民共和国公民在年老、疾病或者丧失劳动能力的情况下，有从国家和社会获得物质帮助的权利。……国家和社会保障残废军人的生活，抚恤烈士家属，优待军人家属。国家和社会帮助安排盲、聋、哑和其他有残疾的公民的劳动、生活和教育。"等等。

⑤ 韦婉，李秋先. 我国公民宪法意识探析 [J]. 安徽警官职业学院学报，2014（2）：10-13.

⑥ 1982 年《宪法》第 140 条规定："人民法院、人民检察院和公安机关办理刑事案件，应当分工负责，互相配合，互相制约，以保证准确有效地执行法律。"

⑦ 张劲. 让宪法回归生活：青少年宪法教育的一个路向 [J]. 预防青少年犯罪研究，2020（3）：11-21.

1982 年《宪法》，是新中国成立以来的第四部《宪法》，亦是现行《宪法》。历经 1988 年、1993 年、1999 年、2004 年和 2018 年五次修改，沿用至今，其适应了改革开放和社会主义现代化建设的形势需要。但即便如此，亦不能否认 1982 年《宪法》在实施过程之中存在的一些问题。一方面，该宪法以及据此而制定的众多法律尤其是公法，对公权力运行施加的必要制约，成效还有待提高。2012 年 11 月党的十八大召开以来，党和国家对反腐始终呈现高压态势，反腐工作取得显著成效。但同时，亦应看到，有些官员的腐败程度之深和腐败持续时间之长，确实令人触目惊心，其在屡屡腐败之时，从监察到纪检，从预算到决算，从财务审批到经济审计，诸多环节时常形同虚设，既说明"决策权、执行权和监督权之间有的没有形成制约"[1]，又说明"绝对的权力趋于绝对的腐败，要防止滥用权力，必须以权力制约权力。"[2] 另一方面，虽然《宪法》第二章"公民基本权利和义务"与"总纲"的宪法规范，对民众基本权利作出的规定，内涵丰富、外延广泛，既几乎囊括了处于现代法治社会的民众所应享有和行使的一切基本权利，又可以随着经济和社会发展而衍生出其他新型权利，体现了"宪法的核心价值是保障人权，其本质就是'人权保障书'。"[3] 但同时，亦应看到，这些权利在理论上或宪法上的抽象享有，有时还难以转化为在现实之中的具体行使，这亦是导致相关主体认为其与宪法之间存在隔阂，继而对宪法缺乏认同和其宪法意识薄弱的关键原因之一。由于"宪法的核心在于保障人民的权利，而对人民权利的最大侵害，来自公权力的滥用"[4]，所以"法治的核心价值在于，以法去控制、保障和规范权力的运行。"[5] 基于此，欲想宪法博得民众的好感与学习的兴趣，并使民众主动增强宪法意识，那么党和国家应循序渐进建立健全相关法律制度，为民众行使宪法基本权利创造良好的政治环境和法治氛围。有学者认为，"宪法教育尤其是中小学宪法教育，剪裁宪法内容的最主要表现，就是把'公民基本权利'部分简略化或删除。……青少年宪法教育主要是以'责任''义务'为中心的教育，而不是以'权利'为中心的教育"[6]。而大学生的宪法教育，亦是如此。所以，在当前和今后一段时期之内，宪法意识培育改善的方向之一应是将青少年（包括学生）作为重点群体之一。同时，其宪法意识培育的内容，亦应适当增加。

3.4.6　现行《宪法》：制定、实施、宣传与发展得较好

在人民宪法发展的历史上，论制宪思想、制宪水平与民众参与程度，1954 年《宪法》和1982 年《宪法》无疑是最成功的两部宪法，但论实施成效，1982 年《宪法》则独占鳌头。其在党和国家开展社会主义现代化建设的进程之中具有重要地位，得到广泛的社会认可，而且在

① 任仲文. 深入学习习近平同志关于党风廉政建设和反腐败斗争重要讲话 [M]. 北京：人民日报出版社，2014：97.
② 魏陆. 完善我国人大预算监督制度研究——把政府关进公共预算"笼子"里 [M]. 北京：经济科学出版社，2014：1（前言）.
③ 秦怡红. 论公民宪法意识的培育 [J]. 长春理工大学学报（社会科学版），2018（5）：37 - 41，71.
④ 吴念. 宪法与公民的生活密切相关 [A]. // 赖梁盟. 当代法学论坛：第 4 辑 [C]. 北京：中国方正出版社，2002：183 - 189.
⑤ 胡锦光. 违宪审查比较研究 [M]. 北京：中国人民大学出版社，2006：1（前言）.
⑥ 张劲. 让宪法回归生活：青少年宪法教育的一个路向 [J]. 预防青少年犯罪研究，2020（3）：11 - 21.

可以预见的未来，亦应如此。有学者对 1954 年《宪法》和 1982 年《宪法》给予高度评价，其认为，"1954 年宪法作为新中国第一部宪法，为国家构建与法治发展奠定了合法性与正当性基础。尽管 60 年以来中国社会发展经历了曲折的过程，但 1954 年宪法和 1982 年宪法始终成为社会凝聚与和谐的载体与力量，而这种力量来源于民众的宪法意识与护宪意识。"[①] 截至目前，1982 年《宪法》历经 1988 年、1993 年、1999 年、2004 年和 2018 年五次修改，沿用至今，发展势头良好。从 1931 年《中华苏维埃共和国宪法大纲》到 1978 年《宪法》等诸部宪法或宪法性文件，集中存在的重视制定与通过而轻视实施及其成效，重视通过后的短暂宣传而轻视实施后的长久教育，重视对既定事实之承认而轻视对未来之规划等不足，由于得到了充分的反思和重视，所以这些问题在 1982 年《宪法》制定、实施和修改之时，得到了最大程度的解决。总体而言，较之于以往诸部宪法或宪法性文件，1982 年《宪法》优点甚多，其主要表现在以下四点：

第一，1982 年《宪法》制定得较为完善。在通过之时，除了序言之外，其正文共四章、138 条（2018 年修改之后增加为 143 条），内容丰富、结构完整、逻辑严密，不但使民众基本权利的种类更多样、内容更丰富，而且较之于以往诸部宪法或宪法性文件，还将"公民的基本权利和义务"一章前移至《宪法》第三章即"国家机构"之前，反映了制宪主体对民众基本权利的重视，这是制宪理念得到显著发展的一个体现。而且，在 1982 年《宪法》制定之时，基于改革开放已实行数年，对私有财产等事项产生了正确认识，所以《宪法》第一章"总纲"亦对民众财产权作了规定[②]，这将党和国家对民众基本权利的认知提升到了一个新的层次。"人是发展的主要参与者和最终受益者"[③]，宪法发展亦应如此，其衡量标准之一便是看宪法对基本权利的规定与保护到底如何。

第二，1982 年《宪法》实施得较为广泛。相对而言，由于包括 1982 年《宪法》在内的诸部宪法或宪法性文件，其绝大多数的宪法规范均具有宏观性、原则性、抽象性、难以直接实施性等特点，所以在客观上宪法直接实施难度较大。同时，我国的宪法诉讼、宪法解释等制度发展亦较为滞后，尽管党的十八大以来宪法宣誓制度得以构建和实施，而且得以完善，同时合宪性审查已进入探索阶段，但这并不能从整体上否定我国宪法直接实施发展较为缓慢的事实，但与此相对应的是，我国宪法的间接实施发展较快。根据中国人大网发布，截至 2021 年 12 月底，我国现行法律共 291 件：宪法 1 件与宪法修正案 5 件、宪法相关法 49 件、民法商法 23 件、行政法 97 件、经济法 81 件、社会法 27 件、刑法 2 件[④]、诉讼与非诉讼程序法 11 件[⑤]。其中，

①　韩大元，孟凡壮. 中国社会变迁六十年的公民宪法意识 [J]. 中国社会科学，2014（12）：123 - 142，162.

②　1982 年《宪法》第 13 条规定："公民的合法的私有财产不受侵犯。国家依照法律规定保护公民的私有财产权和继承权。国家为了公共利益的需要，可以依照法律规定对公民的私有财产实行征收或者征用并给予补偿。"其中，第 3 款在 2004 年 3 月被《宪法修正案》第 20 条所修改，修改之前的规定是："国家为了公共利益的需要，可以依照法律规定对土地实行征用。"虽然《宪法》第 13 条属于第一章"总纲"而非第二章"公民的基本权利和义务"的内容，但其属于民众的"基本权利"之一，当无疑问。

③　谢璐妍. 胡锦涛构建和谐社会思想研究 [M]. 北京：人民日报出版社，2014：183.

④　刑法 2 件包括两类：一类是刑法典即《刑法》和单行刑法即《全国人大常委会关于惩治骗购外汇、逃汇和非法买卖外汇犯罪的决定》以及 11 件《刑法修正案》，另一类是《反有组织犯罪法》。

⑤　现行有效法律目录（291 件）（截至 2021 年 12 月 24 日十三届全国人大常委会第三十二次会议闭幕，按法律部门分类）[N]. 全国人民代表大会—中国人大网，2021 - 12 - 27.

对宪法间接实施起着重大推动作用的宪法相关法，自 1982 年《宪法》通过以来制定较多、发展较快，尤其是党的十八大以来，几乎所有的宪法相关法均得到了修改与完善，而且全国人大及其常委会又制定了一些新的宪法相关法。所以，从宪法间接实施这一角度来看，且较之于以往诸部宪法或宪法性文件，1982 年《宪法》无疑是实施得最好的。

同时，"宪法实施是各个主体之间依据宪法交互的行为。交互行为的前提就在于了解、熟知宪法规范，这就意味着宪法实施所依据的宪法不能只是一种'被垄断'的精英知识（文化），而应该是一种公开的大众知识，而且国家应该积极创造条件帮助普通民众能够对其广泛知晓并予以理解，进而形成一种惯常的生活知识"。① 所以，宪法意识培育的对象，不仅包括党员干部、公职人员，还应包括大学生在内的其他群体。当然，可以根据实际情况，将某些群体因人制宜、因时制宜、因地制宜的列为重点对象。一个无需质疑的事实是，全社会宪法意识的增强，既有助于宪法直接实施，也有助于宪法间接实施。

第三，1982 年《宪法》宣传得较为得力。在诸多宪法或宪法性文件之中，宣传得最好的，基本上只有两部宪法，即 1954 年《宪法》和 1982 年《宪法》。但 1954 年《宪法》及其通过之前的宪法草案，其宣传只限于制定之时、通过之时和通过之初，后来随着政治运动的频繁开展，1954 年《宪法》便逐渐被弃之不顾了。而 1982 年《宪法》与 1954 年《宪法》相比，相同的是制定之时、通过之时与通过之初均十分重视。但不同的是，1982 年《宪法》在通过之后，无论何时，党和国家对其宣传一直十分重视。具体表现在以下四点：

（1）1982 年《宪法》通过之后的一段时期以内，以全国人大常委会、国务院为代表的中央一级国家机关，在包括向全国人大作工作报告的场合在内，频频论述宪法及其通过与实施的重要性。相应地，地方国家机关应亦是如此。

（2）在"逢十"纪念日来临之际，以全国人大常委会、国务院为代表的中央一级国家机关，举办各种纪念活动。相应地，地方国家机关应亦是如此。《宪法》通过二十周年、三十周年之时，党和国家领导人均发表有重要讲话。通过各种举动，敦促国家机关及其工作人员，与普通民众重视宪法、尊重宪法、遵守宪法、信仰宪法。

（3）规划于 1985 年 11 月，正式实施于次年 1 月的以"五年"为周期的普法教育，在《普法通知》和《普法规划》里时常提及宪法教育或与之相关的内容。

（4）2014 年 11 月，第十二届全国人大常委会第十一次会议通过的《关于设立国家宪法日的决定》规定："将 12 月 4 日设立为国家宪法日。国家通过多种形式开展宪法宣传教育活动"。② 由此，每年的 12 月 4 日由"法制纪念日"改为"国家宪法日"，意味着 1982 年《宪法》有了专门的纪念日③，这对宪法宣传具有不言而喻的促进意义。

---

① 张占杰. 宪法社会化：宪法实施的着力点 [J]. 河南师范大学学报（哲学社会科学版），2013（9）：50 - 54.
② 2014 年 11 月，全国人大常委会通过《关于设立国家宪法日的决定》，是践行 2014 年 10 月十八届四中全会通过的《关于全面推进依法治国若干重大问题的决定》相关规定的重大举措，该决定规定，"将每年十二月四日定为国家宪法日。在全社会普遍开展宪法教育，弘扬宪法精神"。
③ 其实，早在 2012 年，已有学者建议，"从建设社会主义法治国家的基本目标出发，为了加强宪法宣传，强化宪法观念的普及，突出公民意识和宪法意识的培养，在宪法实施 30 周年之际将 12 月 4 日'法制宣传日'改为'宪法日'"。韩大元. 专家建议把"法制宣传日"改为"宪法日" [N]. 法制日报，2012 - 03 - 07.

除了上述四点较为纯粹的宪法宣传之外，党和国家通过构建和实施宪法宣誓制度，以及在相关场合针对特定或不特定群体开展宪法意识培育，均是宪法宣传的重要表现形式。

第四，1982 年《宪法》发展得较为长久。该宪法在制定之时，虽然在较为先进的制宪思想的指导之下，经过群策群力，使之呈现出内容丰富、结构完整、逻辑严密，且契合改革开放和社会主义现代化建设的新形势的良好面貌，但其自 1982 年 12 月通过以来，党和国家的指导思想不断丰富，依法治国不断面临新形势，经济和社会发展日新月异，有鉴于此，全国人大于 1988 年、1993 年、1999 年、2004 年和 2018 年对其进行了五次修改，修改之处涉及序言和正文第一章至第四章，共形成了 52 条修正案。虽然从形式来看，修改频率似乎稍显频繁，但从实质来看，每一次的每一处修改，均控制在必要的幅度之内，践行了"可改可不改的不改"的谨慎修宪理念，所以这些修改使宪法不断得以完善，尤其是 2018 年的这次修改，更使宪法发展亦进入了"新时代"。

有学者认为，"频繁地修改宪法并不是一个很好的事情，这样不利于宪法权威的树立，会让人觉得无所适用"。① 在学术界和实务界，持该观点不在少数，但该观点并不准确，因为这仅仅是从形式上看待修宪。"法律最为典型的特征之一就是与时俱进。"② 对于宪法，亦是如此。倘若社会现实发生深刻变化或深化改革取得重大成果，需要将此反映于宪法之中，那么修宪便具有了必要性，而且从 1982 年《宪法》通过和开始实施以来的历次修改来看，对其修改均使之朝"治与善治"的方向发展。2018 年 3 月的修宪，党和国家明确将"对宪法作部分修改、不做大改的原则"③ 作为审慎修宪的原则之一，但该原则其实在前四次修宪之时亦有所体现④。

自 1931 年《中华苏维埃共和国宪法大纲》颁布以来，人民宪法至今已走过了九十余年的历史。"人民宪法"意识就是人民主权意识，而"人民主权意识就是权力来源于人民的意识"⑤，该理念亦体现于 1954 年《宪法》至 1982 年《宪法》每一部宪法之中⑥。无论是土地革命战争时期、抗日战争时期、解放战争时期，还是新中国成立以来，党领导下的人民政权均制定有宪法或宪法性文件，说明了党一直具有依靠宪法或宪法性文件建设和巩固政权、尊重和保障民众基本权利的意识。当然，在宪法或宪法性文件制定出来之后，对其缺乏长久重视，且实施成效时常不佳，亦需稍作反思。尤其是随着 2018 年对其进行修改，使宪法发展亦进入了"新时代"。在可以预见的未来，虽然不知何时再对《宪法》进行修改，但 2018 年的这次修改，亦必然不是最后一次。只要修改内容合理、修改幅度合适、修改程序正当，对其修改频率

---

① 刘嗣元，程建锋. 人民政协的若干理论问题研究 [J]. 行政与法（吉林省行政学院学报），2004（11）：57 – 60.

② 杨银霞. 再论我国 1954 年宪法的价值 [J]. 长春大学学报，2017（9）：70 – 73.

③ 中国共产党第十九届中央委员会第二次全体会议公报 [N]. 央视网，2018 – 01 – 19.

④ 例如，对于 2004 年修改宪法，时任全国人大常委会委员长吴邦国发表了"关于修改宪法问题"的讲话，其指出，"这次修改不是大改，而是部分修改，对实践证明是成熟的、需要用宪法规范的、非改不可的进行修改，可改可不改的、可以通过宪法解释予以明确的不改。"吴邦国论人大工作：上 [M]. 北京：人民出版社，2017：133.

⑤ 田华. 论宪法意识的培育 [J]. 河北青年管理干部学院学报，2014（1）：57 – 61.

⑥ 1982 年《宪法》第 2 条第 1 款规定："中华人民共和国的一切权力属于人民。"1978 年《宪法》第 3 条第 1 款规定："中华人民共和国的一切权力属于人民。……。"1975 年《宪法》第 3 条第 1 款规定："中华人民共和国的一切权力属于人民。……。"1954 年《宪法》第 2 条第 1 款规定："中华人民共和国的一切权力属于人民。……。"可见，从 1954 年《宪法》到 1982 年《宪法》，对人民主权原则的规定没有变化。

亦不必过于苛责。但是，在重视宪法修改和完善之时，亦应重视宪法实施。需要牢记的是，"历史证明：只有使宪法成为人们生活中的信条和自觉遵守的根本行为准则，法治的时代才算真正到来"。①

　　同时，自 1931 年《中华苏维埃共和国宪法大纲》颁布以来，无论是局部执政时期的根据地、解放区，还是全面执政的新中国成立以来，我国均没有独立的法律意识培育，更遑论宪法意识培育了。基本思路均是将宪法意识培育纳入法律意识培育之中，而又将法律意识培育纳入思想政治教育之中。换言之，包括宪法意识培育在内的法律意识培育，一直均是置于思想政治教育框架之下。自改革开放以来尤其是从 21 世纪初以来，较之于以往，法律意识培育内容获得了相对独立的地位，宪法意识培育亦有了一席之地，但从思想政治理论课发展来看，除了法学专业的大学生之外，对其他专业的大学生开展包括宪法意识培育在内的法律意识培育，均依托思想政治理论课而开展，无论课程内容如何发展或优化，其课程设置一直如此，而且很稳定，在可以预见的未来，应依然如此。此外，从其发展成效来看，亦不必在思想政治理论课之外，设置专门的法律意识培育课程对大学生开展法律意识培育，宪法意识培育应亦是如此。基于此，坚持依托思想政治理论课对大学生开展包括宪法意识培育在内的法律意识培育，并使课程设置得以优化，课程内容得以完善，则是思想政治教育这一专业及领域应长久重视的一个重大问题。

---

　　①　张晋藩. 中国宪法史：修订本［M］. 北京：中国法制出版社，2016：17.

第4章
大学生宪法意识培育的基本要素分析

4.1　宪法意识培育的基本内容

4.1.1　核心内容之一:《宪法》重点内容

　　"宪法文本的表述,是一国公民对于宪法认知的第一步"①,所以宪法知识以及由此而获得的宪法认知,必然是以学习《宪法》文本为前提。所以,宪法意识培育的基本内容是《宪法》文本,这是最基本的内容,其重要性不言而喻。而宪法知识获得的基础,便是对《宪法》文本序言和正文的学习,但这只是本书提倡的"大宪法意识"培育的起点内容,当然亦是基本内容。《宪法》文本结构包括五个部分,以下分述之。

　　《宪法》文本伊始是"序言",共13段。对于序言,其是否具有宪法意义上的效力,学术界亦有争论,尤其是"序言中的历史叙事,……难以具有法律规范的特征,……可以被忽视。"② 在2004年修宪之时,有人主张取消或删除《宪法》序言,但"2004年修正案的高票通过,意味着取消或删除宪法序言主张的破产。"③ 其实,长久以来,《宪法》序言是否具有效力,一直备受关注,亦有研究成果不断问世④,但在可以预见的将来,《宪法》序言不但应继续存在,而且亦有可能不断地得以修改与完善,其是否具有效力的问题,应还会引起争论。

　　本书认为,《宪法》序言当然具有宪法意义上的效力。一方面,序言作为《宪法》的重要组成部分,应具有宪法意义上的效力。倘若作为《宪法》的重要组成部分而没有宪法意义上的效力,那么就意味着现行《宪法》在效力上是不完整的,这导致在逻辑上无法自洽。另一方面,在我国社会主义法律体系之中,《宪法》是政治性最强的规范性文件,而且没有之一。而在《宪法》文本之中,相对而言,序言又是政治性最强的一部分内容,将某些内容规定于序言之中,并不是因为其不重要,而是因为其不适宜作为正文内容而规定到《宪法》正文第一章至第四章之中,既然并非不重要,那么自然应与正文一样具有宪法意义上的相同效力。所以,《宪法》序言当然具有宪法意义上的效力。有学者对《宪法》序言的历史叙事功能作了研究,

---

① 李铸伦. 公民宪法意识对于树立我国宪法权威之影响 [J]. 内蒙古民族大学学报,2012 (7):63 – 64.
② 蒀先园. 我国八二宪法序言中历史叙事的法理与功能 [J]. 海南大学学报 (人文社会科学版),2015 (5):91 – 97.
③ 周鹤昌. 宪法序言是具有法律效力的 [J]. 法学,1983 (4):12 – 13;殷啸虎,李莉. 宪法序言的功能与效力研究 [J]. 上海交通大学学报 (哲学社会科学版),2004 (6):14 – 19;黄惟一. 论我国宪法序言的法律效力 [J]. 法学杂志,2010 (2):104 – 106. 等等.
④ 谢维雁. 论宪法序言 [J]. 社会科学研究,2004 (5):76 – 81.

认为其包括三点，即"具有指引、评价宪法正文的功能""具有证明我国宪法超安定性的功能"和"具有指明我国全面深化改革方向的功能"①。宪法序言的历史叙事，是我国近现代历史的归纳和总结。同时，只有社会主义才能救中国和发展中国在《宪法》序言之中亦有体现，所以说，"宪法正是记载这一中国历史伟大昭示的一面旗帜"。② 其言简意赅但又内容丰富，使民众在对近现代史有所了解的基础之上，形成正确的政治观、人民观、历史观、民族观，当然是有所助益的。习近平指出，"历史就是历史，历史不能任意选择，一个民族的历史，是一个民族安身立命的基础"。③ 诚哉斯言！

所以，《宪法》序言具有效力当属无疑，但其具有效力，并非是因为其具有极强的政治性，而是因为其作为《宪法》的重要组成部分而理应具有宪法意义上的效力，即便其绝大多数内容是对革命与发展历史、改革和发展指导思想、未来发展目标等给予的基本介绍、现状概述和政治昭示，继而使《宪法》序言绝大多数内容具有的可实施性较弱，但仍应通过开展宪法意识培育，使包括大学生在内的诸多群体对《宪法》序言进行学习、了解、熟悉和领悟，由此既能对《宪法》有一个初步认知，又能借助《宪法》对其所规定的重大政治问题和核心价值观有一个深刻体会。尽管《宪法》序言及某些正文内容，亦往往作为政治学习的要点而出现在对相关群体开展的政治意识培育内容之中，但并不妨碍从宪法意识培育的角度对其进行学习，而且可以从政治意识培育和宪法意识培育的双重角度对《宪法》序言进行学习，亦可以增加受教育者对其进行理解或体会的力度和深度。

《宪法》第一章是"总纲"，条文跨度是第 1 条至第 32 条，共 32 条。该章涉及面较广，内容较多且十分重要。国体、政体、国家权力归属、国家机构组织原则、中央与地方职权划分、民族之间地位及关系与区域自治、实行依法治国、法制统一之维护、基本经济制度等自不待言，这些内容使宪法"在文本上确认着一个国家和社会关系中最基本的问题"④。同时，该章对与民众关系较为密切的某些权利亦作了规定⑤。此外，需要注意的是，该章对国家开展法制教育亦有规定⑥，这为国家开展这项工作提供了最直接、最清楚、最有力的宪法依据。总而言之，《宪法》第一章条款数量不多，只有 32 条，占《宪法》正文全文 143 条的 22.38%，但几乎涉及国家上层建筑的所有方面，并对民众财产权、国家开展法制教育、宪法宣誓制度等方面亦作了规定。该章内容与民众日常的生活、学习或工作之间的关系无论是否密切，其均应是宪法意识培育的重要内容。

《宪法》第二章是"公民的基本权利和义务"，条文跨度是第 33 条至第 56 条，共 24 条。

---

　　①　葛先园. 我国八二宪法序言中历史叙事的法理与功能 [J]. 海南大学学报（人文社会科学版），2015（5）：91 - 97.

　　②　廖克林，黄仁夫，王晓永. 树立宪法意识，维护宪法权威 [J]. 贵州大学学报（社会科学版），2004（3）：19 - 24.

　　③　中共中央宣传部. 习近平总书记系列重要讲话读本 [M]. 北京：学习出版社，人民出版社，2014：20.

　　④　韩大元，孟凡壮. 中国社会变迁六十年的公民宪法意识 [J]. 中国社会科学，2014（12）：123 - 142，162.

　　⑤　例如，《宪法》第 13 条规定："公民的合法的私有财产不受侵犯。国家依照法律规定保护公民的私有财产权和继承权。国家为了公共利益的需要，可以依照法律规定对公民的私有财产实行征收或者征用并给予补偿。"

　　⑥　《宪法》第 24 条第 1 款规定："国家通过普及理想教育、道德教育、文化教育、纪律和法制教育，通过在城乡不同范围的群众中制定和执行各种守则、公约，加强社会主义精神文明的建设。"

较之于第一章"总纲"和第三章"国家机构",该章涉及面稍窄、内容稍少,因为只涉及公民的基本权利和义务,别无其他。但是,从条文数量来看,该章虽然较少,但对民众日常应遇到、能遇到、可能遇到的权利与义务,已规定得较为全面了,这亦是"权利和义务"之前的"基本"一词含义的准确体现。对于基本权利,规定得尤其完备,使随着法律种类、法律数量的日益丰富与法制体系逐渐完善而衍生出的权利,基本上均可通过对基本权利进行扩张解释而得出,不必将每一个衍生性权利均通过修改《宪法》而使之获得合宪地位,这亦可使《宪法》内容保持长期稳定,随之不至于因为频繁修改而使其权威受到削弱。

换言之,"权利和义务"之前的"基本"一词,虽然内涵和范畴较为模糊,但亦随着依法治国建设的全面推进、民众权利意识的稳步增强,继而通过对宪法进行扩张解释,从而为权利类型和数量的日益丰富留下了充足的空间,所以说,"宪法权利是其他权利的起点,在整个权利体系中居于核心和根本的地位"。① 当然,除了基本权利之外,《宪法》第二章亦就民众对国家、社会和他人应履行的基本义务作了规定,这就使"基本权利"与"基本义务"相对应,既使《宪法》对基本权利义务的规定在内容与逻辑上得以完整,又助于提醒一切主体在行使基本权利之时亦应注重履行基本义务。"人民如果不负担这些义务,国家的组织与社会的秩序,根本就无可创造或维持,而个人一切自由,亦无从保障。"② 正如习近平所指出的,"自由是秩序的目的,秩序是自由的保障。"③

相对而言,《宪法》第二章"公民的基本权利和义务"与公职人员、普通民众之间的关系较为密切。由此,有学者认为,"公民权利意识是宪法意识的核心内容"。④ 对于普通民众,在对《宪法》序言与正文均应学习的前提之下,而《宪法》第二章应是其学习的重点内容,所以普通民众在自行学习《宪法》之时,应对第二章给予稍多关注,而且亦应确信"宪法是保障公民权利的根本法律武器"⑤。同时,在对宪法意识培育的开展主体提出建议或意见之时,或者相关主体在对普通群体开展宪法意识培育之时,均应将第二章作为较为重要的内容,这亦是哲学上主要矛盾和次要矛盾以及矛盾的主要方面和次要方面这一方法论在制定宪法意识培育内容之时的具体运用。

《宪法》第三章是"国家机构",条文跨度是第57条至第140条,共8节⑥、共84条。该章是唯一分节对相关内容进行规定的一章。有学者认为,"宪法具有双重功能,即授予权力并限制权力"。⑦ 而其主要内容,则主要体现在《宪法》第三章之中。该章条文数量在四章之中居首,涉及面在四章之中居次。对于普通民众,较之于《宪法》第二章,该章内容确实与其日

① 李诗林. 大学生宪法意识的分析与思考 [J]. 青少年研究(山东省团校学报), 2008 (4): 7 - 9.
② 王世杰, 钱端升. 比较宪法 [M]. 北京:商务印书馆, 1999: 148.
③ 习近平. 论坚持全面依法治国 [M]. 北京:中央文献出版社, 2020: 64.
④ 张萍, 王静. 宁波市公民宪法知识调查 [J]. 中共宁波市委党校学报, 2004 (6): 85 - 89.
⑤ 卓泽渊. 法治中国——学习习近平总书记关于法治的重要论述 [M]. 北京:人民法院出版社, 2014: 121.
⑥ 我国《宪法》共四章,但只有第三章分节,主要是因为其对众多国家机构、地方各级人大和地方各级政府、民族自治地方的自治机关作了规定,所以涉及的面较广、内容较多。具体来讲,《宪法》第三章第一节至第八节的标题依次是"全国人民代表大会""中华人民共和国主席""国务院""中央军事委员会""地方各级人民代表大会和地方各级人民政府""民族自治地方的自治机关""监察委员会"和"人民法院和人民检察院"。
⑦ 何华辉. 比较宪法学 [M]. 武汉:武汉大学出版社, 1988: 12.

常生活、学习和工作有一些距离，在将其作为宪法意识培育内容的前提之下，可以不将其列为重点内容，但亦应使普通民众对该章内容能有最基本的学习，这亦是使其对《宪法》正文在整体上能有一个大致了解的必要之举，而且唯有对第三章有所了解，才能萌生基本的监督意识，因为"公民的监督意识是现代法治社会每一个公民所必须具备的宪法意识的重要组成部分"。①

《宪法》第四章是"国旗、国歌、国徽、首都"，条文跨度是第 141 条至第 143 条，共 4 条。现行《宪法》在 1982 年制定和通过之时，便对国旗、国徽、首都作了规定。至于国歌，虽然是 2004 年修宪之时才对其作了规定，但属于对作为事实上的国歌的《义勇军进行曲》给予宪法确认，因为自 1949 年 9 月政治协商会议第一届全体会议作出将《义勇军进行曲》暂定为国歌的决定以来，其地位从未被改变过。所以，经过 2004 年修宪，作为国家标志体现的国旗、国歌、国徽、首都全部具有了宪法地位，该章因为性质特殊，其条文不存在实施问题。同时，内容较少，而且简单，几乎无人不知、无人不晓，作为常识问题几乎不需要宪法意识培育。

对于包括大学生在内的普通群体，宪法意识培育的基本内容包括以下两个方面：

一方面，是《宪法》序言、第一章"总纲"、第三章"国家机构"和第四章"国旗、国歌、国徽、首都"，对革命、建设和改革历史、革命和建设指导思想、国家建设的基本路线、国体和政体、国家权力归属、国家机构组织原则、中央与地方职权划分、民族之间地位及关系与区域自治、实行依法治国、法制统一之维护、基本经济制度等诸多内容所作的规定，这些内容绝大多数均与上层建筑相关，确实具有宏观性、抽象性和原则性，与包括大学生在内的普通群体的日常生活、学习或工作存在一些距离，但这些内容十分重要，所以在对普通群体开展宪法意识培育之时，必然有所涉及，而且务必给予重视。

另一方面，是《宪法》第二章"公民的基本权利和义务"的全部内容与第一章"总纲"的个别内容，前者对民众基本权利和义务所作的规定，占《宪法》对民众基本权利和义务所作规定的绝对比例，后者自然只占较小比例。当然，这是从数量或比例上来讲，并不代表后者不重要。

对于第一个方面内容，可以将其简单归结为国家机关对公权力的行使与分工。对于第二个方面内容，可以将其简单归结为公民的基本权利与义务。后一方面内容，对包括大学生在内的普通群体而言，较之于《宪法》序言和第一章"总纲"的绝大多数内容，由于与其日常生活、学习或工作关联性较大、距离感较强，所以其具有的宏观性、抽象性和原则性稍弱一些，宪法意识培育的受众在对其进行学习和了解之时，亦稍微容易一些。有学者认为，"目前各高校的宪法学基本都包括四部分内容：宪法的基础理论、国家制度、国家机构、公民的基本权利和义务"。② 这主要是指法学专业大学生的宪法学课程内容。其中，前三个部分便是此处所说的第一个方面，最后一个部分便是此处所说的第二个方面。而依托思想政治理论课开展的宪法意识

---

① 陶波 . 培养和增强公民的宪法意识 [J]. 新东方，2005（3）：58 – 61.
② 刘雪芹 . 宪法学教学中如何培养学生的宪法意识 [J]. 湖北函授大学学报，2018（8）：74 – 75，78.

培育，主要是这两个方面内容，只是基于课程特点而有所简略而已。当然，无论是两个方面，还是四个部分，这只是宪法意识培育的基本内容，基于本书提倡的"大宪法"及"大宪法意识"培育的理念，还需要以基本内容为基础，对宪法意识培育内容予以适当拓展。

至于公职人员，上述两个方面自然同等重要。但是，由于公职人员尤其是级别较高的公职人员掌握公权力，而且职责重要，在其履职之时需要依据宪法和法律，这会鞭策其经常翻阅宪法和法律，继而对《宪法》文本进行学习和了解的机会多于包括大学生在内的普通群体。因此，对于公职人员，宪法规范具有的宏观性、抽象性和原则性，便稍微有所减弱，这为其提高学习《宪法》成效、深刻理解《宪法》文本提供了便利。而作为普通群体的大学生，无论是较之于公职人员，还是较之于工人、农民等主体，尚未步入社会，所以涉世未深、实践较少，且先别说宏观性、抽象性和原则性较强的《宪法》序言和第一章"总纲"的绝大多数内容，即便是与民众日常事务距离较近的《宪法》第二章"公民的基本权利和义务"，由于大学生还处于求学阶段，对诸多权利的享有与行使体会不深，在客观上影响其对宪法具有重要地位的领悟与宪法意识培育不可忽视的认知。

因此，党和国家、各级人民政府、各种高校等相关主体，均应重视并加强对大学生开展宪法意识培育，因为大学生毕业之后走出校园、步入工作岗位，再去学习包括宪法在内的法律知识，再去增强包括宪法意识在内的法律意识，再去参与包括宪法意识培育在内的法律意识培育，可能为时已晚。大学生步入社会之后，即便其日常事务与具有宏观性、抽象性和原则性的宪法规范具有距离，但亦是相对而言，况且《宪法》第二章"公民的基本权利和义务"的绝大多数内容为民众维护自身合法权益提供了最基本的宪法依据，而且以《宪法》为制定依据的下位法随着法制体系的发展而日益丰富，所以宪法意识的增强亦有助于法律意识的增强。然而，大学生在校园之中，在客观上践行宪法机会较少，而学校亦难以为之提供相应的实习机会，一般只能通过思想政治理论课的课堂教育与借助修宪或"国家宪法日"而开展的宪法意识培育来增强宪法意识，对此亦应给予重视。同时，大学生应积极参与相关的课下活动，并时常熟悉《宪法》文本尤其是较为重要的基本内容，尽量做到熟知甚至是牢记，毕竟对基本内容或核心知识的必要熟知，是理解和领悟包括《宪法》文本在内的一切事物的必要前提。所以，"宪法教育的成效不在于对宪法文本铭记的多少，却在于对宪法的理解程度和宪法精神的认同程度"[1] 的观点是有失偏颇的，倘若对《宪法》文本和宪法修改史等知之甚少甚至一无所知，那么对宪法的理解和认同的基础便不存在。

对基本知识、重点知识的熟知甚至背诵，是对文本进行熟悉、理解、体会、领悟和掌握的前提。这在应试教育或以考试为导向的教学依旧存在的前提之下，仍然是适用的。对于宪法意识培育，亦是如此。由于大多数的宪法规范具有较强的宏观性、抽象性和原则性，而且大学生尚未走出校园、步入工作岗位，对包括宪法的某些规定，确实难以理解深刻，但不能因此而忽视对宪法文本的学习和掌握。尤其是对现行《宪法》以及每一次修宪的重点内容，虽然不一定非得烂熟于心或一字不差地背诵，但至少应有一个必要的熟知。例如，《宪法》对国体、政

---

[1]　顾莎莎. 略论我国宪法教育的改进 [J]. 齐齐哈尔大学学报（哲学社会科学版），2016 (2)：76 – 79.

体、国家机构组织原则、经济制度的基础与分配制度、民众的基本权利和义务所作的基本规定，以及实行社会主义市场经济、建设社会主义法治国家、国家尊重和保障人权、私有财产若被征收或征用应给予补偿、监察制度由"行政监察"转变为"国家监察"等重点内容，何时通过修宪而写入宪法，均应有一个必要的熟知。相应地，其他较为细微或不甚重要的知识点，包括大学生在内的诸多群体，在对《宪法》文本和历次修宪情况进行学习之时，只要求认真阅读即可，不必要求对其给予熟知。一方面，在开展宪法意识培育之时，基本知识、重点知识的归纳和汇总，不宜太多，因为培育对象亦有其他的学习任务或日常事务需要处置，所以不宜为其制定过多的宪法学习任务。另一方面，对宪法基本知识和重点知识的必要熟知，非常重要，这是学习和了解宪法的基础，但亦无必要对整个《宪法》文本及历次修宪的全部内容均进行细致入微、大水漫灌式的记忆或背诵，关键是在对《宪法》文本及历次修改的重要内容进行熟知的基础之上，对宪法以及依据宪法而建立起来的法制体系、法治秩序、依法治国（包括依宪治国）、全面推进依法治国（包括全面推进依宪治国）等重大事项给予认知。当然，倘若宪法意识培育对象，对《宪法》文本和历次修改情况颇感兴趣，自愿对此进行记忆或背诵，自然乐见其成。

4.1.2　核心内容之二：历次修宪重点内容

现行《宪法》自 1982 年 12 月通过和开始实施以来，历经 1988 年、1993 年、1999 年、2004 年和 2018 年五次修改，对宪法的发展和完善起到了重大的推动作用，尤其是新近的 2018 年这次修改。以下分而述之：

第一次修改是 1988 年。该年 4 月，全国人大通过的《宪法修正案》，共有 2 个条文（序号从第 1 条至第 2 条，所述各条均指在《宪法修正案》之中的序号，而非在新公布的《宪法》文本之中的序号，下述 1993 年、1999 年、2004 年和 2018 修宪亦是如此）。其重点内容有以下两个：

（1）第 1 条对私营经济的政策作了规定[①]。

（2）第 2 条对土地使用权转让作了规定[②]。

第二次修改是 1993 年。该年 3 月，全国人大通过的《宪法修正案》，共有 9 个条文（序号从第 3 条至第 11 条）。其重点内容有以下三个：

[①]　1988 年《宪法修正案》第 1 条规定："宪法第十一条增加规定：'国家允许私营经济在法律规定的范围内存在和发展。私营经济是社会主义公有制经济的补充。国家保护私营经济的合法权利和利益，对私营经济实行引导、监督和管理。'"到了 1999 年 3 月，《宪法》第 11 条又被《宪法修正案》第 16 条所修改。到了 2004 年 3 月，《宪法》第 11 条又被《宪法修正案》第 21 条所修改。

[②]　1988 年《宪法修正案》第 2 条规定："宪法第十条第四款'任何组织或者个人不得侵占、买卖、出租或者以其他形式非法转让土地。'修改为：'任何组织或个人不得侵占、买卖或者以其他形式非法转让土地，土地的使用权可以依照法律的规定转让。'"

（1）第 3 条对我国所处发展阶段和国家根本任务作了规定①。

（2）第 5 条将国营经济改为国有经济，并对国家秉持的政策作了规定②。

（3）第 7 条对国家实行社会主义市场经济作了规定③。

此次修宪，除了这三个要点之外，还有其他要点，但相对而言，其重要性稍逊一些，所以在此不予赘述。

第三次修改是 1999 年。该年 3 月，全国人大通过的《宪法修正案》，共有 6 个条文（序号从第 12 条至第 17 条）。其重点内容只有一个：第 13 条对实行依法治国作了规定④。

此次修宪，除了这一个要点之外，还有其他要点，但相对而言，其重要性稍逊一些，所以在此不予赘述。

第四次修改是 2004 年。该年 3 月，全国人大通过的《宪法修正案》，共有 14 个条文（序号从第 18 条至第 31 条）。其重点内容有以下七个：

（1）第 18 条对"三个代表"重要思想入宪作了规定⑤。

（2）第 20 条对土地实行征收或征用并给予补偿作了规定⑥。

（3）第 22 条对公民合法的私有财产不受侵犯，与对公民的私有财产实行征收或征用并给予补偿作了规定⑦。

（4）第 23 条对国家建立健全社会保障制度作了规定⑧。

（5）第 24 条对国家尊重和保障人权作了规定⑨。

（6）第 30 条对地方各级人大每届任期作了修改⑩。

---

①　1993 年《宪法修正案》第 3 条规定："宪法序言第七自然段后两句：'今后国家的根本任务是集中力量进行社会主义现代化建设。中国各族人民将继续在中国共产党领导下，不断完善社会主义的各项制度，把我国建设成为高度文明、高度民主的社会主义国家。'修改为：'我国正处于社会主义初级阶段。国家的根本任务是，根据建设有中国特色社会主义的理论，集中力量进行社会主义现代化建设。……在马克思列宁主义、毛泽东思想指引下，坚持人民民主专政，坚持社会主义道路，坚持改革开放，……把我国建设成为富强、民主、文明的社会主义国家。'"

②　1993 年《宪法修正案》第 5 条规定："宪法第七条：'国营经济是社会主义全民所有制经济，……。'修改为：'国有经济，即社会主义全民所有制经济，……。'"

③　1993 年《宪法修正案》第 7 条规定："宪法第十五条：'国家在社会主义公有制基础上实行计划经济。'修改为：'国家实行社会主义市场经济。''……。'"

④　1999 年《宪法修正案》第 13 条规定："宪法第五条增加一款，作为第一款，规定：'中华人民共和国实行依法治国，建设社会主义法治国家。'"

⑤　2004 年《宪法修正案》第 18 条规定："宪法序言第七自然段中'在马克思列宁主义、毛泽东思想、邓小平理论指引下'修改为'在马克思列宁主义、毛泽东思想、邓小平理论和'三个代表'重要思想指引下'，……。这一自然段相应地修改为：'……在马克思列宁主义、毛泽东思想、邓小平理论和'三个代表'重要思想指引下，……'。"

⑥　2004 年《宪法修正案》第 20 条规定："宪法第十条第三款'……可以依照法律规定对土地实行征用。'修改为：'……可以依照法律规定对土地实行征收或者征用并给予补偿。'"

⑦　2004 年《宪法修正案》第 22 条规定："宪法第十三条'国家保护公民的合法的收入、储蓄、房屋和其他合法财产的所有权。''……。'修改为：'公民的合法的私有财产不受侵犯。'……'国家为了公共利益的需要，可以依照法律规定对公民的私有财产实行征收或者征用并给予补偿。'"

⑧　2004 年《宪法修正案》第 23 条规定："宪法第十四条增加一款，作为第四款：'国家建立健全同经济发展水平相适应的社会保障制度。'"

⑨　2004 年《宪法修正案》第 24 条规定："宪法第三十三条增加一款，作为第三款：'国家尊重和保障人权。'……。"

⑩　2004 年《宪法修正案》第 30 条规定："宪法第九十八条'省、直辖市、县、市、市辖区的人民代表大会每届任期五年。乡、民族乡、镇的人民代表大会每届任期三年。'修改为：'地方各级人民代表大会每届任期五年。'"

（7）第 31 条对国歌作了规定①。

此次修宪，除了这七个要点之外，还有其他要点，但相对而言，其重要性稍逊一些，所以在此不予赘述。

第五次修改是 2018 年。该年 3 月，全国人大通过的《宪法修正案》，共有 21 个条文（序号从第 32 条至第 52 条）。其重点内容有以下十个：

（1）第 32 条对科学发展观、习近平新时代中国特色社会主义思想入宪作了规定②。

（2）第 33 条对我国革命和建设发展历程作了修改③。

（3）第 34 条对我国社会主义民族关系作了修改④。

（4）第 35 条对推动构建人类命运共同体作了规定⑤。

（5）第 36 条对坚持和加强党的全面领导作了规定⑥。

（6）第 39 条对社会主义核心价值观作了规定⑦。

（7）第 40 条对宪法宣誓制度作了规定⑧。

（8）第 44 条将"法律委员会"更名为"宪法和法律委员会"⑨。

（9）第 45 条对国家主席任期限制作了修改⑩。

（10）第 52 条对监察委员会设立、职权行使、工作开展作了规定⑪。

当然，2018 年这次修宪，是在 1982 年《宪法》通过和开始实施以来历经 1988 年、1993

---

① 2004 年《宪法修正案》第 31 条规定："宪法第四章章名'国旗、国徽、首都'修改为'国旗、国歌、国徽、首都'。宪法第一百三十六条增加一款，作为第二款：'中华人民共和国国歌是《义勇军进行曲》。'"

② 2018 年《宪法修正案》第 32 条规定："宪法序言第七自然段中'在马克思列宁主义、毛泽东思想、邓小平理论和'三个代表'重要思想指引下'修改为'在马克思列宁主义、毛泽东思想、邓小平理论、'三个代表'重要思想、科学发展观、习近平新时代中国特色社会主义思想指引下'；……"可见，此次修宪，除了将"习近平新时代中国特色社会主义思想"写入《宪法》之外，亦将党中央于 2003 年 7 月提出的"科学发展观"写入《宪法》。

③ 2018 年《宪法修正案》第 33 条规定："宪法序言第十自然段中'在长期的革命和建设过程中'修改为'在长期的革命、建设、改革过程中'；……"

④ 2018 年《宪法修正案》第 34 条规定："宪法序言第十一自然段中'平等、团结、互助的社会主义民族关系已经确立，并将继续加强。'修改为：'平等团结互助和谐的社会主义民族关系已经确立，并将继续加强。'"

⑤ 2018 年《宪法修正案》第 35 条规定："……'中国坚持独立自主的对外政策，……'后增加'坚持和平发展道路，坚持互利共赢开放战略''发展同各国的外交关系和经济、文化的交流'修改为'发展同各国的外交关系和经济、文化交流，推动构建人类命运共同体'。……"

⑥ 2018 年《宪法修正案》第 36 条规定："宪法第一条第二款'社会主义制度是中华人民共和国的根本制度。'后增写一句，内容为：'中国共产党领导是中国特色社会主义最本质的特征。'"

⑦ 2018 年《宪法修正案》第 39 条规定："宪法第二十四条第二款中'国家提倡爱祖国、爱人民、爱劳动、爱科学、爱社会主义的公德'修改为'国家倡导社会主义核心价值观，提倡爱祖国、爱人民、爱劳动、爱科学、爱社会主义的公德'。"

⑧ 2018 年《宪法修正案》第 40 条规定："宪法第二十七条增加一款，作为第三款：'国家工作人员就职时应当依照法律规定公开进行宪法宣誓。'"

⑨ 2018 年《宪法修正案》第 44 条第 2 款规定："宪法第七十条第一款中'全国人民代表大会设立……法律委员会……。'修改为：'全国人民代表大会设立……宪法和法律委员会……。'"

⑩ 2018 年《宪法修正案》第 45 条规定："宪法第七十九条第三款'中华人民共和国主席、副主席每届任期同全国人民代表大会每届任期相同，连续任职不得超过两届。'修改为：'中华人民共和国主席、副主席每届任期同全国人民代表大会每届任期相同。'"

⑪ 2018 年《宪法修正案》第 52 条规定："宪法第三章'国家机构'中增加一节，作为第七节'监察委员会'；增加五条，分别作为第一百二十三条至第一百二十七条。内容如下：……。"

年、1999 年、2004 年和 2018 年五次修改之中，涉及面较广、内容较多、幅度较大的一次，除了上述十个要点，还有其他要点，但相对而言，其重要性稍逊一些，所以在此不予赘述。

这五次修宪，第一次修宪有 2 个重点内容，第二次修宪有 3 个重点内容，第三次修宪有 1 个重点内容，第四次修宪有 7 个重点内容，第五次修宪有 10 个重点内容，共计 23 个重点内容。当然，这只是本书的观点。而不同的人，从不同的视角来看，亦可以有不同的观点。对于历次修宪时间以及每一次修宪内容的重中之重，应予以熟知。例如，"实行社会主义市场经济"何时入宪、"实行依法治国，建设社会主义法治国家"何时入宪、"三个代表"重要思想何时入宪、"国家尊重和保障人权"何时入宪、科学发展观和习近平新时代中国特色社会主义思想何时入宪、宪法宣誓制度何时入宪、国家监察制度何时入宪，等等。在开展宪法意识培育之时，可以根据宪法意识培育对象的主观和客观情况，对宪法意识培育内容进行制定或调整，对于本书对历次修宪所归纳的 23 个重点内容，从数量上既可以比这多，又可以比这少。从内容上既可以比这细致，又可以比这粗略。只要符合宪法意识培育对象的现实情况与后续发展需要即可，所以无需作出千篇一律的强制要求。但相对而言，对于宪法意识培育的内容及达到的成效，法学专业大学生应比非法学专业大学生更严格一些。

4.1.3　密切内容：人民宪法近百年发展史

历史，能给人以一种厚重之感、韧性之感、力量之感。"一个国家实行什么样的政治制度，是由这个国家的国情决定的，是一定社会历史发展的产物，有着深刻的政治、经济和文化根源。"[①] 而且，"宪法意识作为法律意识的核心，是社会意识的组成部分，必然受其他社会意识，尤其是一国文化历史传统的影响。因此，没有抽象的宪法意识，只有根植于一定文化传统和历史时代的具体宪法意识"。[②] 我国的宪法是人民的宪法，但人民的宪法，不仅仅只包括 1982 年《宪法》并在此基础之上历经 1988 年、1993 年、1999 年、2004 年和 2018 年五次修改而形成的现行《宪法》，而且亦包括从土地革命战争时期、抗日战争时期、解放战争时期和新中国成立以来，党领导人民制定的诸部宪法或宪法性文件。虽然这些宪法或宪法性文件因为历史原因均已失效，但作为曾经存在过的对党在社会主义革命和建设时期探索法制起到指导作用的宪法或宪法性文件，亦有必要对其进行学习和了解。一方面，由此可以知晓诸部宪法或宪法性文件之间的承继关系，感受宪法发展的不易，从而更加重视和珍惜制定水平最高、实施成效最好的现行《宪法》，以及据此而建立起来的各种宪法制度和依法治国基本体系。另一方面，对现行《宪法》进行学习和了解，属于对宪法知识的横向认知，而对现行《宪法》之前的诸部宪法或宪法性文件进行学习和了解，属于对宪法知识的纵向认知，两个维度的有机结合，有助于拓展宪法意识培育对象的知识面和视野面，这对包括大学生在内的诸多群体的宪法意识的

① 全国人大常委会办公厅，中共中央文献研究室. 人民代表大会制度重要文献选编（三）[M]. 北京：中国民主法制出版社，中央文献出版社，2015：983.
② 秦怡红. 论公民宪法意识的培育 [J]. 长春理工大学学报（社会科学版），2018 (5)：37 – 41，71.

增强，定有助益。

"宪法作为一种历史现象，是历史长期进化的产物。"① 在党领导人民开展革命、建设和改革的漫长历史上，出现过的诸部宪法或宪法性文件，为人民宪法的制定、发展和完善，以及基于宪法而对建设法制、开展法制教育（法律意识培育）等进行了有益探索，并积累了厚重的经验与理应吸取的教训，这对当下发展和完善宪法、全面推进依法治国（包括全面推进依宪治国）等必然有利。按照时间顺序，出现过的诸部宪法或宪法性文件是：

第一，1931 年 11 月，中华苏维埃第一次全国代表大会通过、1934 年 1 月中华苏维埃第二次全国代表大会修改的《中华苏维埃共和国宪法大纲》，修改之前、修改之后，均为 17 条。

第二，1939 年 1 月，陕甘宁边区第一届参议会通过的《陕甘宁边区抗战时期施政纲领》，共 28 条。1941 年 5 月，陕甘宁边区中央局在《陕甘宁边区抗战时期施政纲领》基础上提出，并经中共中央政治局批准的《陕甘宁边区施政纲领》，共 21 条。由于后者代替了前者，所以将这两份宪法性文件算作一份，并以后者为准。

第三，1946 年 4 月，陕甘宁边区第三届参议会第一次会议通过的《陕甘宁边区宪法原则》，共五章。这五章无"第 N 章"的编号，其标题依次是"政权组织""人民权利""司法""经济"和"文化"。

第四，1949 年 9 月，中国人民政治协商会议第一届全体会议通过的《共同纲领》。除了序言之外，共七章、60 条。这七章无"第 N 章"的编号，其标题依次是"总纲""政权机关""军事制度""经济政策""文化教育政策""民族政策"和"外交政策"。

第五，1954 年 9 月，第一届全国人大第一次会议通过的《宪法》，该宪法是新中国成立以来制定的第一部宪法。除了序言之外，共四章、106 条。这四章无"第 N 章"的编号，其标题依次是"总纲""国家机构""公民的基本权利和义务"和"国旗、国徽、首都"。

第六，1975 年 1 月，第四届全国人大第一次会议通过了修改的新《宪法》。除了序言之外，共四章、30 条。这四章，均有"第 N 章"的编号，这一点与 1954 年《宪法》相异。这四章标题依次是"总纲""国家机构""公民的基本权利和义务"和"国旗、国徽、首都"。

第七，1978 年 3 月，第五届全国人大第一次会议通过了修改的新《宪法》。除了序言之外，共四章、60 条。这四章，均有"第 N 章"的编号。这四章标题依次是"总纲""国家机构""公民的基本权利和义务"和"国旗、国徽、首都"。

第八，1982 年 12 月，第五届全国人大第五次会议通过了修改的新《宪法》，该宪法是新中国成立以来制定的第四部宪法。历经 1988 年、1993 年、1999 年、2004 年、2018 年五次修改，这部《宪法》亦是我国的现行《宪法》。除了序言之外，共四章、143 条（2018 年修改之前为 138 条）。这四章，均有"第 N 章"的编号。这四章标题依次是"总纲""公民的基本权利和义务""国家机构"和"国旗、国歌、国徽、首都"。

从 1954 年《宪法》到 1982 年《宪法》，就《宪法》结构而言，基本上均是序言、"总纲"

---

① 谢红星. 类宪法现象刍论——兼论广义宪法史观及宪法史学研究对象的扩展 [J]. 云南大学学报（法学版），2009（5）：15 – 19.

"公民的基本权利和义务""国家机构"和"国旗、国歌、国徽、首都",只是排序不同。有两点变化需要注意:一是1982年《宪法》在制定之时,将"公民的基本权利和义务"前置于第二章,相应地,将"国家机构"后挪于第三章,反映了制宪主体对民众基本权利和义务的重视,这一顺序至今保持不变。二是第四章"国旗、国歌、国徽、首都"在2004年修宪之前是"国旗、国徽、首都"①。

总体而言,我国的人民宪法共四份宪法性文件(《中华苏维埃共和国宪法大纲》《陕甘宁边区施政纲领》《陕甘宁边区宪法原则》和《共同纲领》)与四部宪法(1954年《宪法》、1975年《宪法》、1978年《宪法》和1982年《宪法》以及历经五次修改而形成的现行《宪法》)。其中,四份宪法性文件和新中国成立以来的前三部《宪法》均因为历史原因而失效。所以,在对包括大学生在内的诸多群体开展宪法意识培育尤其是宪法历史观培育之时,这四份宪法性文件和新中国成立以来的前三部《宪法》并非是重点内容,只需对其出台于哪一年、意义为何,有一个大致了解即可。当然,若是法学专业大学生,对人民宪法的历史,应有更为严格的学习要求。相对而言,宪法意识培育尤其是开展宪法史观念培育的重点内容,应是1982年《宪法》的制定以及历经1988年、1993年、1999年、2004年、2018年五次修改的大致内容。

同时,除了上述的四份宪法性文件和四部宪法之外,在人民宪法发展历史上马克思主义经典作家或我国党和国家领导人针对宪法制定、宪法宣传、宪法实施等发表的重要报告、讲话或指示,亦应作为宪法历史观培育的内容,继而应有所涉及。第一,1918年10月至11月,列宁在所作的"无产阶级革命和叛徒考茨基"的报告之中,针对1918年《苏维埃宪法》草案发表的"苏维埃宪法"②的报告。第二,1936年11月,斯大林针对1936年《苏联宪法》草案所作的"关于苏联宪法草案"③的报告。第三,1954年6月,毛泽东针对1954年《宪法》草案所作的"关于中华人民共和国宪法草案"④的报告。第四,1986年6月,邓小平针对提高全民法制观念发表的"在全体人民中树立法制观念"⑤的讲话⑥。第五,1996年2月,江泽民针对依法治国发表的"坚持依法治国"⑦的讲话⑧。第六,2002年12月,胡锦涛发表的"在首都纪

---

① 2004年《宪法修正案》第31条规定:"宪法第四章章名'国旗、国徽、首都'修改为'国旗、国歌、国徽、首都'。宪法第一百三十六条增加一款,作为第二款:'中华人民共和国国歌是《义勇军进行曲》。'"

② 列宁选集:第三卷[M].北京:人民出版社,1995:630-638.

③ 斯大林选集:下卷[M].北京:人民出版社,1979:390-420.

④ 毛泽东文集:第六卷[M].北京:人民出版社,1999:324-331.

⑤ 邓小平文选:第三卷[M].北京:人民出版社,1993:163-164.

⑥ 邓小平在这篇讲话之中指出,"加强法制重要的是进行教育,根本问题是教育人。法制教育要从娃娃开始,小学、中学都要进行这个教育,社会上也要进行这个教育。"该论点随后被提炼为"法制教育要从娃娃抓起"而被传遍全国,并影响甚巨。

⑦ 江泽民文选:第一卷[M].北京:人民出版社,2006:511-513.

⑧ 该讲话为1997年9月召开的党的十五大提出"依法治国,发展社会主义民主政治。发展民主,健全法制,建设社会主义法治国家"的论断作了铺垫。而且,党的十五大报告及其精神在全国范围内的学习、宣传,又为1999年通过修宪将"依法治国"写入宪法做了准备。1999年3月通过的《宪法修正案》第13条规定:"宪法第五条增加一款,作为第一款,规定:'中华人民共和国实行依法治国,建设社会主义法治国家。'"

念我国宪法公布施行 20 周年大会上的讲话"①。第七，2012 年 12 月，习近平发表的"在首都各界纪念现行宪法公布施行 30 周年大会上的讲话"②。第八，2016 年 12 月，在"国家宪法日"（12 月 4 日）到临之际，以新中国第一部宪法的诞生地杭州北山路为基础而建立的"五四宪法"历史资料陈列馆开馆，习近平对此作出重要指示，其指出，"开展宪法宣传教育是全面依法治国的重要任务。……努力为普及宪法知识、增强宪法意识、弘扬宪法精神、推动宪法实施作出贡献"③，等等。这些重要报告、讲话或指示，昭示了人民宪法、依法治国、法制教育等不断发展的历史轨迹，是宪法历史观培育的重要内容，所以在对包括大学生在内的诸多群体开展宪法意识培育之时，应有所涉及，尤其是现行《宪法》自 1982 年通过以来历次修改的具体时间、重要内容，以及对其具有重要地位的认知日益深化的重要报告、讲话或指示。

4.1.4　关联内容：宪法相关法与法律体系

宪法既是一部内容、地位、作用、修改原则较为特殊的法律，又是一个内部成员众多、涉及面广、层次分明的部门法。几乎所有的法律，均是对宪法规范所作的细化或补充，或是对宪法精神、宪法理念的具体实践。即便是极少数的法律，从宪法之中无法找到直接的立法依据，但其制定与实施，对完善法律体系、推进依法治国（包括依宪治国）有所助益，而且亦无明确的证据佐证其存在违反宪法或上位法的情况，那么这样的法律便应被推定为是合乎宪法和以宪法为基础的法律体系发展需要的。因此，可以说，"法制是以宪法为核心建立起来的"。④ 或者说，"宪法是国家根本法，表明它不仅是公民权利的保障书，也是国家法律体系的核心"。⑤ 由此，宪法意识培育的内容，应是非常广泛的，所以需要对其给予适当拓展。而将基本内容确定为现行《宪法》文本与每一次修改的重点内容，是基于宪法是一部较为特殊的法律而言的，但若将宪法作为一个部门法的话，除了现行《宪法》文本与每一次修改的重点内容之外，还应包括以下两个方面内容：

一方面，是宪法相关法。宪法相关法，又可称为宪法性法律，是指在依据宪法而建立起来的法律体系之中，地位低于宪法，但对相关宪法规范的进一步实施起着细化或补充作用，或者对某些较为重要的法律制度给予集中规定的，政治性较强、地位较为重要的基础性法律。这种法律包括以下七类：

第一，对某一类国家机构在中央这一横向维度上，或者从中央到地方这一纵向维度上如何设置、权力如何行使等事项进行规定的基本法律，该类法律名称的末尾往往有"组织法"的字样，例如《全国人大组织法》。

---

① 胡锦涛在首都纪念我国宪法公布施行 20 周年大会上的讲话 [N]. 新华网，2002 - 12 - 04.
② 习近平谈治国理政 [M]. 北京：外文出版社，2014：135 - 143.
③ "五四宪法"历史资料陈列馆开馆，习近平作重要指示 [N]. 新华网，2016 - 12 - 04.
④ 廖克林，黄仁夫，王晓永. 树立宪法意识，维护宪法权威 [J]. 贵州大学学报（社会科学版），2004（3）：19 - 24.
⑤ 魏健馨，张瑞黎. 宪法实施视域中宪法援引典型案例分析 [J]. 沈阳工业大学学报（社会科学版），2021（2）：97 - 104.

第二，对某一项基本政治制度如何建立、如何运行、如何实施等事项进行规定的基本法律，例如《中华人民共和国选举法》（以下简称《选举法》）。

第三，对某一类国家机关工作人员如何遴选、享有何种权力、履行何种义务、承担何种责任等事项进行规定的基本法律，例如，《中华人民共和国全国人民代表大会和地方各级人民代表大会代表法》（以下简称《全国人大和地方各级人大代表法》）。

第四，为促进、实现或巩固国家统一，对相关历史遗留问题的解决而制定的，适用于某些特殊区域或某些特殊事项的法律，例如《香港特别行政区基本法》。

第五，对国家标志、国家形象等事项进行规定的基本法律，例如，《国旗法》。

第六，对国籍的获得、丧失等事项进行规定的基本法律，例如，《中华人民共和国国籍法》（以下简称《国籍法》）。

第七，对领陆、领海、领水或与领土毗连水域等事项进行规定的基本法律，例如，《中华人民共和国领海及毗连区法》（以下简称《领海及毗连区法》）。

相对而言，第一点至第五点尤其是第一点至第三点十分常见，因而较为重要，应是宪法意识培育内容的重要组成部分，而第六点至第七点，只需稍作学习即可。

另一方面，是随着法律种类日益丰富、法律数量日益增多，而对法律制定权力在横向维度上和纵向维度上如何分工，不同立法主体制定的规范性文件之间的效力位阶如何厘定、法律如何备案、新法与旧法之间关系如何处理、法律冲突或法律抵触如何解决等事项进行规定，以期使法律体系实现内部和谐、层次分明、位阶清晰的基本法律，例如，《立法法》。唯有将以宪法为基础而建立的法律体系，与对该法律体系建立起着规制、指导和梳理功能的《立法法》等法律作为宪法意识培育内容的重要组成部分，才能使宪法意识培育对象切实地体会到宪法在法律体系之中具有的立体性、画面感，亦才能深刻而真切地感受到宪法是如何重要的。

此外，我国签署的某些对民众基本权利或义务进行规定的相关国际条约，在我国的法律体系之中，其效力位阶与全国人大及其常委会制定的法律相同，例如，《经济、社会、文化权利国际公约》。但是，由于其适用的频率较小、涉及面较窄，而无需对其进行细致入微的学习，只需稍作了解即可，因此可将其作为宪法意识培育内容的适当补充。

在宪法部门法之中，《宪法》文本是排名第一的、最为重要的规范性文件，这是毫无疑问的，因此其是宪法意识培育内容的核心所在。虽然说宪法意识培育并不意味着宪法意识培育对象应将《宪法》文本与现行《宪法》自通过以来的每一次修宪的内容进行细致入微、大水漫灌式的全文背诵，但亦需将宪法结构、关键内容、基本制度、修宪时间、修宪重点等重要内容予以熟知，并熟练掌握，这是其对《宪法》文本能加以理解、领悟的基础和前提。但除此之外，作为宪法部门重要成员的宪法相关法尤其是"组织法"（例如，《全国人大组织法》）、"制度法"（例如，《民族区域自治法》）、"特殊公职人员法"（例如，《全国人大和地方各级人大代表法》，是对相关重要制度、国家机关权力的行使与分工等进行规定的相关宪法规范的细化和补充，或者是对宪法精神、宪法理念的具体实践，所以这些法律理应成为宪法意识培育内容的重要组成部分，但鉴于其与《宪法》文本以及历次修宪的重点内容在重要性上有显著落差，而且包括大学生在内的宪法意识培育对象平时亦有自己事务需要处置，随之精力和时间有限，因此其对宪法相关法之中的重要法律的大致制定时间、立法基本目的、大致修改次数、与哪些宪法规范的关系较为密切等内容，应进行必要的学习，而对宪法相关法之中的一般法律，稍作了解即可，只需知道其立法目的。当然，对于法学专业的大学生，应给予稍微更严格的要求，毕竟其所学专业是法学。至于其他专业的大学生，倘若对宪法相关法较感兴趣，自愿多学，在所不问，但乐见其成。

4.1.5　延展内容：党情、国情和内外形势

"各国的法律，在不同程度上肯定会有本国的色彩。"[①] 这在宪法部门法乃至于整个法律体系之中，宪法和民法应体现得最为明显。前者因为政治性最强、涉及面最广而显得"高大上"，后者因为需要契合基本民情或风俗习惯而应当"接地气"。而对于宪法，无论是从序言来看，还是从正文来看，均带有深深的中国烙印，这当属无疑。而宪法意识培育内容，亦应如此。所以，在宪法意识培育内容之中，除了《宪法》文本与宪法相关法以及基于宪法而建立起来的法律体系之外，还应包括与宪法、依宪治国等存在千丝万缕关系的党情、国情与国内国外形势等内容。之所以如此，是因为以下三点原因：

第一，宪法的政治性最强、涉及面最广。例如，《宪法》序言共 13 段，较之于有序言的其他法律[②]，篇幅较长、内容较多，对革命与建设及改革简史、社会主义发展所处阶段、指导思想、统一战线、民族关系、外交政策、宪法效力等诸多事项作了规定。同时，《宪法》正文第一章"总纲"至第三章"国家机构"亦有诸多被宪法规范规定的重要内容，而这些内容基本上亦是政治教育或政治意识培育的常见内容，这意味着宪法意识培育和政治意识培育在内容上有显著的重合或交集。所以，在开展宪法意识培育之时，需要将相关内容与党情、国情和国内国外形势结合起来，倘若对这方面了解甚少，亦会影响对《宪法》序言与部分正文内容的理解和领悟。

第二，在法律意识培育内容之中，有一些与党情、国情和国内国外形势相关的内容，不适宜置于其他法律的意识培育内容之中，妥善之计是将其置于宪法意识培育内容之中，将其作为宪法意识培育内容的适当拓展。无论是从宪法、民法、刑法、民事诉讼法等单行法的角度来看，还是从宪法部门法、民商法部门法、刑法部门法、诉讼法部门法等部门法的角度来看，除了宪法之外的其他单行法或除了宪法部门法之外的其他部门法，在开展相应的意识培育之时，均不适宜将与党情、国情和国内国外形势相关的内容嵌入其中。换言之，只有宪法意识培育或宪法部门法意识培育，才能较为适宜地将与党情、国情和国内国外形势相关的内容嵌入其中。

第三，目前大学的法律意识培育，除了法学专业的大学生之外，其他专业的大学生的法律意识培育（包括宪法意识培育），均是依托思想政治理论课而开展，而在思想政治理论课之中，法律意识培育内容（包括宪法意识培育内容）主要包括在《思想道德与法治》和

---

① 苏力 . 送法下乡——中国基层司法制度研究：修订版［M］. 北京：北京大学出版社，2011：10（自序）.

② 在我国法律体系之中，有序言的法律极少，而这类法律均是对某一项重要制度的建立、实施、保障等进行规定的基本法律，例如，《民族区域自治法》《香港特别行政区基本法》和《澳门特别行政区基本法》等，但这些法律的序言，从篇幅长短尤其是涉及的面上，均难以与《宪法》序言相提并论。

《毛泽东思想和中国特色社会主义理论体系概论》这两门课程之中。此外，《形势与政策》这门课程，亦可能包括上一学期所发生的与宪法、依宪治国、全面推进依宪治国等相关的最新内容。而且，根据党情、国情和国内国外形势的发展变化，《思想道德与法治》和《毛泽东思想和中国特色社会主义理论体系概论》这两门课程的教材会不定期地作出修订，而《形势与政策》这门课程的教材，每一个学期均会定期更新版本。在此，需要注意的是，前两者是不定期修订，后者是定期更新，根本原因在于课程内容存在质的不同，而非负责前两者教材修订的主体不积极。

诚然，与党情、国情和国内国外形势相关的内容，政治性最强、涉及面最广，林林总总，看似不好归纳与总结，其实相对而言并不难。对此，主要包括以下两个方面内容：

一方面，《党章》、党和国家领导人重要讲话（例如，《在庆祝中国共产党成立100周年大会上的讲话》）、党的全国代表大会每一次通过的报告（例如，党的十九大报告）、党中央通过的重要文件（例如，《关于全面推进依法治国若干重大问题的决定》）、会议公报（例如，《第十九届六中全会公报》）、每一年的《中国法治建设年度报告》或与之相关的最新文件，因为党务公开的推进和新型传媒的普及较为容易获得，负责讲授思想政治理论课尤其是讲授的课程涉及宪法意识培育内容的教师，应注意搜集相关文本，在进行归纳与总结的基础之上备好课、上好课。

另一方面，《形势与政策》这门课程设置已久，优质教材和教辅用书频繁出版，该教材和教辅用书便有一些与党和国家的重大决策、国内国外最新形势相关的内容，所以讲授形势与政策的教师，应将教材之中与宪法意识培育内容存在较大相关性的内容讲授好、讲授透。当然，党情、国情和国内国外形势的涉及面广、内容较多，因为有专门的政治意识培育来承担，因此从内容来看，其与法律意识培育存在重合或交集，但一般亦不将两者合并起来开展。然而，在当前大学里，除了法学专业之外，其他专业没有专门的法律意识培育课程（包括宪法意识培育课程），其均是依托思想政治理论课而开展，这就导致大学生的政治意识培育与法律意识培育合二为一，而且是后者依托前者。所以，思想政治理论课教材之中应有篇幅较长、内容较多的党情、国情和国内国外形势教育，但通过考察由高等教育出版社出版的较为权威的思想政治理论课教材，宪法意识培育与党情、国情和国内国外形势教育在内容上分割得较为明显，而且前者内容较为分散，所以授课教师在讲授宪法知识之时，应将其与党情、国情和国内国外形势的内容结合起来，反之亦然。同时，注意对《党章》、党和国家领导人重要讲话、党的全国代表大会每一次通过的报告、党中央通过的重要文件、会议公报、每一年的《中国法治建设年度报告》或与之相关的最新文件之中的重要内容进行归纳与总结，将其中与宪法意识培育相关的内容依托《思想品德与法治》《毛泽东思想和中国特色社会主义理论体系概论》和《形势与政策》这三门课程讲授好、讲授透，从而使宪法意识培育的内容得以适当拓展。

4.1.6　延伸内容：道德、生活和人生教育

学校教育，不仅仅是课本知识的教育。宪法教育，亦不仅仅是《宪法》文本的教育。尤其

是到了大学阶段，大学生除了接受专业知识教育、公共课知识教育（包括宪法意识培育在内的法律意识培育）之外，还应接受能使其道德水准、生活能力和世界观、人生观、价值观等得以提升的相关教育。所以，"宪法教育要立足于生活，教育者要帮助青少年建立起宪法的生活性关联，要帮助青少年发现宪法维护自身利益的直接意义，这样宪法教育才能够获得真正的'能量'"。① 但是，大学生在大学之前所接受的教育，为了应对考试，所学基本上均是课本知识，课本之外其他知识尤其是考试不考的知识，其往往学习较少。到了大学这一阶段，与道德、生活和人生相关的教育便显得十分重要了，主要是因为以下两个方面原因：

一方面，到了大学阶段，可能还有极少数学生未届成年，但到了大学毕业之时，几乎均已成年了。但大学之前的阶段，因为考试导向的原因，在其生活、学习和成长的路上，书本知识的学习绝对至上，无论是家长还是老师，均将考试看得极其重要。即便是有与道德、生活和人生相关的教育，亦是基于课本而开展，所以服务于考试仍是绝对目标，导致其道德教育、生活教育和人生教育较为不足。到了大学之后，专业知识教育十分重要，这自不待言，而且就业、考研的压力同样较重。虽然考研招生人数逐年攀升，但大学生毕业之后进入社会、走向工作岗位仍然占绝对比例。换言之，大学教育是绝大多数大学生最后一次接受由国家所提供的环境舒适、条件优越的学校教育了。因此，在大学阶段，对大学生开展道德教育、生活教育和人生教育便显得十分重要了。习近平指出，"法学教育要坚持立德树人，不仅要提高学生的法学知识水平，而且要培养学生的思想道德素养"。② 该论述是针对政法高校的法学专业大学生而作出的，但将其用来指导对非法学专业大学生开展包括宪法意识培育在内的法律意识培育，亦属可行。

另一方面，从思想政治理论课来看，尽管《思想道德与法治》《毛泽东思想和中国特色社会主义理论体系概论》《中国近现代史纲要》《马克思主义基本原理》和《形势与政策》这五门课程之中或多或少均有一些与道德教育、生活教育和人生教育相关的内容，但较少是从法律意识培育（包括宪法意识培育）来进行阐述的。实际上，道德教育、生活教育和人生教育与法律意识培育（包括宪法意识培育）具有交集或重合之处，而前者亦能从法律规范之中找到依据。

对于道德教育，自 1997 年 9 月党的十五大提出依法治国的命题、且于 1999 年 3 月将其写入《宪法》以来，该命题成为党和国家治国理政的一项基本方略。但同时，在依法治国推进的前提之下，以德治国作为依法治国的补充角色亦被明确提出，所以道德教育必然应得到重视，并在各种学校予以开展。作为一个有着悠久德治或礼治历史的国家，道德文化、道德信条、道德规则必然较多，基于以德治国而开展的道德教育，应做的是对现存的道德规则进行调查和梳理，在取其精华、去其糟粕的基础之上提取具有全国普适性的道德准则，将其写入思想政治理论课教材。

对于生活教育，到了大学这一阶段，虽然大学生在这一阶段即将成年或已届成年，但大学教育毕竟还是学校教育，而非社会教育，所以生活教育的绝大多数内容还是知识教育，而生活

---

① 张劲. 让宪法回归生活：青少年宪法教育的一个路向 [J]. 预防青少年犯罪研究，2020（3）：11 −21.
② 习近平在中国政法大学考察 [N]. 新华社，2017 −05 −03.

技能教育往往较少。对此，思想政治理论课涉及较少，但生活教育亦较为重要，所以不宜忽略。稳妥之计，可以从以下三点内容着手：

第一，除了对大学生开展宪法意识培育和宪法相关法的意识培育之外，还应从《民法典》之中摘录与婚姻、财产、继承、抚养等相关内容，对其开展法律意识培育。虽然这些内容从宪法之中能找到相应的宪法规范作为依据，但相对而言，《民法典》作为对相关宪法规范的细化或补充，其对婚姻、财产、继承、抚养所作的规定，自然更细致入微一些，所以这些内容也是对宪法意识培育内容的重要补充和必要细化。所以说，宪法"是一切私权得以保障的基础"①。

第二，大学生除了少数人可能会因为读研而继续上学之外，绝大多数人均面临毕业和就业，所以既应从《民法典》之中摘录与合同相关的内容，又应从《劳动法》《劳动合同法》《个人所得税法》等法律之中摘录与就业或工作相关的内容，对其开展法律意识培育。

第三，大学生绝大多数时间是人在校园，其主要角色是大学生，但也是需要生活技巧的成年人，学校可以举办一些讲座或活动，为其讲授一些与增强生活技能相关的诸如防诈骗、防网贷、心理疏导等方面的知识，这些知识与某些法律规范均有一些关系。"教育者最是应该懂得，教育的宝贵时机蕴藏在个人困惑、利益冲突的时刻，而不是在那些无关痛痒的事件之中。"②该观点稍显偏颇，但其所揭示的教育应回应受众现实所需，则是十分中肯的。所以，对于大学生，在为其制定包括宪法意识培育在内的法律意识培育内容之时，应根据其所处的学习阶段而因时制宜、因人制宜。

对于人生教育，这方面内容在思想道德与法治课程之中已然较多，但通过对比可以发现，教材之中体现世界观、人生观、价值观的教育内容，与高中政治课程相比，并无较大变化。尽管教材内容经过不定期修订，越发完善，但在应对当下部分大学生"四个自信"不坚定、"四个意识"不增强、"两个维护"未做到，与世界观、人生观、价值观时常缺失，以及面对学业压力、毕业压力、就业压力与师生之间时而难处等问题之时仍显无力，这既需要教材根据当代大学生在生活、学习、思想等方面的现状而适时进行修订，又需要授课教师在不影响课程进度的前提之下，自行搜集相关材料并备好课，以期在课上课下对大学生在人生教育方面出现的问题进行精准地释疑解惑。

相对而言，道德教育、生活教育和人生教育与宪法意识培育是有一些距离，但在当下，除了大学思想政治理论课之外，并没有其他课程体系来明确承担这一责任，而在思想政治理论课体系之中，思想道德与法治、马克思主义基本原理等课程尤其是前者对道德教育、生活教育和人生教育有所涉及，而且课程内容已然不少，只是由于相关内容在应对当前大学生在道德、生活和人生所出现的问题之时稍显乏力、成效不佳，同时对其与法律意识培育（包括宪法意识培育）之间关系的探讨有待完善，所以在思想政治理论课框架之下，为了培养大学生健全人格起见，需要适当拓展法律意识培育（包括宪法意识培育）的内容，并将道德教育、生活教育和人生教育与法律意识培育（包括宪法意识培育）更加紧密融合，以使其相互促进、相得益彰。

---

① 秦前红，李雷. 民法典热背景下的宪法学冷思考［J］. 暨南学报（哲学社会科学版），2017（8）：6－14.
② 张劲. 让宪法回归生活：青少年宪法教育的一个路向［J］. 预防青少年犯罪研究，2020（3）：11－21.

4.2　宪法意识培育的基本特点

4.2.1　宗旨的明确性

对作为国家未来和民族希望的大学生开展宪法意识培育，其宗旨十分明确，即使之对宪法尤其是宪法重点内容和历次修宪重点内容进行学习，由此对宪法产生尊重之感、遵守之意，继而对宪法产生认同之情。而且，在运用思想政治教育学领域的"知情意信行理论"对大学生开展宪法意识培育的过程之中，亦应因人制宜、因时制宜、因地制宜地加入宪法实践的内容，使大学生对宪法的"知"和"行"得以合一，如此才能提高宪法意识培育的成效。

2014 年 10 月，党的十八届四中全会通过的《关于全面推进依法治国若干重大问题的决定》指出，"把法治教育纳入国民教育体系，从青少年抓起，在中小学设立法治知识课程"。① 这是在诸如《关于全面推进依法治国若干重大问题的决定》等重要文件之中第二次出现对"青少年"——当然包括"大学生"——开展法律意识培育进行论述的规定②，所以该规定意义重大。2012 年 11 月党的十八大召开以来，党和国家发布了一些依托思想政治教育而对开展包括宪法意识培育在内的法律意识培育可以起到促进作用的重要文件，这些重要文件较多。在此，试举以下六例：

2016 年 6 月，教育部、司法部、全国普法办联合印发实施的《青少年法治教育大纲》，在对青少年法律意识培育给予规定的前提之下，对青少年宪法意识培育亦作了较多规定。其指出，"以宪法教育为核心，以权利义务教育为本位。法治教育要以宪法教育和公民基本权利义务教育为重点，……要将宪法教育贯穿始终，培养和增强青少年的国家观念和公民意识"。③而且，该大纲对青少年尤其是处于高等教育阶段的大学生的法律意识培育还作了较多且精准的规定。

2019 年 8 月，中共中央办公厅、国务院办公厅印发的《关于深化新时代学校思想政治理论课改革创新的若干意见》指出，"坚持用习近平新时代中国特色社会主义思想铸魂育人，……系统进行中国特色社会主义和中国梦教育、社会主义核心价值观教育、法治教育、劳动教育、心理健康教育、中华优秀传统文化教育"。④ 可见，该规定不但提及了"法治意识""法治教育"，而且还提及了"宪法法律"。

---

① 《中共中央关于全面推进依法治国若干重大问题的决定》辅导读本［M］. 北京：人民出版社，2014：27.

② 上一次是 1982 年 9 月，党的十二大指出，"要在广大人民群众中，首先是干部和青年中，……加强宪法和公民权利、公民义务、公民道德的教育。要在全体人民中间反复进行法制的宣传教育，从小学起各级学校都要设置有关法制教育的课程，努力使每个公民都知法守法。特别要教育和监督广大党员带头遵守宪法和法律。"

③ 教育部、司法部、全国普法办关于印发《青少年法治教育大纲》的通知［N］. 教育部网站，2016 – 07 – 18.

④ 中共中央办公厅、国务院办公厅印发《关于深化新时代学校思想政治理论课改革创新的若干意见》［N］. 教育部网站，2019 – 08 – 14.

2019 年 10 月，中共中央、国务院印发实施的《新时代公民道德建设实施纲要》，从标题来看，是涉及"道德建设"的，但从内容来看，亦对民众法律意识培育作了较多规定。其"重点任务"指出，"坚持德法兼治，……全面贯彻实施宪法，推动社会主义核心价值观融入法治建设"[①]。而且，"发挥制度保障作用"指出，"着力增强人们的法治意识、公共意识、规则意识、责任意识"[②]。此外，"深化道德教育引导"指出，"推进全民守法普法，加强社会主义法治文化建设，……引导人们增强法治意识、坚守道德底线"。[③] 可见，该纲要对法律意识培育规定较多，而且还提及"全面贯彻实施宪法"，所以该纲要对宪法意识培育的开展，必有推动作用。

2020 年 12 月，中共中央印发的《法治社会建设实施纲要（2020－2025 年）》指出，"深入宣传宪法，弘扬宪法精神，增强宪法意识，推动形成尊崇宪法、学习宪法、遵守宪法、维护宪法、运用宪法的社会氛围。……持续开展全国学生'学宪法讲宪法'活动。推动'12·4'国家宪法日和'宪法宣传周'集中宣传活动制度化，实现宪法宣传教育常态化。"[④] 该纲要在提及"国家宪法日"的同时，提出设立"宪法宣传周"，不但在该段时间宣传宪法，而且还使之制度化、常态化，提法较为新颖，方法亦有创新之处。

2021 年 1 月，中共中央印发的《法治中国建设规划（2020－2025 年）》指出，"在全社会深入开展尊崇宪法、学习宪法、遵守宪法、维护宪法、运用宪法的宪法学习宣传教育活动，普及宪法知识，弘扬宪法精神。……加强青少年宪法法律教育，增强青少年的规则意识、法治观念"。[⑤] 该规划还提及"在'五四宪法'历史资料陈列馆基础上建设国家宪法宣传教育馆"[⑥]。

2021 年 4 月，中共中央办公厅、国务院办公厅印发的《关于加强社会主义法治文化建设的意见》指出，"组织好'12·4'国家宪法日、'宪法宣传周'系列宣传，推动宪法宣传教育常态化、制度化。……落实《青少年法治教育大纲》，把宪法纳入国民教育，融入校园文化，持续举办全国学生'学宪法讲宪法''宪法晨读'等系列活动，……增进全社会对宪法的尊崇和信仰"。[⑦] 可见，该意见对宪法意识培育的开展作出新部署、提供新思路、提出新要求，对在新时代进一步开展和加强宪法意识培育，并使之富有成效，意义重大。

除了上述所举六例之外，党和国家亦发布了众多对大学生思想政治理论课或思想政治教育起到推动作用的其他文件[⑧]，这些文件或许只提及思想政治理论课或思想政治教育，但由于大学生法律意识培育（包括宪法意识培育）属于思想政治理论课或思想政治教育的重要内容，因此这些文件对开展法律意识培育（包括宪法意识培育）当然亦有指导作用。对于大学生宪

---

①②③　中共中央、国务院印发《新时代公民道德建设实施纲要》[N]. 新华网，2019－10－27.

④　中共中央印发《法治社会建设实施纲要（2020－2025 年）》[N]. 新华日报，2020－12－08.

⑤⑥　中共中央印发《法治中国建设规划（2020－2025 年）》[N]. 人民网—《人民日报》，2021－01－11.

⑦　中共中央办公厅、国务院办公厅印发《关于加强社会主义法治文化建设的意见》[N]. 新华社，2021－04－05.

⑧　例如，2013 年 5 月教育部发布《关于加强和改进高校青年教师思想政治工作的若干意见》，2014 年 10 月中共中央发布《关于加强和改进思想政治工作的若干意见》，2017 年 2 月中共中央、国务院印发《关于加强和改进新形势下高校思想政治工作的意见》，2019 年 8 月中共中央办公厅、国务院办公厅印发《关于深化新时代学校思想政治理论课改革创新的若干意见》，2019 年 9 月教育部印发实施《"新时代高校思想政治理论课创优行动"工作方案》，2020 年 2 月教育部印发《新时代高等学校思想政治理论课教师队伍建设规定》，等等。

法意识培育的主旨或必要性，有学者认为，主要体现在两个方面："一方面，大学生努力培育宪法意识，有助于形成宪法信仰，自觉学习宪法、遵守宪法，从而推动宪法的实施。另一方面，加强大学生宪法意识的培养，有助于提升其综合能力，培养复合型人才，为推动建设'法治中国'服务"。① 诚哉斯言！但这是从宪法实施和法治建设的角度来讲，而从大学生自身的角度来讲，增强宪法意识的功能亦较为明显，即使之更好地行使基本权利、履行基本义务，同时更好地维护自身的合法权益。

4.2.2　主体的特殊性

"青少年阶段是人生的'拔节孕穗期'，这一时期心智逐渐健全，思维进入最活跃状态，最需要精心引导和栽培。"② 那么，大学生作为青少年的重要组成部分，其特殊性体现在两个方面：一方面，他们是青少年之中受教育程度较高、知识储备较多、视野较广，未来在整体上对社会作出的贡献，随之应较大一些。另一方面，在包括宪法意识培育在内的法律意识培育的机制之中，虽然对他们越来越多地给予重视，但较之于公职人员，还是有一些差距的。但同时较之于工人、农民等其他群体，大学生包括宪法意识培育在内的法律意识培育，又给予了越来越多的重视。当然，在党和国家对法律意识培育总体上给予越来越多的重视的前提之下，基于大学生这一群体的特殊性，将其接受法律意识培育的重要性，介于公职人员法律意识培育与除了大学生之外的工人、农民等群体的法律意识培育之间，是合理的，亦是符合大学生法律意识培育发展形势的。当然，对于大学生宪法意识培育，亦是如此。与公职人员，以及除了工人、农民等一般群体相比，大学生宪法意识培育具有以下三个特殊性：

第一，学习时间较为充分，而且既无生活压力，更无工作压力。大学生这一群体在大学期间，学习知识尤其是专业知识占绝对比重，这是绝大多数大学生大学生活的常态。大学生学习时间十分充分，有大量的时间用来上课或自学。而公职人员与一般群体之中除了大学生之外的其他群体，尤其是后者，虽然有时亦有所在单位、所在区域开展的宪法意识培育，但相对而言，开展频率较低、次数较少，宪法意识培育众多内容难以展开来讲，在较为有限的时间之内，只能对重点知识有所涉及。而且这些群体，既有自己家庭需要照看，又有本职工作需要完成，所以在参加宪法意识培育之时，可能会因为时间紧张、精力有限而难以全身心地投入其中。这也是本书主张应重视对大学生开展宪法意识培育的原因之一，倘若错过利用大学这一场域与其上大学这一时期，等到大学生走出校园、步入工作岗位之后，再对其开展宪法意识培育，其成效当然不如在大学生上大学之时。因此，有学者认为，"宪法教育是终生的，也是面向社会的，但最具有基础性、系统性、连续性的还是学校宪法教育"。③

第二，主要依托思想政治理论课而开展。大学生在上大学之时，除了法学专业大学生之

① 刀慧娟. 浅议新时代背景下大学生宪法意识的培育——以学习最新宪法修正案为例 [J]. 北方民族大学学报（哲学社会科学版），2018（5）：78–83.

② 习近平. 思政课是落实立德树人根本任务的关键课程 [N]. 求是网，2020–08–31.

③ 张劲. 让宪法回归生活：青少年宪法教育的一个路向 [J]. 预防青少年犯罪研究，2020（3）：11–21.

外，其他专业大学生接受宪法意识培育，基本上均是依托思想政治理论课而开展。换言之，在大学开展宪法意识培育，除了法学专业大学生之外，对其他专业大学生开展宪法意识培育，只能依托思想政治理论课这一平台。该课程有专门的授课教师、教学大纲、权威教材、固定教室等诸多便利条件，为大学生尤其是非法学专业的大学生依托思想政治理论课接受宪法意识培育，提供了一个良好的学习环境。因此，大学生应充分运用便利条件，既应遵守国家和学校对思想政治理论课作出的规定，又应发挥主观能动性，增强自学意识，力求将依托思想政治理论课而开展的宪法意识培育课程学习好，继而使自己的宪法意识得以增强。但对于公职人员与一般群体之中除了大学生之外的其他群体，其参与宪法意识培育的条件，显然不如大学生享有较多的便利。对公职人员开展宪法意识培育，往往还较为正规和严肃，其所在单位根据上级要求和自身需求，可能还有宪法意识培育的相关规划，但对于一般群体之中除了大学生之外的其他群体，则往往显得较为非正式了，经常表现为发放传单、放映视频、提供咨询等，其成效自然难以保证了。

第三，学习的动力有所不同。对于大学生，其学习包括宪法意识培育内容在内的思想政治理论课内容，其动力一般来源于确保考试通过而不影响大学毕业。由于在任何一个高校，思想政治理论课均是十分重要的必修课，学校十分重视，考试亦十分严格，所以大学生为了考试通过，往往会认真学习，至少是考前认真复习。但对于公职人员，其学习宪法意识培育内容的动力，虽然与大学生相异，然而亦较为简单，公职人员参与这种活动的目的一般是满足上级要求或完成单位年度培训计划，但由于较为正规和严肃，所以公职人员亦往往认真对待，即便不要求提交论文，一般亦得提交学习感悟或总结。而对于一般群体之中除了大学生之外的其他群体，其学习宪法意识培育内容的动力，可能只是碍于情面，需要配合所在区域或单位的工作人员完成相应的工作任务。所以，无论是大学生，还是公职人员，其参与宪法意识培育，往往是为了应对考试或完成工作任务，其源自内心的积极性还有待激发。而对于一般群体之中除了大学生之外的其他群体，例如，工人、农民等，其参与宪法意识培育的积极性经常较低，多数时候只是为了响应组织者的号召而已。

因此，大学生作为宪法意识培育对象之中较为特殊的群体，其重要性往往仅次于党员干部、公职人员，这从自 1986 年 1 月正式开始的普法工作对普法重点对象的规定便能管窥一二。当然，为普法工作提供指导的每一份《普法规划》，虽然并未明确将"大学生"作为普法重点对象，但对其规定的重点对象之一"青少年"进行解释，当然可以将"大学生"包括在内。然而，往后再制定《普法规划》之时，应尽可能将"大学生"明确列出，从而为大学生包括宪法意识培育在内的法律意识培育的开展，提供更为明确而有力的指导。

总而言之，大学生作为宪法意识培育的重点对象之一，绝大多数时间人在校园，主要任务是学习宪法知识，增强宪法知识储备，而包括宪法实践在内的法律实践的机会，较之于其他群体确实较少。对此，需要党和国家尤其是具体落实宪法意识培育的党务宣传部门、教育行政部门及其督导之下的各种高校，因人制宜地制定宪法意识培育规划，以便于将这项工作开展好，而且开展得富有成效。有学者认为，"宪法意识的培养，关键并不在于在文字上或口头上将宪法的地位定得很高，而是宪法权利生活化"①。该观点后半部分较为中肯，但前半部分有待商榷，因为只有先"在文字上或口头上将宪法的地位定得很高"，才可能引起宪法意识培育对象对宪法的重视。所以，对于大学生宪法意识培育，需要各种主体给予高度重视，当然亦包括大学生自身。

4.2.3　知识的针对性

宪法意识培育内容，自然是宪法知识，而宪法知识萌生和增强的前提和起点则是对宪法的学习。有学者对宪法作了一个精准的定性，其认为，"宪法属于国家基本法，……以'保障权利、制约权力'为价值导向，以'国家性质、政治体制、宪法基本原则、核心理论指导思想、国家权力体系以及公民的权利体系'为主要内容，是具有法治核心地位的权威性、规范性、指导性的纲领文件。"② 从该阐述来看，宪法意识培育包括哪些内容，已有所指向了。但仅仅将"宪法"作为宪法意识培育的基本内容，则明显不够。本书基于提倡"大宪法意识"培育的理念，认为宪法意识培育内容应包括以下六个层面：

第一，核心内容之一，即《宪法》文本的重点内容。第二，核心内容之二，历次修宪的重点内容。第三，密切内容，即人民宪法近百年发展史。第四，关联内容，即宪法相关法与法律体系。第五，延展内容，即党情、国情和内外形势。第六，延伸内容，即道德、生活和人生教育。

其中，核心内容自然是《宪法》文本，其重要性无需置疑。"宪法知识是宪法意识的前提和基础，公民的宪法知识掌握不足，必然导致其宪法意识的薄弱。"③ 而宪法知识的获得，必然是以学习《宪法》文本为前提和起点。至于《宪法》文本，就是 1982 年《宪法》以及历经 1988 年、1993 年、1999 年、2004 年和 2018 年五次修改而形成的现行《宪法》文本。但是，由于这五次修宪尤其是党的十八大以来的 2018 年这次修宪，使宪法获得了显著发展和完善，因此需要对这五次修宪的大致时间、重点内容进行专门学习。所以，对于宪法意识培育的核心内容，可以分为两个部分：一部分是现行《宪法》文本的重点内容，另一部分是历次修宪的重点内容。当然，这两个部分是有重合的。但是，对《宪法》文本的学习，是对宪法基本面貌进行了解的需要，而对《宪法修正案》文本的学习，是对宪法修改和发展基本史进行学习的起点。

一言以蔽之，对《宪法》文本和《宪法修正案》文本的学习是宪法意识萌生和增强的基础和根本。在此，需要说明的是，虽然《宪法修正案》在通过之后，其文本已融入新《宪法》文本之中，但由于《宪法修正案》有一些重要内容需要学习，因此在学习新《宪法》文本之时，亦需要对《宪法修正案》进行必要的单独学习。不过，无需对每一个条文进行熟知乃至于背诵，但需要将重要条文予以通读，在此基础之上，对重要的知识点有所熟识即可。当然，倘

---

① 陈建平. 让日常生活事例走近宪法学课堂 [A]. // 王瀚. 法学教育研究：第 10 卷 [C]. 北京：法律出版社，2014：116－126.

② 刀慧娟. 浅议新时代背景下大学生宪法意识的培育——以学习最新宪法修正案为例 [J]. 北方民族大学学报（哲学社会科学版），2018（5）：78－83.

③ 秦怡红. 论公民宪法意识的培育 [J]. 长春理工大学学报（社会科学版），2018（5）：37－41，71.

若是宪法意识培育对象自愿将每一个条文予以熟识乃至于背诵，在所不问，但乐见其成。

除了核心内容之外，还应将宪法意识培育内容以核心内容为基点向密切内容、关联内容、延展内容和延伸内容逐渐拓展。当然，根据宪法意识培育对象的实际情况，可以因人制宜、因时制宜、因地制宜地对密切内容、关联内容、延展内容和延伸内容作出适当地加深或省略。不过，无论是哪一种宪法意识培育对象，宪法意识培育的核心内容均不得省略。目前，最紧要的任务之一，便是通过有效的教育，扭转大学生对宪法意识培育不重视的问题。宪法如何具有重要性，对此既需要在学习过程之中逐渐予以体会，又需要在学习之初提纲挈领、态度鲜明地对其予以强调。

以往对大学生开展宪法意识培育，内容较为狭窄，即便是十分重要的核心内容（《宪法》文本及历次修宪的重点），亦往往显得既不完整，又缺乏深入阐述。诚然，基于《宪法》文本的宪法意识培育，并不要求对《宪法》文本进行全文熟识乃至于背诵，但至少应满足两个方面的要求：一方面，对《宪法》文本应进行通读。另一方面，对《宪法》文本的重点内容与历次修宪的重点内容，应有所熟识，而且对于较为重要的知识点，应有所记忆。例如，现行《宪法》通过时间、社会主义建设指导思想、国体、政体、国家机构组织原则、依法治国写入宪法时间、尊重和保障人权写入宪法时间，等等。对于这些知识点，坦率而言，需要理解的并不多，由于属于《宪法》及修宪的重点内容，基础性较强，所以还是应有所熟知。毕竟，通读、熟识乃至于记忆，是理解某一种事物的前提与起点。

4.2.4　过程的衔接性

大学生宪法意识培育，处于承上启下的重要衔接地位。之所以如此，是因为两个方面原因：一方面，因为宪法意识培育的多数内容，其实在初中和高中的政治教材之中已出现过，而讲授这些教材的课程，对于选择文科的高中生，其学习包括宪法知识的政治知识，基本上是为了应对考试尤其是高考，考试结束之后便往往遗忘。对于选择理工科或艺术等科的高中生，包括宪法知识在内的政治知识，基本上便会成为选修课，为了节约时间而应对高考，亦较少再去学习了。这是在高中阶段虽然学过宪法知识，但部分大学生的宪法意识，却较为薄弱的一个关键原因。他们之中有一些人，甚至连现行《宪法》通过于1982年这样最基础，但也最重要的知识点都未能掌握。而且，无论是法学专业的宪法学课程内容，还是非法学专业的依托思想政治理论课而开展的宪法意识培育内容，均较为注重宏观叙事，而且在注重政治性的同时，却对宪法具有的法的规范性重视不足，以至于部分法学专业大学生认为，"宪法学的课本和高中政治课本没什么差别，很无聊"。① 而非法学专业的大学生，对于思想政治理论课之中的宪法意识培育内容的直观感受，应亦是如此。因此，对于宪法意识培育的开展及其成效的提高，还有较长的路要走。

另一方面，近些年以来，虽然硕士研究生招生人数屡创新高。但相对而言，绝大多数本

---

① 夏利民，李思慈.法学教育论［M］.北京：中国人民大学出版社，2006：419.

科生毕业之后，便步入社会、走向工作岗位。换言之，本科毕业之后读研的比例较低，而在读研之后读博的比例则更低。因此，对于绝大多数本科生，依托思想政治理论课接受宪法意识培育，是其在国家提供的教育体制之中最后一次接受这样的教育了，因此对其来讲十分难得。而对于读研乃至于以后读博的本科生，在其读研读博阶段，学校为其开设包括宪法意识培育在内的法律意识培育，十分罕见，尤其是读研读博阶段所学专业是非法学的专业。所以，无论大学生对于本科毕业之后如何规划，均应对依托思想政治理论课接受宪法意识培育十分重视，发挥主观能动性，积极主动、认真负责地学好宪法意识培育内容尤其是核心内容，该通读则通读，该熟知则熟知，使宪法知识储备得以增强，在此基础之上使宪法意识得以提高。因此，"对大学生而言，就是要抓住宪法的本质特征，结合国家的政治、经济发展和学生的实际情况，使学生真正认识到宪法与自己的成长、成才的密切关系，从而使宣传教育达到应有的效果。"①

　　大学生在求学期间，依托思想政治理论课接受的宪法意识培育，上承初中、高中依托思想政治课接受的宪法意识培育，下启毕业之后或是步入工作岗位由其单位组织的宪法意识培育，或是读研乃至于读博之后由学校开展的少量的甚至微不足道的宪法意识培育。当然，对于读研读博阶段所学专业是法学专业的学生，确实并非如此，但未来的这类学生的比例很小，尤其是法学博士的比例则更小，而且在本科阶段，还难以断定自己未来一定会读研读博，所以这些都是未知的。由此，大学生应抓住眼下机会，认真学习好宪法意识培育内容。所以，对于绝大多数本科生，在大学接受的宪法意识培育，基本上是最后一次接受由国家所提供的、较为正规、较为严格，而且便利条件较多的宪法意识培育了，自然十分重要。总而言之，无论是处在第一线的开展宪法意识培育的高校，还是应积极参与其中的作为宪法意识培育对象的大学生，均应持续和加强对宪法意识培育的重视，使之开展得富有成效。

4.2.5　成效的时滞性

　　较之于公职人员与一般群体之中除了大学生之外的工人、农民等其他群体，大学生宪法意识培育具有一个较为显著的特点就是成效的时滞性。细而言之，是指对大学生开展宪法意识培育，或者大学生参与宪法意识培育，其所具有的多数功能，并不会在其上大学期间立即显现出来。但是，这几乎是包括宪法意识培育在内的所有学校教育，所具有一个基本特点，并不代表在大学这一场域对大学生开展宪法意识培育不重要。

　　随着 2012 年 11 月党的十八大的召开，中国特色社会主义进入"新时代"，包括全面依宪治国在内的全面依法治国得以推进，法律数量日渐增多，立法质量稳步提高，法律体系日益完备，使得几乎每一行业、每一个岗位、每一份工作所产生的事务均离不开法律规制，而这些法律又是以宪法为根基和基础的法律体系的组成部分。可见，任何接受法律规制的事务，均与宪法相关，只是这种相关有时显得较为直接，有时显得较为间接，但无论是哪一种关系，均说明

---

① 程凌. 当代大学生宪法意识的培养 [J]. 华南理工大学学报（社会科学版），2006（4）：29-32.

宪法十分重要。

在大学生求学期间，较难准确预测某一个大学生毕业之后扮演的是哪一种社会角色，因此对大学生开展包括宪法意识培育在内的法律意识培育，需要全方位、全覆盖。当然，在依托思想政治理论课开展这项工作之时，所在高校对于比较重要的、具有基础性的包括宪法知识在内的法律知识的讲授，应做到全面而充实。但同时，可以根据大学生所在高校、所学专业、所属年级等因素，因人制宜地做一些适当调整。例如，对于边疆地区高校大学生，应加强政治认同、国家认同的教育①；对于国防专业大学生，应加强国家安全、保守秘密的教育②；对于大学四年级大学生，应加强安全生产、依法纳税的教育③，等等。这些内容在《宪法》之中亦能找到相关规定作为依据。

当然，在大学生宪法意识培育过程之中，"知"之学习是首要，占绝对比例，其对"知"之"行"，基本上是走出校园、步入工作岗位之后，这导致"知"与"行"之间存在明显的间隔期，但这只是相对而言。整体来看，不能绝对视之，因为言论自由、人身自由、人格尊严不受侵犯、受教育权等权利，在宪法和法律规定的范围之内，大学生作为享有这些权利的主体，其实平时已有所行使，只是基于这些权利的固有特点，与国家对这些权利的行使秉持谦抑和甚少干预的态度，所以给大学生造成了一种宪法权利行使较少的错觉。换言之，大学生在大学求学期间，对于宪法规定的某些权利，是有行使的，这亦是"知行合一"的体现。

总而言之，在大学求学期间，是大学生增强包括宪法知识在内的法律知识的储备的重要时期，相对而言，实践机会少一些，这亦是学校教育的一个特点。包括宪法实践在内的诸多实践，主要发生于其走出校园、步入工作岗位之后，这便导致包括宪法意识培育在内的法律意识培育的成效的发挥，具有时滞性。不过，某一个大学生在未来是成为级别较高、握有公权力的领导干部，还是成为所在单位的业务管理者、部门负责人，抑或是成为所在单位的一般工作者，社会角色是否重要，对包括宪法意识在内的法律意识的要求是否较为浓厚，凡此种种，均难以准确预测或厘定清楚。所以，大学处在对大学生开展包括宪法意识培育在内的法律意识培育的第一线，应对大学生开展全方位、全覆盖的包括宪法意识培育在内的法律意识培育。

4.3　宪法意识培育的基本功能

在我国，对宪法有一个较为普遍的认识，那就是宪法规范具有宏观性、抽象性、原则性和不可直接适用性。对国体、政体、国家基本政策、国家机关之间以及中央与地方职权划分等事

---

①　例如，《宪法》第 4 条第 3 款规定："各少数民族聚居的地方实行区域自治，设立自治机关，行使自治权。各民族自治地方都是中华人民共和国不可分离的部分。"

②　例如，《宪法》第 53 条规定："中华人民共和国公民必须遵守宪法和法律，保守国家秘密，爱护公共财产，遵守劳动纪律，遵守公共秩序，尊重社会公德。"

③　例如，《宪法》第 56 条规定："中华人民共和国公民有依照法律纳税的义务。"

项给予规定是宪法的主要功能之一。而且，由于我国宪法解释、宪法诉讼等制度发展稍显滞后，只有"国家宪法日"得以确定和宪法宣誓制度得以构建，这容易使部分人认为，宪法与普通民众关系不大。但这种认识其实是不全面的，因为并非所有的宪法条文均具有宏观性、抽象性、原则性和不可直接适用性，而且宪法第二章就是"公民的基本权利和义务"（第一章"总则"的部分条款亦规定有公民的权利和义务，只是没有"基本"一词而已），所以宪法自然与普通民众息息相关。随着宪法实施的推进，包括大学生在内的诸多群体，应有最基本的宪法意识，这既是便于自己行使基本权利、履行基本义务的需要，又是服务于全面推进依法治国（包括全面推进依宪治国）的需要。

4.3.1　使法律意识培育协调发展

有学者将对"宪法意识"概念的界定分为三种观点，即"宪法说""宪法现象说"和"宪法与宪法现象综合说"，通过分析与对比，其认为"三种观点的共性在于都主张宪法意识是法律意识的一种，且是法律意识的基础和核心。"[①] 亦有学者认为：

> "宪法意识与法律意识分别以宪法及法律为其意识对象，但宪法意识与法律意识又密不可分。这源于宪法与法律浑然一体的特性。宪法意识是法律意识的起点与核心，又是法律意识的归宿，宪法意识需要相应的法律意识的配合与支撑，而法律意识又需要宪法意识的指导和统领。在理想的法律意识中，宪法意识与法律意识是一种和谐的关系。"[②]

总的来讲，该观点是中肯的，但"宪法与法律浑然一体的特性"，与宪法意识"又是法律意识的归宿"的论断，还是稍失准确。然而，宪法意识与法律意识之间，以及宪法意识培育与法律意识培育之间，前者均是后者的一种特殊表现形式，则当属无疑。倘若将宪法当作一部较为特殊的法律，那么在法律意识培育体系之中，除了宪法意识培育之外，还有民商法意识培育、刑法意识培育等其他法律意识培育类型。而宪法意识培育与其他法律意识培育之间，可以相互促进、相得益彰。

宪法是根本大法，其他法律均以宪法规定或宪法精神作为立法的正当性依据，所以民众宪法意识的增强，对其了解以宪法为最高效力的其他法律，从而增强民众对其他法律的意识，亦会产生显著的促进意义。同时，倘若将宪法当作一个部门法，那么在法律意识培育体系之中，除了宪法部门法意识培育之外，还有民商法部门法意识培育、刑法部门法意识培育、诉讼法部门法意识培育等类型。对于大学生，倘若其宪法意识得以增强，宪法部门法获得良好实施，那么对其他部门法的实施以及其他部门法的意识增强，亦会起到直接或间接的互动作用，反之亦然。

当然，倘若提及宪法意识，绝大多数时候，均是指宪法部门法之中一部较为特殊的法律，

①　水晶. 大学生宪法意识研究综述：现状与反思［J］. 教育现代化，2020（5）：170 - 173.
②　周立，李卫刚. 宪法意识本论［J］. 宁夏社会科学，2004（6）：4 - 9.

而非宪法部门法。基于此，提及宪法意识培育之时，均是以《宪法》文本和历次修宪的重点内容作为宪法意识培育的基础内容，并以此为核心而将宪法意识培育内容予以适当拓展。对于大学生宪法意识培育，亦是如此。

4.3.2　提升对法律制度整体认知

大学生只有拥有最基本的宪法意识，才能对我国法律体系有一个大致认知。通常来讲，"宪法是国家根本大法，是'法律的法律'。宪法是所有法律之母，是判断法律正当性的标准，是制定一般法律的依据"。① 该观点在我国，几乎已成为公理。由此，其他法律尤其是公法均是根据宪法规定或宪法基本精神所制定的，宪法从而具有至高无上的地位和最高效力，所以宪法是制定法尤其是公法的本源，倘若对这个本源能有一个大致认知，那么对由这个本源所衍生出的众多细化性或补充性的法律进行全面了解，便会有一个良好的前提。因此，倘若对宪法以及由宪法衍生出来的众多法律能有不断深化的认知，随之便可以对我国的法治体系进行认知，而且这种认知还会显得更加立体化和体系化。

然而，宪法与所有法律之间，并不一定均存在一一对应的"母子"关系。但"把宪法当作'母法'，这首先是由我们国家法制体系内部发展的状况所导致的一种认识。在建国初期，我们国家没有什么法律，只有婚姻法、土改法等，再就是 1954 年制定的宪法，然后再依据它制定其他各部门法，于是这使人产生一种错觉，好像是宪法产生出其他部门法的。"② 可见，宪法的"母法"称谓，是有历史渊源的。而从法律体系的发展来看，只要一般法律不违反宪法规定与宪法基本精神，均认为是合乎宪法的，除非有充分而确定的证据证明某一条或某些条款违反宪法，才可以对该条款进行修改或将其废止。换言之，不是所有的法律与宪法均存在明确的、直接的"子法"与"母法"的关系，正因如此，在有些法律的立法依据之中，才没有"根据宪法，制定本法"的规定③，那是因为该法律不是宪法的"子法"，但倘若没有充分而确定的证据，便不能认为该法律没有宪法依据或与以宪法为基础的法律体系相抵触。所以，尽管"没有宪法依据"，但倘若符合或未违反宪法基本精神，便应认为该法律的存在是合乎宪法的。因此，这要求通过宪法意识培育的开展，需要大学生对宪法有一个基本的、准确的认知和定位。

有了法律，就可能会产生以宪法为基础或核心的法律体系，但不一定就有了法治，亦不一

---

①　曾瑜. 论宪法权威 [J]. 四川师范大学学报（社会科学版），2010（2）：15 – 19.

②　林来梵. 剩余的断想 [M]. 北京：中国法制出版社，2007：291.

③　例如，2015 年 12 月通过、2016 年 3 月起开始施行的《反家庭暴力法》第 1 条规定："为了预防和制止家庭暴力，保护家庭成员的合法权益，维护平等、和睦、文明的家庭关系，促进家庭和谐、社会稳定，制定本法。" 2020 年12 月通过、2021 年 3 月起开始施行的《长江保护法》第 1 条规定："为了加强长江流域生态环境保护和修复，促进资源合理高效利用，保障生态安全，实现人与自然和谐共生、中华民族永续发展，制定本法。" 2020 年 10 月通过、2021年 4 月起开始施行的《生物安全法》第 1 条规定："为了维护国家安全，防范和应对生物安全风险，保障人民生命健康，保护生物资源和生态环境，促进生物技术健康发展，推动构建人类命运共同体，实现人与自然和谐共生，制定本法。"等等。

定就有了依宪治国。包括大学生在内的诸多群体，只有对宪法与法律之间、宪法与法律体系之间、宪法与法制体系之间、宪法与法治体系之间等关系，有较为充分的梳理和厘清，在此基础之上，对宪法与依法治国之间、宪法与依宪执政之间、宪法与依宪治国之间的关系，才能有较为清楚的了解和领悟。相对而言，制定宪法容易，实施宪法却不容易，所以说，"颁布宪法是一回事，实践宪法又是一回事"。① 为了给实践宪法提供一个良好的社会环境和无数认同宪法的民众，所以需要在宪法有序实施的基础之上，对包括大学生在内的诸多群体开展宪法意识培育，使之学习、尊重、遵守和认同宪法，既使之增强宪法意识，又使之对宪法在法律体系、法制体系、法治体系与依宪执政、依宪治国之中的地位能有较为深入的认知。

有学者以法学专业大学生为对象进行研究，发现其"不仅总体上非常缺乏关于国家和社会治理体系中法律地位和作用的正确认知，而且其法律意识和法治素养也难以得到积极肯定。"② 由此，可以作出一个推论，即非法学专业大学生在总体上应比法学专业大学生稍显逊色。所以，使大学生对宪法和基于宪法而建立的法律体系，以及基于法律体系而建立的国家治理能力和治理体系现代化能有一个大致了解，是一项艰巨但却有必要去推进的重要任务。

4.3.3　合法合理处置自己之事务

"当代中国，就政治价值观念层面而言，赞成法治、向往法治、反对人治已经成为人们的共识。"③ 但如何依据宪法和法律处置自己事务，则又是一个重要问题。宪法规定了我国公民基本的权利和义务，对其有所了解和掌握，是公民更好地行使基本权利、履行基本义务的前提和基础。在我国，凡具有中国国籍的人均是中国公民，除了《宪法》第二章"公民的基本权利和义务"之外，第一章"总则"的部分条款亦规定有公民的权利和义务（只是没有"基本"一词而已）④，可以说，《宪法》对公民的基本权利和义务的规定是较为丰富的，即便是公民想放弃自己的基本权利，但宪法义务却是要履行的，否则不但违反宪法，而且还违反宪法的某些下位法，随之应承担法律责任。所以，作为我国公民的大学生，无论是被动地参与宪法意识培育，还是主动增强自己的宪法意识，对自己更好地行使基本权利、履行基本义务，均是有百利而无一害的。有学者认为，"法律的遵守是法治意识的重要组成部分，是法治意识的实践基础，也是法治意识成熟度最重要的衡量标准之一"。⑤

所以，与主动行使权利相比，积极甚至消极遵守法律或履行义务，对于法律秩序的维护，或许显得更为实际。当然，对于宪法，亦是如此。但若是一直消极地遵守法律，对行使权利心

① 王光辉，杨盛达. 论宪法实践权威的达致——以亚洲代表性国家为考察对象 [J]. 宁波大学学报（人文科学版），2009（2）：117 – 122，128.
② 石旭斋. 大学本科生法治素养及其提升策略 [M]. 北京：中国法制出版社，2019：21.
③ 张恒山，刘永艳，封丽霞，等. 法治与党的执政方式研究 [M]. 北京：法律出版社，2004：1（前言）.
④ 例如，《宪法》第 13 条规定："公民的合法的私有财产不受侵犯。国家依照法律规定保护公民的私有财产权和继承权。国家为了公共利益的需要，可以依照法律规定对公民的私有财产实行征收或者征用并给予补偿。"
⑤ 陈立峰. 新社会阶层法治意识及其培育——以浙江省的问卷调查为基础 [J]. 中共浙江省委学校学报，2017（3）：121 – 128.

不在焉，能放弃则放弃，将不违法和远离法律作为为人处世的圭臬，长此以往，自己的法律意识难免较为薄弱，而且对权利行使、义务履行的认知，也会较为肤浅，很有可能由于对法律认知不准确而违反法律，或者因为对义务履行认识不到位而承担责任。作为新时代的大学生，不但应积极履行义务，还应积极行使权利，这既是对自己负责，亦是对自己作为一个合格公民的自我肯定和自我尊重。

同时，需要注意的是，宪法规定的权利和义务，均是最"基本"的。因此，对于大学生，除了有权行使《宪法》为之规定的"基本权利"和应履行《宪法》为之规定的"基本义务"之外，根据宪法规定或宪法基本精神而制定的下位法，亦为其规定了相当数量的"（一般）权利"和"（一般）义务"。对于前者，有权行使；对于后者，应予履行。"基本权利"可以衍生出"（一般）权利"，相应地，"基本义务"可以衍生出"（一般）义务"，但这种衍生，既可能是显性的或直接的，又可能是隐性的或间接的。换言之，只要不违反宪法规定或宪法精神，一般法律有权规定从宪法规范之中找不到直接依据的"（一般）权利"和"（一般）义务"。所以，对于大学生，除了有权行使宪法为之规定的"基本权利"之外，还有权行使一般法律（包括宪法相关法）为之规定的"（一般）权利"。相应地，除了应履行宪法为之规定的"基本义务"之外，还应履行一般法律（包括宪法相关法）为之规定的"（一般）义务"。

有学者认为，"最可靠、最经常实现生活联系的，恰恰是基本权利教育。"[①] 但其亦认为，"宪法教育首先是权利教育，并不是否定责任、义务教育，……而是说，从权利出发才能更好地理解责任。"[②] 既然宪法规定有基本义务，那么基本义务的教育理应给予重视。而且，除了应履行宪法规定的"基本义务"之外，还应履行一般法律（包括宪法相关法）规定的"（一般）义务"。无论是"基本权利"与"（一般）权利"之间，还是"基本义务"与"（一般）义务"之间，后者均是前者的衍生物，但这种衍生关系，并不总是较为明确，有时还显得较为微弱。倘若"（一般）义务"从"基本义务"衍生地不甚直接或明显，但只要没有违反"基本权利"的核心内容与宪法基本精神的主旨意涵，而且亦没有充分而确定的证据证明为公民规定的"（一般）义务"违反宪法或宪法的下位法，那么"（一般）义务"的存在就是合乎宪法的。

对包括大学生在内的诸多群体开展宪法意识培育，使之既能对宪法规定的"基本权利"和"基本义务"有一个基本了解，又能对"基本权利"和"（一般）权利"之间关系、"基本义务"与"（一般）义务"之间关系有一个基本认识，以便于其更好地行使权利、履行义务。放眼当下，"中国公民宪法意识在不断提高，对于宪法的认知程度亦在持续加深，公民也越来越依靠或者根据宪法去实现个体的利益保障诉求。"[③] 那么，对于大学生，更应增强宪法意识，以期增强自己合法合理行使宪法权利和履行宪法义务以及实现个人诉求的意识和能力。

4.3.4　培养责任意识和公共精神

大学生步入大学之时，绝大多数均已成年。即便有个别未届成年，但到了二年级尤其是到

---

①②　张劲. 让宪法回归生活：青少年宪法教育的一个路向 [J]. 预防青少年犯罪研究，2020（3）：11 - 21.
③　韩大元，孟凡壮. 中国社会变迁六十年的公民宪法意识 [J]. 中国社会科学，2014（12）：123 - 142，162.

了大学毕业之时，几乎不大可能再有人未届成年。这意味着较之于未成年人，作为一个成年人，应负得起更多的责任。"大学生具有公民和学生双重身份，他们的主要活动场所是社会和高校，学校是一个微型的社会，是大学生最直接、最主要的活动场所。"① 作为成年人或即将成年的人，大学生应负得起相关责任。而相关责任，主要包括以下三种：

首先，应对自己负得起责任。成年之前，在家有家长（监护人），在学校有老师，在日常生活和学习的过程之中，倘若产生较大事务或与他人发生较大纠纷，总是可以找到长辈出面帮忙解决。上大学之后，绝大多数人从法律上讲，均已成年，应依法对自己负得起责任。但是，由于大学生还在学校念书，独立处理重大事务的阅历和能力还有限，而且经济上尚未独立，所以在产生较大事务或与他人发生较大纠纷之后，或是叫家长（监护人），或是叫老师（辅导员、班主任或导师等）处理相关事务。然而，大学生总会毕业，随之总应学会独立处理自己的毕业事务或就业事务，即便自身或家里条件较好，但自己在处理相关事务过程之中，应学会逐渐长大，并学会有责任感地面对自己的人生。

那么，责任感从何而来？主要靠两个方面：一方面，靠道德教育。另一方面，靠法治教育或法治意识培育，而后者自然包括宪法教育或宪法意识培育。实际上，《宪法》既规定了大量的权利，也规定了不少的义务②，如何更好地行使宪法权利、履行宪法义务，亦是一个如何承担宪法责任的问题。因此，学好《宪法》，使宪法意识有所增强，从而有利于更好地承担宪法责任，同时又由于宪法是其他法律的母法，所以学会更好地承担宪法责任，对于更好地承担法律责任，亦是一个前提和基础。

其次，应对家庭负得起责任。大学生在读大学期间，只要符合《民法典》规定的最低结婚年龄，从法律上讲是可以缔结婚姻、组建家庭的，只是由于大学生尚在求学，而且经济上尚未独立，所以缔结婚姻、组建家庭者甚少。但是，尽管大学生没有组建自己的家庭，但其作为父母的子女，当然是家庭的一分子，随之对父母等长辈（祖父母、外祖父母等）与其他家庭成员（兄弟姐妹等）是应有家庭责任需要承担的③。当然，大学生经济尚未独立，即便已届成年，也不用有承担赡养父母的责任，但从伦理上讲，有以适当频率对家里长辈尤其是父母给予情感慰藉的道德义务。在现实生活之中，由于部分大学生家里孩子少，甚至自己是独生子女，从小在娇生惯养和过分溺爱，但却较少在给他人施爱的环境之下长大，因此缺乏对家里长辈尤其是父母给予情感慰藉的意识。有一些大学生，平时除了向父母索要生活费之外，很少主动跟父母联系，即便是向父母索要生活费，态度也不恭敬，言语生分而僵硬。与父母之间，无论何事，往往懒于耐心沟通，一直在叛逆，较少有体贴，没有承担起子女对父母的孝顺之责。若是该状态得不到改变，即便是毕业之后因为工作了而在经济上有能力孝顺父母、赡养父母了，也不会对父母有多好，因为一直没有得到较为充分的家庭责任意识的培育。

---

① 吉喆. 中国大学生公共精神培育研究［D］. 长春：吉林师范大学，2020：56.

② 我国《宪法》第二章"公民的基本权利和义务"第51、56条，对公民应尽的宪法义务作了规定。例如，《宪法》第51条规定："中华人民共和国公民在行使自由和权利的时候，不得损害国家的、社会的、集体的利益和其他公民的合法的自由和权利。"

③ 例如，《宪法》第49条第3款规定："……成年子女有赡养扶助父母的义务。"

　　《宪法》关于公民对家庭责任的规定并不多，但也有一些，所以应以《宪法》规定为基础，结合其与《民法典》等法律对大学生开展家庭责任意识的培育①，使之具有最基本的家庭责任意识。作为父母的子女，在求学期间，只有先尽好为人子女在情感上关心父母、慰藉父母的责任，在此基础上，以后毕业和工作了，才能更好地在经济上负得起孝顺父母、赡养父母的责任。同时，唯有对大学生开展好家庭责任意识的培育，等到其毕业之后缔结婚姻、组建家庭了，才能对自己的爱人和子女负得起应有的责任。

　　最后，应对社会负得起责任。大学生除了应对自己、对父母负得起基本的责任之外，还应对社会负得起责任。大学生求学时间长、在校时间久，对于如何过好集体生活应有一定的经验心得，但对于社会这个更大的集体，应承担何种责任，由于大学生涉世未深，还难有深刻的体会。大学生作为社会的一分子，自身又带有社会属性，作为新时代有为青年，应对社会负得起责任。由于大学岁月过得很快，而且尽管硕士研究生录取率屡创新高，但从比例上来看，绝大多数大学生毕业之后便会进入社会、走向工作岗位，所以应在大学生求学期间对其开展充足的社会责任意识的培育。

　　《宪法》全文虽然无"社会责任"一词，但其在第一章"总纲"、第二章"公民基本权利与义务"之中均对公民应尽的基本义务作了较多规定。这些基本义务，尽的对象有的是家人②，有的是国家、民族、社会和他人等③，他们均是公民应尽的基本义务的受益方，向这些对象履行义务，均可以看作是在履行社会责任。诚然，"权利是利益的法律表现形式，宪法是人权的根本保障书。"④ 但在公民的眼里，不能只有权利而没有义务，因为履行基本义务乃是人权得以实现的一种必要之举。对于履行义务的受益方，尤其如此。

　　同时，作为公民的大学生，是国家、民族、社会和时代的一分子，除了应履行宪法和法律所规定的一些义务之外，还应具有并践行公共精神。那么，何谓大学生公共精神？有学者认为，其是指，"高校教育者在教育过程中基于一定的文化形式与途径涵养受教育者的公共精神，使其化育于自身的认知、认同与践行中的文化实践活动。"⑤ 对于公共精神，不具有、不践行，或者具有的少一些、践行的少一些，一般并不会违反宪法和法律，但对于作为国家未来、民族希望、时代新人的大学生，应具有并践行公共精神。不能因为宪法和法律没有规定，便仅仅只以宪法和法律的规定作为为人处世的最低要求，而是应站得高、看得远，对国家、民族和时代应怀有一种深沉而炽热的爱。有学者认为，"宪法教育本质上是一种道德与社会正义教育"⑥。而"社会正义教育"则与公共精神教育、社会责任教育存在很大的交集。可见，宪法意识培育

---

　　① 《民法典》第五编"婚姻家庭"较为集中地对婚姻家庭事务作了规定。例如，《民法典》第1043条规定："家庭应当树立优良家风，弘扬家庭美德，重视家庭文明建设。夫妻应当互相忠实，互相尊重，互相关爱；家庭成员应当敬老爱幼，互相帮助，维护平等、和睦、文明的婚姻家庭关系。"

　　② 例如，《宪法》第49条第3款至第4款规定："父母有抚养教育未成年子女的义务，成年子女有赡养扶助父母的义务。禁止破坏婚姻自由，禁止虐待老人、妇女和儿童。"

　　③ 例如，《宪法》第54条规定："中华人民共和国公民有维护祖国的安全、荣誉和利益的义务，不得有危害祖国的安全、荣誉和利益的行为。"

　　④ 戴激涛. 宪法，我该如何靠近您？——对广东300名大学生宪法意识调查的思考 [A]. // 王瀚. 法学教育研究：第8卷 [C]. 北京：法律出版社，2013：342 - 360.

　　⑤ 崔建利. 大学生公共精神培育的文化困境及破解 [J]. 江苏高教，2018 (5)：17 - 21.

　　⑥ 仝其宪. 大学生宪法文化建设中的信仰教育与制度构建 [J]. 黑龙江高教研究，2019 (1)：85 - 90.

不仅仅是教育宪法意识培育对象应学会如何行使基本权利、履行基本义务，而且还应在此基础之上使之学会如何具有公共精神并承担起最基本的社会责任。

对于大学生，无论是责任意识培育还是公共精神培育，《宪法》以及以《宪法》作为母法的其他法律，均有一些规定，这些规定自然可以作为对大学生开展责任意识和公共精神的培育的重要内容。对于前者，有《宪法》第 49 条等作为依据①。对于后者，有《宪法》第 24 条第 2 款等作为依据②。相对而言，责任的履行，往往有宪法和法律作为明确依据，不履行意味着可能会承担宪法和法律的责任。但公共精神的践行，往往没有宪法和法律作为明确依据，即便有一些依据，更多的是一种道义的呼吁，而非义务的规定，不践行可能不会承担宪法和法律的责任。所以，对公共精神的践行，高于对宪法和法律责任的承担，但也因如此，对于公共精神的践行，更能体现作为一位优秀的时代新人的大学生，所具有的精神品格和道德高度。

4.3.5　增强政治站位和国家认同

认同感是由归属感产生而来，换言之，认同感是归属感发展的高级阶段，相应地，归属感是认同感发展的初级阶段。有学者认为，"归属需求是人类的基本需要之一。归属需求得到满足即获得了归属感，意味着个体在所属群体中找到自己的位置，与他人发生了情感联系"。③而国家认同，则是指"这个国家的成员对自己国家的国家主权、政治主张、政治道路、价值观念、文化传统等赞同和认可"。④而作为根本大法的宪法，"是一切政治与社会生活的最高准则，它承载着国家的核心价值观，是凝聚社会共识的基础。"⑤同时，亦有学者认为，"通过宪法培养对国家的一种爱国情感，因为宪法体现了这个国家最核心的价值"。⑥在包括宪法在内的所有法律之中，宪法的政治性较强，倘若以部门法作为考察单位，宪法部门法的政治性在整体上亦较强，而在宪法部门法之中，政治性最强的，当然还是首推宪法，但属于宪法部门法重要组成部分的宪法相关法，较之于宪法，其政治性较弱，但较之于其他部门法之中的法律，其政治性仍然较强。

宪法的政治性较强，主要体现在五个方面：第一，《宪法》序言对革命、建设和改革的历史，与奋斗目标、社会性质、指导思想、民族关系、国际关系准则等作了规定⑦。第二，《宪

---

① 《宪法》第 49 条规定："婚姻、家庭、母亲和儿童受国家的保护。夫妻双方有实行计划生育的义务。父母有抚养教育未成年子女的义务，成年子女有赡养扶助父母的义务。禁止破坏婚姻自由，禁止虐待老人、妇女和儿童。"

② 《宪法》第 24 条第 2 款规定："国家倡导社会主义核心价值观，提倡爱祖国、爱人民、爱劳动、爱科学、爱社会主义的公德，在人民中进行爱国主义、集体主义和国际主义、共产主义的教育，进行辩证唯物主义和历史唯物主义的教育，反对资本主义的、封建主义的和其他的腐朽思想。"

③ 常青. 全球化视野下公民爱国意识培育研究［M］. 北京：人民出版社，2016：10.

④ 杜兰晓. 大学生国家认同研究［M］. 北京：中国社会科学出版社，2018：1（导言）.

⑤ 水晶. 大学生宪法意识研究综述：现状与反思［J］. 教育现代化，2020（5）：170-173.

⑥ 田华. 论宪法意识的培育［J］. 河北青年管理干部学院学报，2014（1）：57-61.

⑦ 《民族区域自治法》《香港特别行政区基本法》和《澳门特别行政区基本法》均有序言，但这三部法律均是作为宪法下位法的宪法相关法或宪法性法律，只是对宪法制度的某一方面进行较为细致的规定，虽然其政治性亦较强，但却远远不及宪法。

法》第一章"总纲"对国家性质、国体、政体、行政区划等作了规定。第三，《宪法》第二章"公民的基本权利和义务"对公民的基本权利、基本义务作了规定。第四，第三章"国家机构"对全国人大及其常委会、国家主席、军委主席、国务院、监察委员会、最高人民法院、最高人民检察院这些中央一级国家机关享有何种权力以及如何行使与分工作了规定。第五，第四章"国旗、国歌、国徽、首都"对国旗、国歌、国徽、首都作了较为笼统而集中的规定。同时，作为宪法下位法的组织法（例如，《全国人大组织法》）、代表法（例如，《全国人大和地方各级人大代表法》），与《立法法》以及对国家标志给予规定的其他法律（例如，《国旗法》），这些宪法相关法的政治性同样较强，一个较为重要的原因就是这些法律，均是对相关宪法规定的细化或补充。因此，宪法和宪法相关法的政治性之强，不是其他部门法的法律可以与之相提并论的。

有学者认为，"宪法主要关注的是国家权力和公民权利，阐明两者之间的关系则是宪法的重要使命。"[1] 对于我国《宪法》，"国家权力"集中对应的是第一章大部分内容和第三章几乎全部内容，"公民权利"集中对应的是第一章少部分内容和第二章大部分内容，而"国家权力"和"公民权利"之间关系之处置，则集中对应的是第一章和第二章的少部分内容。至于第四章，相对而言，则可以对应"国家权力"，因为国旗、国歌、国徽、首都均是由国家权力所决定的。而大学生国家意识、政治意识的培育，则不仅仅需要学习与"公民权利"相关的内容，同时也需要学习与"国家权力"相关的内容，无论是依托思想政治教育而开展的宪法意识培育，还是纯粹法学意义上的宪法意识培育，整个《宪法》文本则必然是应涉及的基本内容、核心内容和重要内容。

宪法对政治权力的运行进行制约，使之在合宪合法合理的框架之内得以运行，而政治权力同时亦会对宪法的制定、实施、修改与完善产生显著影响。由于宪法篇幅不宜过长，所以宪法正文只对涉及公民基本权利之行使和基本义务之履行，与国家机关权力之行使与分工的主要内容给予框架性的基本规定，至于如何细化、作何补充，则留给宪法的下位法（包括宪法相关法）去规定。对大学生开展宪法意识培育，其内容除了包括基本权利之行使和基本义务之履行，与国家机关权力之行使与分工等内容之外，还应包括党情、国情和国内国外形势等内容，通过拓展宪法意识培育的内容，既拓宽大学生的视野，又增加大学生对国家认识的深度，从而成为一个具有中国立场、世界眼光的新一代公民。所以，"用宪法规范的核心价值统一人们的思想和行为，树立社会共同信仰，在爱国主义和'以人为本'的价值观念指导下，形成社会共识，有利于促进我国社会文明和政治文明的进步"。[2]

制定宪法并将其予以实施，是一个国家法律主权——准确地讲，是宪法主权——的重要体现。宪法适用到哪一片土地，主权便覆盖到哪一片土地，哪怕是因为特殊国情而使宪法的部分内容只适用于某些区域，但根据宪法相关规定而制定的特殊法律则可以适用于这些区域。同时，宪法从序言到正文，对国家的近现代历史、政治制度、经济制度和文化制度等作了规定，

---

① 张占杰. 宪法社会化：宪法实施的着力点 [J]. 河南师范大学学报（哲学社会科学版），2013（9）：50 – 54.
② 田华. 论宪法意识的培育 [J]. 河北青年管理干部学院学报，2014（1）：57 – 61.

这是对"历史中国""政治中国""经济中国"和"文化中国"等的体现，而且在任何一个方面，所取得的统一应力求使之巩固和强化，而没有实现的统一，自然应追求和推进。所以，对大学生开展内容广泛的宪法意识培育，可以增强其对国家统一的认同。宪法作为具有最高法律效力的规范性文件，是主权独立和国家统一或应彻底统一的象征，是中华民族精神的一种附体，这在宪法序言之中亦有体现①。我国是单一制国家，只拥有一部宪法②，认同宪法且产生相应的宪法意识，亦是政治认同、国家认同和民族认同的体现，因此作为个体的大学生，无论属于哪一个民族，均属于我国公民，随之有义务学习宪法、尊重宪法、遵守宪法和认同宪法，这要求国家尤其是各级教育行政主管部门督促高校对大学生不断加强宪法意识培育，使之以认同宪法为媒介继而认同"历史中国""政治中国""经济中国"和"文化中国"等。

同时，我国国土广袤，各个省区概况不同，尤其是在边疆地区，由于民族众多、风俗各异、宗教信仰不同等因素的存在，导致相当一部分民众对自己的身份认同存在多种表现形式。对生活在各个省区之内的民众，出发点或角度不同，称谓便不同，"人民""群众"和"人民群众"等均是政治概念，其内涵与外延可能会随着政治形势或社会发展的变化而变化。除了"人民""群众"和"人民群众"之外，还有一个称谓，无论是内涵还是外延，均十分固定，那就是"公民"。《宪法》对何谓"公民"，给予了简洁但却明确的规定，其依据宪法和法律享有基本权利、履行基本义务③。所以，以"公民"作为民众法律身份的认定标准，而为其规定可以行使、亦可放弃的权利，与应当履行、不可放弃的义务，具有鲜明的稳定性，基于法治而建立的社会秩序才能稳定，其运行才有章可依。如此，人心思定、人心可定，社会才能安定，而以"公民"构建的身份认知，可以超越民族、宗教、生活与生产区域等因素的影响，继而培育民众的"公民认同"，因为不管哪一个人，只要"具有中华人民共和国国籍"，其就是"中国公民"，而这又是被《宪法》明确规定的。所以，可以通过构建"公民认同"而进一步构建宪法认同、政治认同和国家认同等。

一言以蔽之，包括因为违法（包括违反宪法）甚至犯罪之人在内的自然人，可以拥有多种身份，但其拥有一个共同的法律身份，即"中国公民"，这亦是不同之人所具有的一种或多

---

① 《宪法》序言第 11 段规定："中华人民共和国是全国各族人民共同缔造的统一的多民族国家。"第 13 段规定："本宪法以法律的形式确认了中国各族人民奋斗的成果，规定了国家的根本制度和根本任务，是国家的根本法，具有最高的法律效力。"

② 即便港澳特别行政区只适用《宪法》的一部分，甚至只适用于《宪法》第 31 条规定，即"国家在必要时得设立特别行政区。在特别行政区内实行的制度按照具体情况由全国人民代表大会以法律规定。"但《香港特别行政区基本法》和《澳门特别行政区基本法》是根据《宪法》第 31 条规定制定的，由此可以认为，《宪法》确认和维护了港澳特别行政区作为中国领土、且不可分割的法理事实。同时，虽然台湾地区尚未统一，但《宪法》序言第 9 段规定："台湾是中华人民共和国的神圣领土的一部分。完成统一祖国的大业是包括台湾同胞在内的全中国人民的神圣职责。"而且，根据《宪法》和《全国人大组织法》《全国人大和地方各级人大代表法》《全国人大和地方各级人大选举法》等法律的规定，全国人大台湾省代表团参加每一年召开的全国人大（1975 年第四届全国人大首次设立了台湾省代表团，而且第五届全国人大决定，在实现祖国完全统一之前，台湾省暂时选举 13 名全国人大代表），这完全可以看作是"宪法一中"的体现。

③ 《宪法》第 33 条规定："凡具有中华人民共和国国籍的人都是中华人民共和国公民。中华人民共和国公民在法律面前一律平等。国家尊重和保障人权。任何公民享有宪法和法律规定的权利，同时必须履行宪法和法律规定的义务。"

种的身份之中，最大的一个公约数。而实际上，"公民"与"人民"这两个词之间，并无优劣之分，前者是一个法律概念，后者是一个政治概念，由此导致适用的场合与语境有所区别。尽管宪法在制定之时政治因素的影响力往往较强，但宪法一旦制定出来，在其实施之时，即便要承受政治因素的反作用力，但也可以对政治因素影响力的发挥，与政治权力的运行产生有效而显著的规制作用。所以，宪法在对社会个体的基本权利之享有、基本义务之履行进行规制之时，"社会个体"应当用作为法律概念的"公民"来称谓，而非用作为政治概念的"人民"来称谓，可能更好一些。当然，对大学生开展宪法意识培育，培养其"中国人民""中国人"和"人民"等意识亦无不可，只是相对而言，"公民"身份的认定，较为容易，只要"具有中华人民共和国国籍"即可，不像"人民""群众"和"人民群众"等政治概念的内涵与外延，容易出现变化，但又没有法律对其内涵与外延给予较为清晰的厘定。然而，有公民身份较为容易，只要有户籍即可，但有此身份还远远不够，因为"对于长期接受'人治'传统思想熏陶的社会公众来说，真正成为现代化社会中的公民，才是一个与法治国家相匹配的身份"。①

总而言之，基于宪法意识培育的开展，对大学生开展"中国公民"意识培育，可以培养其宪法认同、政治认同和国家认同等意识，而这三种认同又可以相互促进、相得益彰。其中，宪法意识是关键与核心，其为政治认同、国家认同的培育提供了依托与基础，而宪法意识培育，一个关键因素或主要表现形式之一便是"中国公民"意识的培育。有学者认为，"将实现依宪治国与追求公民正义同'和谐'思想相联系，非常有利于取得中国人的价值认同，使得宪法意识最终内化为中国人价值体系的一个重要组成部分。"②

新中国成立以来诸部宪法尤其是1954年《宪法》和1982年《宪法》的通过和实施，民众宪法意识日益体现为对宪法的情感认知与对其具有重要地位的心理认同。有学者认为，"这根源于中国社会变迁，促进宪法不断具有开放性与包容性，使之成为容纳不同价值或不同信仰、不同语言、不同宗教背景、不同职业阶层的人群最基本价值共识的文本，成为中国公民完成国家认同、族群认同与自我认同的精神动力。可以说，这是一种将宪法简单作为外在规范的约束向内在意义的认同转变的意识体现。"③ 对于国外宪法，该论述亦基本适用④。

一言以蔽之，对大学生开展宪法意识培育，应注重以培养其"中国公民"的身份认同为基点，继而培养其对"宪法中国"的意识，即中国作为一个统一的多民族国家的维护、巩固和强化，离不开宪法为之提供的一个统一的，以宪法为基础与核心的法律体系和法治体系。由此可见，宪法意识培育对民众政治认同、国家认同、民族认同等具有重要的促进作用。

① 魏健馨. 宪法实施的基础条件——宪法意识及其启蒙研究 [J]. 吉林大学社会科学学报，2016（9）：128－136，191.
② 秦怡红. 论公民宪法意识的培育 [J]. 长春理工大学学报（社会科学版），2018（5）：37－41，71.
③ 韩大元，孟凡壮. 中国社会变迁六十年的公民宪法意识 [J]. 中国社会科学，2014（12）：123－142，162.
④ 例如，对于美国宪法，有学者认为，"事实上，美国宪法的物理载体——无论是1787年签署于费城、至今依然精心保存在国家档案馆中的那卷羊皮纸，还是在各州批准会议内传阅的编号复制本原件——所承载的意义都接近于一个民族的图腾，而绝不仅仅是普通的制定法"。撇除意识形态和基本国情等因素，宪法对民众产生和增强政治认同、国家认同、民族认同等具有重要的促进作用，中外某些学者对此看法较为趋于一致。[美] 劳伦斯·却伯. 看不见的宪法 [M]. 田雷，译. 法律出版社，2011：14.

4.4　宪法意识培育的基本方法

　　既然宪法意识培育属于法律意识培育的一种特殊表现形式，那么法律意识培育的方法，在绝大多数时候，应适用于宪法意识培育。当然，在此基础上，基于宪法意识培育与其他法律意识培育的不同之处，需要对宪法意识培育作出一些适当的调整、变通或补充，使宪法意识培育的开展，更具有针对性、可行性、实用性，从而使大学生的宪法意识得以切实增强。

4.4.1　宪法意识培育与法律意识培育相结合

　　目前，我国既没有专门的宪法意识培育学科，又没有法律意识培育学科，而且实际上，亦没有必要在现有的学科体系之中新设专门的法律意识培育学科甚至是宪法意识培育学科①。所以，对大学生开展宪法意识培育，在现有的思想政治理论课框架之下，明确增加与宪法意识培育相关的内容，亦属稳妥之计、可行之道。但同时，由于在广义上的法律意识培育之中，除了宪法意识培育之外，还有民商法意识培育、刑法意识培育、诉讼法意识培育等其他类型，而较之于宪法意识培育，这些法律意识培育可以统称为"其他法律意识培育"。在对大学生开展其他法律意识培育之时，亦有必要加入宪法意识培育的内容，因为其他法律意识培育所涉及的法律尤其是该法律所处的部门法之中的基本法②，应有制定依据源于宪法的规定。即便没有，只要没有充分而明确的证据证明该基本法违反宪法，便可以推定该基本法的制定与实施，是符合宪法基本精神以及法律体系日益完善的客观需要的。所以，对大学生开展其他法律意识培育，在讲授该法以及该法所处的部门法的基本法及其他法律之时，必然应阐述立法的宪法依据或其与宪法之间的关系，而此时，便是一个嵌入宪法意识培育的重要契机，可以趁此阐述宪法在法律体系之中的基础作用、核心地位，营造出一种任何一部法律的制定与实施，均离不开宪法为其提供合宪性基础的氛围，使大学生意识到宪法无处不在，而且十分重要。

---

　　①　当然，即便新设"法律意识培育学科"，不一定非得称之为"法律意识培育学科"，亦可以称之为"法律教育学科"，或者其他。同理，即便新设"宪法意识培育学科"，不一定非得称之为"宪法意识培育学科"，亦可以称之为"宪法教育学科"，或者其他。

　　②　例如，在开展合同法法律意识培育之时，《合同法》所在的部门法是"民商法部门法"，而该部门法的基本法便是《民法通则》，其有制定依据源于宪法的规定。1986 年 4 月通过、1987 年 1 月开始施行的《民法通则》，其第 1 条规定："为了保障公民、法人的合法的民事权益，正确调整民事关系，适应社会主义现代化建设事业发展的需要，根据宪法和我国实际情况，总结民事活动的实践经验，制定本法。"2017 年 3 月通过、同年 10 月开始施行的《民法总则》第 1 条规定："为了保护民事主体的合法权益，调整民事关系，维护社会和经济秩序，适应中国特色社会主义发展要求，弘扬社会主义核心价值观，根据宪法，制定本法。"而随着 2020 年 5 月通过、2021 年 1 月开始施行的《民法典》的正式施行，《合同法》《民法通则》和《民法总则》一并被废止。但《民法典》亦有制定依据源于宪法的规定，其第 1 条规定："为了保护民事主体的合法权益，调整民事关系，维护社会和经济秩序，适应中国特色社会主义发展要求，弘扬社会主义核心价值观，根据宪法，制定本法。"

当然，在对大学生开展其他法律意识培育之时，虽然有必要加入宪法意识培育的内容，但亦需注意两个方面：一方面，应以开展该法律意识培育为中心，在嵌入宪法意识培育之时，其内容或篇幅，应多少适当。另一方面，在嵌入宪法意识培育之时，应着重阐述该法律意识培育所涉及的法律与宪法之间的关系，以及该法律意识培育与宪法意识培育之间的关系，以期展现出相关法律在以宪法为基础与核心的法律体系之中的地位，既使大学生对法律意识、宪法意识和法律体系等能有一个全面的了解，又使大学生能增加对相关法律的学习、尊重、遵守与认同，以及基于此而有意识和能力运用法律来维护自己的合法权益。

4.4.2　抽象知识讲授与具体事例分析相结合

历来法律意识培育的开展，知识讲授是重要一环，而且内容往往较多。同时，还可能附有具体的案例分析，通过将抽象的知识讲授与具体的案例分析相结合，既可以增加大学生对知识的理解，又可以增加大学生对知识的运用，越是接地气、越是适用性较强的法律，其法律意识培育越应如此，但宪法意识培育想做到这一点，稍有难度，主要是因为两个方面：一方面是部分宪法规范确实较为抽象、宏观、原则，其直接适用性自然不足，导致宪法知识的讲授，亦往往显得不接地气，有一种宪法无"用武之地"的感觉。另一方面是宪法实施稍显滞后，宪法没有实现司法化，所以没有明确的、丰富的宪法案例可以为宪法意识培育提供实践教育的素材。但是，没有宪法案例是否意味着没有宪法事例？对此，需要稍作分析。

随着全社会宪法意识的稳步增强，我国逐渐出现了一些运用宪法意识和其他法律意识予以分析的、且引起社会广泛关注的"宪法事例"，这些"宪法事例"虽然不是"宪法案例"，即因为没有经过司法判决而缺少来自于司法机关所给予的司法评述及结论，但亦经过了专家学者的评析，反映了以"宪法事例"为载体而引起的，关于宪法基本权利与义务的争论，将这些"宪法事例"通过筛选，运用于大学生宪法意识培育的开展，使之与抽象的、宏观的宪法知识讲授相结合，必然能提高宪法意识培育的成效。之所以如此，是因为众多宪法事例尤其是引起广泛关注的宪法事例，其争议焦点往往牵涉诸多复杂问题，而"这些问题并不是简单的是非对错可以概括的，带着这些问题去阐释宪法，特别是在冲突性的场景中去理解宪法，才是生动鲜活的宪法教育，也才是具有回应性的宪法教育"。①

倘若用思想政治教育的一般方法来看，运用典型"宪法事例"对大学生开展宪法意识培育，其实就是"典型教育法"。有学者认为，"典型教育"又称为"示范教育"，是"将典型的

---

① 张劲．让宪法回归生活：青少年宪法教育的一个路向 [J]．预防青少年犯罪研究，2020 (3)：11－21．

人或事进行示范，教育人们提高思想认识的一种方法"。^① 细而言之，是"将抽象的说理变成通过活生生的典型人物或事件来进行教育，……它较说理教育更富有感染性和可接受性，是党传统的思想政治教育方法之一"。^② 这将典型教育法的优点已阐述得十分精准了。我国没有实行判例法，但最高人民法院已适时发布典型案例，虽然没有要求各级人民法院在随后遇到相同或类似案件之时，完全按照典型案例的审判方法和审判结果来审判，但按照一般情理，各级人民法院不应作出与典型案例相悖的判决，否则应进行详细说理。同时，最高人民检察院亦已适时发布典型案例。无需多言，发布的典型案例对开展大学生法律意识培育，亦有益处。

4.4.3　传统教学模式与新型教学模式相结合

囿于时代的局限性，之前对大学生开展包括思想政治理论课在内的课程教学，其硬件设施有限，授课方式亦较为传统，就是教师站在讲台上，拿着课本和教案，一边讲课，一边在黑板上写板书，大学生在课桌前一边听讲，一边做笔记，这种传统教学直到现在，仍然存在。这种传统教学依靠教师的口头讲述、板书书写，与大学生的认真听讲、记笔记相结合，成效肯定是有的。

但随着科技的发展，多媒体教学的兴起与普及，对传统教学方式带来了冲击。对于包括宪法意识培育在内的法律意识培育，多数时候，课程教学以知识讲授、理论讲解为主，但相对而言，容易显得枯燥乏味。倘若引入多媒体教学，针对包括宪法意识培育在内的法律意识培育，教师制作或引用别人制作的一些幻灯片（PPT）、图片、视频、音频等内容，既可以增加课堂教学的表现形式，从而使课堂生动、有趣，又可以引导大学生认真对待和学习包括宪法意识培育课程在内的法律意识培育课程，继而增强其对宪法的兴趣。当然，对于包括思想政治理论课在内的其他课程，亦应如此。所以，对大学生开展包括宪法意识培育在内的法律意识培育，在其课程教学之中，引入多媒体教学，必然会提高课程教学的成效。

4.4.4　一般日常教育与重要节日教育相结合

在思想政治理论课框架之下，开设相关课程，对大学生开展包括宪法意识培育在内的法律意识培育，以使其包括宪法意识在内的法律意识得以增强，这是一种常态化的日常教育。但除此之外，可以依托每一年的相关节日，各级人民政府尤其是教育行政部门督促诸多高校开展包括宪法意识培育在内的法律意识培育。同时，为了使该工作开展得更为周详，各级人民政府之中的司法行政部门，亦可以主动或受邀参与到教育行政部门联合诸多高校开展的包括宪法意识培育在内的法律意识培育之中。2001 年 5 月，中共中央、国务院转发的《〈"四五"普法〉规划》规定，"将我国现行宪法实施日即 12 月 4 日，作为每年一次的'全国法制宣传日'"。

---

①②　郑永廷．思想政治教育方法论：修订版［M］．北京：高等教育出版社，2010：152.

2014 年 11 月，全国人大常委会通过了《关于设立国家宪法日的决定》①，据此将每一年的 12 月 4 日定为"国家宪法日"。由此每一年的 12 月 4 日，既是"全国法制宣传日"，又是"国家宪法日"。因此，在每一年"全国法制宣传日"（"国家宪法日"）开展相关活动之时，应将该日所在的那一段时期的普法教育的主要任务作为活动的重点内容，继而将法律意识培育和宪法意识培育的活动开展得细致、周详、有序、有效。

当然，除了"全国法制宣传日"即"国家宪法日"（12 月 4 日）之外，还有其他许多节日，各级人民政府尤其是教育行政部门甚至包括司法行政部门在内的其他相关部门，可以与高校建立协同机制，开展包括宪法意识培育在内的法律意识培育，或是在开展相关法律意识培育之时嵌入宪法意识培育的内容。依托相关节日开展这方面的活动，既可以调节或缓解平时工作负荷较重的教师，与学业任务较重的大学生的压力，又可以使两者能在较为轻松愉快的节日氛围之中学到一些包括宪法知识在内的法律知识，由此增强他们的包括宪法意识在内的法律意识，为依法治国（包括依宪治国）的全面推进注入新的活力与夯实民意基础。

4.4.5　学校教育与家庭及社会教育相结合

对于大学生，大学确实是一个重要场域，在思想政治理论课框架之下，对其开展包括宪法意识培育在内的法律意识培育，是增强其包括宪法意识在内的法律意识的重要途径。一方面，虽然绝大多数大学生尤其是到了大学二年级之后的大学生均已成年，但家长仍然应经常过问子女的学习情况，督促子女在大学上好依托思想政治理论课而开展的包括宪法意识培育在内的法律意识培育的课程。另一方面，大学应配备能胜任授课任务的教师，安排足够的课时，切实保障包括宪法意识培育在内的法律意识培育的课程讲授得富有成效。倘若师资力量薄弱，各级人民政府尤其是教育行政部门甚至包括司法行政部门在内的相关部门，应对教师进行定期或不定期的培训，使其有能力承担好相关课程的讲授。

但是，讲授思想政治理论课的教师，不一定对包括宪法意识培育在内的法律意识培育均十分精通，尤其是一些较为专业的内容，倘若条件允许，大学可以聘请专门从事法学教育的教师、科研院所的专家学者或谙熟法务的律师，到大学为大学生、教师尤其是讲授思想政治理论课的教师开设专门的法学讲堂或讲座，针对一些较为专业的知识或引起广泛关注的"热点事件"或"宪法事例"进行讲解，以此作为思想政治理论课教学的重要补充。同时，在出思想政治理论课试题之时，应适当增加包括宪法知识在内的法律知识的试题，以此鞭策大学生在日常学习与考前复习的过程之中，注重对包括宪法知识在内的法律知识的温习、学习和复习。

然而，包括宪法意识培育在内的法律意识培育，不能仅仅依靠大学这一个场域，亦不能仅

---

① 《关于设立国家宪法日的决定》规定，"1982 年 12 月 4 日，第五届全国人民代表大会第五次会议通过了现行的《中华人民共和国宪法》。现行宪法是对 1954 年制定的新中国第一部宪法的继承和发展。宪法是国家的根本法，是治国安邦的总章程，具有最高的法律地位、法律权威、法律效力。……为了增强全社会的宪法意识，弘扬宪法精神，加强宪法实施，全面推进依法治国，第十二届全国人民代表大会常务委员会第十一次会议决定：将 12 月 4 日设立为国家宪法日。国家通过多种形式开展宪法宣传教育活动。"

仅依托思想政治理论课而开设的包括宪法意识培育在内的法律意识培育的相关课程，该场域、该课程，是关键，亦重要，但并不是唯一的。除此之外，家庭教育亦应跟进。家长应勤过问子女依托思想政治理论课而开展的包括宪法意识培育在内的法律意识培育的学习情况。当然，对于其他课程，亦应如此。同时，各级人民政府尤其是基层人民政府应组织村委会、居委会在基层开展一些旨在增强大学生的包括宪法意识在内的法律意识的活动。实际上，按照普法规划，基层人民政府既有这方面的职权，又有这方面的义务。而且，基层人民政府在组织村委会、居委会开展包括宪法意识培育在内的法律意识培育的过程之中，邻近高校及其大学生亦可以协同参与。在此过程之中，基层人民政府由于有固定的财政支持，应为基层法律意识培育的开展，提供必要的经费支持，使之有财力制作一些横幅，打印一些宣传单，购置一些纪念品等物品。

　　总而言之，包括基层人民政府、村委会和居委会等主体，乃至于邻近高校，通过协同机制而开展包括宪法意识培育在内的法律意识培育，既可以提高大学生包括宪法意识在内的法律意识，这是以大学为场域而开展的包括宪法意识培育在内的法律意识培育的有益补充。同时，又可以提高基层人民政府、村委会和居委会等主体之中的公职人员和普通民众的包括宪法意识在内的法律意识。诚然，社会层面上的法律意识培育的开展，基于实用性或功利性的心态，基层公职人员和普通民众，可能更关注《民法典》和《中华人民共和国刑法》（以下简称《刑法》）等法律，毕竟相对而言，由于当前宪法实施稍显滞后，导致宪法与大学生、普通民众甚至公职人员的距离确实稍远一些，他们对宪法及宪法相关法的关注度不如其他法律，这亦是事实。但同时，有职责组织社会教育的基层人民政府等主体对这一局面亦不应束手无策、无所作为，在制作开展法律意识培育的横幅、宣传单和纪念品等物品之时，应"见缝插针"地添加一些宪法知识，着力营造出一种宪法就在身边、宪法就在周围、宪法就在生活中的氛围，通过切实地、循序渐进地努力，使宪法存在感得以增强。因此，"宪法意识的培养，关键并不在于在文字上或口头上将宪法的地位定得很高，而是宪法权利生活化，即宪法上的权利与自由能够真正体现在公民的生活之中，成为公民的生活方式"。①

4.4.6　思想政治理论课与其他的课程相结合

　　截至目前，我国没有专门的法律意识培育科目，这是由学校教育的实际情况决定的。一方面，大学生的课程多、学业重，面临毕业、求职或考研的重重压力，再设置一门专门服务于包括宪法意识培育在内的法律意识培育科目，会显著增加大学生的学习压力。即便党和国家有设置一门专门服务于包括宪法意识培育在内的法律意识培育的科目的想法，但从提出到论证，从试点到实施，亦需要较长一段时间。因此，在短期之内实现这一想法，显然不切实际。另一方面，对大学生开展包括宪法意识培育在内的法律意识培育，只要求大学生对包括宪法在内的法律能有一个大致了解，培育的是包括宪法在内的法律的意识、理念、思维等，并非将每一个大

---

　　① 陈建平．让日常生活事例走近宪法学课堂［A］.∥王瀚．法学教育研究：第 10 卷［C］.北京：法律出版社，2014：116－126.

学生都培养成精通包括宪法在内的法律的专家，而该目的的实现，是由大学法学专业承担的。基于此，从较为现实的角度出发，依托当前的思想政治理论课，在其教材之中专辟章节讲授法律知识，在此基础之上，显著增加讲授宪法知识的篇幅，并使相关内容得以优化，例如增加宪法规范图解①，引入被广泛关注的"宪法事例"评析，专辟引发学生思考的"讨论"板块等，均可以提高宪法意识培育的成效。

当然，对大学生开展包括宪法意识培育在内的法律意识培育，是应依托思想政治理论课，但不能将思想政治理论课作为唯一依托的课程，对其他课程及其教材而言，在不影响课程属性得以体现的前提之下，在教材之中可以适当增加宪法意识培育的内容。之所以如此，是因为"宪法学并不是一门孤立的课程，……必须通过多门社会科学的共同作用。"② 例如，对于语文科目及教材，可以选取党和国家领导人，或知名专家学者对《宪法》作出的较为中肯和精准的述评③，作为大学语文的课文讲授给大学生，这可以对大学生起到宪法知识教育的成效。又如，对于历史科目及教材，在中国近现代史教材之中，可以适当增加从新中国成立以来第一部《宪法》至第四部《宪法》即现行《宪法》的演进历程，尤其是现行《宪法》的制定、通过、颁布和实施，以及历经 1988 年、1993 年、1999 年、2014 年和 2018 年五次修改的大致情况，这可以对大学生起到宪法史教育的作用。再如，对于地理科目及教材，在中国地理教材之中，可以适当增加边疆地理、经济、社会、风俗等概况及其在少数民聚居区实施的，被宪法明确规定的民族区域自治制度，以及对该制度进行专门规定的宪法性法律《民族区域自治法》，这可以对大学生起到民族区域自治制度教育的作用；等等。

对大学生开展宪法意识培育，是旨在助推依法治国（包括依宪治国）和依法执政（包括依宪执政）得以全面实现的基础性工作，应一以贯之地给予关注和重视。同时，在思想政治理论课框架之下，在思想政治理论课教材之中，适当增加宪法意识培育的内容，是一种较为稳妥的方法。换言之，当前的法律意识培育机制在总体上保持不变，但需要改善，而宪法意识培育亦没有必要从法律意识培育甚至思想政治理论课教育之中独立出来，为之开设专门的学科及课程，这主要是因为以下两个方面的原因：

一方面，本书提倡"大宪法意识"培育，所以"宪法"与"法律"之间、"宪法意识"与"法律意识"之间、"宪法意识培育"与"法律意识培育"之间，均是被包括与包括的关

---

① 对于宪法规范图解，有的出版社已作了尝试，但其出版的相关图书适用于所有群体。换言之，其并未针对相关群体的具体特征或特殊需求，而为之编写专门适用于该群体的宪法图解。例如，王月明. 宪法案例图表 [M]. 北京：法律出版社，2010；田容嘉. 图解宪法 [M]. 北京：中国法制出版社，2015；王培堃. 图解中华人民共和国宪法 [M]. 北京：中国人民大学出版社，2018. 等等。而为了顾及大学生群体具有的特殊性，可以尝试出版以大学生群体为适用对象的宪法规范图解图书，以期因人制宜。

② 戴激涛. 宪法学应成为大学通识教育的核心课程——从"国家宪法日"的设立说起 [J]. 江汉大学学报（社会科学版），2017（5）：102－108，128.

③ 例如，习近平于 2012 年 12 月 4 日发表的《在首都各界纪念现行宪法公布施行 30 周年大会上的讲话》，对新中国成立以来的制宪历史尤其是 1982 年《宪法》即现行《宪法》的制定、通过和修改的历史，以及该《宪法》在依宪治国、依宪执政过程之中具有的重要地位及其对改革开放与现代化建设起到的积极作用，给予了高度评价，这篇讲话内容丰富、意义深刻，无论是全文还是节选其中的哪一部分，均可以作为语文课文编入大学语文教材供大学生学习，以培养其宪法意识。习近平谈治国理政 [M]. 北京：外文出版社，2014：135－143.

系，而且难以分开。

　　另一方面，对大学生开展宪法意识培育，知识讲授固然重要，与之相关内容众多，例如党情、国情、公民基本权利和义务、国家机关权力的行使与分工、国内国外形势等，但宪法意识培育的重点在于使大学生树立一种学习宪法、尊重宪法、遵守宪法和认同宪法的人生态度，以期不断增强其宪法意识，培养遇事运用法律思维（包含宪法思维）解决问题的理念，并非将每一个大学生都培养成精通宪法理论和娴熟运用宪法的专家，而且实际上亦无此必要。

　　即便树立并践行"大宪法意识"理念，宪法意识培育的内容亦不会多到繁冗的地步，所以在思想政治理论课框架之下，在其教材的法律意识培育内容之中，适当增加宪法意识培育的内容即可，并没有专门开设宪法意识培育学科的现实必要。同时，虽然说宪法意识培育是一项基础性工作，在当前和今后的一段时期之内，均应坚持不懈、不断强化，但根据每一个以"五年"为周期的普法教育，普及包括宪法知识在内的法律知识的工作亦有阶段性的主要任务。而且，根据大学生所处的年龄阶段和受教育阶段，亦可以对宪法意识培育的具体内容给予切合实际的配置。

　　在大学阶段，绝大多数大学生均已成年，其智力已相当成熟，世界观、人生观、价值观趋于定型。对于绝大多数大学生，上大学是其接受国家所提供的最后一个阶段的教育了。所以，对大学生开展宪法意识培育，以宪法为核心和统率的法律体系、法治体系等自然是宪法意识培育的相关内容。但同时，大学生在大学毕业之后，只有少数人继续读研，而多数人会步入社会、走向工作岗位，在父母的帮助之下甚至独自面对人生、竭力打拼，所以大学教育阶段的宪法意识培育，亦应将劳动权利与劳动义务、遵纪守法义务、纳税义务等作为宪法意识培育的相关内容。此外，在少数民族自治区域，对大学生开展包括宪法意识培育在内的法律意识培育，可以将民族团结、民族平等、民族互助、民族和谐①，与各民族自治地方均是统一的中国不可分割的部分②等，作为宪法意识培育的相关内容。

　　宪法意识培育与法律意识培育难以完全分开，但亦没有必要完全分开。在当前和今后一段时期之内需要做的是，在法律意识培育之中适当增加宪法意识培育的内容，并使培育机制得以改善或优化。同时，对于包括宪法意识培育在内的法律意识培育，应处理好总体目标与阶段目标之间的关系，并设置好宪法意识培育的具体内容。当然，除了开展好宪法意识培育，根据大学生所处的年龄阶段和受教育阶段，其民商法意识培育、刑法意识培育、诉讼法意识培育等类型及其具体内容，既应设置好，又应开展好，共同助推大学生包括宪法意识在内的法律意识的普遍增强。

---

　　① 《宪法》序言第 11 段规定："中华人民共和国是全国各族人民共同缔造的统一的多民族国家。平等团结互助和谐的社会主义民族关系已经确立，并将继续加强。在维护民族团结的斗争中，要反对大民族主义，主要是大汉族主义，也要反对地方民族主义。国家尽一切努力，促进全国各民族的共同繁荣。"

　　② 《宪法》第 4 条规定："中华人民共和国各民族一律平等。国家保障各少数民族的合法的权利和利益，维护和发展各民族的平等团结互助和谐关系。禁止对任何民族的歧视和压迫，禁止破坏民族团结和制造民族分裂的行为。国家根据各少数民族的特点和需要，帮助各少数民族地区加速经济和文化的发展。各少数民族聚居的地方实行区域自治，设立自治机关，行使自治权。各民族自治地方都是中华人民共和国不可分离的部分。各民族都有使用和发展自己的语言文字的自由，都有保持或者改革自己的风俗习惯的自由。"

4.5　宪法意识培育的改善进路

"就宪法权威而言，更为重要的应该是宪法实际被遵守的情况，宪法在不同的宪法关系主体那里的地位以及在民众心里的地位，这属于宪法的实际权威"①，而宪法实际权威的树立，主要靠两个方面：一方面，靠宪法实施的推进。另一方面，靠宪法意识培育的开展。不能因为宪法实施或实践稍显滞后，便以宪法意识培育缺乏实践依托而予以忽视。同时，宪法意识培育，又是法律意识培育的重要一环，亦是全面推进依法治国（包括全面推进依宪治国）的重要一环，作为党和国家较为重要的一项工作，自然有其基本功能、基本方法、改善进路等需要给予重视。唯有将这些内容研究清楚，才能更好地为宪法意识培育的推进做好机制设计，把握好其发展与改善的时代脉搏。

4.5.1　须更加重视开展宪法意识培育

"我国宪法实施存在的问题，不仅仅是宪法实施制度的缺陷造成的，宪法意识的缺失也是阻碍宪法实施的重要原因之一。"② 所以宪法地位重要，应是一个毋庸置疑的问题。换言之，"真正的问题不在于宪法为何重要，而在于宪法如何重要。"③ 总的来讲，宪法主要内容一般只有两个，即"规定国家机构的设置及其义务权限的划分"和"规定对公民权利的保护"④。前者发挥成效的关键在于公权力之行使应得到制约，而后者发挥成效的关键则在于基本权利之行使应得到保护⑤。但宪法除了"制约"（或"规范"）和"保护"（或"保障"）之外，对于前者和后者，分别给予必要的"配合"和"限制"，亦是应有之义。有学者认为：

> "'宪法是用来规范和约束政府权力，并保护公民权利的法律'，是宪法的一项基本原理。……宪法是为了规范和约束政府权力而产生的，政府权力（或国家权力）与公民权利的统一关系是宪法的基本矛盾。宪法作为法的一种形式和现代国家法律体系中的首要部分，其主要功能是通过规范和约束政府权力，以便保护公民的权利和自由。宪法有保障政府权力的功能，但这种功能主要也是通过规范和约束权力的方式来实现的。"⑥

---

① 曾瑜. 论宪法权威 [J]. 四川师范大学学报（社会科学版），2010（2）：15 – 19.
② 田华. 论宪法意识的培育 [J]. 河北青年管理干部学院学报，2014（1）：57 – 61.
③ [美] 马克·图什内特. 宪法为何重要 [M]. 田飞龙，译. 北京：中国政法大学出版社，2012：13.
④ 张千帆，肖泽晟. 宪法学：第三版 [M]. 北京：法律出版社，2015：15.
⑤ 有学者认为，宪法作用"归纳起来就是保护产权，保障自由，维护秩序"，但其又认为，"人们最应当知道的宪法作用是保障基本人权，规范国家权力。"可见，无论是宪法的主要内容，还是其主要作用或功能，基本上就是保障基本权利和规范国家公权力。当然，两者顺序及其表述可能存在不同. 李开钦. 论宪法实施与宪法文化的构建 [J]. 郑州航空工业管理学院学报（社会科学版），2014（6）：121 – 125.
⑥ 韩大元，王德志. 中国公民宪法意识调查报告 [J]. 政法论坛，2002（6）：106 – 119.

现行《宪法》自 1982 年通过和开始实施以来，对其具有重要性，早已达成一致的看法，但如何将"纸面上"的宪法转化为"实践中"的宪法，虽然有所进展，但一直稍显缓慢。自 2012 年 11 月党的十八大召开以来，宪法发展较快，宪法宣誓制度已臻完善。尽管该制度所规定的履行宣誓义务的主体，是人数较少，但地位重要的公职人员，与包括大学生在内的其他主体并无直接关系，但其通过电视网络同步直播或转播收看宪法宣誓程序的具体履行，是可以感受到宪法的威严、权威，以及职位再高、职权再重的公职人员均应对宪法怀有敬畏之心的宣誓氛围的，这对培养其宪法意识，自然有所助益。

"宪法意识所包含的自由平等观念、民主参与观念、权利观念、法治观念、契约观念是一个社会迈入新的文明里程的文化基石。"① 所以，宪法意识及其培育的重要性不言而喻。而且，不能说哪一主体适用宪法，便对哪一主体开展宪法意识培育，亦不能说何时适用宪法，才在适用之前或之时对适用主体开展突击式的宪法意识培育。实际上，宪法与每一个公民息息相关，无论是宪法之中的基本权利之行使、基本义务之履行②，还是公民作为国家机关行使公权力的承受对象，均会对公民的基本权利和义务，形成直接或间接、显性或隐性、显著或轻微的影响，公民均应依据宪法行使基本权利、履行基本义务，并且依据宪法监督公权力机关是否依据宪法行使权力、履行职责，而监督的过程亦是宪法实践的一种体现。同时，在监督过程之中亦可以检视公权力机关及其公职人员是否侵犯了自己的合法权益。当然，无论是公民行使基本权利、履行基本义务，还是监督公权力机关及其公职人员是否依据宪法行使权力、履行职责，除了依据宪法之外，当然亦可以同时依据法律。而依据宪法的这一举动，即便只是一种思维活动，但其实亦是一种宪法实践。若想提高"依据"的成效，自然应具有必要的宪法意识，但若宪法意识较为淡薄，那便应通过开展宪法意识培育使之得以增强了。

大学生作为新时代的合格公民，应充分利用时间和机会自行学习宪法，无论是在求学期间，还是在毕业离校、步入工作岗位之后，均应如此。而作为一个自上而下推行依法治国（包括依宪治国）的国家，国家应组织专项活动，集中力量对包括大学生在内的诸多群体开展包括宪法意识培育在内的法律意识培育。实际上，国家亦是这么做的，最具代表性的专项活动便是自 1986 年 1 月正式开始的普法教育，其对全社会包括宪法意识在内的法律意识的增强，成效十分显著。当然，瑕不掩瑜的是，该项工作亦存在对宪法意识培育关注和重视稍显不足的问题，继而需要对其给予进一步的改善。

但同时，包括大学生在内的各种群体，亦应主动学习宪法和积极参与国家开展的宪法意识培育，从而增强自己的宪法意识，不能以我国是一个自上而下推行依法治国（包括依宪治国）的国家，便被动地、消极地等待国家对其开展宪法意识培育。包括大学生在内的各种群体宪法意识的增强，于国造就了一代又一代的尊重宪法、遵守宪法和认同宪法的时代新人，于己使自

---

① 杨源. 对我国宪法权威缺失及其构建途径的几点思考 [J]. 中北大学学报（社会科学版），2010（4）：71 –74.

② 在我国《宪法》之中，公民的基本权利和义务主要集中规定在第二章"公民的基本权利和义务"之中，但又不限于该章，第一章"总纲"之中亦有规定。例如，《宪法》第 13 条规定："公民的合法的私有财产不受侵犯。国家依照法律规定保护公民的私有财产权和继承权。国家为了公共利益的需要，可以依照法律规定对公民的私有财产实行征收或者征用并给予补偿。"

己富有宪法知识，懂得如何行使基本权利、履行基本义务，自然亦是有百利而无一害。从根本上或长远来讲，"建设法治国家的重要社会心理基础是全体社会成员的宪法意识，而宪法意识及其启蒙的状态则依赖于法治国家的总体发展水平"。①

时值当下，尽管提倡"活到老，学到老"，人一生的任何阶段均可学习，但谁亦不应否认学生时代是一生之中用于学习的最佳时期，一旦走出校园、步入工作岗位，即使有父母资助，但毕竟进入了自我谋生的阶段，不能再像学生时代那样有足够的时间和精力用于学习了。纵然有再次学习的机会，对于技能型学习和丰富精神生活而言倒还可以，但对包括宪法意识培育在内的法律意识培育，却有诸多不便，因为在处置日常生活和工作特别是自己并不熟悉的事务之前，便应拥有基本的法律知识，在已作出违法行为之后再去加强包括宪法意识在内的法律意识便为时已晚了。因为法律不赦免不懂法的人，所以为了避免在处置自己事务之时因为不懂法而违法，或是在处置自己事务之时再寻求法律咨询从而过高增加成本，这便要求在学生时代就应对常用的法律进行学习。但在学生时代，基本上还是遵循国家的教育方针或规划，作为学生往往只是被动参与，这亦要求国家应将包括宪法意识培育在内的法律意识培育纳入思想政治理论课框架之中，而且给予足够重视。有学者认为，"宪法教育最基本指的是学校开展的，以青少年为主体的宪法教育"。② 该观点较为中肯，但需要注意的是，对于青少年，以学校为场域而开展的宪法教育只是"最基本的"，并不能因此而忽视家庭教育、社会教育等所应扮演的角色，以及各种教育类型之间的协同和配合。

诚然，在学校这一场域，对大学生开展包括宪法意识培育在内的法律意识培育，较之于以往取得了长足进步，但亦不是没有提升的空间。对此，主要表现在两个方面：一方面，增加宪法意识培育的内容，虽然宪法意识可以包含或隐含在法律意识之中，随之宪法意识培育可以包含或隐含在法律意识培育之中，但在宪法意识培育稍显滞后于宪法发展与其他法律意识培育的情势之下，还是有必要在当前的思想政治理论课框架之中适度地增加宪法意识培育的内容。另一方面，在对大学生开展包括宪法意识培育在内的法律意识培育之中，适当地增加课外实践或社会实践，这对大学生而言是非常必要的。所以，在不影响大学生完成学业的前提之下，使之参与必要的包括宪法宣传在内的法律宣传、社会实践、观摩地方民意机关举行的选举、在地方人大召开"两会"之时充当志愿者等活动，由此使之近距离观摩或适当参与相关公权力机关是如何依据宪法和法律行使权力的，这对其加深对宪法或宪法相关法的具体知识的学习和理解，定然大有裨益。总而言之，"青年群体缺少实践锻炼是造成青年宪法意识缺失的主要原因"③ 的这一窘状，理应得到重视，并使之循序渐进地得以改善。

---

① 魏健馨. 宪法实施的基础条件——宪法意识及其启蒙研究 [J]. 吉林大学社会科学学报，2016（9）：128 – 136，191.

② 张劲. 让宪法回归生活：青少年宪法教育的一个路向 [J]. 预防青少年犯罪研究，2020（3）：11 – 21.

③ 王齐一. 青年宪法意识的历史变迁、培育原则和途径 [J]. 当代青年研究，2019（5）：122 – 128.

4.5.2　秉持"大宪法意识"培育理念

从广义上或宏观上来讲，法律包括宪法，法律意识包括宪法意识，法律意识培育亦包括宪法意识培育。所以，对于大学生宪法意识，培育的不仅仅是大学生对现行《宪法》文本学习、尊重、遵守和认同的意识。当然，这肯定是一个核心内容，但同时，还应围绕该核心内容发散开来，需要使大学生知晓诸多内容，所以国家无论是针对党员干部、公职人员，还是针对包括大学生在内的学生群体，所开展的宪法意识培育，应以宪法为核心，但又不局限于该核心。换言之，宪法意识培育的开展主体、培育对象（包括但不限于大学生）等相关主体，均应树立"大宪法意识"的理念。无论是海洋法系国家（例如，英国、美国、新加坡等）[1]，还是大陆法系国家（例如，法国、德国、日本、韩国等）[2]，抑或是在我国的香港特区[3]、台湾地区[4]，在其公民教育或公民道德教育之中，其宪法意识培育都隐性地存在，有时连法律意识培育都表现得较不明确，甚至只有权利义务、民主法治等内容，但这些内容实际上亦是包括宪法意识培育在内的法律意识培育的重要组成部分。而对于自上而下推行依法治国（包括依宪治国）的我国，自有应秉持的意识形态和应兼顾的基本国情，所以对包括大学生在内的诸多群体开展包括宪法意识培育在内的法律意识培育，其基本框架是思想政治理论课教育，而非公民教育或公民道德教育。而且，这一基本框架，在可以预见的将来，亦不会有质的改变。所以，在大学这一场域，法律意识培育、宪法意识培育、思想政治理论课教育三者之间的辩证关系是：法律意识培育是思想政治理论课教育的一种表现形式，而宪法意识培育又是法律意识培育的一种表现形式。换言之，宪法意识培育是思想政治理论课教育的一种表现形式，这是由宪法在法律之中、宪法意识在法律意识之中、宪法意识培育在包括法律意识培育在内的思想政治理论课教育之中，所具有的特殊地位决定的。此处的"特殊"，其实就是重要之义。

因此，宪法意识培育的开展主体、培育对象（包括但不限于大学生）等相关主体，均应树立"大宪法意识"理念，不宜再像以往将宪法意识培育的内容基本上仅仅限定于《宪法》文本，而是应将宪法意识培育内容予以适当拓展。当然，在针对具体的培育对象之时，可以根据

---

① 例如，蓝维，高峰，吕秋芳，邢永富．公民教育：理论、历史与实践探索［M］．北京：人民出版社，2007：153 - 168，204 - 217；唐克军．比较公民教育［M］．北京：中国社会科学出版社，2008：45 - 78，103 - 128；檀传宝，等．公民教育引论：国际经验、历史变迁与中国公民教育的选择［M］．北京：人民出版社，2011：3 - 37；孔锴．美国公民教育模式研究［M］．北京：中国社会科学出版社，2013．等等。在此，需要指出的是，唐克军著的《比较公民教育》一书，其将作为海洋法系的英国和作为大陆法系的法国、德国合在一章（第四章）进行阐述。

② 例如，蓝维，高峰，吕秋芳，邢永富．公民教育：理论、历史与实践探索［M］．北京：人民出版社，2007：169 - 204，218 - 256；唐克军．比较公民教育［M］．北京：中国社会科学出版社，2008：79 - 102，103 - 128，129 - 146．檀传宝，等．公民教育引论：国际经验、历史变迁与中国公民教育的选择［M］．北京：人民出版社，2011：38 - 104．等等。

③ 例如，蓝维，高峰，吕秋芳，邢永富．公民教育：理论、历史与实践探索［M］．北京：人民出版社，2007：378 - 393．

④ 例如，蓝维，高峰，吕秋芳，邢永富．公民教育：理论、历史与实践探索［M］．北京：人民出版社，2007：364 - 378．

培育对象的年龄、职业、诉求等因素，对培育内容做出适当的或有倾向性的调整。例如，对于公职人员，可以以《宪法》第三章"国家机构"为主，以其他章节内容为次。又如，对于大学生，可以以《宪法》第二章"公民的基本权利和义务"为主，以其他章节内容为次。再如，对于已走出校园、步入社会的普通民众，可以以《宪法》第二章"公民的基本权利和义务"为主，以第一章"总纲"和第三章"国家机构"为次。当然，需要指出的是，《宪法》序言应适当地有所涉及，不应将其予以忽略。所以，树立"大宪法意识"，是一个教育理念，是一个顶层设计，但并不是一个具体规则，因此在开展具体的宪法意识培育之时，应在树立"大宪法意识"这一理念之下，针对不同的培育对象而做出具体的、灵活的应对之策。

诚然，法律意识包括宪法意识，法律意识培育包括宪法意识培育，而在法律意识之中，倘若以部门法为基本单位，法律意识除了包括宪法意识，还包括民法意识（包括婚姻法意识和继承法意识等）、刑法意识、诉讼法意识、商法意识（按照民商合一体制，商法意识亦可以包括在民法意识之中）、行政法意识（在学科划分上，行政法与宪法基本上并而论之，但在法律意识分类上，却不宜将两者并而论之）、国际法意识等，这些次一级的法律意识，虽然学术界对其内涵与外延没有固定的认识，随之争议较大。但在"大宪法意识"这一理念之下，除了权利义务、民主法治等这些显然属于宪法意识培育的内容之外，政治站位、国家历史、民族文化、国情概述、人之生活与成长及社会交际等内容，将其划分到民法意识、刑法意识、商法意识等框架之下，肯定不合适，因此只能将其划分到宪法意识之中，但由于当下的宪法意识培育理论，一般只包括权利义务、民主法治等这些显然属于宪法意识培育的内容，因此本书才提出"大宪法意识"培育的主张，以期将政治站位、国家历史、民族文化、国情概述、人之生活与成长及社会交际等内容均统属于宪法意识内容之中。唯有如此，在当前思想政治理论课教育——而非公民教育或公民道德教育——的框架之中，依托"大宪法意识"培育，对于大学生，不但应开展一般意义上的宪法意识培育，亦应开展在广义上或宏观上属于"大宪法意识"培育的，旨在使宪法意识培育对象的政治意识、国家意识、民族意识、国情意识、道德意识等亦得以培育的内容，从而使大学生在思想政治理论课的框架之下，成长得更加全面，不仅仅具有宪法意识，而且还具有政治意识、国家意识、民族意识、国情意识、道德意识等，随之"精神成人"。

4.5.3　优化宪法意识培育的整体环境

宪法、宪法意识、宪法意识培育，均十分重要，这已无需多言。因此，宪法意识培育的关键之处，已不是探讨其是否重要，而是如何为这项工作之开展提供良好的环境。因此，宪法意识培育从"纸面上"的重要转化为"实践中"的重要，需要其得以切实开展，而这离不开各方主体为之提供必要的支持。对此，应从以下三点入手：

第一，各级党政机关尤其是党委下设的宣传部门、政府下设的司法行政部门和教育行政部门，应严格依据党和国家领导人发表的和开展宪法意识培育相关的重要讲话，与中共中央通过的《关于全面推进依法治国若干重大问题的决定》等重要文件对开展宪法意识培育作出的重要论述，以及《〈"八五"普法〉通知》和《〈"八五"普法〉规划》等重要文件对开展宪法意识培育作出的重要规划，开展好宪法意识培育这项基础性、持久性工作。同时，在政治支持、法律贯彻、党群宣传等各个环节，切实提高对大学生开展宪法意识培育的重视程度，使之首先对宪法意识培育在整体上给予重视，在此基础之上，才谈得上其对宪法意识培育开展的细节给予重视。而且，高校所在辖区的党委与政府，对于大学生包括宪法意识培育在内的法律意识培育的过程之中的实习、参观、座谈等活动，应给予必要支持，提供必要条件。习近平指出，"要运用国家宪法日活动、宪法宣誓等载体，推动宪法法律进企业、进乡村、进机关、进学校、进社区、进军营、进社会组织，使宪法深入人心，内化于心、外化于行"。① 显然，这么多种活动，不是高校一种主体可以独立组织起来，并开展成功的，而是需要相关公权力机关和社会组织密切配合才能实现的。此外，国家可以组织相关单位编写旨在服务于宪法意识培育的教材、图册等，或制作相关的视频、节目等，以供高校在对大学生开展宪法意识培育（包括宪法相关法的意识培育）之时适用。

第二，大学处在对大学生开展包括宪法意识培育在内的法律意识培育的第一线，开展成效如何，其是首要开展者，亦是直接责任人。对此，应重视两个方面：一方面，在教师配置、课程设置、教材订购，与活动宣传、场地使用等问题上，大学尤其是负责承办的二级学院（一般为马克思主义学院）以及相关部门，应给予必要支持。另一方面，在"国家宪法日"（12 月 4日）、国庆节、元旦等重要节日举行升国旗、奏国歌等活动，借此培养大学生的政治认同和国家认同。对此，2021 年 4 月，中共中央办公厅、国务院办公厅印发的《关于加强社会主义法治文化建设的意见》指出，"通过升国旗、奏唱国歌等仪式仪礼和开展重大节庆活动，增进全社会对宪法的尊崇和信仰"。② 同时，从中央到地方的人大和政协，尤其是每一届人大第一次会议在召开之时，基本上均有宪法宣誓程序，大学可以组织大学生观看重要会议或宪法宣誓的直播或转播，体会宪法与宪法相关法是如何作为此种重要议程得以进行的重要依据的，继而感受其具有的重要性。

第三，各级党委和政府、大学生所在高校及相关主体，对宪法意识培育再重视，亦只是大学生宪法意识通过开展宪法意识培育得以增强的外在因素，而大学生是否重视宪法意识培育，才是这项工作可以开展得富有成效的内在因素，正所谓"教育者的'教育'只是教育对象思想道德素质提高的必要外因，教育对象自我教育的主体能动性才是内因。"③ 因此，大学生宪法意识培育开展得能否有起色、能否见成效，关键在于大学生自己，而且大学生始终应予以牢记的是，包括宪法知识在内的所有知识的学习，以及基于知识学习而使包括宪法意识在内的所有意识的增强，最终的和最大的受益者，均是大学生自己。无论是从宪法意识培育的现实性来讲，还是从宪法意识培育的必要性和重要性来讲，均是如此。因此，对于大学依托思想政治理论课而开展的宪法意识培育，大学生应积极融入其中，课前多预习，课堂多学习，课后多复

---

① 习近平. 论坚持全面依法治国［M］. 北京：中央文献出版社，2020：219.
② 中共中央办公厅、国务院办公厅印发《关于加强社会主义法治文化建设的意见》［N］. 新华社，2021 - 04 -
05.
③ 陈万柏，张耀灿. 思想政治教育学原理：第三版［M］. 北京：高等教育出版社，2015：211 -212.

习。此外，大学生还应发挥主观能动性，在学习必修课之余，根据自身发展需要，亦应及时关注党和国家通过的重要文件、举行的重大政治活动、国内国外形势的重大变化、宪法相关法的制定与修改、法律体系的发展与完善等重要新闻，使自己的政治意识、国家意识、民族意识、国情意识、道德意识等亦得以增强，从而使自己的"大宪法意识"得以培育。

诚然，由于宪法具有较强的政治性，因此对宪法意识培育的内容确定、具体开展、言语表述等，均应以较强的政治意识、大局意识、底线意识来对待，但亦不能由此而对宪法意识培育消极对待，或是少关注、多远离。实际上，自2012年11月党的十八大召开以来，党和国家对宪法意识培育更加重视，发布的重要文件之中时常出现对开展宪法意识培育进行强调的表述，从而使这项工作的开展，迎来了越来越有利的时代氛围和社会环境。由此，从中央到地方各级党委和政府较之于以往，对宪法意识培育亦日益重视。但亦应看到，大学生宪法意识培育的环境仍有改善空间。有学者通过研究发现，"大学生了解宪法的主要途径是学校教育和社会教育。"① 所以，对大学生开展宪法意识培育，学校当然是主阵地，但社会教育亦不可忽视。然而，在学校之外，为大学生提供实习、实践的机会仍然过少。在学校之内，课程讲授、教材编写有待优化，课下沟通、课外活动仍然显少。而大学生自己，对宪法意识培育的重视程度有待提高。因此，宪法意识培育的改善，既需要外部条件的优化，又需要思想观念的重视，唯有使内外条件共同发力、相得益彰，宪法意识培育这项工作才能开展得常备不懈、富有成效。

---

① 戴激涛. 宪法，我该如何靠近您？——对广东300名大学生宪法意识调查的思考 [A]. // 王瀚. 法学教育研究：第8卷 [C]. 北京：法律出版社，2013：342–360.

第 5 章
大学生宪法意识培育的实证考察及问题分析

"从经验现实出发,采用实证的研究方法归纳和分析公民法治观念的类型与结构特点,是公民法治研究的另一种进步。"① 对于宪法意识培育研究如此,对于大学生宪法意识培育研究亦是如此。所以,宪法意识培育的成效如何,与其抽象地概括描述,不如具体地实证考察,唯有如此,才能准确探究宪法意识培育现状为何、问题为何、原因为何,继而对其给予较为准确的分析,并为宪法意识培育的改善提出令人信服的、可操作性较强的建议。本书对 X 市大学生的宪法意识培育现状进行实证考察,分为两个方面:一方面,对 X 市高校大学生适用的大学思想政治理论课教材进行文本分析,以探究教材之中有没有宪法意识培育的内容,倘若有的话,那么篇幅如何、内容如何。另一方面,对 X 市四十所高校、50.27 万名大学生,按照 1/40 的比例进行抽样,共投放 1250 份问卷(实际共投放 1331 份问卷,共回收 1270 份有效问卷),且以"'985''211'高校大学生、一般公办高校大学生、民办三本高校大学生"与"文科高校大学生、理工科高校大学生、美术学院等高校大学生"两个维度,对 X 市大学生的宪法意识培育进行实证考察,探究其现状为何、问题为何、原因为何,为后续提出令人信服的、可操作性较强的建议打好基础。

5.1 宪法意识培育的实证分析——以思想政治理论课教材为考察对象

在我国革命、建设和改革的历史上,出现了多部人民宪法或宪法性文件②。在这些宪法或宪法性文件制定、实施的过程之中,也存在一些宪法意识培育(宪法宣传、宪法教育、宪法普及等)活动,但将高校大学生作为主要教育对象之一,截至目前,尚无具体实践。当然,自1982 年《宪法》通过和开始实施以来,在多份《普法通知》之中,均有将"青少年"或"在校学生"作为普法的重要对象,也可以通过对其进行适当解释,使之将高校大学生间接包括在内。但是,无论是从党和国家是否为之制定有专门的指导性文件,还是从全国高校是否开展过持之以恒、规模浩大的宪法意识培育来看,均未有显著实践。然而,为了对高校大学生包括宪法意识培育在内的法律意识培育进行历史呈现,并从中总结有益的经验教训,因此有必要对过去一段时期和当下高校大学生借助思想政治理论课开展宪法意识培育进行考察,而考察的基础之一便是对其适用的思想政治理论课教材给予历史追溯。

到了大学阶段,思想政治教育依然是重要的公共课程之一。"思政课是落实立德树人根本

---

① 王江伟. 改革开放以来公民法治观念研究回顾与前瞻 [J]. 政府与法治, 2020 (3): 40 – 51.
② 在土地革命时期, 有 1931 年的《中华苏维埃共和国宪法大纲》。在抗日战争时期, 有 1941 年的《陕甘宁边区施政纲领》。在解放战争时期, 有 1946 年的《陕甘宁边区宪法原则》。在新中国成立前夕, 有 1949 年的《共同纲领》。在新中国成立之后, 有 1954 年《宪法》、1975 年《宪法》、1978 年《宪法》、1982 年《宪法》即现行《宪法》。而且, 现行《宪法》自 1982 年通过和开始实施以来, 截至目前, 已进行了五次修改。

任务的关键课程"①，所以其自然是大学的必修课。目前，一些大学对思想政治理论课进行了改革，但只是将上课时间的选择权让渡给了大学生，但课程本身却是要必修的。作为大学生，即使日后读研读博再深造，但到了读研读博之时，学校一般也不再安排专门的课程对其开展法律意识培育，所以大学阶段是大学生在国家教育体制之中最后一次接受由学校提供的系统性的包括法律意识培育在内的思想政治教育了②。

当前，对大学生开展法律意识培育，主要依托思想政治理论课这一课程，该课程共有五本教材③。其中，有包括宪法意识培育内容在内的法律意识培育内容的，主要是四本教材，即《思想道德与法治》④《毛泽东思想和中国特色社会主义理论体系概论》《中国近现代史纲要》和《形势与政策》。由于《形势与政策》教材出现最晚⑤，所以将其作为第四本教材进行考察。

5.1.1 教材考察之一——《思想道德与法治》

第一本教材是《思想道德与法治》⑥（旧版名称为《思想道德修养与法律基础》）⑦，除了

---

① 习近平. 思政课是落实立德树人根本任务的关键课程 [N]. 求是网，2020 - 08 - 31.

② 2019 年 8 月，中共中央办公厅、国务院办公厅印发的《关于深化新时代学校思想政治理论课改革创新的若干意见》规定："博士阶段开设'中国马克思主义与当代'，硕士阶段开设'中国特色社会主义理论与实践研究'"。虽然硕士和博士的招生比例基本上日渐提高，但实际上，后续能接受硕士教育乃至于博士教育的本科生的比例，仍是较低的。

③ 有学者对我国高校思想政治理论课建设的历史演变作了考察，由其考察可知，适用至今的高校思想政治理论课的课程设置架构，是由 2005 年 3 月中共中央宣传部、教育部印发的《关于进一步加强和改进高等学校思想政治理论课的意见》提出的具体实施方案所规定的，该方案一般简称为"05 方案"。其规定，"本科课程设置了马克思主义基本原理（简称'原理'）3 学分，毛泽东思想、邓小平理论和'三个代表'重要思想概论（简称'概论'）6 学分，中国近现代史纲要（简称'纲要'）2 学分，思想道德修养与法律基础（简称'基础'）3 学分，共计四门必修课。另外，开设'当代世界经济与政治'等选修课。同时，本、专科学生都要开设'形势与政策'课。"当然，虽然课程设置架构未有大的变化，但部分课程名称随着时代发展作了修改。而且，教材内容亦一直根据需要进行更新。冯刚. 改革开放以来高校思想政治教育发展史 [M]. 北京：人民出版社，2018：81 - 107.

④ 《思想道德与法治》这本教材，自 2006 年首次出版以来，截至目前，共有 2006 年版、2007 年版、2008 年版、2009 年版、2010 年版、2013 年版、2015 年版、2018 年版、2021 年版 9 个版本，但前八个版本，其名称均为《思想道德修养与法律基础》，直到最新版本，才改为《思想道德与法治》。为便于叙述，文中将其统称为《思想道德与法治》，其课程名称也统称为"思想道德与法治"课。

⑤ 在高等教育出版社出版的《思想道德与法治》等思想政治理论课教材之中，第 1 版的《思想道德与法治》出版于 2006 年（当时名称是《思想道德修养与法律基础》），第 1 版的《毛泽东思想和中国特色社会主义理论体系概论》出版于 2007 年（当时名称是《毛泽东思想、邓小平理论和'三个代表'重要思想概论》），第 1 版的《中国近现代史纲要》出版于 2007 年，第 1 版的《形势与政策》出版于 2010 年。除此之外，第 1 版的《马克思主义基本原理》出版于 2007 年，该教材历经 2008 年、2009 年、2010 年、2013 年、2015 年、2018 年、2021 年 6 次修订，但始终没有增添包括宪法意识培育在内的法律意识培育的内容。

⑥ 在此处，之所以将《思想道德与法治》教材作为"第一本教材"，一方面，是因为在包括宪法意识培育内容在内的法律意识培育内容这一点上，《思想道德与法治》这本教材最多。另一方面，是因为在对思想政治理论课进行改革之前的一些高校，与至今未对思想政治理论课进行改革的一些高校，《思想道德与法治》这本教材一般是给大学生讲授的第一本或第二本教材，在顺序上比较靠前，所以这里称之为"第一本教材"，是将其作为包括宪法意识培育内容在内的法律意识培育内容的四本教材之中的第一本教材，并非是指其是当前高校给大学生讲授的第一本思想政治理论课教材。

⑦ 本书在做实证分析之时，投放问卷的时间是 2017 年 12 月，所以问卷之中涉及的《思想道德与法治》教材均是 2015 年版的，后来在写作本书之时，主要分析的是 2015 年版和 2018 年版的教材。2021 年 8 月，最新版的教材即 2021 年版教材出来之后（《思想道德修养与法律基础》改名为《思想道德与法治》），又对涉及该教材分析的内容做了更新。但是，问卷之中涉及对教材的评价，因为投放问卷时间关系，均指向 2015 年版的教材。

高等教育出版社的版本之外，在思想政治理论课领域之内，亦有其他出版社出版的、由学者主编的同名教材①。但是，由于其他教材，或是因为是教辅教材或自考教材而适用较少，或是因为其更新速度稍慢，所以在当下的我国高校，高等教育出版社出版的《思想道德与法治》的权威性最强、适用性最普遍，所以本书以高等教育出版社出版的版本作为考察对象。《毛泽东思想和中国特色社会主义理论体系概论》教材等，亦是如此。

由高等教育出版社出版的《思想道德与法治》，最初的版本出版于 2006 年②。对于宪法意识培育内容，有学者经过研究认为，"实践上，为解决青年宪法意识水平较低问题，教育部在 2006 年就已经出版了高校思想政治理论课程之一《思想道德与法治》，并在 2010 年进一步将该科目列为青年大学生必修公共课，并将科目内容列入考研政治科目中，在国家教育目标导向上明确了青年宪法意识培育的大方向。"③ 截至目前，共修订了 8 次（见表 5 - 1），总页码从最初的 177 页，逐渐增加至 241 页，后又起起伏伏，到最新的 2021 年修订版，已降至 195 页，总体上呈现出先增后减的趋势（见表 5 - 1）。

表 5 - 1　　　　　　　　　　　《思想道德与法治》历次修订概况

教材名称	版本	总页码（页）	教材核心内容（不包括后记、修订版后记等内容）
《思想道德修养与法律基础》	2006 年版	177	绪论、正文、结束语
	2007 年修订版	211	绪论、正文、结束语
	2008 年修订版	218	绪论、正文、结束语
	2009 年修订版	251	绪论、正文、结束语
	2010 年修订版	251	绪论、正文、结束语
	2013 年修订版	209	绪论、正文、结束语
	2015 年修订版	225	绪论、正文、结束语
	2018 年修订版	195	绪论、正文
《思想道德与法治》	2021 年修订版	241	绪论、正文

注：除了 2018 年这一版本的"绪论"结构简单，无"节"之结构，而且内容较少、篇幅较短之外，其他版本的《思想道德与法治》的"绪论"，均与其他诸章一样，有"节"之结构，且内容较多、篇幅较长。

有学者对 2018 年版的《思想道德修养与法律基础》进行文本考察之后认为，"虽然《思想

———————————————

①　例如，宋彩云 . 思想道德修养与法律基础：第 2 版 [M]. 北京：机械工业出版社，2016；肖璐，杨楠，李楠 . 思想道德修养与法律基础 [M]. 北京：电子科技大学出版社，2018；高等教育自学考试命题研究组 . 思想道德修养与法律基础 [M]. 北京：光明日报出版社，2015. 等等。此外，亦有思想政治教育领域学者与法学领域学者合编的《思想道德修养与法律基础》教材。例如，骆郁廷，周叶中，佘双好 . 思想道德修养与法律基础 [M]. 武汉：武汉大学出版社，2006. 等等。

②　在高校依托思想政治理论课，对大学生开展思想政治教育由来已久，所以在 2006 年之前，定然还有高等教育出版社或其他出版社出版的类似于《思想道德与法治》的其他教材，但由于时间过去太久，客观上难以搜集 2006 年之前的其他教材，因此本书只对高等教育出版社自 2006 年以来出版的历次修订教材进行文本考察。

③　王齐一 . 青年宪法意识的历史变迁、培育原则和途径 [J]. 当代青年研究，2019（3）：122 - 128.

道德修养与法律基础》几经修改，但其中宪法部分却一直没有太大变动，基本围绕着宪法的根本大法地位和五个基本原则展开：一是党的领导原则，二是人民主权原则，三是人权保障原则，四是法治原则，五是民主集中制原则。"[1] 不仅 2018 年版本如此[2]，从 2006 年开始以来的每一个版本亦大致如此，2021 年新版教材亦是如此[3]。当然，在具体表述上，可能会有细微变化。

通过表 5 - 1、表 5 - 2 与图 5 - 1 可以得出以下三点信息：

表 5 - 2 　　　　在《思想道德与法治》历次版本之中，法律意识培育内容、
宪法意识培育内容各占教材比例，以及后者占前者比例之考察

版本	法律内容（累计）	法律内容占教材比例（%）	宪法内容（累计）	宪法内容占教材比例（%）	宪法内容占法律内容比例（%）
2006 年版	约 53.5 页	30.23	约 11.5 页	6.50	21.50
2007 年版	约 63.5 页	30.09	约 13 页	6.16	20.47
2008 年版	约 66 页	30.28	约 14 页	6.42	21.21
2009 年版	约 76 页	30.28	约 16 页	6.37	21.05
2010 年版	约 77 页	30.68	约 16 页	6.37	20.78
2013 年版	约 62 页	29.67	约 12 页	5.74	19.35
2015 年版	约 48 页	21.33	约 25 页	11.11	52.08
2018 年版	约 59 页	30.27	约 11 页	5.64	18.64
2021 年版	约 61 页	25.31	约 14 页	5.81	22.95

　　注：为使表 5 - 2 表格内容和图 5 - 1 图形内容简洁，所以将"法律意识培育内容"简称为"法律内容"，将"宪法意识培育内容"简称为"宪法内容"。同时，将"法律意识培育内容占教材比例"简称为"法律内容占教材比例"，将"宪法意识培育内容占教材比例"简称为"宪法内容占教材比例"，亦将"宪法意识培育内容占法律意识培育内容比例"简称为"宪法内容占法律内容比例"。

　　一是，教材总页码由少到多，起起伏伏、时多时少，2010 年版到达最高值 251 页，到了 2018 年版，则降至 195 页；至最新 2021 年版，又回升至 241 页。虽然说教材总页码多少，乃是形式，而教材包括多少宪法意识培育内容在内的法律意识培育内容，才是实质，但总页码过少，亦必然会影响教材对包括法律意识培育内容在内的相关内容进行讲解的力度和深度。实际上，相对而言，2018 年版的《思想道德修养与法律基础》亦确实存在教材内容删减过多，对一些较为重要的内容未有涉及或涉及过少的问题。例如，2012 年 11 月党的十八届四中全会通过的《关于全面推进依法治国若干重大问题的决定》，是一份对全面推进依法治国进行全面、

　　① 王齐一. 青年宪法意识的历史变迁、培育原则和途径 [J]. 当代青年研究, 2019 (3): 122 - 128.
　　② 本书编写组. 思想道德修养与法律基础: 2018 年版 [M]. 北京: 高等教育出版社, 2018: 149 - 151. 这五个原则是党的领导原则、人民主权原则、尊重和保障人权原则、社会主义法治原则和民主集中制原则。
　　③ 本书编写组. 思想道德与法治: 2021 年版 [M]. 北京: 高等教育出版社, 2021: 149 - 151. 这五个原则是党的领导原则、人民当家作主原则、尊重和保障人权原则、社会主义法治原则和民主集中制原则。可见，较之于 2018 年版教材，2021 年版教材将"人民主权原则"改为"人民当家作主原则"，其余原则未变。

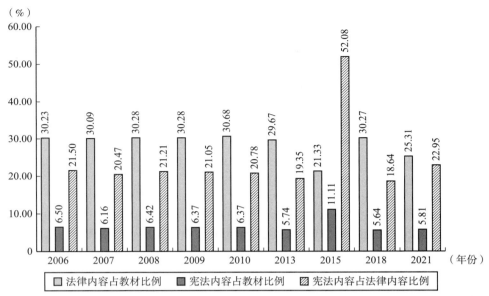

图 5 - 1　在《思想道德与法治》历次版本之中，法律意识培育内容、
宪法意识培育内容各占教材比例，以及后者占前者比例之图示

集中、系统规定的重要文件，但在教材之中丝毫未予提及，稍显不妥①。诸如此类问题，到了
2021 年版教材，仍未有所改观。当然，2021 年版教材也加入了一些新的内容。例如，2020 年
11 月，中央全面依法治国工作会议正式提出的习近平法治思想，2021 年版教材便对其及时进
行了反映，而且阐述也较为充实②。

　　二是，除了 2015 年版和 2021 年版教材之外，法律意识培育内容占教材比例约在 30% 左右，比
例已属不低（见表 5 - 2、图 5 - 1）。同时，除了 2015 年版之外，宪法意识培育内容占法律内容比例
约在 20% 左右，而且宪法意识培育内容占教材比例约在 6% 左右，比例均已属不低（见表 5 - 2、图
5 - 1）。但内容应得以优化，需要增加一些趣味性、可读性的内容，例如增加经典案例或典型事例的
评析，并适当援引宪法或法律的具体规定，使某些教材内容与宪法规范、法律规范对应起来。

　　三是，教材在更新之时，一些最新且重要的内容，未予反映。2018 年 3 月《宪法》得以
修改，至 2021 年 8 月，历经三年时间，终于对《思想道德修养与法律基础》进行了修订。
2018 年的这次修宪，是 1982 年《宪法》通过以来，在 1988 年、1993 年、1999 年、2004 年、
2018 年这五次修改之中，相对而言涉及面较广、重要内容较多，而且又有重要制度入宪（宪
法宣誓制度和国家监察制度），如此重要的内容，但在教材之中未予以反映，稍显遗憾。因此，

---

　　①　2018 年版的《思想道德修养与法律基础》出版于该年 4 月，此时距离该年 3 月顺利修宪已过去一月，但由于教
材从编写完毕到出版是需要一定时间的，所以可以作出合理预测，该版教材送至高等教育出版社之时应在宪法修改之前，
所以其未提及此次修宪，情有可原，但对 2014 年 10 月十八届四中全会通过的《关于全面推进依法治国若干重大问题的决
定》未予提及，稍显不妥，毕竟该版教材在第六章"尊法学法守法用法"第三节"建设中国特色社会主义法治体系"第
三点"全面依法治国的基本格局"已对"全面依法治国"——倘若用词严谨一些，应是"全面推进依法治国"——作
了阐述。本书编写组. 思想道德修养与法律基础：2018 年版［M］. 北京：高等教育出版社，2018：164 - 166.
　　②　本书编写组. 思想道德修养与法治：2021 年版［M］. 北京：高等教育出版社，2021：189 - 192.

在下次对教材进行修订之时，2018 年修改宪法的一些重要的新内容，应将其反映于教材之中。

5.1.2　教材考察之二——《毛泽东思想和中国特色社会主义理论体系概论》

　　第二本教材是《毛泽东思想和中国特色社会主义理论体系概论》[①]，除了高等教育出版社的版本之外，在思想政治理论课领域之内，亦有其他出版社出版的、由学者主编的同名教材[②]。但与《思想道德与法治》一样，在当下的我国高校，高等教育出版社出版的《毛泽东思想和中国特色社会主义理论体系概论》的权威性最强、适用性最普遍，所以本书亦以高等教育出版社出版的版本作为考察对象。

　　由高等教育出版社出版的《毛泽东思想和中国特色社会主义理论体系概论》，最初的版本出版于 2007 年[③]，但当时的教材名称是《毛泽东思想、邓小平理论和"三个代表"重要思想概论》，2008 年 2 月修订过一次。从 2008 年 9 月开始，教材名称改为《毛泽东思想和中国特色社会主义理论体系概论》，此后再未改过。截至目前，该教材共修订了 6 次（见表 5 - 3），总页码从最初的 274 页，逐渐增加至 385 页，到最新的 2021 年版，又增加至 328 页，总体上呈现出先增后减再增的趋势（见表 5 - 4）。

表 5 - 3　　　《毛泽东思想和中国特色社会主义理论体系概论》历次修订概况

教材名称	版本	总页码（页）	教材核心内容（不包括后记、修订版后记等）
《毛泽东思想、邓小平理论和"三个代表"重要思想概论》	2007 年版	274	正文
	2008 年修订版	328	正文
《毛泽东思想和中国特色社会主义理论体系概论》	2008 年版	336	正文
	2009 年修订版	385	正文
	2010 年修订版	385	正文
	2013 年修订版	255	正文、结束语

　　① 本书在做实证分析之时，投放问卷的时间是 2017 年 12 月，所以问卷之中涉及的《毛泽东思想和中国特色社会主义理论体系概论》教材是 2015 年版的，后来在写作本书之时，主要分析的是 2015 年版和 2018 年版的教材。2021 年 8 月，最新版的教材即 2021 年版教材出来之后，又对涉及该教材分析的内容做了更新。但是，问卷之中涉及对教材的评价，因为投放问卷时间关系，均指向 2015 年版的教材。

　　② 例如，丁俊萍. 毛泽东思想和中国特色社会主义理论体系概论：第 2 版 [M]. 武汉：武汉大学出版社，2013；苏学会，赵百刚，乔沐. 毛泽东思想和中国特色社会主义理论体系概论 [M]. 镇江：江苏大学出版社，2013；张旭东，管琦，吴群. 毛泽东思想和中国特色社会主义理论体系概论 [M]. 北京：北京理工大学出版社，2012. 等等。

　　③ 在高校依托思想政治理论课，对大学生开展思想政治教育由来已久，所以在 2007 年之前，定然还有高等教育出版社或其他出版社出版的类似于《毛泽东思想、邓小平理论和"三个代表"重要思想概论》的其他教材（该教材自 2008 年 9 月改名称为《毛泽东思想和中国特色社会主义理论体系概论》），但由于时间过去太久，客观上难以搜集 2007 年之前的其他教材，因此本书只对高等教育出版社自 2007 年以来出版的历次修订教材进行文本考察。

续表

教材名称	版本	总页码（页）	教材核心内容（不包括后记、修订版后记等）
《毛泽东思想和中国特色社会主义理论体系概论》	2015 年修订版	302	正文、结束语
	2018 年修订版	313	正文、结束语
	2021 年修订版	328	正文、结束语

　　注：《毛泽东思想和中国特色社会主义理论体系概论》教材在 2007～2008 年前半年的名称是《毛泽东思想、邓小平理论和"三个代表"重要思想概论》，但为了表述方便，将该教材名称笼统称为《毛泽东思想和中国特色社会主义理论体系概论》，以下若无必要，不再将其区分为 2008 年 9 月之前的《毛泽东思想、邓小平理论和"三个代表"重要思想概论》和 2008 年 9 月之后的《毛泽东思想和中国特色社会主义理论体系概论》。虽然"前言"较短（只有 2013 年版、2015 年版和 2018 年版有"前言"），但其包含了学习要求，而教材的"绪论"亦有这一内容，但由于其在"前言"之前，所以不将其计入"教材核心内容"之中。此外，除了 2018 年版之外，其他各版每一章均有"本章小结"部分，但其字体不尽相同。

　　表 5 - 4　　在《毛泽东思想和中国特色社会主义理论体系概论》历次版本之中，法律
　　　　　意识培育内容、宪法意识培育内容各占教材比例，以及后者占前者比例之考察

版本	法律内容（累计）	法律内容占教材比例（%）	宪法内容（累计）	宪法内容占教材比例（%）	宪法内容占法律内容比例（%）
2007 年版	约 3 页	1.09	约 0.5 页	0.18	16.67
2008 年版（旧）	约 4 页	1.22	约 1 页	0.30	25.00
2008 年版（新）	约 3.5 页	1.04	约 1 页	0.30	28.57
2009 年版	约 4.5 页	1.17	约 1 页	0.26	22.22
2010 年版	约 4.5 页	1.17	约 1 页	0.26	22.22
2013 年版	约 2 页	0.78	约 0.5 页	0.20	25.00
2015 年版	约 5.5 页	1.82	约 1 页	0.33	18.18
2018 年版	约 4.5 页	1.44	约 0.5 页	0.16	11.11
2021 年版	约 6.5 页	1.98	约 0.5 页	0.15	7.69

　　注：为使表 5 - 4 表格内容和图 5 - 2 图形内容简洁，所以将"法律意识培育内容"简称为"法律内容"，将"宪法意识培育内容"简称为"宪法内容"。同时，将"法律意识培育内容占教材比例"简称为"法律内容占教材比例"，将"宪法意识培育内容占教材比例"简称为"宪法内容占教材比例"，亦将"宪法意识培育内容占法律意识培育内容比例"简称为"宪法内容占法律内容比例"。

　　通过表 5 - 3、表 5 - 4 与图 5 - 2 可以得出以下三点信息：
　　一是，教材总页码由少到多。2009 年和 2010 年版到达最高值 385 页（两版教材均为 2008 新版教材修订版，见表 5 - 3），但到了最新的 2021 年版，则降至 328 页（见表 5 - 3）。对于《毛泽东思想和中国特色社会主义理论体系概论》教材，虽然宪法意识培育内容占法律意识培育比例倒是不低（见图 5 - 2），但涉及法律意识培育、宪法意识培育的内容过少、比例过低（见图 5 - 2）。实际上，依法治国（包括依宪治国）与全面推进依法治国（包括全面推进依宪治国），均是社会主义法治理论体系的重要组成部分，而该内容又是中国特色社会主义理论体

系的重要组成部分，这种环环相扣的逻辑关系，决定了《毛泽东思想和中国特色社会主义理论体系概论》应增加依法治国（包括依宪治国）与全面推进依法治国（包括全面推进依宪治国）的内容，尤其是党的十八大以来党和国家在这方面的新理念新思想新战略①。同时，在毛泽东思想之中，亦有一些与制定宪法、实施宪法相关的内容②，但《毛泽东思想和中国特色社会主义理论体系概论》教材未予反映，随之该问题亦应得到重视和解决。

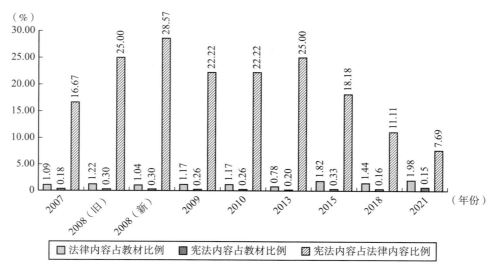

图 5 - 2　在《毛泽东思想和中国特色社会主义理论体系概论》历次版本之中，法律意识培育内容、宪法意识培育内容各占教材比例，以及后者占前者比例之图示

　　二是，除了 2013 年版之外，法律意识培育内容占教材比例刚过 1%，比例过低（见表 5 - 4 和图 5 - 2）。同时，除了 2007 年版之外，宪法意识培育内容占教材比例持续降低（2008 旧版和新版教材一样，见表 5 - 4 和图 5 - 2），而且从 2015 年版开始，宪法意识培育内容占教材比例亦持续降低（见表 5 - 4 和图 5 - 2）。在大学五本思想政治理论课教材之中，虽然包括宪法意识培育在内的法律意识培育，主要由《思想道德与法治》这本教材来承担，但追根溯源地讲，依法治国（包括依宪治国）与全面推进依法治国（包括全面推进依宪治国），均是中国特色社会主义理论体系的重要组成部分，所以《毛泽东思想和中国特色社会主义理论体系概论》教材应对宪法、依宪治国、全面推进依宪治国等重要内容有所涉及。可以说，对于这些重要内容，《思想道德与法治》主要负责微观讲授，而《毛泽东思想和中国

---

　　①　对于"治国理政"方面的新理念新思想新战略，《求是》杂志社已编有《治国理政新理念新思想新战略》一书（学习出版社 2018 年版），而"治国理政"自然包括全面推进依法治国（全面推进依法治国自然包括全面推进依宪治国），党和国家在这方面的新理念新思想新战略应在作为大学思想政治理论课教材的《毛泽东思想和中国特色社会主义理论体系概论》之中有所反映。

　　②　在毛泽东思想之中，与制定宪法、实施宪法相关的内容，集中表现为毛泽东于 1954 年 6 月在中央人民政府委员会第三十次会议上发表的"关于中华人民共和国宪法草案"的讲话，这是毛泽东针对 1954 年宪法草案而专门发表的一篇讲话，集中反映了毛泽东的宪法思想。毛泽东文集：第六卷 [M]．北京：人民出版社，1999：324 - 331．

特色社会主义理论体系概论》主要负责宏观讲授，不能因为前者讲授了，后者便对此有所忽视。

三是，教材更新稍微显慢。较之于 2021 年版的《思想道德与法治》，2021 年版的《毛泽东思想和中国特色社会主义理论体系概论》对 2018 年修宪的要点内容以及其他重要内容①，几乎未予反映。因此，在下次修订教材之时，应将这方面的内容反映于教材之中，此乃自然之理。

5.1.3　教材考察之三——《中国近现代史纲要》

第三本教材是《中国近现代史纲要》，除了高等教育出版社的版本之外，在思想政治理论课领域之内，亦有其他出版社出版的、由学者主编的同名教材②。但与《思想道德与法治》一样，在当下的我国高校，高等教育出版社出版的《中国近现代史纲要》的权威性最强、适用性最普遍，所以本书亦以高等教育出版社出版的版本作为考察对象。

实事求是地讲，在大学思想政治理论课之中，对大学生开展包括宪法意识培育在内的法律意识培育，主要由《思想道德与法治》和《毛泽东思想和中国特色社会主义理论体系概论》这两本教材承担，前者内容较为微观，后者内容较为宏观。除此之外，《中国近代史纲要》和《形势与政策》这两本教材仅仅起着补充的作用。《中国近代史纲要》这本教材，向大学生讲授我国自 1840 年进入近现代社会以来的百余年沧桑历史，着重培养大学生的国家历史观、民族历史观、人民历史观等理念，旨在使大学生坚信"坚持和发展中国特色社会主义，是实现中华民族复兴的必由之路"③。

由高等教育出版社出版的《中国近现代史纲要》，最初的版本出版于 2007 年④，截至目前，该教材共修订了 6 次（见表 5 - 5），总页码从最初的 242 页逐渐增加，到最新的 2021 年版，已增至 385 页，总体上呈现出一直增加的趋势（见表 5 - 6）。

---

　　①　在《毛泽东思想和中国特色社会主义理论体系概论》这本教材之中，除了对 2018 年修宪的要点内容应予反映之外，还应反映的其他重要内容包括 2019 年 10 月十九届四中全会通过的《中共中央关于坚持和完善中国特色社会主义制度、推进国家治理体系和治理能力现代化若干重大问题的决定》（以下简称《关于坚持和完善中国特色社会主义制度、推进国家治理体系和治理能力现代化若干重大问题的决定》）、2020 年 5 月全国人大通过的《民法典》（自 2021 年 1 月 1 日起施行）、始于 2020 年初虽然一度传播较广但被我国成功控制的新冠肺炎疫情以及由此而展现出来的伟大抗疫精神和集中力量办大事的制度优势。

　　②　例如，徐晨超. 形势与政策：2018 年秋 [M]. 杭州：浙江大学出版社，2018；陈远东，王玉忠，任建波. 形势与政策：2019 [M]. 南京：南京师范大学出版社，2019；李敬德. 形势与政策：2017 - 2018 学年 [M]. 北京：国家行政学院出版社，2017. 等等。这些教材均是以"年""学年"或"半年（学期）"为单位进行周期性更新，与高等教育出版社出版的同名教材一样，但其适用范围，自然不如高等教育出版社出版的同名教材。

　　③　本书编写组. 中国近现代史纲要：2018 年版 [M]. 北京：高等教育出版社，2018：1（导言）.

　　④　在高校依托思想政治理论课，对大学生开展思想政治教育由来已久，所以在 2007 年之前，定然还有高等教育出版社或其他出版社出版的类似于《中国近现代史纲要》的其他教材，但由于时间过去太久，客观上难以搜集 2007 年之前的其他教材，因此本书只对高等教育出版社自 2007 年以来出版的历次修订教材进行文本考察。

表 5 - 5   《中国近现代史纲要》历次修订概况

教材名称	版本	总页码（页）	教材核心内容（不包括后记、修订版后记等）
《中国近代史纲要》	2007 年版	242	开篇的话、正文、结束语、附录
	2008 年修订版	280	开篇的话、正文、结束语、附录
	2009 年修订版	316	开篇的话、正文、结束语、附录
	2010 年修订版	322	开篇的话、正文、结束语、附录
	2015 年修订版	352	导言、正文、附录
	2018 年修订版	353	导言、正文
	2021 年修订版	385	导言、正文

表 5 - 6   在《中国近现代史纲要》历次版本之中，法律意识培育内容、

宪法意识培育内容各占教材比例之考察

版本（年份）	宪法内容（累计）	宪法内容占教材比例（%）	法律内容（累计）	法律内容占教材比例（%）
2007 年版	约 2.2 页	0.91	约 0.5 页	0.21
2008 年版	约 2.4 页	0.86	约 0.5 页	0.18
2009 年版	约 2.5 页	0.79	约 0.5 页	0.16
2010 年版	约 3.3 页	1.02	约 0.5 页	0.16
2015 年版	约 3.4 页	0.97	约 0.9 页	0.26
2018 年版	约 4.4 页	1.25	约 1.9 页	0.54
2021 年版	约 2.5 页	0.65	约 1 页	0.26

注：本书在考察《中国近现代史纲要》是否包括宪法意识培育的内容之时，只考察党领导下的人民政权制定的"人民宪法"的内容，不包括清末至南京国民政府各个政权制定的宪法或宪法性文件。至于法律，包括 1950 年 3 月由政务院通过的《婚姻法》，其旨在"废除封建婚姻制度，使广大妇女获得婚姻自由的权利。"虽然通过该法律的政务院不是严格意义的立法机关（全国人大于 1954 年才成立），但其制定和实施的法律意义重大，因此将《中国近现代史纲要》教材阐述该法的内容视为法律意识培育。而 1947 年 10 月中共全国土地会议制定的《中国土地法大纲》，其旨在"为了维护广大农民的利益、进一步激发他们支援解放战争的积极性"，以及"指引着在封建制度压迫下的亿万农民群众，将自己的力量汇入人民革命的洪流"，其制定和实施的政治性较强，而法律性则不甚明显，所以将《中国近现代史纲要》教材阐述该法的内容不视为法律意识培育。本书编写组．中国近现代史纲要：2018 年版［M］．北京：高等教育出版社，2018：189，224.

由于在《中国近现代史纲要》历次版本之中，"法律内容"与"宪法内容"分别出现，甚少夹杂在一起，这与《思想道德与法治》等教材相异，所以表 5 - 6 和图 5 - 3 均没有"宪法内容占法律内容比例"这项内容。

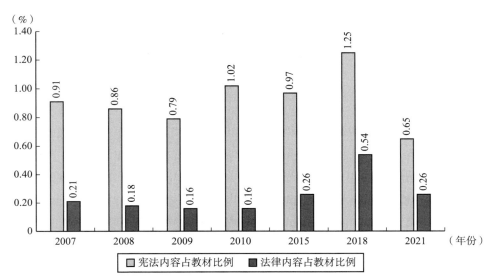

图 5 - 3　在《中国近现代史纲要》历次版本之中，法律意识培育内容、
宪法意识培育内容各占教材比例之图示

通过表 5 - 5、表 5 - 6 与图 5 - 3 可以得出以下三点信息：

一是，教材总页码由少到多，一直在持续增加，到了最新的 2021 年版，已增至 385 页（见表 5 - 5）。该教材与《思想道德与法治》《毛泽东思想和中国特色社会主义理论体系概论》两本教材不同的是，其对知识点的讲授，基本上是以纵向历史为主线，对于较为次要的知识点，极少展开微观阐述，关键原因恐怕在于近现代史跨度较大，而教材内容又不宜太多的缘故。但是，人民宪法发展史是中国近现代史上的重要内容，其关键节点在《中国近现代史纲要》之中应有所反映。但是，该教材总页码的增多，却未使人民宪法在关键节点的重大变化得以充分反映。以 2018 年版《中国近现代史纲要》为例，其对宪法知识点的阐述共有七处，但仍遗漏了一些较为重要的知识点。例如，1946 年《陕甘宁边区宪法原则》、1975 年《宪法》和 1978 年《宪法》的制定，以及全国人大于 1988 年、1993 年、2004 年对《宪法》作出的三次修改（只有 1999 年这次修改有所反映），凡此种种，该教材均未有所反映。

二是，较之于以往教材尤其是 2015 年版教材，2018 年版教材编写得较有进步之处，但有一个重大短板，即删除了自 2007 年版教材以来其末尾的"附录"部分，这种做法也被 2021 年版教材所承袭。《中国近现代史纲要》和《思想道德与法治》等教材不一样，是以历史发展的纵向为主线，对近现代史的重要知识点进行讲授，在其末尾设有"附录"部分，以期对 1840 年以来近现代史上发生的重大事件进行梳理，实有必要，所以 2018 年版教材和 2021 年版教材删除"附录"部分有所不妥，希望在下次教材更新之时能将"附录"部分予以恢复，并将人民宪法发展的重大事件亦能收录其中。

三是，教材更新稍微显慢。与《思想道德与法治》《毛泽东思想和中国特色社会主义理论体系概论》教材一样，《中国近现代史纲要》教材对 2018 年修宪的要点内容以及其他重要内容提及太少，几乎是一笔带过。而且在提及之时，还不是直接阐述修改概况，而是将修宪作为契机，借此阐明宪法对坚持党的领导进行确认①。所以，在下次对教材进行修订之时，2018 年修改宪法的一些重要的新内容，应有篇幅适中的提及。

5.1.4 教材考察之四——《形势与政策》

第四本教材是《形势与政策》，除了高等教育出版社的版本之外，在思想政治理论课领域之内，亦有其他出版社出版的、由学者主编的同名教材②。而且，从数量来看，出版《形势与政策》的出版社比出版《思想道德与法治》等教材的出版社多一些。其中，高等教育出版社出版的《形势与政策》的内容一般分为两部分，其国内部分自然涉及对全国政治、经济、社会等领域的发展产生重要影响的时政新闻，而其国外部分涉及新近的重要局势和世界热点评述，所以该教材涉及内容较广，既立足国内，又放眼世界。但是，一些省级出版社或者国家级出版社针对某一省域出版了同名教材③，反映了《形势与政策》教材编写领域的发展呈现出一片繁荣态势。然而，除了高等教育出版社出版的《形势与政策》之外，其他教材或是因为是教辅教材或自考教材而适用较少，或是因为其更新的速度与连续性较为欠缺，或是区域性较强而在全国适用的机会较小，所以在当下的我国高校，高等教育出版社出版的《形势与政策》的权威性最强、适用性最普遍，所以本书以高等教育出版社出版的版本作为考察对象。

由高等教育出版社出版的《形势与政策》，始于 2010 年④，截至目前，该教材共出版了 19 版（见表 5 – 7）。其中，从 2010 年至 2014 年上学期，是一个学年出版一本，共 4 本。自 2014 年下学期以来，截至目前，是一个学期出版一本，共 15 本。对于为何会有这种变化，《形势与政策：2010 – 2011 学年（第一学期）》教材的"前言"已说明原因，即"由于出版周期过长，形势发展变化快，教材在编写、出版过程中对一些问题的解读与分析，到使用时可能会过时、

---

① 2021 年版《中国近现代史纲要》认为，"2018 年 3 月，十三届全国人大一次会议通过《中华人民共和国宪法修正案》，在宪法序言确定党的领导地位的基础上，又在总纲中明确规定中国共产党领导是中国特色社会主义最本质的特征，强化了党总揽全局、协调各方的领导地位。"本书编写组. 中国近代史纲要：2021 ［M］. 北京：高等教育出版社，2021：338.

② 例如，徐晨超. 形势与政策：2018 年秋 ［M］. 杭州：浙江大学出版社，2018；陈远东，王玉忠，任建波. 形势与政策：2019 ［M］. 南京：南京师范大学出版社，2019；李敬德. 形势与政策：2017 – 2018 学年 ［M］. 北京：国家行政学院出版社，2017. 等等。这些教材均是以"年""学年"或"半年（学期）"为单位进行周期性更新，与高等教育出版社出版的同名教材一样，但其使用范围，自然不如高等教育出版社出版的同名教材。

③ 目前，能查得到的出版过具有鲜明省域特色的《形势政策》教材只有两种：一是，由四川省《形势与政策》编写组编的、四川教育出版社出版的《形势与政策》。二是，由徐德荣编的、高等教育出版社出版的《形势与政策》（黑龙江省版）。但前一本教材在 1989 年出版过一次，后续是否更新，不得而知。而后一本教材，与高等教育出版社出版的、适用于全国的同名教材《形势与政策》一样，亦以"学年"为单位进行更新，自 2015 年 9 月出现，延续至 2018 年 10 月，但其后并未再进行更新。

④ 本书在搜集资料之时，亦对《形势与政策》教材何时出现作了探究。对于高等教育出版社出版的《形势与政策》教材，其时间十分明确，即其第一本教材是《形势与政策：2010 – 2011 学年》，出版于 2010 年 8 月。在此之前或之后，有的出版社也出版了《形势与政策》教材，有的教材出版的时间甚至很早。例如，李玉琛，王良泉. 形势与政策 ［M］. 北京：石油大学出版社，1991；康强. 形势与政策 ［M］. 济南：山东大学出版社，2005；马宽，鞠桂萍，王敏. 形势与政策 ［M］. 大连：大连理工大学出版社，2014. 等等。

不实用。……把教材由一年一本，改为一年两本，以增强教材的时效性、实效性。"① 对于前四本，其总页码的变化是由多向少变化。对于后十五本，其总页码的变化是起起伏伏，没有固定的规律，但若将上半学年与下半学年相比，则可以发现，上半学年的总页码一般多于下半学年（见表5−7）。

表5−7　　　　　　　　　　　　《形势与政策》历次修订概况

教材名称	学年、学期		版本	总页码（页）	教材核心内容（不包括后记等）
《形势与政策》	10−11		2010 年版	202	正文（分为国内聚焦、政策解读、国际聚焦和环球热点）
	11−12		2011 年版	211	正文（分为国内部分和国际部分）
	12−13		2012 年版	199	正文（分为国内部分和国际部分）
	13−14		2013 年版	194	正文（分为国内部分和国际部分）
	14−15	（一）	2014 年版	137	正文（分为国内部分和国际部分）
		（二）	2015 年版	113	正文（不分部分或篇，以专题为单位）
	15−16	（一）	2015 年版	121	正文（不分部分或篇，以专题为单位）
		（二）	2016 年版	97	正文（不分部分或篇，以专题为单位）
	16−17	（一）	2016 年版	131	正文（不分部分或篇，以专题为单位）
		（二）	2017 年版	93	正文（不分部分或篇，以专题为单位）
	17−18	（一）	2017 年版	102	正文（不分部分或篇，以专题为单位）
		（二）	2018 年版	83	正文（不分部分或篇，以专题为单位）
	18−19	（一）	2018 年版	123	正文（不分部分或篇，以专题为单位）
		（二）	2019 年版	96	正文（不分部分或篇，以专题为单位）
	19−20	（一）	2019 年版	162	正文（分为综述、经济社会发展篇、国际篇、港澳台篇和全面从严治党篇）
		（二）	2020 年版	102	正文（分为党的十九届四中全会精神专题、全面从严治党专题、经济社会发展专题和国际形势与政策专题）
	20−21	（一）	2020 年版	123	正文（分为全面从严治党篇、经济社会发展篇、港澳台篇和国际篇）
		（二）	2021 年版	128	正文（全面从严治党篇、经济社会发展篇、学习贯彻习近平总书记3·18重要讲话精神篇、港澳台篇、国际篇）
	21−22	（一）	2021 年版	166	正文（分为全面从严治党专题、经济社会发展专题、港澳台专题和国际形势与政策专题）

注：为使表格内容简洁，在表5−7和表6−8与图5−4至图5−6里，在描述《形势与政策》教材的历次修订版本之时，将"20XX−20YY学年"简称为"XX−YY"。同时，将"第一学期"简称为"（一）"，将"第二学期"简称

① 本书编写组. 形势与政策：2014−2015 学年（第一学期）[M]. 北京：高等教育出版社，2014：9（前言）.

为"（二）"。

从《形势与政策：2010－2011 学年》至《形势与政策：2014－2015 学年（第一学期）》的教材，其"前言"均有如何使用教材的建议内容。从《形势与政策：2014－2015 学年（第二学期）》至《形势与政策：2016－2017 学年（第一学期）》的教材，将之前版本的教材的如何使用教材的建议内容单列为"关于整体、规范使用'形势与政策'课教育教学资源的说明"。从《形势与政策：2016－2017 学年（第二学期）》至《形势与政策：2020－2021 学年（第一学期）》的教材，其"前言"均有如何使用教材的建议内容，之前版本的教材的"关于整体、规范使用'形势与政策'课教育教学资源的说明"不再出现。

《形势与政策：2010－2011 学年》教材的专题三"不断开创两岸和平发展新局面"的第一点是"'两岸和平发展共同愿景'的发布，两岸关系坚冰打破"，其阐述了《反分裂国家法》通过的情况以及该法通过之后的影响，昭示着对台的反"独"促统工作有了明确的法律依据，而且该法亦有宪法规定可以作为立法依据（《宪法》序言第 9 段规定）。虽然该法的出台，首先是政治立场的昭示，而法律意义反而次之，但本书仍认为形势与政策教材对其进行的阐述，属于对受众进行《反分裂国家法》意识培育的内容。本书编写组．形势与政策：2010－2011 学年［M］．北京：高等教育出版社，2010：41。

《形势与政策：2016－2017 学年（第一学期）》教材的"前言"除了有"关于整体、规范使用'形势与政策'课教育教学资源的说明"之外，在其正文之始、专题一之前，还有一个内容较为特殊，属于该教材的正文内容，即"'形势与政策'课贯彻'十三五'规划建议及'十三五'规划纲要精神的教学建议"。本书编写组．形势与政策：2014－2015 学年（第一学期）［M］．北京：高等教育出版社，2016：1－14。

表 5－8　　　　　在《形势与政策》历次修订教材之中，法律意识培育内容、
宪法意识培育内容各占教材比例，以及后者占前者比例之考察

版本		法律内容（累计）	法律内容占教材比例（%）	宪法内容（累计）	宪法内容占教材比例（%）	宪法内容占法律内容比例（%）
10－11		约 0.5 页	0.25	约 0 页	0	0
11－12		约 9.5 页	4.50	约 1 页	0.47	10.53
12－13		约 1.5 页	0.75	约 0.5 页	0.25	33.33
13－14		约 0.5 页	0.26	约 0 页	0	0
14－15	（一）	约 1.5 页	1.09	约 0.5 页	0.36	33.33
	（二）	约 11 页	9.73	约 0.5 页	0.44	4.55
15－16	（一）	约 2 页	1.65	约 0 页	0	0
	（二）	约 0.5 页	0.52	约 0 页	0	0
16－17	（一）	约 0.5 页	0.38	约 0 页	0	0
	（二）	约 0.5 页	0.54	约 0 页	0	0
17－18	（一）	约 1.5 页	1.47	约 0 页	0	0
	（二）	约 1 页	1.20	约 0 页	0	0
18－19	（一）	约 0.5 页	0.41	约 0 页	0	0
	（二）	约 0 页	0.00	约 0 页	0	0
19－20	（一）	约 14 页	8.64	约 3.5 页	2.16	0.25
	（二）	约 1 页	0.98	约 0.5 页	0.49	50.00
20－21	（一）	约 24 页	19.51	约 0 页	0	0
	（二）	约 0 页	0	约 0 页	0	0
21－22	（一）	约 17 页	10.24	约 0.5 页	0.30	2.94

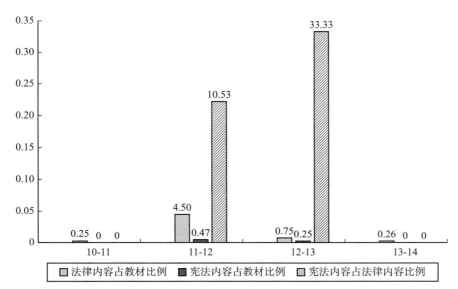

图 5 - 4　在《形势与政策》历次修订教材之中，法律意识培育内容、宪法意识培育

内容各占教材比例，以及后者占前者比例之图示（2010～2014 年）

注：由于高等教育出版社出版的《形势与政策》在 2014 年 7 月之前出版的 4 本教材，是以"学年"为单位，而之后出版的 13 本教材（截至 2021 年 4 月），是以"半年（学期）"为单位（在可以预见的将来，应亦是如此），其总页码并不具有可比性，所以图 5 - 4 将 2014 年 7 月之前出版的 4 教材的总页码变化单独作图。自 2014 年 7 月至今，高等教育出版社出版的《形势与政策》教材共有 15 本，由于 2014～2015 学年第一学期和 2019～2020 学年第二学期的教材的宪法意识培育内容占法律意识培育内容的比例稍高，而其他版本的教材的宪法意识培育内容占法律意识培育内容的比例稍低，若将其置于一张图之中，将会导致绝大多数比例的柱状图太小而难以显示，因此以 2018～2019 学年第二学期为界限，由图 5 - 5 和图 5 - 6 对之前、之后的教材的比例分别进行呈现。在此，需要说明的是，之所以以 2018～2019 学年第二学期为界限，是因为该本教材应对 2018 年 3 月修宪这一重大事件进行重点阐述，因为其昭示着我国宪法发展进入了"新时代"，但实际上，该教材对此却未涉及，说明该教材内容的编写，未充足反映当年宪法发展的重大国内形势，稍显不足。

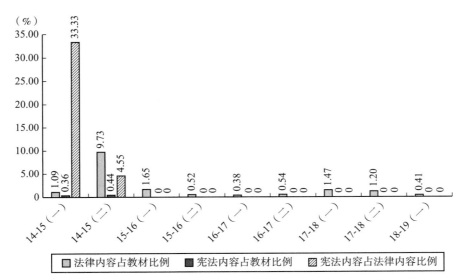

图 5 - 5　在《形势与政策》历次修订教材之中，法律意识培育内容、宪法意识培育内容各占教材

比例，以及后者占前者比例之图示 [14 - 15（一）至 18 - 19（一）]

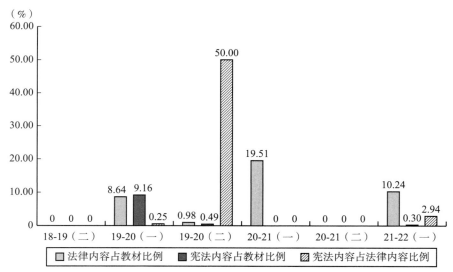

图 5 - 6　在《形势与政策》历次修订教材之中，法律意识培育内容、宪法意识培育内容各占教材比例，以及后者占前者比例之图示［18 - 19（二）至 21 - 22（一）］

由表 5 - 7 ~ 表 5 - 8 与图 5 - 4 ~ 图 5 - 6 可以得知：从 2014 ~ 2015 学年第一学期开始，由原先一学年一本教材变为一学期一本教材，将最新的国内国外大势或重要事件及时反映到教材之中，便于大学生对此尽快予以了解，有助于其树立中国立场、富有世界眼光。但在个别时候，教材对国内国外大势或重要事件反映得依然较慢甚至缺失。在此，以最新两本教材为例进行说明：

例一，中共中央、国务院于 2017 年 4 月印发了《中长期青年发展规划（2016 - 2025年)》，人民出版社于 2019 年 12 月还为其出版了"辅导读本"，并认为，"制定出台国家层面的青年发展规划，在新中国历史上是第一次，是中国青年发展事业的重要里程碑。"① 该规划及其出台，作为 2017 年最重要的国内事件之一②，但《形势与政策：2017 - 2018 学年（第二学期)》对此未予反映，自然欠妥。

例二，2018 年 3 月的修宪及其要点，应在《形势与政策：2018 - 2019 学年（第二学期)》之中有所反映，而且由于此次修宪十分重要，按照《形势与政策：2019 - 2020 学年（第一学期)》以来的编写体系，应设"篇"对修宪进行阐述，但《形势与政策：2018 - 2019 学年（第二学期)》对此亦未予反映，稍显不足。

---

① 本书编写组.《中长期青年发展规划（2016 - 2025)》学习辅导读本［M］. 北京：人民出版社，2019：1.
② 《中长期青年发展规划（2016 - 2025 年)》第二部分"发展领域、发展目标、发展措施"第（八）点"维护青少年合法权益"和第（九）点"预防青少年违法犯罪"，均是对青少年开展法律意识培育的内容，所以该规划亦是指导对青少年开展法律意识培育的重要规范性文件之一。而且，《〈中长期青年发展规划（2016 - 2025)〉学习辅导读本》亦专设第十点"维护青少年合法权益"和第十一点"预防青少年违法犯罪"分别对其给予阐述（与《中长期青年发展规划（2016 - 2025)》之中的序号并不一一对应）。本书编写组.《中长期青年发展规划（2016 - 2025)》学习辅导读本［M］. 北京：人民出版社，2019：202 - 242.

　　总的来讲，《形势与政策》教材编写得较好，对国内国外大势或重要事件阐述得力，使大学生了解国内国外最新动态有了一个重要的平台或窗口。虽然一学期即出一本，更新频繁，但教材编写质量过硬，有些语句简短凝练，但又富含学理或哲理。例如，《形势与政策：2020 - 2021 学年（第二学期）》在阐述新冠疫情防控之时写道："一个国家的治理体系和治理能力，既在日常的治理效果中得见，又在突发的紧急事件里得以验证。……疫情既是一次危机，直接威胁人民群众的生命安全和身体健康以及经济社会大局稳定；也是一次大考，全面、系统、深度地考验我国治理体系和治理能力"。① 虽然只是教材之中的语句，但即便作为学术论文的引注，亦不会显得"低配"或层级较低。在大学思想政治理论课教材之中，《形势与政策》对国内国外大势或重要事件进行反映的实效性最强，是否有依法治国（包括依宪治国）、全面推进依法治国（包括全面推进依宪治国）、法律意识培育（包括宪法意识培育）等内容，在客观上与党和国家是否就此而做出重大决定相关，在主观上与教材是否及时全面对党和国家的重大决策予以反映相关。倘若在客观上党和国家已就此而做出重大决定相关，那么教材理应及时全面对此予以反映。基于此，《形势与政策》还应不断完善，并且多注意对一些包括宪法意识培育在内的法律意识培育的内容予以反映，从而使这方面的内容得以增加和充实。

5.1.5　教材考察结论：总体编写较好，但仍需完善

　　目前，大学共有五门思想政治理论课，即马克思主义基本原理、思想道德与法治、毛泽东思想和中国特色社会主义理论体系概论、中国近代史纲要、形势与政策，各有与之同名的众多教材出版，但较权威、使用较广的还是高等教育出版社出版的教材。在这五本教材之中，除了《马克思主义基本原理》教材之外，其他四本教材均有这方面的内容，但以《思想道德与法治》和《毛泽东思想和中国特色社会主义理论体系概论》这两本教材最多，前者以微观讲授为主，后者以宏观讲授为主。总体而言，教材修订得越来越好，但仍有一些问题需要改善。例如，《中国近现代史纲要》教材是以纵向视角对我国百余年沧桑历史进行阐述，但对人民宪法发展的关键节点反映不足，应予以增加和充实。

　　相对而言，《思想道德与法治》和《毛泽东思想和中国特色社会主义理论体系概论》这两本教材，虽然版本历经多次修订，但其包括宪法意识培育内容的变化，一直较为稳定。在此，以 2021 年最新版的《思想道德与法治》教材进行结构分析。该教材核心内容共有两部分，即绪论和正文，与 2018 年版教材相比，依然没有"结束语"，但总页码数量有所回升，升至 241 页（见表 5 - 1）。正文共有六章，前五章是教材"思想道德"教育的内容，以期对大学生开展德治教育，践行以德治国。相应地，第六章是教材"法治"教育的内容，以期对大学生开展法治教育，践行依法治国。因此，尽管教材名称为"思想道德与法治"，随之"思想道德"与

---

① 本书编写组. 形势与政策：2020 - 2021 学年（第一学期）［M］. 北京：高等教育出版社，2020：3.

"法治"貌似是并列关系，但从教材内容来看，前者所占比重明显较多。而包括法律意识培育内容在内的宪法意识培育内容，自然是由第六章内容来呈现。第六章共有四节，编排体系合理，内容丰富。但与 2018 年版教材第六章"尊法学法守法用法"相比，多数内容更为宏观，也更为简略，但 2021 年教材第六章有一个鲜明之处，便是突出了宪法具有重要性。总的来讲，宪法意识培育的内容具有以下三个特点。

第一，较之于以往版本，在阐述宪法知识之时，增加有党和国家领导人对宪法发表的系列讲话之中的关键语句摘录、历史脉络图示、"图说""拓展"等板块，并且底色染成浅绿色。这种编写模式，一方面增加了内容的趣味性，而且对相关内容也起到了拓展作用。另一方面，通过纸张色彩对比，避免了视觉的单调感，降低了部分内容由于宏观性或抽象性而带有的乏味或枯燥。

第二，第三节第一点"我国宪法的形成和发展"，对我国宪法史作了梳理，从革命政权制定的第一部宪法性文件《中华苏维埃共和国宪法大纲》，到新中国成立以来制定的四部《宪法》以及现行《宪法》的五次修改，作了简练而清晰的阐述，这对于大学生了解人民宪法的形成和发展，大有裨益。

第三，第三节第三点"加强宪法实施与监督"，对宪法实施——而且还是加强宪法实施——具有的重要性和关键途径作了阐述。同时，对宪法监督——而且还是完善宪法监督——具有的重要性和关键途径也作了阐述。更可贵的是，还是对宪法宣誓誓词作了呈现，便于大学生知晓宪法宣誓誓词到底是什么，继而使之体会宪法具有崇高地位。

当然，这章内容编写也有一些不足，需要重视，希望在下次教材修订之时能给予完善。总的来讲，体现在以下三点：

第一，对宪法新近的一次修改即 2018 年修改的一些重要内容，没有具体呈现。此次修宪，是现行《宪法》自 1982 年以来经历的涉及面较广、幅度较大、内容较多、影响较深远的一次修改，例如监察体制由"行政监察"转变为"国家监察"等，但教材对这一重要修改内容未予反映，殊为遗憾。

第二，在阐述"加强宪法实施"的关键途径之时，分三点，即"坚持依宪执政""坚持依法立法"和"坚持严格执法"进行阐述，这将"坚持严格司法"包括在"坚持严格执法"之中，容易混淆执法和司法之间的区别，稍有不妥。

第三，在阐述宪法内容之时，没有具体援引《宪法》的具体规定。如果将某些在《宪法》文本之中能找到依据的内容与宪法规范结合起来进行阐述，或者将宪法具体规定作为脚注予以呈现，这样容易使大学生感受到无论是宪法基本原则，还是宪法重要制度或其他内容，均是有具体的宪法规范作为依据的，使之对这些内容理解起来更容易一些。但包括 2021 年版在内的诸版教材，均存在这一问题。

5.2　宪法意识培育的实证分析——以 X 市高校本科大学生为考察对象

5.2.1　实证规划及对象分组说明

　　X 市是一个教育大市。本书在对大学生宪法意识培育现状进行实证考察之时，以 X 市高校大学生为考察对象，亦占有地利之便。对于高校，运用不同的实证分析方法，便会有不同的实证结果。本书先看其是否是"985"高校①？倘若不是，则看其是否是"211"高校？倘若不是，则看其是否是公办高校？倘若既不是"985"高校、"211"高校，又不是公办高校，但又是本科高校，那便是非公办的民办三本高校了。基于此，可以将 X 市本科高校分为四种：第一种是"985"高校（"985"高校必然是"211"高校）。第二种是"211"高校（"211"高校不一定是"985"高校）。第三种是既非"985"高校，又非"211"高校的其他公办高校。第四种是非公办的民办本科高校（该种高校除了有本科专业之外，可能还有专科专业）②。但由于第一种高校和第二种高校数量较少，所以本书将这两种高校合并为第一类高校进行实证考察（见表 5 - 9），将第三种高校作为第二类进行实证考察（见表 5 - 10），将第四种高校作为第三类进行实证考察（见表 5 - 11）。

表 5 - 9　　　　　　　　X 市"985"高校和"211"高校的大学生基本信息

序号	学校名称	大学生总人数	数据来源	占该表七所高校大学生百分比（％）
1	A1	17099 人	网络查询	13.72
2	A2	20995 人	网络查询	16.85

---

　　① 为了使表述免于冗赘，本书将"'985'工程高校"——这种学校必然是公办的本科高校——简称为"'985'高校"。将"'211'工程高校"——这种学校亦必然是公办的本科高校——简称为"'211'高校"。将既非"985"工程高校，又非"211"工程高校的公办高校简称为"'双非'高校"或"既非'985'，又非'211'高校"。将"非公办的民办三本高校"简称为"民办三本高校"。此外，党和国家对高校发展提出"双一流"方案，而且已给予实施，在投放问卷之时，虽然可以知道哪一所高校是否是"一流学校"，但却较难知道哪一个专业是否是"一流专业"。基于此，以"双一流"为基础，对 X 市大学生宪法意识培育进行实证考察，难度颇大。所以，本书采取"'985''211'高校、一般公办高校和民办三本高校"，与"文科高校、理工科高校和美术学院等高校"两个维度，对 X 市大学生宪法意识培育进行实证考察。

　　② 虽然非公办的民办本科高校在招生之时与公办高校一起招生，不再是第三批本科招生，但其办学性质仍然是民办的，所以还是常常将其简称为"三本"高校，与属于公办的"985"高校（必然是"211"高校）、"211"高校（非"985"高校），以及既非"985"高校，又非"211"高校的一般公办高校还是存在明显区别。而且，民办三本高校数量多、大学生人数众多，有必要将其作为单独的一类，随之对其大学生宪法意识培育进行实证考察。

续表

序号	学校名称	大学生总人数	数据来源	占该表七所高校大学生百分比（%）
3	A3	约1.2万人	找人询问、推测	9.63
4	A4	约2.4万人	网络查询	19.26
5	A5	13551人	网络查询	10.88
6	A6	约1.8万人	网络查询	14.45
7	A7	约1.9万人	网络查询	15.25
共计	7所	12.46万人	——	100.04

注：在表5-9、表5-10中，各个高校的大学生人数，通过查询，倘若可以精确到具体个数，其单位则是"人"，倘若只查询到大概数字而难以精确到具体个数，其单位则是"万人"。由于各个高校的大学生人数精确到个位数，实为不易，所以直接予以呈现，没有以"万人"为单位进行四舍五入。为了尊重学校隐私，将表5-9之中七所高校均以A代替，为了区别，以A1等进行称呼。

表5-9之中的百分比，七个百分之数字相加超过100%，这是因为小数点之后保留到两位数，随之出现了误差，特此说明。

由表5-9可知，X市共计有三所"985"高校（A1、A2、A3，均是"211"高校）[①] 和四所"211"高校（A4、A5、A6、A7，但均非"985"高校）[②]，其大学生共计有12.46万人。

表5-10   X市既非"985"高校，又非"211"高校的大学生基本信息

序号	学校名称	大学生总人数	数据来源	占该表十七所高校学生百分比（%）
1	B1	约1.7万人	网络查询	7.40
2	B2	约0.7万人	找人询问	3.05
3	B3	约1.9万人	网络查询	8.27
4	B4	约1.6万人	网络查询	6.97
5	B5	约1.7万人	网络查询	7.40
6	B6	约1.8万人	网络查询	7.84
7	B7	约1.6万人	网络查询、合理推测	6.97
8	B8	约1.8万人	网络查询	7.84
9	B9	6053人	找人询问	2.64
10	B10	约1.6万人	网络查询	6.97

① A2大学是所在省仅有的三所"985"高校之一，尽管其校址不属于X市的行政区划，但亦将其作为实证考察的对象之一。在表5-9之中，作为"985"公办高校的A1高校、A2高校、A3高校三所高校的排序，是依据真实校名的首字母在英文字母表之中的排序，倘若首字母相同，则看第二个字母，以此类推。

② 在表5-10中，作为"211"、但非"985"公办高校的A4高校、A5高校、A6高校、A7高校四所高校的排序，是依据真实校名的首字母在英文字母表之中的排序，倘若首字母相同，则看第二个字母，以此类推。

序号	学校名称	大学生总人数	数据来源	占该表十七所高校学生百分比（%）
11	B11	8148 人	网络查询	3.55
12	B12	约 1.2 万人	电话查询	5.22
13	B13	12817 人	网络查询、电话查询	5.58
14	B14	13650 人	网络查询	5.94
15	B15	约 0.4 万人	网络查询、合理推测	1.74
16	B16	约 1.5 万人	找人询问	6.53
17	B17	约 1.4 万人	网络查询	6.09
共计	十七所	22.97 万人	——	100

注：为了尊重学校隐私，将表 5 - 10 中十七所高校均以 B 高校代替，为了区别，以 B1 高校等进行称呼。

　　由表 5 - 10 可知，X 市共计有十七所既非"985"高校，又非"211"高校的公办高校①，其大学生共计有 22.97 万人。

表 5 - 11　　　　　　　　　　　X 市民办三本高校的大学生基本信息

序号	学校名称	大学生总人数	数据来源	占该表十六所高校学生百分比（%）
1	C1	约 0.1 万人	电话查询	0.67
2	C2	约 1.1 万人	找人询问	7.41
3	C3	约 0.8 万人	找人询问	5.39
4	C4	约 0.7 万人	电话查询	4.72
5	C5	8831 人	网络查询	5.95
6	C6	约 1.0 万人	网络查询	6.74
7	C7	8514 人	网络查询	5.74
8	C8	约 0.3 万人	找人询问	2.02
9	C9	约 1.2 万人	找人询问	8.09
10	C10	约 1.5 万人	网络查询	10.11
11	C11	约 1.2 万人	找人询问	8.09
12	C12	约 1.5 万人	找人询问	10.11
13	C13	约 0.8 万人	找人询问	5.39
14	C14	10045 人	网络查询、找人询问	6.77

①　在表 5 - 10 中，作为既非"985"，又非"211"公办高校的 B1、B2、B3 等 17 所高校的排序，是依据真实校名的首字母在英文字母表之中的排序，倘若首字母相同，则看第二个字母，以此类推。在此，需要说明的是，有的高校名为"学院"，而非"大学"，但为了叙述方便，所以统一称之为"高校"。

续表

序号	学校名称	大学生总人数	数据来源	占该表十六所高校 学生百分比（％）
15	C15	约1.2万人	电话查询	8.09
16	C16	约0.7万人	网络查询	4.72
共计	十六所	14.84万人	——	100.01

注：为了尊重学校隐私，将表5-11中的十六所高校均以C代替，为了区别，以C1等进行称呼。

在此，对表5-11作三点说明：1. 虽然C3校址不在X市，而在X-y市（因为X-y市和X市的首字母相同，所以其后加上"-y"以示与X市相区别），但作为挂靠在B1之下的三本高校，在X市众多三本高校之中较为重要，因此将其作为实证考察对象。2. C16挂靠的高校即Y-a大学尽管地处Y市，但C16地处X市，所以亦将其作为实证考察对象。3. X市有一个挂靠在A7高校之下的民办三本高校，在本书对X市大学生宪法意识培育进行实证考察之时，其已停止招生、濒临停办，只剩下最后的法律手续没有办理完毕，所以本书最后没有对其大学生投放问卷。

表5-11之中的百分比，十六个百分之数字相加超过100％，这是因为小数点之后保留到两位数，随之出现了误差，特此说明。

由表5-11可知，X市共计有十六所民办三本高校[①]，其大学生共计有14.84万人。

由表5-9～表5-11可知，X市共计有三所"985"高校（该三所高校均是"211"高校）、四所"211"高校（该四所高校均非"985"高校）、十七所"双非"高校（既非"985"高校，又非"211"高校）、十六所民办三本高校，共计四十所高校、50.27万大学生。但是，在对X市大学生投放问卷调查之时，对50.27万人取整数，即50万人，按照1/40的比例进行抽样，共投放1250份问卷。同时，根据X市每一所高校的大学生总人数在X市50.27万大学生总人数（此时不对50.27万取整数）所占的百分比，乘以1250份问卷所得到的数字，在取整数的基础上再加2[②]，便是在X市每一所高校投放的问卷份数（见表5-12、表5-13）。

表5-12　　　　　　　　　**X市高校的大学生宪法意识培育实证规划**

学校种类及数量	四十所高校名称	大学生人数 （万人）	占X市大学生的 百分比（％）	问卷数量（份）
"985"高校 （三所）	A1	约1.71	3.40	43 + 2
	A2	约2.10	4.18	52 + 2
	A3	约1.20	2.39	30 + 2
"211"高校 （四所）	A4	约2.40	4.77	60 + 2
	A5	约1.36	2.71	34 + 2
	A6	约1.80	3.58	45 + 2
	A7	约1.90	3.78	47 + 2

---

①　在表5-11之中，作为民办三本高校的C1、C2、C3等十六所高校的排序，是依据真实校名的首字母在英文字母表之中的排序，倘若首字母相同，则看第二个字母，以此类推。在此，需要说明的是，有的高校名为"学院"，而非"大学"，但为了叙述方便，所以统一称之为"高校"。

②　在对X市大学生宪法意识培育进行实证考察之时，为了防止问卷在发放、填写、回收过程之中，可能出现遗失的意外情况，所以在每一次投放问卷之时，在原计划份数的基础之上，便多投放了2份。

续表

学校种类及数量	四十所高校名称	大学生人数（万人）	占 X 市大学生的百分比（%）	问卷数量（份）
既非"985"高校，又非"211"高校的高校（十七所）	B1	约 1.70	3.38	42 + 2
	B2	约 0.70	1.39	17 + 2
	B3	约 1.90	3.78	47 + 2
	B4	约 1.60	3.18	40 + 2
	B5	约 1.70	3.38	42 + 2
	B6	约 1.80	3.58	45 + 2
	B7	约 1.60	3.18	40 + 2
	B8	约 1.80	3.58	45 + 2
	B9	约 0.61	1.21	15 + 2
	B10	约 1.60	3.18	40 + 2
	B11	约 0.81	1.61	20 + 2
	B12	约 1.20	2.39	30 + 2
	B13	约 1.28	2.55	32 + 2
	B14	约 1.37	2.73	34 + 2
	B15	约 0.40	0.80	10 + 2
	B16	约 1.50	2.98	37 + 2
	B17	约 1.40	2.78	35 + 2
民办三本高校（十六所）	C1	约 0.10	0.20	3 + 2
	C2	约 1.10	2.19	27 + 2
	C3	约 0.80	1.59	20 + 2
	C4	约 0.70	1.39	17 + 2
	C5	约 0.88	1.75	22 + 2
	C6	约 1.00	1.99	25 + 2
	C7	约 0.85	1.69	21 + 2
	C8	约 0.30	0.60	8 + 2
	C9	约 1.20	2.39	30 + 2
	C10	约 1.50	2.98	37 + 2

学校种类及数量	四十所高校名称	大学生人数（万人）	占X市大学生的百分比（%）	问卷数量（份）
民办三本高校（十六所）	C11	约1.20	2.39	30＋2
	C12	约1.50	2.98	37＋2
	C13	约0.80	1.59	20＋2
	C14	约1.00	1.99	25＋2
	C15	约1.20	2.39	30＋2
	C16	约0.70	1.39	17＋2
共计	——	约50.27	99.99	1332

注：表5－12中的百分比，四十个百分之数字相加不足100%，这是因为小数点之后保留到两位数，随之出现了误差，特此说明。

A1、A2、A5、B9、B11、B13、B14、C5、C7、C14的大学生人数，通过查询可以精确到具体个数（见表5－9～表5－11），因此以"万人"为单位在表述其大学生人数之时，保留到小数点之后两位数。各个高校的大学生人数，倘若只查询到大概数字，基本上均是到"几万几千"的地步，因此以"万人"为单位在表述其大学生人数之时，虽然保留到小数点之后两位数，但最后一位数是以"0"作为代替（见表5－9～表5－11）。

表5－13　　　　　　对X市大学生投放问卷与回收——整体分析

序号	学校名称	以何种学科为主导	投放问卷数量（份）	有效问卷回收数量（份）	有效问卷回收率（%）
1	A7	文科（十五所高校，其中"211"高校两所（均非"985"高校），既非"985"高校，又非"211"高校四所，民办三本高校九所）	49	49	97.87
2	B2		19	18	94.74
3	B4		42	41	97.62
4	C4		19	19	100.00
5	C2		29	25	86.21
6	C9		32	30	93.75
7	C10		39	37	94.87
8	C11		32	29	90.63
9	B12		32	32	100.00
10	C12		39	31	79.49
11	A5		36	35	97.22
12	C13		22	20	90.91
13	B17		37	36	97.30
14	C15		32	27	84.38
15	C16		19	17	89.47

续表

序号	学校名称	以何种学科为主导	投放问卷数量（份）	有效问卷回收数量（份）	有效问卷回收率（％）
16	A4		62	61	98.39
17	C1		5	5	100.00
18	B1		44	43	97.73
19	C3		22	20	90.91
20	A6		47	46	97.87
21	B5		44	43	97.73
22	B6		47	46	97.87
23	C5		24	22	91.67
24	B3	文科（十五所高校，其中"211"高校两所（均非"985"高校），既非"985"高校，又非"211"高校四所，民办三本高校九所）	49	46	93.88
25	C6		27	26	96.30
26	A1		45	44	97.78
27	C7		23	21	91.30
28	B7		42	41	97.62
29	B8		47	46	97.87
30	C8		10	10	100.00
31	B10		42	41	97.62
32	B13		34	33	97.06
33	B16		39	37	94.87
34	A3		32	32	100.00
35	C14		27	27	100.00
36	A2		54	53	98.15
37	B9	美术类学科	17	15	88.24
38	B11	体育类学科	22	21	95.45
39	B14	医学类学科	36	35	97.22
40	B15	音乐类学科	12	10	83.33
共计	—	—	1331	1270	平均：95.42 或 94.89

注：在表 5-13 中，第 1~15 所高校、第 16~36 所高校、第 37~40 所高校的顺序，是依据真实校名的首字母在英文字母表之中的排序，倘若首字母相同，则看第二个字母，以此类推。

95.42％ 是有效问卷回收总数量 1270（份）除以问卷投放总数量 1331（份）所得到的有效问卷回收率，而 94.89％ 是每一所高校的有效问卷回收数除以问卷投放数量所得到的有效问卷回收率，而且在累计相加的基础之上所得的平均数，但由于在四十所高校之中，有效问卷回收数量除以问卷投放数量的所得结果，绝大多数均是除不尽的数字，即小数点之后是循环数字，所以在小数点之后保留了两位数，基于此，四十所高校的有效问卷回收率在累计相加的基础之上所得的平均数 94.89％，便与有效问卷回收总数量 1270（份）除以问卷投放总数量 1331（份）所得到的有效问卷回收率（95.42％）产生了误差。此外，在每一所高校投放的问卷，几乎均是原数回收，所以回收率极高，接近于 100％，但有极少数问卷因为没有填完而剩下很多题目，或者绝大多数题均选同一个选项（问卷填写者在填写问卷之时较有可能是在胡乱选择选项），对于这类问卷，将其视为无效问卷，因此本书所说的"有效问卷"，是指在回收问卷的基础之上排除没有填完或绝大多数题均选同一个选项之后剩下的问卷。但倘若只是个别题目没有作答，而该题又有"不清楚"这一选项，视问卷作答者选的是该选项。

一般而言，男生、女生对包括宪法意识培育在内的社会科学领域关注度不一样，相对而言，男生对此更关注一些。但同时，男生、女生在高考之后选择专业之时，男生却更倾向于理工科专业（倘若是体育生，自然更倾向于体育类专业了）。所以，本书想探究男生、女生的性别不同，是否会对宪法意识培育产生影响，以及与对宪法意识的成效是否会造成显著的影响。基于此，本书原本打算在理工科高校、体育类高校之中以男女本科生 6.5∶3.5 的比例进行投放问卷，在文科高校、医学类高校、音乐类高校、美术类高校之中以男女本科生 3.5∶6.5 的比例进行投放问卷，但在投放问卷的过程之中，发现该想法之实现，难度颇大，只能放弃，但提示帮我投放问卷的热心之人，在理工科高校、体育类高校对大学生发放问卷之时，尽量多给男生发，而少给女生发。而在文科高校、医学类高校、音乐类高校、美术类高校对大学生发放问卷之时，尽量少给男生发，而多给女生发，至于实际上是否如此，只能顺其自然。此外，为了使表述内容紧凑一些，将"美术""体育""医学""音乐"这四个词之间的顿号删掉，而且将"美术、体育、医学、音乐高校"简称为"美术学院等高校"。

表 5 - 14　　　对 X 市大学生进行实证考察的问卷投放与回收——以办学层次为维度

分类	投放问卷（份）	有效问卷回收（份）	有效问卷回收率（%）
"985""211"高校大学生	325	320	98.46
一般公办高校大学生	605	584	96.53
民办三本高校大学生	401	366	91.27
共计	1331	1270	平均：95.42

注：在表 5 - 14 中，"985""211"高校、一般公办高校、民办三本高校的有效问卷回收数量分别除以问卷投放数量所得到的有效问卷回收率，而且在累计相加的基础之上所得的平均数（95.42%），恰好与有效问卷回收总数量 1270（份）除以问卷投放总数量 1331（份）所得到的有效问卷回收率（95.42%）是相同的，不像表 5 - 13、表 5 - 14 之中有效问卷的平均回收率因为计算方法不同而产生了误差。

在此，需要说明的是，为了使表格所指内容更加明晰，在以办学层次为维度对"关于 X 市大学生宪法意识培育情况的调查问卷"（以下简称"大学生问卷"）的数据进行分析之前，有必要对表格之中相关内容给予说明。对于三所"985"高校（该类高校必然是"211"高校）与四所"211"高校（该类高校不一定是"985"高校）的大学生（见表 5 - 14），为使表格内容简练，将其简称为"'985''211'高校大学生"。对于十七所既非"985"高校，又非"211"高校的大学生（见表 5 - 14），为使表格内容简练，将其简称为"一般公办高校大学生"。对于十六所民办三本高校的大学生（表 5 - 14），为使表格内容简练，将其简称为"民办三本高校大学生"。

在此，同样需要说明的是，为了使表格所指内容更加明晰，在以主导学科为维度对"大学生问卷"的数据进行分析之前，有必要对表格之中相关内容给予说明。对于十五所以文科为主导学科的高校的大学生（见表 5 - 15），为使表格内容简练，将其简称为"文科高校大学生"。对于二十一所以理工科为主导学科的高校的大学生（见表 5 - 15），为使表格内容简练，将其简称为"理工科高校大学生"。对于四所以美术、体育、医学、音乐为主导学科的高校的大学生（见表 5 - 15），为使表格内容简练，将其简称为"美术学院等高校大学生"。

表 5 – 15　　　对 X 市大学生进行实证考察的问卷投放与回收——以主导学科为维度

分类	投放问卷（份）	有效问卷回收（份）	有效问卷回收率（%）
文科高校大学生	476	443	93.07
理工科高校大学生	768	746	97.14
美术学院等高校大学生	87	81	93.10
总计	1331	1270	平均：95.42 或 94.44

注：95.42% 是有效问卷回收总数量 1270（份）除以问卷投放总数量 1331（份）所得到的有效问卷回收率，而 94.44% 是文科高校、理工科高校、美术学院等高校的有效问卷回收数量分别除以问卷投放数量所得到的有效问卷回收率，而且在累计相加的基础之上所得的平均数，但由于在三类高校之中，有效问卷回收数量除以问卷投放数量的所得结果，均是除不尽的数字，即小数点之后是循环数字，所以在小数点之后保留了两位数，基于此，三类高校的有效问卷回收率在累计相加的基础之上所得的平均数（94.44%），便与有效问卷回收总数量 1270（份）除以问卷投放总数量 1331（份）所得到的有效问卷回收率（95.42%）产生了误差。

　　本书未运用 SPSS 等软件对问卷的答题情况进行数据分析，只通过简单的百分比对问卷的答题情况进行呈现，为了使之能形象和具体一些，所以使用柱状图对其进行展示。我国国土辽阔，各地区情况迥异，人口也分布不均，别说对全国人口，就是对某一地区人口进行社会调查，由于过于笼统的整体研究，在理论上既没有意义，在实践中也无法完成。因此，对于某一地区人口，需要按照某一种标准进行分类，并根据研究需要选取某一种分类进行研究，而为了使研究具有可行性，又需要基于人口基数，按照合适的比例进行抽样，并投放数量合适的问卷就其对某一种事物的认知情况进行社会调查。本书在对 X 市 50.27 万大学生投放问卷之时，对 50.27 万人取整数，即 50 万人，按照 1/40 的比例在 X 市四十所大学进行抽样，理论上应投放 1250 份问卷，但实际上投放了 1331 份，有效回收问卷 1270 份（见表 5 – 12）。本书认为抽样比例大小合适，投放问卷数量多少合适，有效回收问卷数量也较为理想（见表 5 – 13 ~ 表 5 – 15），认为这应能较为全面地反映 X 市大学生对宪法或与之相关知识的认知情况。同时，在对问卷数据进行分析之时，将大学生按照办学层次分为 "'985''211'高校、一般公办高校、民办三本高校"，与按照主导学科分为 "文科高校、理工科高校、美术学院等高校" 两个维度，在此基础之上，分析办学层次不同和主导学科不同是否会对大学生宪法意识培育产生显著影响，认为这应能较为准确地反映办学层次不同和主导学科不同的大学的大学生对宪法或与之相关知识的认知情况。基于此，应能较为精准地发现 X 市大学生宪法意识培育存在的问题并对其进行深刻分析，继而为大学生宪法意识培育的改善能提出令人信服的、可操作性较强的对策。

5.2.2　实证模式说明及数据分析

作为对思想情况进行书面调查的两种方式之一的问卷调查①，有学者认为，"问卷调查要把抽象的理论命题变为具体的经验命题，把调查纲目中的概念变为一系列的变量和指标，以变量（不同名称或数量）表现概念，用指标作为衡量变量的标准尺度。……在进行问卷设计时，把变量和指标按不同方式列成表格"②。并认为，其有三种模式："可采取排列方式列表，把某些活动、事件、问题等内容排列在表上，请被调查者按不同标准评论、选择（……）；按规定答案的方式列表，表格的内容是对某项活动或某个问题所规定的答案，被调查者可以选择答案，表达自己的要求和看法（……）；还可以按自由回答的方式列表，即对某项活动或某个问题的答案不予固定，可由被调查者自由填写或回答（……）。"③

但是，从选项选择的客观性强弱来看，第一种和第三种可以合并为一种模式，这是因为其客观性较弱，而主观性较强，即请求作答者从所列选项之中选择其认为最契合主观认知的一个选项，而且一般是单选或定向多选，合并之后的模式便是下文提及的第一种模式。而第二种模式，其客观性较强，而主观性较弱，即请求作答者从所列选项之中选择最契合其客观状态的一个或两个甚至更多的选项，可以是单选或多选，亦可以是不定项选择，该模式便是下文提及的第二种模式。

基于此，可以认为，问卷调查的题目制定，一般有两种模式④，以下分而述之。

---

　　①　有学者认为，"对思想情况进行书面调查，常用的有两种方式：一是问卷调查。问卷调查是数学方法在调查中的运用，是一种运用统计原理于调查思想政治教育信息的方法。……二是民意测验。民意测验也是一种书面调查的方法，是发扬社会主义民主的一种好方式。……内容没有问卷调查广泛，它主要用于了解大家所熟悉的人和所关注的事的态度。民意测验的列表方式和问卷调查大致相同。"郑永廷．思想政治教育方法论：修订版［M］．北京：高等教育出版社，2010：70－72.

　　②　郑永廷．思想政治教育方法论：修订版［M］．北京：高等教育出版社，2010：70.

　　③　郑永廷．思想政治教育方法论：修订版［M］．北京：高等教育出版社，2010：70－71.

　　④　有学者将调查大学生回答问题的方式主要分为两种，一种是"封闭型的回答方式"，是指"预先设计好几种可能答案，将这些答案列在问题下面，由被调查大学生从中选择一种答案作为自己的答案。"另一种是"回答采用混合式的方式"，是指"在采用封闭型回答方式的同时，最后加上一项'其他'，并请被调查大学生填答具体内容。"而且，"在每份调查问卷问题的最后，留出一定篇幅请被调查大学生发表对于'发挥宪法的作用和提高大学生的公民意识'的意见和建议。"戴激涛．宪法，我该如何靠近您？——对广东300名大学生宪法意识调查的思考［A］.//王瀚．法学教育研究：第8卷［C］．北京：法律出版社，2013：342－360. 此外，亦有其他论文采取这两种模式对被调查者的宪法意识培育现状进行考察，只是被调查者不是"大学生"而是"公民"而已。韩大元，王德志．中国公民宪法意识调查报告［J］．政法论坛（中国政法大学学报），2002（6）：106－190. 在此，需要注意的是，混合模式之中"填答具体内容"和请被调查大学生发表对于"发挥宪法的作用和提高大学生的公民意识"的意见和建议，其实是主观性试题及问答模式，但对于被调查者，绝大多数懒于填答具体内容，反而较为喜欢作答纯粹的选择题，因此本书问卷采取的均是客观性试题的问答模式。

第一种模式，是考察对题目涉及的知识点是否熟知[①]。其选项一般是四个（当然亦可以有所增减，既可以是单选题，又可以是定向多选题），如下所示（星号纯粹为选项内容之代替，所以其数量与具体题目的选项内容的字数无关，选项之间分号及其末尾句号可有可无）：

A. ＊＊＊＊；B. ＊＊＊＊；C. ＊＊＊＊；D. ＊＊＊＊。

当然，从 A 项至 D 项的具体内容既可以颠倒过来，内容顺序又可以随意排列。既可以相似而具有迷惑性，亦可以完全不同，因此客观性较强。对于不同的作答者，在选项之间到底作何选择，受当时心情、情绪、不可名状的瞬间灵感等因素影响较少，正所谓"会者不难、难者不会"。同时，问卷的作答者对这种考察模式涉及的题目，倘若有较强的作答能力，不必拥有较为丰富的实践经历或深思熟虑，只需对涉及的知识点熟知即可，否则只能依靠感觉答题，即俗称的"蒙"，这基本上不会带来实证考察的失真甚至不准确。但亦有弊端，即作答者对题目涉及的知识点平时较为重视，亦常学习，但由于记忆不深或理解欠缺，随之确实未将知识点予以熟知，导致其答对的概率一般不会太高。

第二种模式，是考察感情色彩，即考察问卷的作答者对题目涉及内容的熟悉程度、满意程度、密切程度或感受其重要程度[②]，所以主观性较强。在此，以"熟悉程度"为例进行说明，其选项一般是五个，如下所示（选项数量亦可以有所增减，但几乎总是单选题，选项之间分号及其末尾句号可有可无）：

A. 很熟悉；B. 较为熟悉；C. 熟悉；D. 不太熟悉；E. 不熟悉。

或是"感兴趣、无所谓、不感兴趣"，或是"好、一般、不好"等[③]。

当然，从 A 项至 E 项的程度强弱既可以颠倒过来，用语又可以稍有变化，但核心目的均是考察问卷的作答者对某一事物的熟悉程度，因此主观性较强。对于不同的作答者，对同一选项或相邻选项之间的区别进行判断，存在较大的不确定性。尤其是在选项 B 与选项 C 之间，或选项 C 与选项 D 之间，到底作何选择，受当时心情、情绪、不可名状的瞬间灵感等因素影响显

①　根据中国知网（CNKI）检索，发现在对宪法意识或与之相关内容进行实证研究的论文之中，绝大多数论文基本上是以第一种模式为主。例如，韩大元，王德志. 中国公民宪法意识调查报告 [J]. 政法论坛（中国政法大学学报），2001（6）：106－119；韩大元，秦强. 社会转型中的公民宪法意识及其变迁——纪念现行宪法颁布25周年 [J]. 河南省政法管理干部学院学报，2008（1）：1－16；张晓琴. 宁夏公民宪法意识调查研究 [J]. 宁夏社会科学，2009（2）：33－35；戴激涛. 宪法，我该如何靠近您？——对广东300名大学生宪法意识调查的思考 [A].∥王瀚. 法学教育研究：第8卷 [C]. 北京：法律出版社，2013：342－360；韩大元，孟凡壮. 中国社会变迁六十年的公民宪法意识 [J]. 中国社会科学，2014（12）：123－142，162；张善根. 地域差异与公民宪法意识——基于简单量化的观察 [J]. 常州大学学报（社会科学版），2016（5）：65－73；刀慧娟. 浅议新时代背景下大学生宪法意识的培育——以学习最新宪法修正案为例 [J]. 北方民族大学学报（哲学社会科学版），2018（5）：78－83. 等等。同时，亦有著作采取第一种模式。例如，邓世豹. 当代中国公民宪制意识及其发展实证分析 [M]. 北京：中国政法大学出版社，2013. 等等。

②　根据中国知网（CNKI）检索，发现在对宪法意识或与之相关内容进行研究的论文之中，少数论文是以第二种模式为主。例如，张萍，王静. 宁波市公民宪法知识调查 [J]. 中共宁波市委党校学报，2004（6）：85－89；李诗林. 大学生宪法意识的分析与思考 [J]. 青少年研究（山东省团校学报），2008（4）：7－9；彭辉，史建三. 领导干部宪法意识的理论与实证研究——基于上海市805个领导干部调查样本数据 [J]. 行政法学研究，2013（4）：96－102；陈立峰. 新社会阶层法治意识及其培育——以浙江省的问卷调查为基础 [J]. 中共浙江省委学校学报，2017（3）：121－128. 等等。同时，亦有专著采取第二种模式。例如，石旭斋. 大学本科生法治素养及其提升策略 [M]. 北京：中国法制出版社，2019. 等等。

③　郑永廷. 思想政治教育方法论：修订版 [M]. 北京：高等教育出版社，2010：71.

著。同时，问卷的作答者对这种考察模式涉及的题目，倘若有较强的作答能力，势必应拥有较为丰富的实践经历或深思熟虑，否则只能望文生义或依靠感觉答题，这可能会带来实证考察的失真甚至不准确。

对于包括宪法意识培育在内的实证研究，较为常见的是，较少单独、专门适用第一种模式或第二种模式，基本上均将两种模式结合起来，但一般以第一种模式为主，常常在问卷末尾适用第二种模式而出少量题目。当然，以第二种模式为主并无不可，但该模式一般适用于党员干部、公职人员或其他因为社会阅历较多而对宪法功能、宪法实施、宪法完善等思考较多或体会较深的群体。显然，第二种模式不适宜于尚未走出校园，而且以知识学习为主的大学生，但依旧可以有适用第二种模式的数量适当的题目。

一般在问卷开头，会有对一些较为重要的宪法知识点进行考察的题目，例如，新中国第一部《宪法》或现行《宪法》通过的时间、制宪主体是哪一个、修宪次数、宪法基本结构、中央一级国家机关负责人由哪一个机构产生、拥有选举权和被选举权的最低年龄、《宪法修正案》主要内容及修宪时间①等，虽然这些知识点不适宜死记硬背，但在理解和领悟之时，适当的背诵亦是不可或缺的。而且，学习宪法知识点，无论是法学专业大学生的宪法学课程，还是其他专业大学生的思想政治理论课，一般只要求大学生记住这些重要的知识点，并不要求其背诵《宪法》的全部条文或其他相对而言并不重要的知识点。对此，大学生应遵从相关要求，认真学习与宪法相关的知识点，既不能仅仅理解而不背诵，又不能仅仅背诵而不理解。由于在宪法实践之中，"不尊重宪法文本、不尊重宪法规则，已经成为国家生活中最需要解决的问题"②，所以有学者认为，"宪法文本应成为高等院校进行宪法教育的重中之重。"③ 其亦认为，宪法学课堂教学的开展，应"从讲授宪法文本开始"④。

虽然该学者的阐述是基于其提倡的大学通识教育而展开的，而我国大学并没有通识教育，只有与通识教育存在交集的思想政治理论课教育，但将《宪法》文本教育适用于依托思想政治理论课教育而开展的宪法意识培育，亦属可行。本书研究的对象是大学生，尽管随着思想政治理论课的改革与包括宪法意识培育在内的法律意识培育稳步得到重视，所以课上课下的实践活动有所增多，但由于大学生平时绝大多数时间均在学校，而且整体上是以知识学习为主、实践学习为辅，所以其参与法律意识培育的实践机会依然较少，更何况宪法意识培育了。因此，由于大学生对于宪法意识培育，难以拥有较为丰富的实践经历或深思熟虑，那么以对宪法是否熟悉与熟悉到何种程度、对宪法是否重要与重要到何种程度、对宪法实施成效是否满意与满意到何种程度等问题对大学生宪法意识现状进行考察，便显得不切实际了。

① 在思想政治理论课课程考试、宪法学课程考试、司法考试、公务员考试等考题之中，在考察作答者对《宪法修正案》主要内容及修宪时间是否掌握之时，常见的知识点是"实行依法治国，建设社会主义法治国家"哪一年写入《宪法》、"国家为了公共利益的需要，可以依照法律规定对土地实行征收或者征用并给予补偿"是哪一次修宪修改的、"国家尊重和保障人权"哪一年写入《宪法》、"行政监察"转变为"国家监察"是哪一次修宪修改的，等等。但是，一般不会考察太过细节的或相对而言不甚重要的知识点。

② 韩大元. 宪法与社会共识：从宪法统治到宪法治理 [J]. 交大法学，2012（1）：7 – 21.

③④ 戴激涛. 宪法学应成为大学通识教育的核心课程——从"国家宪法日"的设立说起 [J]. 江汉大学学报（社会科学版），2017（5）：102 – 108，128.

由于"公民关于宪法制定、修改及其具体内容等方面的宪法知识、对于宪法现象的理性思考是形成社会共识的基础"①，所以本书主要考察大学生对宪法主要知识点（例如现行《宪法》通过时间、制宪主体、修改次数及其主要修改内容等）的熟悉程度，这些知识点虽然不需要大学生背诵，但亦需要对其进行熟知，而这些较为重要的知识点，在高等教育出版社出版的思想政治理论课教材之中亦有反映，说明这些知识点不仅仅应被法学专业大学生所掌握，亦应被必修思想政治理论课的非法学专业大学生所掌握。

当然，大学生宪法意识的培育和增强，并不需要其背诵《宪法》条文、《宪法修正案》条文、宪法学基本理论或与宪法相关的所有知识点，而是对《宪法》重要条文涉及的知识点、每一次修宪主要内容、宪法学基本理论之中的关键知识点、宪法发展史的关键节点等较为重要的知识点，有所熟知和记忆即可。毕竟，在宪法知识储备加强的过程之中，必要的熟知和适当的记忆是必不可少的，这在大学生从小到大的成长过程之中常有体现，尤其是对于语文、政治、历史等科目。因为"宪法文本就是用文字记载的一种宪法价值"，而且"当阅读宪法典时就会看到体系化的文字表述，以及文字背后蕴涵着的国家基本价值观。每一个文字都有它的历史，它的价值。这样一种文字组合就变成了特定国家的宪法文本，这个文本就成了宪法典。"② 因此，学习《宪法》文本是宪法意识得以萌生和培育的第一步。当然，大学生学习《宪法》文本，无需对其进行全文背诵，但对宪法重要内容进行必要的熟识和适当的记忆，确属必须。倘若自愿背诵，亦乐见其成，乃是个人自由。此外，大学思想政治理论课之中包括宪法意识培育内容在内的法律意识培育内容，亦涉及重要的知识点，在考试之时有时也有选择题这种题型，这间接说明思想政治理论课教学要求大学生对重要知识点给予必要的熟知和适当的记忆。

用于 X 市大学生的问卷（"大学生问卷"）有一些对大学生是否熟悉宪法知识点进行考察的题目，而这些题目的答对，是需要大学生平时对涉及的知识点有必要的熟知和适当的记忆。但只有这些题目，显然不合适，所以在问卷之中又有一些开放性的题目，以考察大学生在宪法意识培育这一问题上的视野是否开阔。具体而言，"大学生问卷"的内容依次如下：

第一部分："对宪法制定与修改的认知"，第 1 ~ 第 5 道题，共 5 道题；

第二部分："对宪法及相关事项的认知"，第 6 ~ 第 19 道题，共 14 道题；

第三部分："对宪法权利的认知"，第 20 ~ 第 22 道题，共 3 道题；

第四部分："对宪法规范的认知"，第 23 ~ 第 28 道题，共 6 道题；

第五部分："对宪法实践的认知"，第 29 ~ 第 34 道题，共 6 道题；

第六部分："对宪法与宪法意识培育发展的认知"，第 35 ~ 第 36 道题，共 2 道题。

共计六个部分、36 道题。从思想政治教育过程理论即"知情意信行理论"这一理论来看，第一部分至第四部分是对宪法意识培育过程之中"知情意信"情况的考察，第五部分至第六部分是对宪法意识培育过程之中"行"情况的考察。本书在对 X 市 50.27 万大学生投放问卷之时，作答这 1331 份问卷的大学生，绝大多数都是非法学专业的大学生，其对宪法或与之相关

---

① 韩大元，孟凡壮. 中国社会变迁六十年的公民宪法意识［J］. 中国社会科学，2014（12）：123 – 142，162.

② 韩大元. 认真对待我国宪法文本［J］. 清华法学，2012（6）：5 – 18.

知识的掌握一般较为粗略，而且他们绝大多数也都是非思想政治教育专业的大学生，其对思想政治教育过程理论即"知情意信行理论"一般并不知晓。换言之，作答这1331份问卷的大学生，既对宪法或与之相关知识较为熟悉，又对思想政治教育过程理论即"知情意信行理论"有所了解，实际上少之又少，因此本书在设计问卷之时，将对宪法意识培育过程之中"知情意信"情况的考察简化为对"知"情况的考察，同时将对宪法意识培育过程之中"行"情况的考察简化为对"'行'之期待"情况的考察，以便于收到问卷的大学生们在对题目能给予简单理解的前提之下进行作答，从而使问卷考察的结果较能贴近现实，增加其准确性和可信性。

第一部分：对宪法制定与修改的认知

1. 现行《宪法》是哪一年通过的？【应选D项】①

A. 1954 年   B. 1975 年   C. 1978 年   D. 1982 年   E. 不清楚

表 5 – 16 – 1   "大学生问卷"第 1 道题各选项被选之数量——以办学层次为维度

选项数量	"985""211"高校	一般公办高校	民办三本高校
选 A 项数量	68	64	55
选 B 项数量	9	24	43
选 C 项数量	9	112	52
选 D 项数量	175	366	166
选 E 项数量	59	18	50
平均数量	64	117	73
问卷总数：1270	320	584	366

注：本书对 X 市大学生开展实证考察，回收有效问卷 1270 份。其中，"985""211"高校大学生回收有效问卷 320 份，一般公办高校大学生回收有效问卷 584 份，民办三本高校大学生回收有效问卷 366 份（见表 5 – 14）。用这三个份数，分别乘以选某一选项的占比，便是 X 市大学生选该选项的数量（例如表 5 – 16 – 1）。为了压缩和精简第 5 章 "大学生宪法意识培育的实证考察及问题分析"的篇幅，所以从 "大学生问卷" 第 2 题开始，便不再出现诸如表 5 – 16 – 1 这样的表了。

---

① "大学生问卷"共 36 道题，根据是否有正确答案来分类，可以分为四类：一是答案有正确之分的单选题目，共计 16 道（第 1 ~ 第 5 道题、第 8 道题、第 17 ~ 第 20 道题、第 22 ~ 第 25 道题、第 27 ~ 第 28 道题）。二是虽然正确选项是多选，但正确选项的数目一定、内容一定的题目，共计 2 道（第 26 道题、第 31 道题）。三是答案虽然无正确之分，但选某一项的数量越多越能反映出宪法意识培育成效较好的题目，共计 11 道（第 6 ~ 第 7 道题、第 9 ~ 第 10 道题、第 12 ~ 第 13 道题、第 29 ~ 第 30 道题、第 32 ~ 第 33 道题）。四是选哪一项或哪些项，均不存在正误之分的可以多选的题目，共计 7 道（第 11 道题、第 14 ~ 第 15 道题、第 21 道题、第 34 ~ 第 36 道题）。对于第一类题目和第二类题目，答案有正误之分，所以是 "应选某项"。对于第三类题目，答案虽然无正误之分，但选某一项或某几项的数量越多越能反映出宪法意识培育的客观环境较好，所以是 "最好选某项"。对于第四类题目，可以多选且不存在正误之分的答案，所以是 "选某一项或某几项均可"。

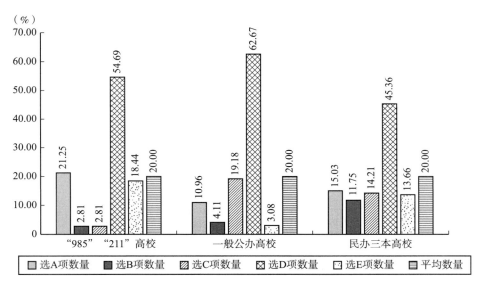

图 5 - 7　"大学生问卷"第 1 道题各选项被选之比例——以办学层次为维度

注：为了使表 5 - 16 - 1、表 5 - 16 - 2 与图 5 - 7 至图 5 - 8 的内容简略一些，所以将"985""211"高校大学生略称为"'985''211'高校"，将"一般公办高校大学生"略称为"一般公办高校"，将"民办三本高校大学生"略称为"民办三本高校"。同理，亦将"文科高校大学生"略称为"文科高校"，将"理工科高校大学生"略称为"理工科高校"，将"美术学院等高校大学生"略称为"美术学院等高校"。

表 5 - 16 - 2　"大学生问卷"第 1 道题各选项被选之数量——以主导学科为维度

选项数量	文科高校	理工科高校	美术学院等高校
选 A 项数量	99	177	16
选 B 项数量	0	59	16
选 C 项数量	24	91	29
选 D 项数量	274	306	11
选 E 项数量	46	113	9
平均数量	89	149	16
问卷总数：1270	443	746	81

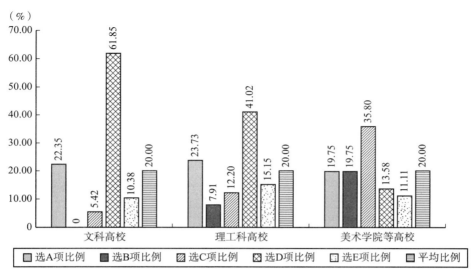

图 5 - 8 "大学生问卷"第 1 道题各选项被选之比例——以主导学科为维度

2. 现行《宪法》是由哪一个机构制定的？【应选 B 项】

A. 党的全国代表大会   B. 全国人大   C. 全国人大常委会   D. 全国政协

E. 不清楚

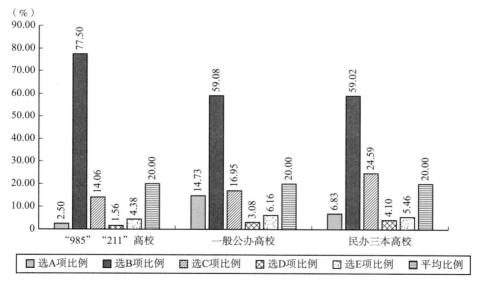

图 5 - 9 "大学生问卷"第 2 道题各选项被选之比例——以办学层次为维度

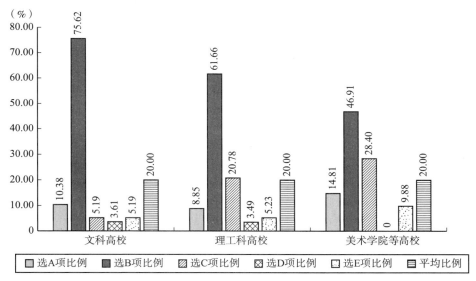

图 5 – 10　"大学生问卷"第 2 道题各选项被选之比例——以主导学科为维度

3. 现行《宪法》从通过以来一共进行过几次修改？【应选 B 项】①

A. 3 次　　　　　　　B. 4 次　　　　　　　C. 5 次　　　　　　D. 不清楚

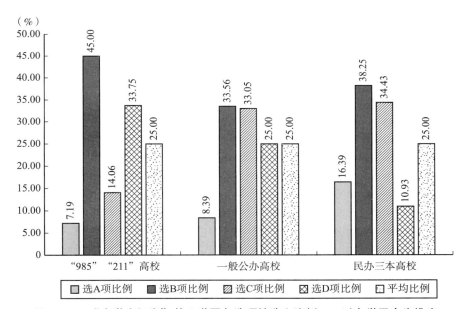

图 5 – 11　"大学生问卷"第 3 道题各选项被选之比例——以办学层次为维度

---

① 对 X 市大学生投放问卷的时间是 2017 年 12 月，截至此时，《宪法》修改了 4 次，但到了 2018 年 3 月，全国人大对《宪法》作了第 5 次修改，但该题目仍以投放问卷之时《宪法》修改了 4 次为正确答案。

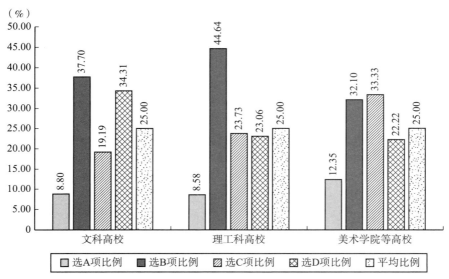

图 5-12 "大学生问卷"第 3 道题各选项被选之比例——以主导学科为维度

4. "国家尊重和保障人权"是哪一年写入《宪法》的?【应选 D 项】

A. 1988 年　　　　B. 1993 年　　　　C. 1999 年　　　　D. 2004 年　　　　E. 不清楚

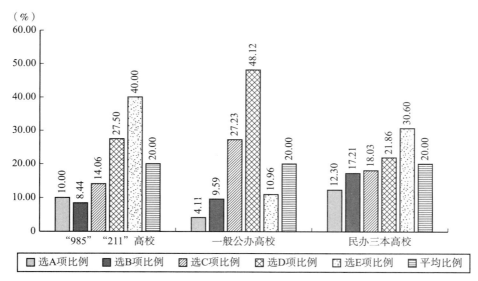

图 5-13 "大学生问卷"第 4 道题各选项被选之比例——以办学层次为维度

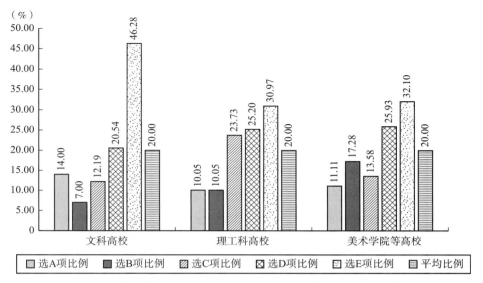

图 5 - 14　"大学生问卷"第 4 道题各选项被选之比例——以主导学科为维度

5. "实行依法治国，建设社会主义法治国家"是哪一年写入《宪法》的？【应选 C 项】
A. 1988 年　　　　B. 1993 年　　　　C. 1999 年　　　　D. 2004 年　　　　E. 不清楚

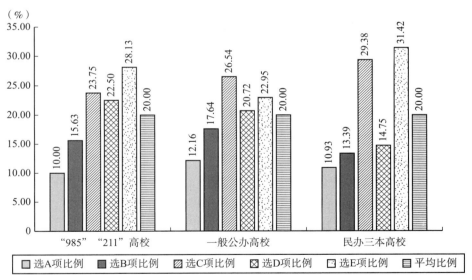

图 5 - 15　"大学生问卷"第 5 道题各选项被选之比例——以办学层次为维度

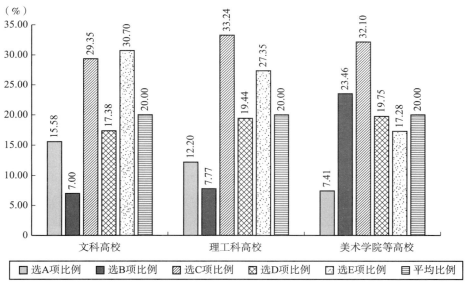

图 5 - 16　"大学生问卷"第 5 道题各选项被选之比例——以主导学科为维度

　　"大学生问卷"第一部分简评①：该部分共 5 道题（第 1 ~ 第 5 道题），依次考察的是 X 市大学生对现行《宪法》的通过时间、现行《宪法》的制定主体、现行《宪法》的修改次数、"国家尊重和保障人权"写入《宪法》的时间、"实行依法治国，建设社会主义法治国家"写入《宪法》的时间这六个知识点的关注情况。这 5 道题均存在正确而固定的答案，随之均存在"应选某项"，答对的数量越多、比例越高，说明对相关的知识点而言，X 市大学生宪法意识越浓厚，反之亦然。但总体而言，答题效果相当不好。

第二部分：对宪法及相关事项的关注

　　6. 你们学校的图书馆（图书室）有没有现行《宪法》文本？有的话，你有没有完整地读过现行《宪法》文本？【最好选 A 项】

　　A. 有；完整地读过

　　B. 有；没有完整地读过

　　C. 没有；但在其他地方完整地读过

　　D. 没有；也没有在其他地方完整地读过

---

　　① 　在问卷每一个部分结束之后、下一个部分开始之前，对每一个部分的答题情况做一个概述，以免沦为简单的题目堆积，该做法借鉴韩大元与其博士生孟凡壮合著的一篇论文。韩大元，孟凡壮. 中国社会变迁六十年的公民宪法意识［J］. 中国社会科学，2014：123 - 142，162.

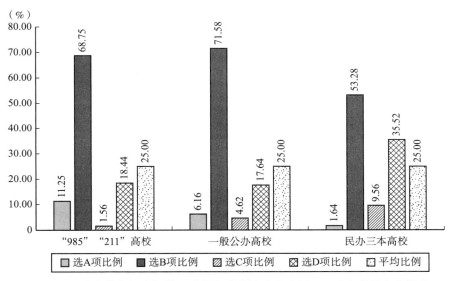

图 5 - 17　"大学生问卷"第 6 道题各选项被选之比例——以办学层次为维度

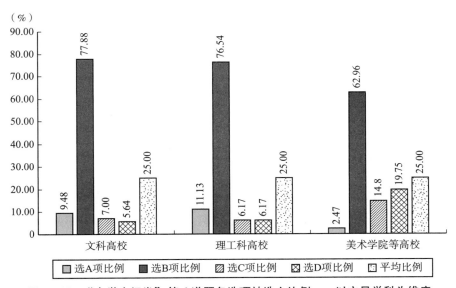

图 5 - 18　"大学生问卷"第 6 道题各选项被选之比例——以主导学科为维度

7. 根据你寒暑假回家的观察，基层政府到你们村或小区发放过讲解法律知识（包括宪法知识）的读本吗？要是发放的话，那你读过这些读本吗？【最好选 C 项】

A. 没有　　　B. 有，但我没有读过　　　C. 有，我读过

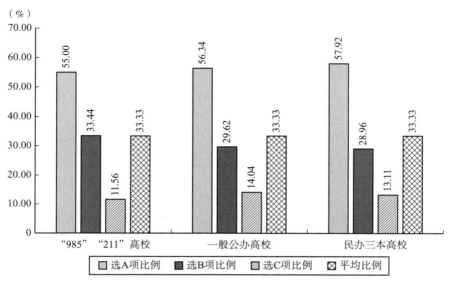

图 5 - 19   "大学生问卷"第 7 道题各选项被选之比例——以办学层次为维度

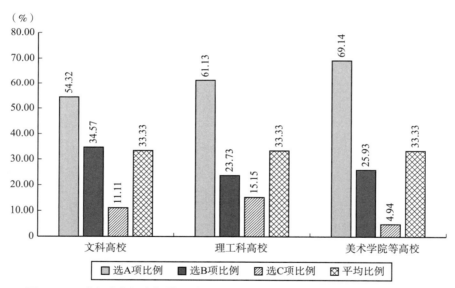

图 5 - 20   "大学生问卷"第 7 道题各选项被选之比例——以主导学科为维度

8. 我国《宪法》内容分为四章，每一章的标题是什么？【应选 A 项】

A. 序言；总纲；公民的基本权利和义务；国家机构；国旗、国歌、国徽、首都

B. 序言；总纲；公民的基本权利和义务；国家机构；附则

C. 序言；总则；公民的基本权利和义务；国家机构；附则

D. 序言；总则；公民的基本权利和义务；国家机构；国旗、国歌、国徽、首都

E. 不清楚

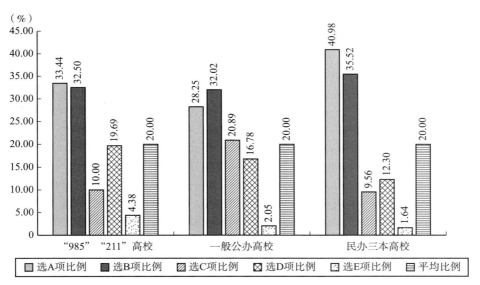

图 5-21　"大学生问卷"第 8 道题各选项被选之比例——以办学层次为维度

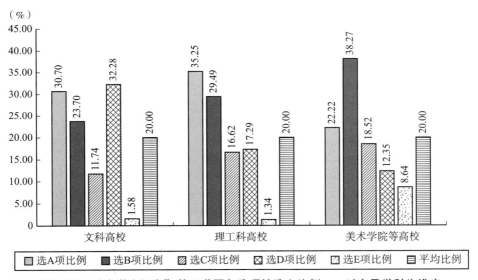

图 5-22　"大学生问卷"第 8 道题各选项被选之比例——以主导学科为维度

9. 律师或专家学者去你们学校开设过与法律知识宣讲相关的讲座吗（律师或专家学者，也可以是你们学校的教师）？有的话，讲座内容有没有涉及宪法知识？【最好选 D 项】

　　A. 从来没有开设过与法律知识宣讲相关的讲座　　B. 很少开设与法律知识宣讲相关的讲座

　　C. 经常开设，但几乎没有涉及宪法知识　　　　　D. 经常开设，也经常涉及宪法知识

　　E. 不清楚

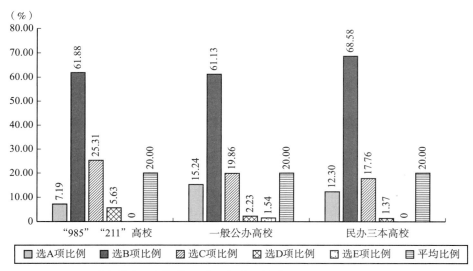

图 5 - 23 "大学生问卷"第 9 道题各选项被选之比例——以办学层次为维度

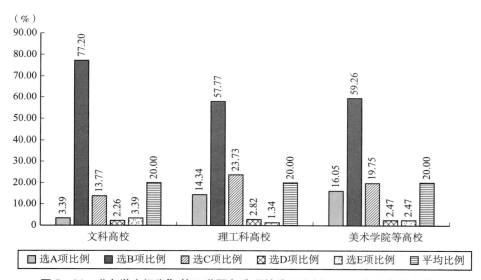

图 5 - 24 "大学生问卷"第 9 道题各选项被选之比例——以主导学科为维度

10. 学校有没有开设讲解宪法知识的选修课？有的话，你愿意选修吗？【最好选 B 项】

A. 没有　　　　B. 有，我打算选修　　　　C. 有，但我不打算选修

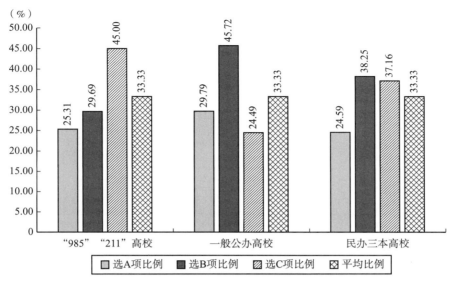

图 5 - 25　"大学生问卷"第 10 道题各选项被选之比例——以办学层次为维度

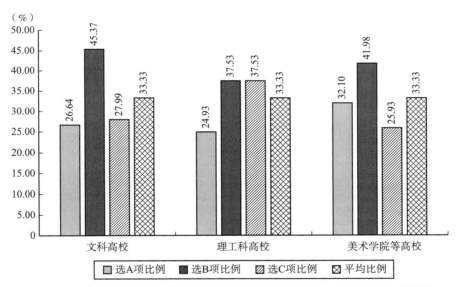

图 5 - 26　"大学生问卷"第 10 道题各选项被选之比例——以主导学科为维度

11. 你平时通过下列哪些途径了解宪法？（可以多选）【选某一项或某几项均可】

A. 书籍或报刊杂志　　　　　　　　　B. 电视

C. 网络　　　　　　　　　　　　　　D. 学校举办的宪法知识学习活动

E. 亲朋好友时常为我讲解宪法知识　　F. 其他途径

G. 没了解过宪法

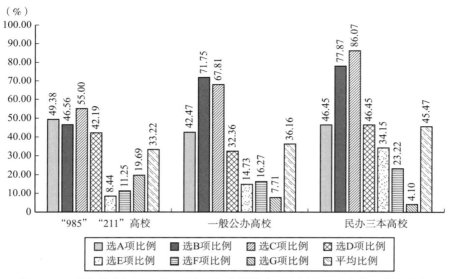

图 5－27　"大学生问卷"第 11 道题各选项被选之比例——以办学层次为维度

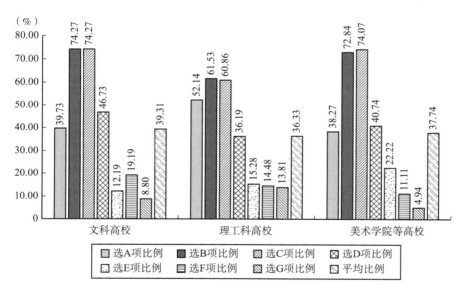

图 5－28　"大学生问卷"第 11 道题各选项被选之比例——以主导学科为维度

12. 你认为《思想道德修养与法律基础》①和《毛泽东思想和中国特色社会主义理论体系概论》② 教材之中与宪法知识相关的内容，编写得如何？【最好选 A 项】

---

　　① 本书在做实证考察之时，投放问卷的时间是 2017 年 12 月，所以问卷之中涉及的《思想道德修养与法律基础》教材均是 2015 年版的（该教材到了 2021 年 8 月改名称为《思想道德与法治》），后来在写作本书之时，主要分析的是 2015 年版和 2018 年版的教材。2021 年 8 月，最新版的教材即 2021 年版教材出来之后，又对涉及该教材分析的内容做了更新。但是，问卷之中涉及对教材的评价，因为投放问卷时间关系，均指向 2015 年版的教材。下同。

　　② 本书在做实证考察之时，投放问卷的时间是 2017 年 12 月，所以问卷之中涉及的《毛泽东思想和中国特色社会主义理论体系概论》教材均是 2015 年版的，后来在写作本书之时，主要分析的是 2015 年版和 2018 年版的教材。2021 年 8 月，最新版的教材即 2021 年版教材出来之后（名称未变），又对涉及该教材分析的内容做了更新。但是，问卷之中涉及对教材的评价，因为投放问卷时间关系，均指向 2015 年版的教材。下同。

A. 挺好　　　　B. 还行　　　　C. 宏观有余、微观不足　　　　D. 较差

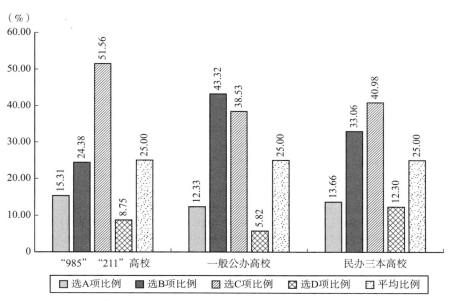

图 5－29　"大学生问卷"第 12 道题各选项被选之比例——以办学层次为维度

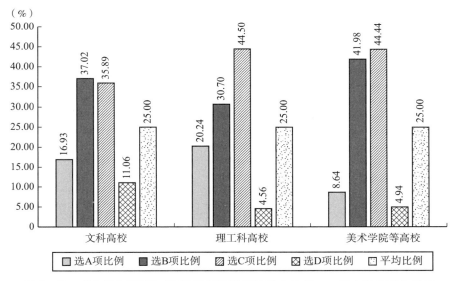

图 5－30　"大学生问卷"第 12 道题各选项被选之比例——以主导学科为维度

13. 学校教师在讲授《思想道德修养与法律基础》①和《毛泽东思想和中国特色社会主义理论体系概论》教材之时，与你们一起上课的应到同学大概是多少个？【最好选 C 项】

———————————

①　2021 年 7 月，原《思想道德修养与法律基础》教材在修订之后，其名称改为《思想道德与法治》，但由于本书在投放问卷之时（2017 年 12 月），教材名称为《思想道德修养与法律基础》，所以在问卷的题目之中，仍然保持《思想道德修养与法律基础》的原来名称，但在书中对该教材进行表述之时，为了叙述方便，则使用该教材的新名称即《思想道德与法治》。

A. 50 个以下　B. 50 至 100 个　C. 100 至 150 个　D. 150 至 200 个　E. 200 个以上

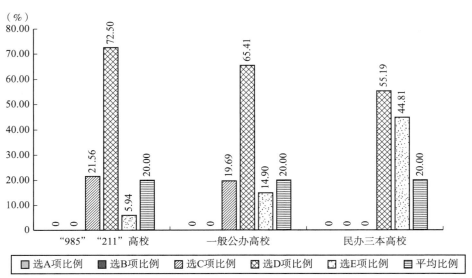

图 5-31　"大学生问卷"第 13 道题各选项被选之比例——以办学层次为维度

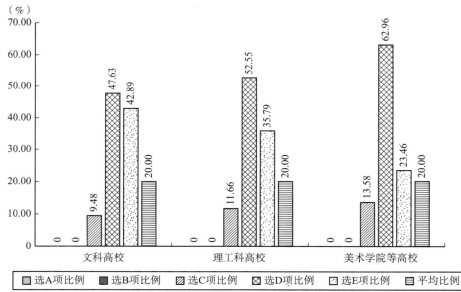

图 5-32　"大学生问卷"第 13 道题各选项被选之比例——以主导学科为维度

14. 下列重要文件,你读过哪一个或哪几个?①【选某一项或某几项均可,但选了 E 项,则不宜选其他选项了】

———————————

① 2012 年 11 月党的十八大召开以来,中共中央通过的重要文件,除了 A 项、B 项、C 项和 D 项涉及的重要文件之外,还有《中共中央关于深化党和国家机构改革的决定》《深化党和国家机构改革方案》(两者均于 2018 年 2 月由十九届三中全会通过),与《中共中央关于坚持和完善中国特色社会主义制度、推进国家治理体系和治理能力现代化若干重大问题的决定》(于 2019 年 11 月由十九届四中全会通过),以及《中共中央关于党的百年奋斗重大成就和历史经验的决议》(于 2021 年 11 月由十九届六中全会通过),但本书调研时间为 2017 年 12 月,当时这四份重要文件还未出台,所以"大学生问卷"第 14 道题目的选项之中没有这四份重要文件。

A. 党的十八大报告

B.《中共中央关于全面深化改革若干重大问题的决定》

C.《中共中央关于全面推进依法治国若干重大问题的决定》

D. 党的十九大报告

E. 都没读过

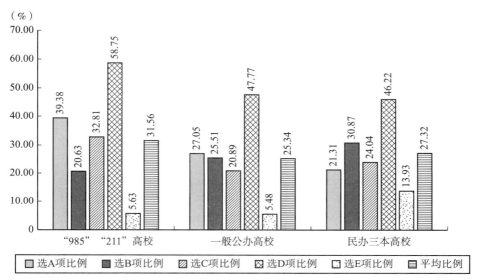

图 5 – 33 "大学生问卷"第 14 道题各选项被选之比例——以办学层次为维度

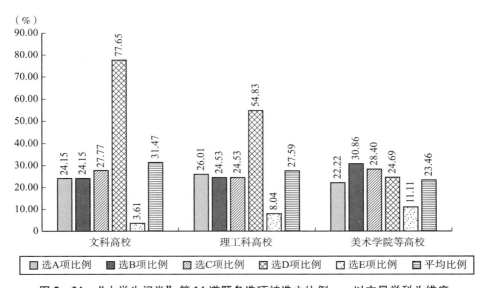

图 5 – 34 "大学生问卷"第 14 道题各选项被选之比例——以主导学科为维度

15. 下列社会热点或热议事件，你知道几个？（可以多选）【选某一项或某几项均可，但选了 J 项，则不宜选其他选项了】

A. 2014 年全国人大常委会设立"国家宪法日"（涉及宪法意识培育）

B. 2014 年"秦火火诽谤、寻衅滋事案"（涉及网络言论自由的行使及限制）

C. 2014 "浙江女大学生就业性别歧视案"（涉及男女性别平等）

D. 2015 年全国人大常委会建立宪法宣誓制度（涉及宪法意识培育）

E. 2015 年广东某校女生因高校教材"污名"同性恋而起诉教育部（涉及同性恋者的名誉权）

F. 2015 年国家主席根据全国人大常委会决定签署特赦部分罪犯（涉及特赦制度及其行使）

G. 2016 年计划生育基本国策调整（涉及国家对公民生育权的承认及限制）

H. 2016 年国家监察体制改革（涉及监察体制由"行政监察"转变为"国家监察"）

I. 2016 年"辽宁贿选案"（涉及选举权与被选举权的行使及滥用）

J. 都没听说过

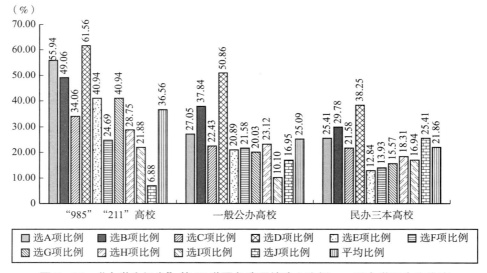

图 5 - 35   "大学生问卷"第 15 道题各选项被选之比例——以办学层次为维度

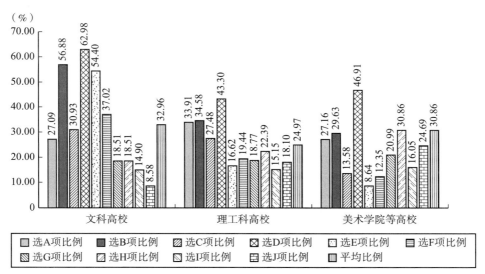

图 5-36　"大学生问卷"第 15 道题各选项被选之比例——以主导学科为维度

16. 你认为与日常生活联系最密切的部门法，是哪一种或哪几种？（可以多选）【最好选 E 项】

A. 民法　　　B. 刑法　　　C. 宪法　　　D. 行政法　　　E. 都重要，无主次之分　　　F. 不清楚

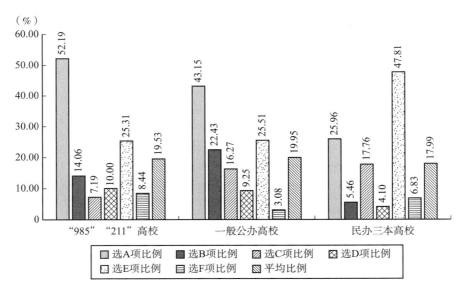

图 5-37　"大学生问卷"第 16 道题各选项被选之比例——以办学层次为维度

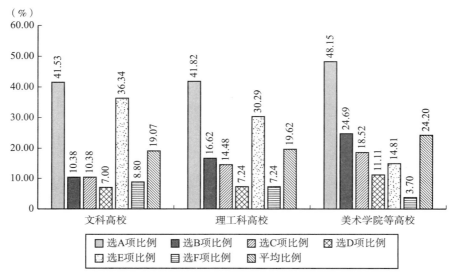

图 5 – 38　"大学生问卷"第 16 道题各选项被选之比例——以主导学科为维度

17. 我国的"国家宪法日"是每年的哪一天？【应选 D 项】
A. 1 月 1 日　　B. 3 月 1 日　　C. 10 月 1 日　　D. 12 月 4 日　　E. 不清楚

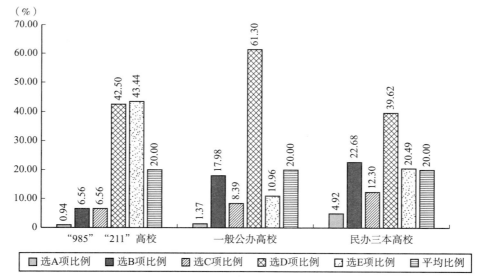

图 5 – 39　"大学生问卷"第 17 道题各选项被选之比例——以办学层次为维度

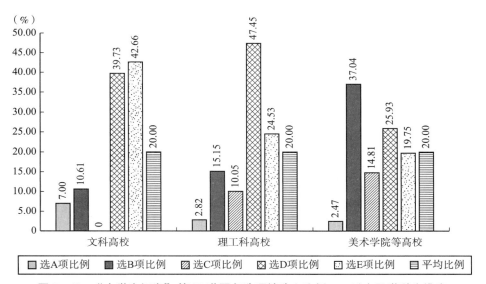

图 5－40　"大学生问卷"第 17 道题各选项被选之比例——以主导学科为维度

18. 学术界一直提倡的宪法宣誓制度，我国实施了没有？【应选 A 项】
A. 已经实施　　　　B. 计划实施　　　　C. 还未实施

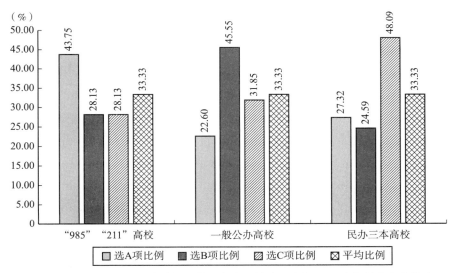

图 5－41　"大学生问卷"第 18 道题各选项被选之比例——以办学层次为维度

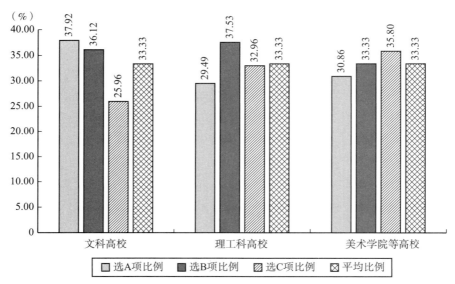

图 5-42　"大学生问卷"第 18 道题各选项被选之比例——以主导学科为维度

19. 下列哪些论述，是党在十八大之后提出的？【应选 D 项】

A. 依法治国，首先是依宪治国；依法执政，关键是依宪执政

B. 宪法的生命在于实施，宪法的权威也在于实施

C. 宪法的根基在于人民发自内心的拥护，宪法的伟力在于人民出自真诚的信仰

D. 都是党在十八大之后提出的

E. 都不是党在十八大之后提出的

F. 不清楚

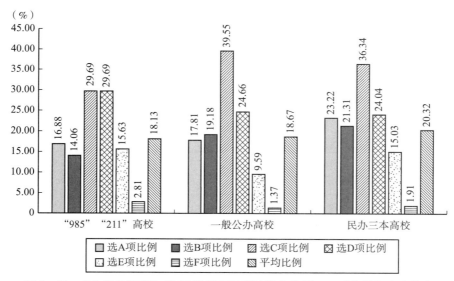

图 5-43　"大学生问卷"第 19 道题各选项被选之比例——以办学层次为维度

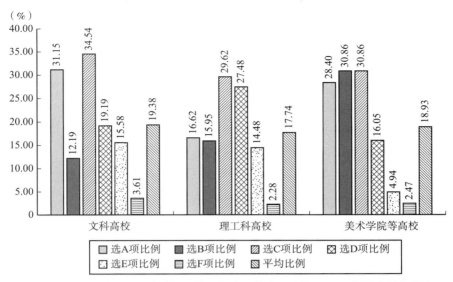

图 5 - 44 "大学生问卷"第 19 道题各选项被选之比例——以主导学科为维度

"大学生问卷"第二部分简评：该部分共 14 道题（第 6 ~ 第 19 道题），考察的是 X 市大学生对我国宪法及相关事项的关注情况，其题目可以分为以下三类：

（1）第 8 道题、第 17 ~ 第 19 道题，均有正确而固定的答案，随之均存在"应选某项"，答对的数量越多、比例越高，说明对相关的知识点而言，X 市大学生宪法意识越浓厚，反之亦然。但总体而言，答题效果相当不好。

（2）第 6 ~ 第 7 道题、第 9 ~ 第 10 道题、第 12 ~ 第 13 道题、第 16 道题，均不存在正确而固定的答案，但虽然如此，却均存在"最好应选某项"，选该项的数量越多、比例越高，说明对相关的知识点而言，X 市大学生宪法意识越浓厚，或者宪法意识培育的客观环境越好，反之亦然。但总体而言，答题效果相当不好。

（3）第 11 道题考察的是 X 市大学生平时通过哪些途径了解宪法，第 14 道题考察的是 X 市大学生对与建设依法治国、依宪治国等事项起推动作用的重要文件的关注情况，第 15 道题考察的是 X 市大学生对包含有宪法权利争议的社会热点的关注情况。这三道题均是开放性题目，既不存在"应选某项"，也不存在"最好应选某项"，所以答题效果无所谓好坏，但 X 市大学生选哪一项（除了各题最后一项之外）或哪些项的数量越多、比例越高，说明其对建设依宪治国、维护宪法权利等事项的关注度越高，而这恰恰反映了其宪法意识越浓厚，反之亦然。

第三部分：对宪法权利的认知

20. 根据我国《宪法》规定，公民享有选举权和被选举权的最低法定年龄是多少周岁？【应选 B 项】

A. 16 周岁   B. 18 周岁   C. 20 周岁   D. 22 周岁   E. 不清楚

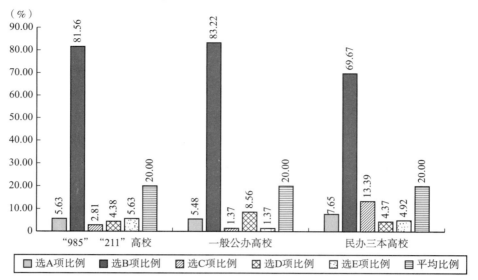

图 5–45 "大学生问卷"第 20 道题各选项被选之比例——以办学层次为维度

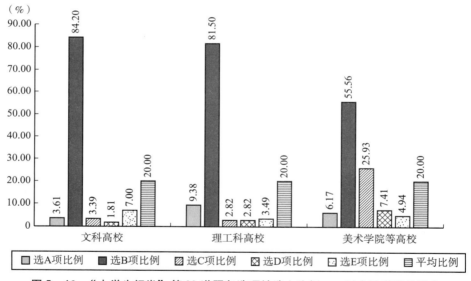

图 5–46 "大学生问卷"第 20 道题各选项被选之比例——以主导学科为维度

21. 下列哪些宪法权利，对你来说是最重要的？（可以多选）【选某一项或某几项均可，但选了 I 项，则不宜选其他选项了】

A. 财产权　　B. 选举权　　C. 人身自由权　　D. 人格尊严不受侵犯权　　E. 平等权

F. 言论自由权　　G. 受教育权　　H. 劳动权　　I. 不清楚

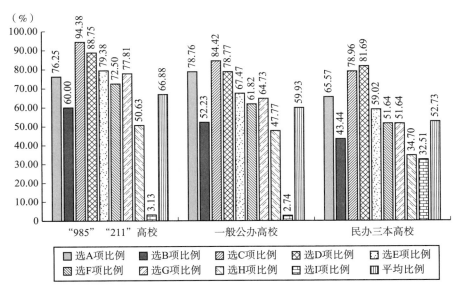

图 5-47 "大学生问卷"第 21 道题各选项被选之比例——以办学层次为维度

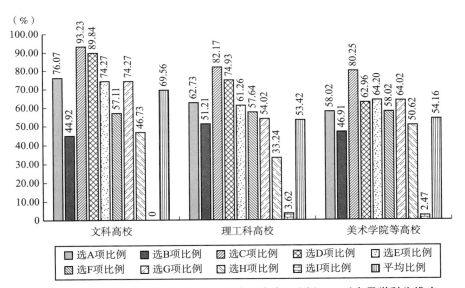

图 5-48 "大学生问卷"第 21 道题各选项被选之比例——以主导学科为维度

22. 当某地发生天灾（地震、洪涝、干旱等）之时，明星是否应该捐钱？【应选 B 项】

A. 应该捐钱，谁让明星赚得多，谁让明星比我富

B. 谈不上应该捐钱或不应捐钱，捐多少完全自愿，不应该逼迫明星捐钱

C. 人们常说"天灾无情人有情"，发生了天灾，国家应该强行要求明星捐钱

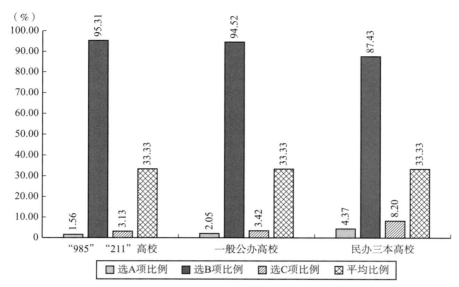

图 5 - 49 　"大学生问卷"第 22 道题各选项被选之比例——以办学层次为维度

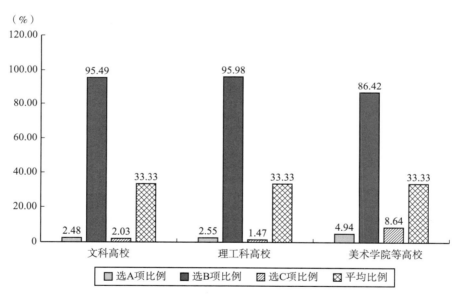

图 5 - 50 　"大学生问卷"第 22 道题各选项被选之比例——以主导学科为维度

"大学生问卷"第三部分简评：该部分共 3 道题（第 20 ~ 第 22 道题），考察的是 X 市大学生对宪法权利的认知情况，其题目可以分为以下两类：

（1）第 20 道题和第 22 道题存在正确而固定的答案，随之均存在"应选某项"，答对数量越多、比例越高，说明对相关的知识点而言，X 市大学生宪法意识越浓厚，反之亦然。但总体而言，答题效果相当不错。

（2）第 21 道题考察的是 X 市大学生对宪法权利的重视程度，是开放性题目，既不存在"应选某项"，也不存在"最好应选某项"，所以答题效果无所谓好坏，但 X 市大学生选哪一项

（除了最后一项之外）或哪些项的数量越多、比例越高，说明其对自己拥有某一项或某几项宪法权利便越重视，反之亦然。

第四部分：对宪法规范的认知

23. 公职人员在行使权力之时，应遵守宪法和法律吗？【应选 A 项】
A. 应该遵守　　　B. 不用遵守　　　C. 看具体情况　　　D. 不清楚

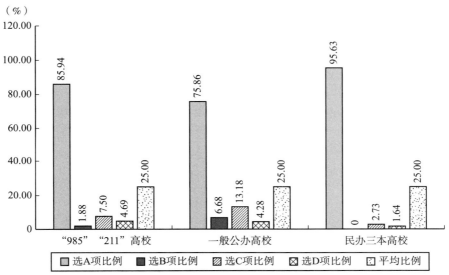

图 5－51　"大学生问卷"第 23 道题各选项被选之比例——以办学层次为维度

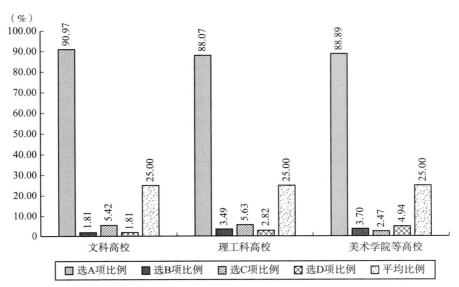

图 5－52　"大学生问卷"第 23 道题各选项被选之比例——以主导学科为维度

24. 我国宪法规定的最高国家权力机关，是下列哪一个？【应选 B 项】
    A. 党中央　　　　B. 全国人大　　　　C. 国务院　　　　D. 全国政协　　　　E. 不清楚

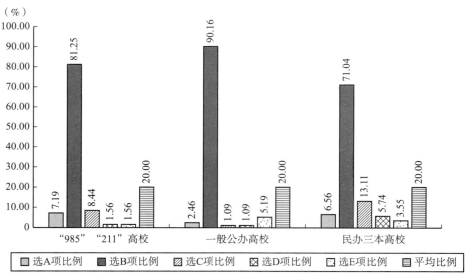

图 5-53　"大学生问卷"第 24 道题各选项被选之比例——以办学层次为维度

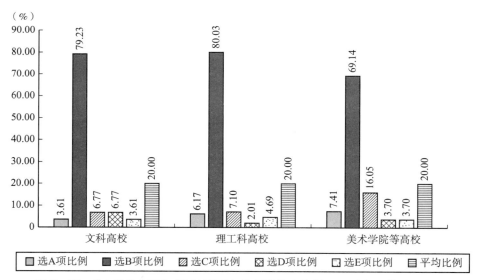

图 5-54　"大学生问卷"第 24 道题各选项被选之比例——以主导学科为维度

25. 我国的国家主席，由下列哪一个机构选举？【应选 B 项】
    A. 党中央　　　　B. 全国人大　　　　C. 全国人大常委会　　　　D. 全国政协
    E. 选民　　　　F. 不清楚

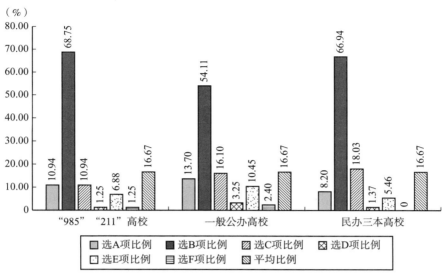

图 5-55　"大学生问卷"第 25 道题各选项被选之比例——以办学层次为维度

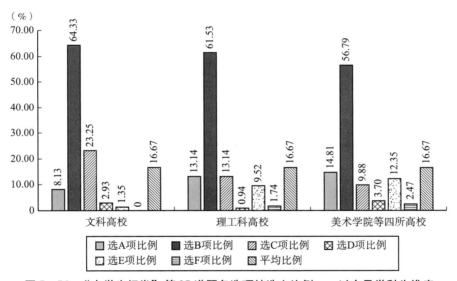

图 5-56　"大学生问卷"第 25 道题各选项被选之比例——以主导学科为维度

26. 下列哪些机关, 是我国宪法上规定的国家机关?（应该多选）【应选 C 项、D 项、F 项、G 项】①

　　A. 党委　　　B. 纪委　　　C. 各级人大　　　D. 人民政府　　　E. 政协会议

---

①　本书在做实证考察之时, 投放问卷的时间是 2017 年 12 月, 而"国家监察委员会"是次年 3 月通过修宪才成为中央一级国家机关的, 所以该题目的选项之中没有"监察委员会"这一选项。但需要说明的是, 在 2018 年 3 月之前, 我国是有监察机关的, 中央最高监察机关是下设于国务院的监察部, 该部门在 2018 年 3 月由于修宪而升格为"国家监察委员会", 基于此, 我国的监察体制由"行政监察"转变为"国家监察"。

F. 人民法院　　　G. 人民检察院　　　H. 纪委　　　I. 不清楚

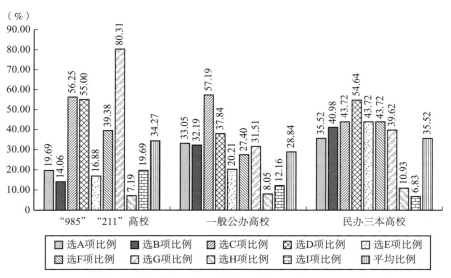

图 5-57　"大学生问卷"第 26 道题各选项被选之比例——以办学层次为维度

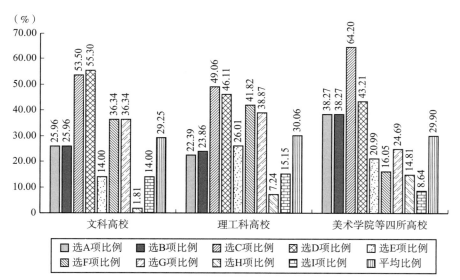

图 5-58　"大学生问卷"第 26 道题各选项被选之比例——以主导学科为维度

27. 根据我国《宪法》规定，宪法修改需要多少比例的人大代表赞成才能通过？【应选 A 项】

A. 全体代表的 2/3　　B. 全体代表的 1/2　　C. 与会代表的 2/3　　D. 与会代表的 1/2

E. 不清楚

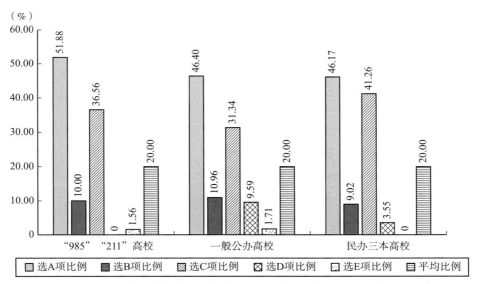

图 5 - 59　"大学生问卷"第 27 道题各选项被选之比例——以办学层次为维度

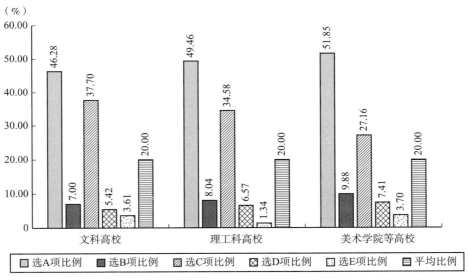

图 5 - 60　"大学生问卷"第 27 道题各选项被选之比例——以主导学科为维度

28. 我国的基层群众自治制度包含哪些内容？【应选 C 项】

A. 城市居民自治制度　B. 农村村民自治制度　C. 两者均是　D. 两者均不是　E. 不清楚

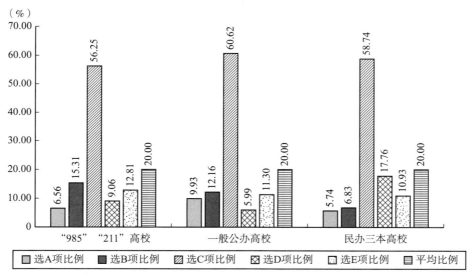

图 5-61 "大学生问卷"第 28 道题各选项被选之比例——以办学层次为维度

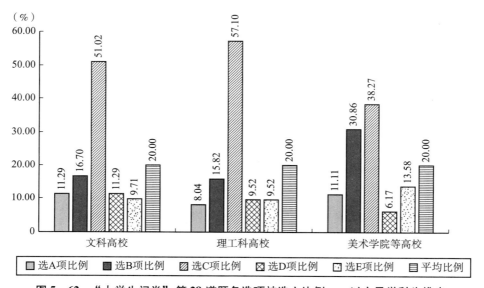

图 5-62 "大学生问卷"第 28 道题各选项被选之比例——以主导学科为维度

"大学生问卷"第四部分简评：该部分共 6 道题（第 23 ~ 第 28 道题），考察的是 X 市大学生对我国宪法规范的关注情况，但总体而言，答题效果相当不好。

第 23 ~ 第 28 道题，均存在正确而固定的答案，随之均存在"应选某项或某几项"，答对的数量越多、比例越高，说明对相关的知识点而言，X 市大学生宪法意识越浓厚，反之亦然。但总体而言，答题效果相当不好。

第五部分：对宪法实践的认知

29. 你选举过人大代表吗？倘若选举过，那你对候选人的情况了解吗？【最好选 B 项】

A. 没有选举过人大代表 　　　　　　B. 选举过，对候选人非常了解

C. 选举过，对候选人基本了解 　　　D. 选举过，对候选人不太了解

E. 选举过，对候选人一点都不了解

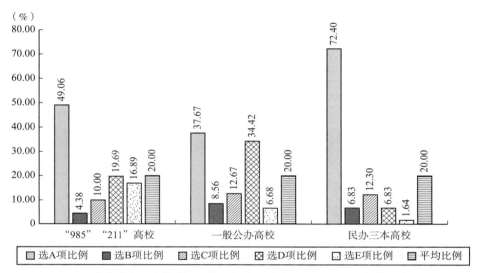

图 5-63　"大学生问卷"第 29 道题各选项被选之比例——以办学层次为维度

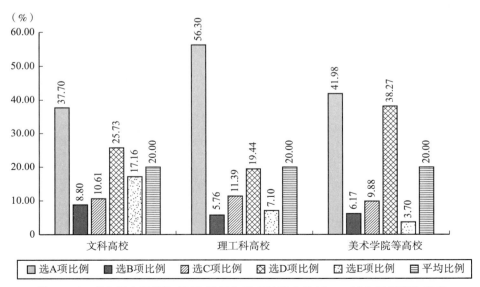

图 5-64　"大学生问卷"第 29 道题各选项被选之比例——以主导学科为维度

30. 倘若你被遴选成为人民陪审员，你愿意参与案件庭审吗？（可以多选）【最好选 A 项、B 项】

　　A. 愿意，可以了解相关法律知识　　B. 愿意，可以了解案件审判流程

　　C. 愿意，但我担心难以承担此职　　D. 不愿意，我不感兴趣

　　E. 不愿意，我没有时间

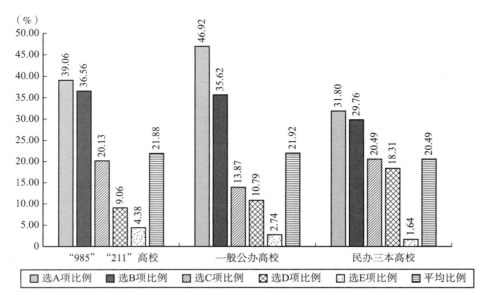

图 5 - 65　"大学生问卷"第 30 道题各选项被选之比例——以办学层次为维度

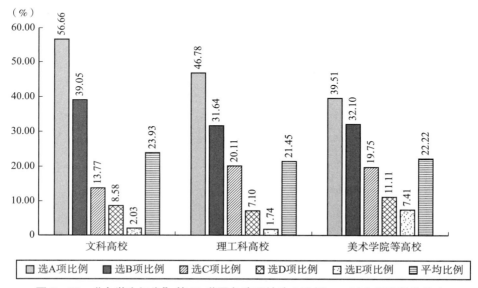

图 5 - 66　"大学生问卷"第 30 道题各选项被选之比例——以主导学科为维度

31. 宪法最重要的功能是什么？（应该多选）【应选 B 项、C 项】

A. 限制公权力机关的权力　　　　　B. 规定公民基本权利和义务

C. 规定国家机关权力的行使与分工　D. 确定党的路线方针政策

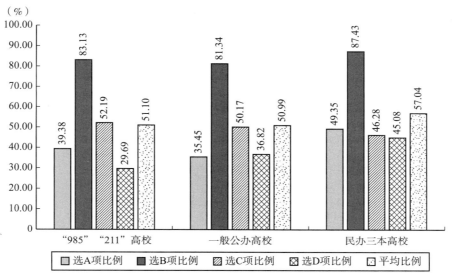

图 5 - 67　"大学生问卷"第 31 道题各选项被选之比例——以办学层次为维度

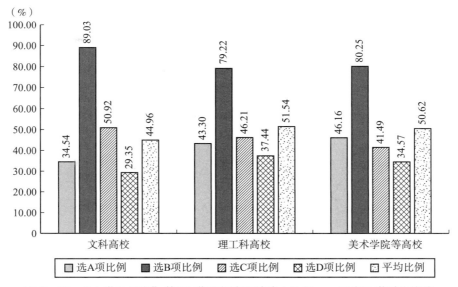

图 5 - 68　"大学生问卷"第 31 道题各选项被选之比例——以主导学科为维度

32. 倘若宪法规定的基本权利受到侵犯，你认为找哪一个机关寻求救济较为有效？【最好选 C 项】

A. 人大常委会　B. 人民政府　C. 人民法院　D. 人民检察院　E. 信访部门　F. 不清楚

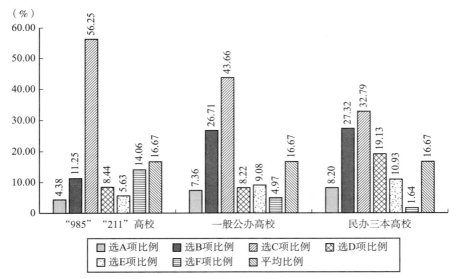

图 5－69　"大学生问卷"第 32 道题各选项被选之比例——以办学层次为维度

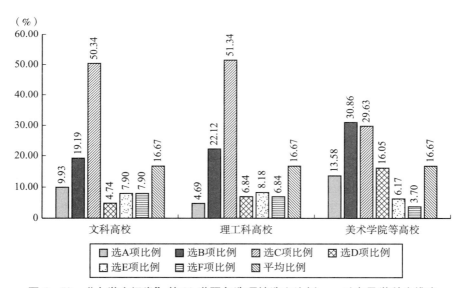

图 5－70　"大学生问卷"第 32 道题各选项被选之比例——以主导学科为维度

33. 在日常生活之中，你是否会用宪法来维护自己的权利？【最好选 A 项】

A. 会用　　B. 不会用　　　C. 想用，但不知道怎么用　　　D. 没想过这个问题

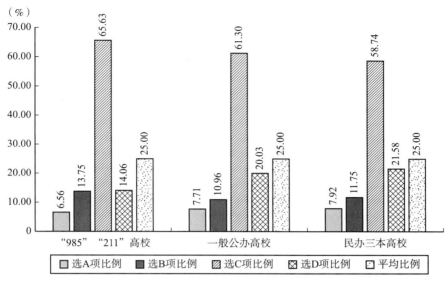

图 5 - 71　"大学生问卷"第 33 道题各选项被选之比例——以办学层次为维度

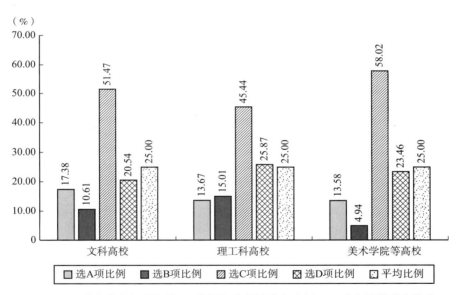

图 5 - 72　"大学生问卷"第 33 道题各选项被选之比例——以主导学科为维度

34. 我国存在权力腐败的主要原因是什么?(可以多选)【选某一项或某几项均可】

A. 旧社会的专制主义和官僚主义残余仍有影响

B. 社会发展水平有待提高,腐败土壤仍然存在

C. 公民法治意识不强,难以抵制权力腐败

D. 公权力机关及公职人员的权力缺乏制约

E. 公务员待遇有待提高,应实施高薪养廉制度

F. 某些公职人员自身素质差

G. 经济迅速发展所带来的负面效应

H. 法治建设有待完善

I. 外国腐朽思想的渗透

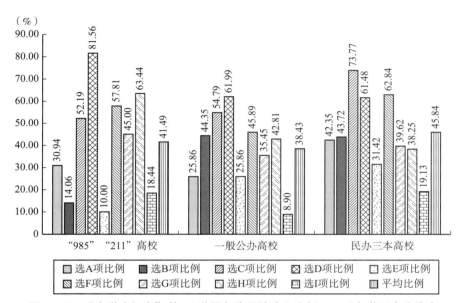

图 5-73　"大学生问卷"第 34 道题各选项被选之比例——以办学层次为维度

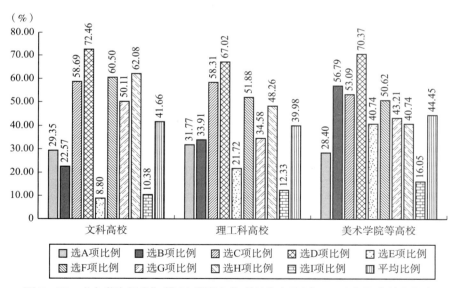

图 5-74　"大学生问卷"第 34 道题各选项被选之比例——以主导学科为维度

"大学生问卷"第五部分简评：该部分共 6 道题（第 29～第 34 道题），考察的是 X 市大学生对宪法实践或权力腐败的关注情况，其题目可以分为以下三类。

（1）第 29～第 30 道题、第 32～第 33 道题，均不存在正确而固定的答案，只存在"最好选某项"，选该项的数量越多、比例越高，说明对相关的知识点而言，X 市大学生宪法意识越浓厚，或者其宪法意识培育的客观环境越好，反之亦然。但总体而言，答题效果相当不好。

（2）第 31 道题存在正确而固定的答案，随之存在"应选某项或某几项"，选该项的数量越多、比例越高，说明对相关的知识点而言，X 市大学生宪法意识越浓厚，反之亦然。但总体而言，答题效果相当不好。

（3）第 34 题考察的是 X 市大学生对我国存在权力腐败的原因的关注程度，是开放性题目，既不存在"应选某项"，也不存在"最好应选某项"，所以答题效果无所谓好坏，但 X 市大学生选哪一项或哪些项的数量越多、比例越高，说明其对造成我国权力腐败的某一种或某几种原因越重视，反之亦然。

第六部分：对宪法与宪法意识培育发展的认知

35. 如果想大力推进宪法实施，你认为关键应怎么做？（可以多选）【选某一项或某几项均可，但选了 G 项，则不宜选其他选项了】

　　A. 党和国家的重视　　　　　　　　B. 修改宪法，使之更加完善
　　C. 增强公民法律意识（包括宪法意识）　　D. 建立违宪审查机构
　　E. 推进宪法监督制度　　　　　　　F. 法院直接适用宪法
　　G. 不清楚

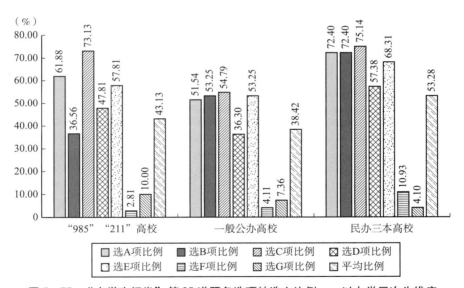

图 5-75　"大学生问卷"第 35 道题各选项被选之比例——以办学层次为维度

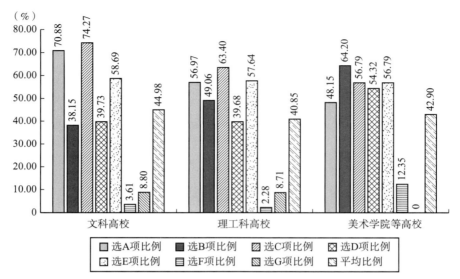

图 5-76　"大学生问卷"第 35 道题各选项被选之比例——以主导学科为维度

36. 如果想大力增强大学生的宪法意识,你认为应采取下列哪些改善措施? (可以多选)
【选某一项或某几项均可,但选了 G 项,则不宜选其他选项了】

A. 开展宪法学习网络课堂,为想学习宪法知识的大学生提供便利

B. 定期举办与宪法知识相关的讲座,为通过专家或学者的现身说法而学习宪法知识提供机会

C. 在"国家宪法日"开展宪法宣传活动,举办宪法知识竞赛,加大宪法知识的普及

D. 在学校设立宪法知识宣传栏,从而便于大学生了解宪法

E. 编写与宪法知识相关的读本或手册,在图书馆设置"宪法书屋",供大学生免费借阅

F. 通过拍摄和播放与宪法知识相关的纪录片、短片、公益广告等传媒,使宪法知识得以传播

G. 不清楚

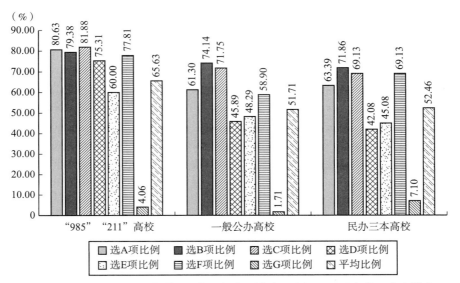

图 5 – 77　"大学生问卷"第 36 道题各选项被选之比例——以办学层次为维度

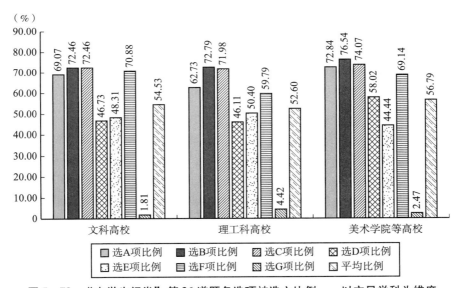

图 5 – 78　"大学生问卷"第 36 道题各选项被选之比例——以主导学科为维度

　　"大学生问卷"第六部分简评：该部分共 2 道题（第 35 ~ 第 36 道题），考察的是 X 市大学生对推进宪法实施、宪法意识培育发展的认知情况，这两道题均是开放性题目，既不存在"应选某项"，也不存在"最好选某项"，所以答题效果无所谓好坏，但 X 市大学生选哪一项（除了各题最后一项之外）或哪些项的数量越多、比例越高，说明其对推进宪法实施、未来修改宪法与宪法意识培育发展所抱有的某一种或某几种期待越强烈，反之亦然。

5.2.3 实证情况归纳——以 X 市大学生为考察对象（办学层次维度）

本书对 X 市大学生宪法意识培育现状进行实证考察之时，将 X 市四十所高校以两个维度对其进行分组。第一个维度是以办学层次为维度，将四十所本科高校分为三组，以下分而述之：

第一组是"985"高校（"985"高校一定是"211"高校）和"211"高校（"211"高校不一定是"985"高校），前者共计三所，投放问卷 131 份，回收有效问卷 129 份；后者共计四所，投放问卷 194 份，回收有效问卷 191 份。所以，"985""211"高校共计七所，投放问卷325 份，回收有效问卷 320 份。第二组是既非"985"又非"211"的一般公办高校，共计十七所，投放问卷 605 份，回收有效问卷 584 份。第三组是民办三本高校，共计十六所，投放问卷401 份，回收有效问卷 366 份。这三组学校共计四十所，投放问卷共计 1331 份，回收有效问卷共计 1270 份，有效问卷回收率是 95.42%（见表 5 - 14）。

"大学生问卷"共计六个部分、36 道题，分为可以多选的题目、无正误之分的单选题目、有正误之分的单选题目和必须多选的题目四类。可以多选的题目，选哪一项或哪些项，均不存在正误之分，但这样的题目不多，只有 7 道题（第 11 道题、第 14 ~ 第 15 道题、第 21 道题、第 34 ~ 第 36 道题），而只有必须单选（共 16 道题）和必须多选、且选项数目是一定的题目（共 2 道题），选哪一项或哪些项，是存在正误之分的。所以，基于对后两类题目的答题情况的考察，以探究办学层次存在差别对"985""211"高校大学生、一般公办高校大学生和民办三本高校大学生的日常学习内容和关注焦点，以及由此而对宪法意识培育成效是否会产生正比例的影响。

表 5 - 17　　　　　　"大学生问卷"：答案有正误之分的单选题的答题情况

题号	应选选项	"985""211"高校大学生答题情况		一般公办高校大学生答题情况		民办三本高校大学生答题情况	
1	D 项	54.69%	2	62.67%	1	45.36%	3
2	B 项	77.50%	1	59.08%	2	59.02%	3
3	B 项	45.00%	1	33.56%	3	38.25%	2
4	D 项	27.50%	2	48.12%	1	21.86%	3
5	C 项	23.75%	3	26.54%	2	29.38%	1
8	A 项	33.44%	2	28.25%	3	40.98%	1

续表

题号	应选选项	"985""211"高校大学生答题情况		一般公办高校大学生答题情况		民办三本高校大学生答题情况	
17	D 项	42.50%	2	61.30%	1	39.62%	3
18	A 项	43.75%	1	22.60%	3	27.32%	2
19	D 项	29.69%	1	24.66%	2	24.04%	3
20	B 项	81.56%	2	83.22%	1	69.67%	3
22	B 项	95.31%	1	94.52%	2	87.43%	3
23	A 项	85.94%	2	75.86%	3	95.63%	1
24	B 项	81.25%	2	90.16%	1	71.04%	3
25	B 项	68.75%	1	54.11%	3	66.94%	2
27	A 项	51.88%	1	46.40%	2	46.17%	3
28	C 项	56.25%	3	60.62%	1	58.74%	2

注：对 X 市大学生投放问卷的时间是 2017 年 12 月，截至此时，《宪法》修改了 4 次，而到了 2018 年 3 月，全国人大对《宪法》进行了第 5 次修改，但该题目仍以投放问卷之时《宪法》修改了 4 次为正确答案。百分比之后的 1、2、3 为排名顺序。

　　由表 5 - 17 可知，在"大学生问卷"的 36 道题之中，有 16 道有正确答案的单选题，答题情况汇总如下①。

　　"985""211"高校大学生，有 7 道题取得了第 1 名，占比为 43.75%；有 7 道题取得了第 2 名，占比为 43.75%；有 2 道题取得了第 3 名，占比为 12.50%。

　　一般公办高校大学生，有 6 道题取得了第 1 名，占比为 37.50%；有 5 道题取得了第 2 名，占比为 31.25%；有 5 道题取得了第 3 名，占比为 31.25%。

　　民办三本高校大学生，有 3 道题取得了第 1 名，占比为 18.75%；有 4 道题取得了第 2 名，占比为 25.00%；有 9 道题取得了第 3 名，占比为 56.25%。

　　可见，在这 16 道有正确答案的单选题之中，由取得第 1 名的数量及其占比可知，"985""211"高校大学生表现居首（有 7 道题取得了第 1 名，占比为 43.75%），一般公办高校大学生表现居中（有 6 道题取得了第 1 名，占比为 37.50%），民办三本高校大学生表现居末（有 3 道题取得了第 1 名，占比为 18.75%），这反映了 X 市高校大学生宪法意识培育成效如何，与办学层次之间在整体上是存在一定程度的正比例关系的。

---

　　① 在对表 5 - 17 的答题情况进行简述之时，以"985""211"高校大学生、一般公办高校大学生、民办三本高校大学生的顺序依次进行，而非以表现居首、表现居中、表现居末的顺序依次进行简述。表 5 - 18、表 5 - 19，亦是如此。

表 5 – 18　　　　"大学生问卷"：虽然正确选项是多选，但正确选项的
数目一定、内容一定的题目的答题情况

题号	应选选项	题目选项	"985""211"高校大学生答题情况	一般公办高校大学生答题情况	民办三本高校大学生答题情况
26	C 项、D 项、F 项、G 项	A 项	19.69%	33.05%	35.52%
		B 项	14.06%	32.19%	40.98%
		C 项	56.25%	57.19%	43.72%
		D 项	55.00%	37.84%	54.64%
		E 项	16.88%	20.21%	43.72%
		F 项	39.38%	27.40%	43.72%
		G 项	80.31%	31.51%	39.62%
		H 项	7.19%	8.05%	10.93%
		I 项	19.69%	12.16%	6.83%
	答对占比		39.38%　2	27.40%　3	39.62%　1
31	B 项、C 项	A 项	39.38%	35.45%	49.35%
		B 项	83.13%	81.34%	87.43%
		C 项	52.19%	50.17%	46.28%
		D 项	29.69%	36.82%	45.08%
	答对占比		52.19%　1	50.17%　2	46.28%　3

注：因为"大学生问卷"第 26 道题、第 31 道题，均是虽然正确选项是多选，但正确选项的数目一定、内容一定的题目，所以只有当大学生选了每一个正确答案，该题目才算完全答对。换言之，每一组大学生只有将被选比例最低的那一个正确答案都选上了，才有可能将所有的正确答案均选上，原理类似于"短板效应"。在此，以第 26 道题为例进行说明，该题目的正确选项是 C 项、D 项、F 项和 G 项，但"985""211"高校大学生，被选比例最低的正确答案是 F 项，占比只有 39.38%。换言之，"985""211"高校大学生只有将 F 项都选了，才有可能——仅仅只是可能——将其他三个选项全部都选上，所以该组大学生将第 26 道题答对的最高占比只有 39.38%。同理，一般公办高校大学生将第 26 道题目答对的最高占比只有 27.40%，民办三本高校大学生将第 26 道题目答对的最高占比只有 39.62%。所以，对"大学生问卷"第 26 道题的答题情况是，"985""211"高校大学生是第 2 名，表现居中。一般公办高校大学生是第 3 名，表现居末。民办三本高校大学生是第 1 名，表现居首。百分比之后的 1、2、3 为排名顺序。

由表 5 – 18 可知，在"大学生问卷"的 36 道题之中，有 2 道选项是四个或四个以上，正确选项的数目一定、内容一定的多选题，答题情况汇总如下。

由第 1 道题（问卷第 26 道题）的答题结果可知，"985""211"高校大学生答对的最高占比为 39.38%，是第 2 名，表现居中。一般公办高校大学生答对的最高占比为 27.40%，是第 3 名，表现居末。民办三本高校大学生答对的最高占比为 39.62%，是第 1 名，表现居首。

由第 2 道题（问卷第 31 道题）的答题结果可知，"985""211"高校大学生答对的最高占比为 52.19%，是第 1 名，表现居首。一般公办高校大学生答对的最高占比为 46.28%，是第 3 名，表现居末。民办三本高校大学生答对的最高占比为 50.17%，是第 2 名，表现居中。

可见，这两道题考察的是 X 市大学生对宪法具有重要功能认知得如何，包括宪法意识培育在内的法律意识培育，倘若开展得不足，或是培育内容没有涉及，继而对宪法具有重要功能的

认知稍显不足，是情有可原的。但是，从 X 市大学生对表 5 - 18 所涉及的 2 道题（问卷第 26 道题、问卷第 31 道题）的答题情况来看，由取得第 1 名的数量及其占比可知，"985""211" 高校大学生表现居首（有 1 道题取得了第 1 名，占比为 50.00%），一般公办高校大学生表现居末（有 0 道题取得了第 1 名，占比为 0.00%），民办三本高校大学生表现居中（有 1 道题取得了第 1 名，占比为 50.00%）。相对而言，一般公办高校大学生的答题情况稍显逊色。这显示了 X 市大学生尤其是一般公办高校大学生，对这两道题涉及的宪法知识知晓较少，有待提高。

表 5 - 19　"大学生问卷"：虽然答案无正误之分，但选某一项的数量越多越反映出宪法意识培育成效较好的题目的答题情况

题号	最好选项		"985""211"高校大学生答题情况	一般公办高校大学生答题情况	民办三本高校大学生答题情况
6	A 项		11.25%　1	6.16%　2	1.64%　3
7	C 项		11.56%　3	14.04%　1	13.11%　2
9	D 项		5.63%　1	2.23%　2	1.37%　3
10	B 项		29.69%　3	45.72%　1	38.25%　2
12	A 项		15.31%　1	12.33%　3	13.66%　2
13	C 项		21.56%　1	19.69%　2	0.00%　3
16	E 项		25.31%　3	25.51%　2	47.81%　1
29	B 项		4.38%　3	8.56%　1	6.83%　2
30	A 项、B 项	A 项	39.06%	46.92%	31.80%
		B 项	36.56%	35.62%	29.76%
		C 项	20.13%	13.87%	20.49%
		D 项	9.06%	10.79%	18.31%
		E 项	4.38%	2.74%	1.64%
	答好的最高占比		36.56%　1	35.62%　2	29.76%　3
32	C 项		56.25%　1	43.66%　2	32.79%　3
33	A 项		6.56%　3	7.71%　2	7.92%　1

注：因为"大学生问卷"第 30 道题，是答案虽然无正误之分，但选某一项的数量越多越能反映出宪法意识培育成效较好的题目，该题目最好选 A 项和 B 项。所以，每一组大学生只有将被选比例最低的那一个答案均选上了，才有可能将这道题目答得最好，原理类似于"短板效应"。对于"985""211"高校大学生，被选比例最低的正确答案是 B 项，占比只有 36.56%。换言之，"985""211"高校大学生只有将 B 项都选了，才有可能——仅仅只是可能——将 A 项全部都选上，所以该组大学生将第 30 道题目答好的最高占比只有 36.56%。同理，一般公办高校大学生将第 30 道题目答好的最高占比只有 35.62%，民办三本高校大学生将第 30 道题目答好的最高占比只有 29.76%。所以，对"大学生问卷"第 30 道题的答题情况是，"985""211"高校大学生是第 1 名，表现居首。一般公办高校大学生是第 2 名，表现居中。民办三本高校大学生是第 3 名，表现居末。百分比之后的 1、2、3 为排名顺序。

通过"大学生问卷"的答题情况可以发现，目前 X 市高校的思想政治理论课，依然还是采用"大班"授课，选择 A 项（"50 个以下"）和 B 项（"50 至 100 个"）的数量及其占比均为 0.00% 和 0.00%，由此可见，在较短时间之内思想政治理论课采取"小班"授课还是存在难度的。基于此，该题退而求其次将 C 项（"100 至 150 个"）作为最好应选的选项。

由表 5 – 19 可知，在"大学生问卷"的 36 道题之中，有 11 道答案虽然无正误之分，但选某一项的数量越多，越能反映出宪法意识培育成效较好的题目，答题情况汇总如下。

"985""211"高校大学生，有 6 道题取得了第 1 名，占比为 54.55%；有 0 道题取得了第 2 名，占比为 0.00%；有 5 道题取得了第 3 名，占比为 45.45%。

一般公办高校大学生，有 3 道题取得了第 1 名，占比为 27.27%；有 7 道题取得了第 2 名，占比为 63.64%；有 1 道题取得了第 3 名，占比为 9.09%。

民办三本高校大学生，有 2 道题取得了第 1 名，占比为 18.18%；有 4 道题取得了第 2 名，占比为 36.36%；有 5 道题取得了第 3 名，占比为 45.45%。

可见，在这 11 道答案虽然无正误之分，但选某一项的数量越多，越能反映出宪法意识培育成效较好的题目之中，由取得第 1 名的数量及其占比可知，"985""211"高校大学生表现居首（有 6 道题取得了第 1 名，占比为 54.55%），一般公办高校大学生表现居中（有 3 道题取得了第 1 名，占比为 27.27%），民办三本高校大学生表现居末（有 2 道题取得了第 1 名，占比为 18.08%）。相对而言，较之于"985""211"高校大学生和一般公办高校大学生，民办三本高校大学生存在较为明显的差距，这反映了 X 市高校大学生宪法意识培育成效如何，与办学层次之间是存在一定程度的正比例关系的。

由表 5 – 17 ~ 表 5 – 19 可知，在 16 道正确选项唯一且固定的单选题之中（见表 5 – 17），由取得第 1 名的数量及其占比可知，"985""211"高校大学生表现居首（有 7 道题取得了第 1 名，占比为 36.84%），一般公办高校大学生表现居中（有 6 道题取得了第 1 名，占比为 36.84%），民办三本高校大学生表现居末（有 3 道题取得了第 1 名，占比为 26.32%）。

在 2 道虽然选项是四个或四个以上，但正确选项的数目一定、内容一定的多选题之中（见表 5 – 18），由取得第 1 名的数量及其占比可知，"985""211"高校大学生表现居首（有 1 道题取得了第 1 名，占比为 50.00%），一般公办高校大学生表现居末（有 0 道题取得了第 1 名，占比为 0.00%），民办三本高校大学生表现居中（有 1 道题取得了第 1 名，占比为 50.00%）。

在 11 道答案虽然无正误之分，但选某一项的数量越多，越能反映出宪法意识培育成效较好的题目之中（见表 5 – 19），由取得第 1 名的数量及其占比可知，"985""211"高校大学生表现居首（取得了 6 个第 1 名，占比为 54.55%），一般公办高校大学生表现居中（取得了 3 个第 1 名，占比为 27.27%），民办三本高校大学生表现居末（取得了 2 个第 1 名，占比为 18.08%）。

一言以蔽之，虽然"985""211"高校、一般公办高校、民办三本高校的办学层次依次降低，而这种态势应与大学生的教育质量呈正比例相关，基于此，其包括宪法意识培育在内的思想政治理论课教育，亦应呈现这种态势。而实际上，由表 5 – 17、表 5 – 19 可知，"985""211"高校大学生、一般公办高校大学生、民办三本高校大学生的宪法意识培育成效亦确实呈现了这种依次降低的态势。但又由表 5 – 18 可知，这种态势亦是可以出现例外的。由此，说明了 X 市四十所本科高校的宪法意识培育成效如何，与办学层次并不一定总是存在一一对应的直接关系。

同时，亦应看到，除了 7 道多选且不存在正确答案的多选题（第 11 道题、第 14 ~ 第 15 道题、第 21 道题、第 34 ~ 第 36 道题）之外，剩下的 29 道题（见表 5 - 17 ~ 表 5 - 19），X 市四十所高校大学生的答题情况并不好，说明了其宪法意识培育成效并不理想，甚至在某些情况下，一般公办高校的宪法意识培育现状反而不如办学层次稍逊的民办三本高校（见表 5 - 18）。

某组大学生在主观上答得较好（见表 5 - 17 和表 5 - 18），或是通过答题情况所反映出的宪法意识培育客观环境较好（见表 5 - 19），亦是整体而言，而具体到一个又一个的题目，答得较好的并不多（见表 5 - 17 和表 5 - 18），这与大学生的主观因素关系较大，而与大学生所接受的宪法意识培育客观环境关系较小，因为表 5 - 17 ~ 表 5 - 18 涉及题目的正确答案基本是纯粹记忆性的，只要认真学习，而且时常复习，便能答对。相应地，与大学生的主观因素关系较小，而与大学生所接受的宪法意识培育客观环境关系较大的题目，答得较好的亦并不多（见表 5 - 19），因为表 5 - 19 涉及题目的答案并不是固定的，选项之选择只有更好，没有最好，答得情况好坏，与学校、家庭、政府、社会的积极开展或支持宪法意识培育存在紧密关系。

总而言之，由表 5 - 17 ~ 表 5 - 19 可知，倘若以"985""211"高校大学生、一般公办高校大学生、民办三本高校大学生这一维度对 X 市大学生宪法意识培育现状进行考察，得出的结论是，X 市大学生的宪法意识以及使这种意识得以增强的宪法意识培育的开展有待增强。

5.2.4　实证情况归纳——以 X 市大学生为考察对象（主导学科维度）

本书将 X 市四十所本科高校以两个维度对其进行分组。第二个维度是以主导学科为维度，将四十所本科高校分为三组，以下分而述之。

第一组是文科高校，共计十五所，投放问卷 476 份，回收有效问卷 443 份。第二组是理工科高校，共计二十一所，投放问卷 768 份，回收有效问卷 746 份。第三组是美术体育医学音乐高校，共计四所（将其简称为"美术学院等高校"），投放问卷 87 份，回收有效问卷 81 份。与以办学层次为维度对 X 市大学生宪法意识培育现状进行考察一样，这三组学校亦是共计四十所，投放问卷共计亦是 1331 份，回收有效问卷共计亦是 1270 份，有效问卷回收率是 95.42%（见表 5 - 15）。

"大学生问卷"共计六个部分、36 道题，可以多选的题目，选哪一项或哪些项，均不存在正误之分，但这样的题目不多，只有 7 道题（第 11 道题、第 14 ~ 第 15 道题、第 21 道题、第 34 ~ 第 36 道题），而只有必须单选和必须多选、且选项数目一定的题目，选哪一项或哪些项，才存在正误之分，这与以办学层次为维度对 X 市大学生宪法意识培育进行考察一样，并无任何差别。所以，基于对答题情况的考察，以探究主导学科存在差别对文科高校大学生、理工科高校大学生和美术体育医学音乐高校大学生（将其简称为"美术学院等高校大学生"）的日常学习内容和关注焦点，以及对宪法意识培育成效是否会产生正比例的影响。

表 5－20　　　　　　　"大学生问卷"：答案有正误之分的单选题的答题情况

题号	应选选项	文科高校大学生答题情况	理工科高校大学生答题情况	美术学院等高校大学生答题情况
1	D 项	61.85%　1	41.02%　2	13.58%　3
2	B 项	75.62%　1	61.66%　2	46.91%　3
3	B 项	37.70%　2	44.64%　1	32.10%　3
4	D 项	20.54%　3	25.20%　2	25.93%　1
5	C 项	29.35%　3	33.24%　1	32.10%　2
8	A 项	30.70%　2	35.25%　1	22.22%　3
17	D 项	39.73%　2	47.45%　1	25.93%　3
18	A 项	37.92%　1	29.49%　3	30.86%　2
19	D 项	19.19%　2	27.48%　1	16.05%　3
20	B 项	84.20%　1	81.50%　2	55.56%　3
22	B 项	95.49%　2	95.98%　1	86.42%　3
23	A 项	90.97%　1	88.07%　3	88.89%　2
24	B 项	79.23%　2	80.03%　1	69.14%　3
25	B 项	64.33%　1	61.53%　2	56.79%　3
27	A 项	46.28%　3	49.46%　2	51.85%　1
28	C 项	51.02%　2	57.10%　1	38.27%　3

注：对 X 市大学生投放问卷的时间是 2017 年 12 月，截至此时，《宪法》修改了 4 次，而到了 2018 年 3 月，全国人大对《宪法》进行了第 5 次修改，但该题目仍以投放问卷之时《宪法》修改了 4 次为正确答案。百分比之后的 1、2、3 为排名顺序。

由表 5－20 可知，在"大学生问卷"的 36 道题之中，有 16 道有正确答案的单选题，答题情况汇总如下①。

文科高校大学生，有 6 道题取得了第 1 名，占比为 37.50%；有 7 道题取得了第 2 名，占比为 43.75%；有 3 道题取得了第 3 名，占比为 18.75%。

理工科高校大学生，有 8 道题取得了第 1 名，占比为 50.00%；有 6 道题取得了第 2 名，占比为 37.50%；有 2 道题取得了第 3 名，占比为 12.50%。

美术学院等高校大学生，有 2 道题取得了第 1 名，占比为 12.50%；有 3 道题取得了第 2 名，占比为 18.75%；有 11 道题取得了第 3 名，占比为 68.78%。

可见，在这 16 道有正确答案的单选题之中，由取得第 1 名的数量及其占比可知，文科高校大学生表现居中（有 6 道题取得了第 1 名，占比为 37.50%），理工科高校大学生表现居首（有 8 道题取得了第 1 名，占比为 50.00%），美术学院等高校大学生表现居末（有 2 道题取得了第 1 名，占比为 12.50%），这反映了 X 市高校大学生宪法意识培育成效如何，与是否是文

---

① 在对表 5－20 的答题情况进行简述之时，以文科高校大学生、理工科高校大学生、美术学院等高校大学生的顺序依次进行，而非以表现居首、表现居中、表现居末的顺序依次进行简述。表 5－21、表 5－22，亦是如此。

科高校、理工科高校之间是有相关性的，但这两类高校之间，亦不是质的巨大差别。但是，较之于这两类高校，美术学院等高校则存在明显差别，这应与美术学院等高校大学生的包括宪法意识培育在内的文化课教育稍显较少有一定的关系。

　　同时，包括宪法意识培育在内的思想政治理论课教育，属于社会科学领域的内容，文科高校的大学生应比理工科高校的大学生了解得稍多一些，但由表 5 – 20 可知，文科高校大学生对"大学生问卷"某一些题的答题情况，与理工科高校大学生竟然存在明显差距，这应与两个方面的原因相关：一方面，无论是高校还是大学生，对于宪法意识培育，在较大程度上，均重视不足。另一方面，宪法意识培育内容可能稍显空洞，不接地气。较之于理工科高校大学生，对宪法意识培育本应给予更多重视的文科高校大学生，在现实之中却对宪法意识培育未给予足够重视，这意味着宪法意识培育的内容或形式应有待优化。

表 5 – 21　　　　　"大学生问卷"：虽然正确选项是多选，但正确选项的
数目一定、内容一定的题目的答题情况

题号	应选选项	题目选项	文科高校大学生答题情况	理工科高校大学生答题情况	美术学院等高校大学生答题情况
26	C 项、D 项、F 项、G 项	A 项	25.96%	22.39%	38.27%
		B 项	25.96%	23.86%	38.27%
		C 项	53.50%	49.06%	64.20%
		D 项	55.30%	46.11%	43.21%
		E 项	14.00%	26.01%	20.99%
		F 项	36.34%	41.82%	16.05%
		G 项	36.34%	38.87%	24.69%
		H 项	1.81%	7.24%	14.81%
		I 项	14.00%	15.15%	8.64%
	答对占比		36.34%　2	38.87%　1	16.05%　3
31	B 项、C 项	A 项	34.54%	43.30%	46.16%
		B 项	89.03%	79.22%	80.25%
		C 项	50.92%	46.21%	41.49%
		D 项	29.35%	37.44%	34.57%
	答对占比		50.92%　1	46.21%　2	41.49%　3

　　注：因为"大学生问卷"第 26 道题、第 31 道题，均是虽然正确选项是多选，但正确选项的数目一定、内容一定的题目，所以只有当大学生选了每一个正确答案，该题目才算完全答对。换言之，每一组大学生只有将被选比例最低的那一个正确答案选上了，才有可能将所有的正确答案均选上，原理类似于"短板效应"。在此，以第 26 道题为例进行说明，该题目的正确选项是 C 项、D 项、F 项和 G 项，但对于文科高校大学生，被选比例最低的正确答案是 F 项或 G 项（两个占比一样），占比只有 36.34%。换言之，文科高校大学生只有将 F 项和 G 项都选上了，才有可能——仅仅只是可能——将其他三个选项全部选上，所以该组大学生将第 26 道题目答对的最高占比只有 36.34%。同理，理工科高校大学生将第 26 道题目答对的最高占比只有 38.87%，美术学院等高校大学生将第 26 道题目答对的最高占比只有 16.05%。所以，对"大学生问卷"第 26 道题的答题情况是，文科高校大学生是第 2 名，表现居中。理工科高校大学生是第 1 名，表现居首。美术学院等高校大学生是第 3 名，表现居末。百分比之后的 1、2、3 为排名顺序。

　　由表 5－21 可知，在"大学生问卷"的 36 道题之中，有 2 道虽然选项是四个或四个以上，正确选项的数目一定、内容一定的多选题，答题情况汇总如下。

　　由第 1 道题（问卷第 26 道题）的答题结果可知，文科高校大学生答对的最高占比为 36.34%，是第 2 名，表现居中。理工科高校大学生答对的最高占比为 38.87%，是第 1 名，表现居首。美术学院等高校大学生答对的最高占比为 16.05%，是第 3 名，表现居末。

　　由第 2 道题（问卷第 31 道题）的答题结果可知，文科高校大学生答对的最高占比为 50.92%，是第 1 名，表现居首。理工科高校大学生答对的最高占比为 46.21%，是第 2 名，表现居中。美术学院等高校大学生答对的最高占比为 41.49%，是第 3 名，表现居末。

　　可见，这 2 道题考察的是 X 市大学生对宪法重要功能认知得如何，包括宪法意识培育在内的法律意识培育，倘若开展得不足，或者培育内容没有涉及，继而对宪法具有重要功能的认知稍显不足，是情有可原的。但是，从 X 市大学生对表 5－21 所涉及的两道题（问卷第 26 题、问卷第 31 道题）的答题情况来看，由取得第 1 名的数量及其占比可知，文科高校学生与理工科高校大学生表现恰好相同（均有 1 道题取得了第 1 名，占比均为 50.00%），美术学院等高校大学生表现居末（有 0 道题取得了第 1 名，占比为 0.00%）。相对而言，美术学院等高校大学生的答题情况稍显逊色。这显示了 X 市大学生尤其是美术学院等高校大学生，对这两道题涉及的宪法知识知晓较少，有待提高。

表 5－22　　"大学生问卷"：答案虽然无正误之分，但选某一项的数量越多越反映出宪法意识培育成效较好的题目的答题情况

题号	最好选项		文科高校大学生答题情况	理工科高校大学生答题情况	美术学院等高校大学生答题情况
6	A 项		9.48%　2	11.13%　1	2.47%　3
7	C 项		11.11%　2	15.15%　1	4.94%　3
9	D 项		2.26%　3	2.82%　1	2.47%　2
10	B 项		45.37%　1	37.53%　3	41.98%　2
12	A 项		16.93%　2	20.24%　1	8.64%　3
13	C 项		9.48%　3	11.66%　2	13.58%　1
16	E 项		36.34%　1	30.29%　2	14.81%　3
29	B 项		8.80%　1	5.76%　3	6.17%　2
30	A 项、B 项	A 项	56.66%	46.78%	39.51%
		B 项	39.05%	31.64%	32.10%
		C 项	13.77%	20.11%	19.75%
		D 项	8.58%	7.10%	11.11%
		E 项	2.03%	1.74%	7.41%
	答好的最高占比		39.05%　1	31.64%　2	32.10%　3

题号	最好选项	文科高校大学生 答题情况	理工科高校大学生 答题情况	美术学院等高校大学生 答题情况
32	C 项	50.34%　2	51.34%　1	29.63%　3
33	A 项	17.38%　1	13.67%　2	13.58%　3

注：因为"大学生问卷"第 30 道题，是答案虽然无正误之分，但选某一项的数量越多越能反映出宪法意识培育成效较好的题目，该题目最好选 A 项和 B 项。所以，每一组大学生只有将被选比例最低的那一个答案选上了，才有可能将这道题目答得最好，原理类似于"短板效应"。对于文科高校大学生，被选比例最低的正确答案是 B 项，占比只有 39.05%。换言之，文科高校大学生只有将 B 项都选了，才有可能——仅仅只是可能——将 A 项全部都选上，所以该组大学生将第 30 道题目答好的最高占比只有 39.05%。同理，理工科高校大学生将第 30 道题目答好的最高占比只有 35.62%，美术学院等高校大学生将第 30 道题目答好的最高占比只有 29.76%。所以，对"大学生问卷"第 30 道题的答题情况是，文科高校大学生是第 1 名，表现居首。理工科高校大学生是第 2 名，表现居中。美术学院等高校大学生是第 3 名，表现居末。百分比之后的 1、2、3 为排名顺序。

通过"大学生问卷"的答题情况可以发现，目前 X 市高校的思想政治理论课，依然采用"大班"授课模式，选择 A 项（"50 个以下"）和 B 项（"50 个至 100 个"）的数量及其占比均为 0.00% 和 0.00%，由此可见，在较短时间之内思想政治理论课采取"小班"授课还是存在难度的。基于此，该题退而求其次将 C 项（"100 个至 150 个"）作为最好应选的选项。

由表 5 - 22 可知，在"大学生问卷"的 36 道题之中，有 11 道答案虽然无正误之分，但选某一选项的数量越多，越能反映出宪法意识培育成效较好的题目，答题情况汇总如下。

文科高校大学生，有 5 道题取得了第 1 名，占比为 45.45%；有 4 道题取得了第 2 名，占比为 36.36%；有 2 道题取得了第 3 名，占比为 18.18%。

理工科高校大学生，有 5 道题取得了第 1 名，占比为 45.45%；有 4 道题取得了第 2 名，占比为 36.36%；有 2 道题取得了第 3 名，占比为 18.18%。

美术学院等高校大学生，有 1 道题取得了第 1 名，占比为 9.09%；有 3 道题取得了第 2 名，占比为 27.27%；有 7 道题取得了第 3 名，占比为 63.64%。

可见，在这 11 道答案虽然无正误之分，但选某一项或某几项的数量越多，越能反映出宪法意识培育成效较好的题目之中，由取得第 1 名的数量及其占比可知，文科高校大学生与理工科高校大学生表现恰好相同（均取得了 5 个第 1 名，占比均为 45.45%），美术学院等高校大学生表现居末（取得了 1 个第 1 名，占比为 9.09%）。相对而言，文科高校大学生与理工科高校大学生相比没有差距，这反映了 X 市高校大学生宪法意识培育成效如何，与主导学科是文科还是理工科，并不存在一定程度的正比例关系，因为按照一般常理，文科高校大学生较之于理工科大学生，应对属于社会科学领域的宪法知识了解得稍多一些。倘若就此而言，文科高校大学生与理工科高校大学生相比，其实还是有差距的，因为前者理应表现得比后者更好一些。由表 5 - 22 可知，X 市四十所本科高校的宪法意识培育成效如何，主导学科是文科的高校与主导学科是理工科的高校之间，恰好并无差距，但较之于文科高校与理工科高校，美术学院等高校还是存在较为明显的差距，这应与美术学院等高校的文化课尤其是宪法意识培育的课程有所欠缺有关。

由表 5 - 20 ~ 表 5 - 22 可知，在 16 道正确选项唯一且固定的单选题之中（见表 5 - 20），由取得第 1 名的数量及其占比可知，文科高校大学生表现居中（有 6 道题取得了第 1 名，占比为37.50%），理工科高校大学生表现居首（有8道题取得了第1名，占比为50.00%），美术学院等高校大学生表现居末（有2道题取得了第1名，占比为12.50%）。

在2道虽然选项是四个或四个以上，但正确选项的数目一定、内容一定的多选题之中（见表5-21），由取得第1名的数量及其占比可知，文科高校大学生与理工科高校大学生表现恰好相同（均有1道题取得了第1名，占比均为50.00%），美术学院等高校大学生表现居末（有0道题取得了第1名，占比为0.00%）。

在11道答案虽然无正误之分，但选某一项的数量越多，越能反映出宪法意识培育成效较好的题目之中（见表5-22），由取得第1名的数量及其占比可知，文科高校大学生与理工科高校大学生表现恰好相同（有5道题均取得了第1名，占比也均为45.45%），美术学院等高校大学生表现居末（有1道题取得了第1名，占比为9.09%）。

一言以蔽之，由于文科高校、理工科高校、美术学院等高校的主导学科不同，按照本书在未做实证考察之前的预测，大学生所学的专业倘若属于文科，而且平时对属于社会科学领域的宪法知识了解得稍多一些，那么包括宪法意识培育在内的法律意识培育，文科生应表现得较为出色一些，但表5-20~表5-22表明事实却并非如此，这反映了X市四十所本科高校的宪法意识培育成效如何，与学校是文科高校、理工科高校，还是美术学院等高校，几乎不存在一一对应的直接关系。换言之，问卷的答题情况并未证明文科高校大学生，对属于社会科学领域的宪法知识了解得稍多一些，随之其宪法意识亦稍显浓厚一些，而相应地，亦并未证明理工科高校大学生对属于社会科学领域的宪法知识了解得稍少一些，随之其宪法意识亦稍显淡薄一些，这与本书在未做实证考察之前所做的预设是存在显著落差的。但是，由表5-20~表5-22可知，较之于文科高校大学生、理工科高校大学生，美术学院等高校的大学生整体上对属于社会科学领域的宪法知识了解得稍少一些，随之其宪法意识亦稍显淡薄一些，这与本书在未做实证考察之前所做的预设是较为一致的。

同时，亦应看到，除了7道多选且不存在正确答案的多选题（第11道题、第14~第15道题、第21道题、第34~第36道题）之外，剩下的29道题（见表5-20~表5-22），X市四十所高校大学生的答题情况并不好，说明了其宪法意识培育成效并不理想，甚至作为文科高校大学生，对属于社会科学领域的宪法知识了解的程度，按照一般情理，本应较好于理工科高校大学生与美术学院等高校大学生，但问卷的答题情况却证明并非如此。

由表5-20~表5-22可知，文科高校大学生的表现并不尽如人意。但公允而言，由于文科高校大学生对属于社会科学领域的宪法知识了解得应稍多一些，随之其宪法意识亦应稍显浓厚一些，但由表5-20~表5-22可知，与理工科高校大学生相比，其表现或是稍有差距，或是刚好相同。

同时，某组高校大学生答得较好（见表5-20~表5-21），或是通过答题情况所反映出的宪法意识培育的客观环境较好（见表5-22），亦是整体而言，而具体到一个又一个的题目，答得较好的并不多（见表5-20和表5-21），这与大学生的主观因素关系较大，而与大学生所接受的宪法意识培育客观环境关系较小，因为表5-20和表5-21涉及题目的正确答案基本是纯粹记忆性的，只要认真学习，而且时常复习，就能答对。相应地，与大学生的主观因素关系较小，而与大学生所接受的宪法意识培育客观环境关系较大的题目，答得较好的也并不多（见表 5 - 22），因为表 5 - 22 涉及题目的答案并不是固定的，选项之选择只有更好，没有最好，答得情况好坏，与学校、家庭、政府、社会的积极开展或支持宪法意识培育存在紧密关系。

　　总而言之，由表 5 - 20 ~ 表 5 - 22 可知，倘若以文科高校大学生、理工科高校大学生、美术学院等高校大学生这一维度对 X 市大学生宪法意识培育现状进行考察，得出的结论是，X 市大学生的宪法意识以及使这种意识得以增强的宪法意识培育的开展有待增强。该结论与有的学者对大学生宪法意识培育现状进行实证分析而得出的结论基本相似，其认为，"对于大多数大学生而言，宪法依然是高居庙堂的'神坛之物'，其地位和作用并不为大学生所关注；其内容对于大多数大学生而言，是较为陌生的。"① 这与其他学者对大学生或其他主体宪法意识培育现状进行实证分析而得出的结论亦有相似之处②。可见，包括大学生在内的诸多群体，虽然其宪法意识较之于以往有所增强，但仍显薄弱，需要加强宪法意识培育的开展，并力所能及地提高其成效。

5.3　宪法意识培育的问题及原因分析

　　"一切从实际出发，就是把客观存在的实际事务作为观察和处理问题的根本出发点。"③ 但是，"一切从实际出发"的前提是发现问题、认识问题和分析问题，唯有如此，才可能提出对问题之改善具有针对性和可行性的对策。

5.3.1　对宪法意识培育重视程度不够

　　高校作为对大学生开展宪法意识培育的一个重要场域，大学应利用好该场域，对大学生竭尽所能地开展好宪法意识培育这项工作。但由调研结果可知，高校对包括宪法意识培育在内的法律意识培育，开展得并不理想，而且教师们和学生们参与的积极性亦稍显不高，这是导致宪法意识培育成效并不理想的原因之一。"殊不知，宪法教学是宪法教育的基石，宪法教育是法治教育的核心。"④ 当然，造成这种局面亦有客观原因，即"宪法理论上的崇高地位和现实中

---

　　① 戴激涛．宪法，我该如何靠近您？——对广东 300 名大学生宪法意识调查的思考 [A]．// 王瀚．法学教育研究：第 8 卷 [C]．北京：法律出版社，2013：342 - 360.

　　② 例如，张晓琴．宁夏公民宪法意识调查研究 [J]．宁夏社会科学，2009（2）：33 - 35；彭辉，史建三．领导干部宪法意识的理论与实证研究——基于上海市 805 个领导干部调查样本数据 [J]．行政法学研究，2013（4）：96 - 102；韩大元，孟凡壮．中国社会变迁六十年的公民宪法意识 [J]．中国社会科学，2014（12）：123 - 142，162；张善根．地域差异与公民宪法意识——基于简单量化的观察 [J]．常州大学学报（社会科学版），2016（5）：65 - 73；陈立峰．新社会阶层法治意识及其培育——以浙江省的问卷调查为基础 [J]．中共浙江省委学校学报，2017（3）：121 - 128；刀慧娟．浅议新时代背景下大学生宪法意识的培育——以学习最新宪法修正案为例 [J]．北方民族大学学报（哲学社会科学版），2018（5）：78 - 83. 等等。

　　③ 肖前，黄楠森，陈晏清．马克思主义哲学原理：下册 [M]．北京：中国人民大学出版社，1994：586.

　　④ 谭泽光．启蒙宪法意识、培育法治素养——《生活需要法律》优化教学研究 [J]．思想政治课研究，2019（6）：224 - 226.

的实施乏力，使得公众对宪法产生了轻视。这种观念必然也影响到高校学生，影响着他们对宪法的认知和学习宪法的主动积极性。"[①] 但即便如此，无论是高校，还是讲授《思想道德与法治》的思想政治理论课教师，均不能忽视宪法意识培育的开展及其成效的提高[②]。

5.3.2　教材内容的微观说理较为欠缺

由表 5 - 1 ~ 表 5 - 8 可知，在大学阶段共有五本思想政治理论课教材，在这些教材之中，只有一本教材即《马克思主义基本原理》没有宪法意识培育内容，剩下四本教材均有宪法意识培育内容，但以《思想道德与法治》和《毛泽东思想和中国特色社会主义理论体系概论》这两本教材最多。近些年，一些学校开展思想政治理论课改革，然而包括 X 市高校在内的部分高校，无论学习思想政治理论课的时间是否自选，但课程却是必修的，这对鞭策大学生认真学好包括宪法意识培育在内的思想政治理论课知识，应是有成效的。

由"大学生问卷"第 12 题[③]的答题结果可知（见图 5 - 16 - 1、图 5 - 16 - 2），选 A 项的大学生并不多。选 C 项的，"985""211"高校大学生之中有 51.56%，一般公办高校大学生之中有 38.53%，民办三本高校大学生之中有 40.98%。这反映了数量可观的"985""211"高校大学生、一般公办高校大学生、民办三本高校大学生，认为《思想道德与法治》和《毛泽东思想和中国特色社会主义理论体系概论》之中的宪法意识培育内容显得宏观有余、微观不足。

同时，对于该题，文科高校大学生之中有 35.89%，理工科高校大学生之中有 44.50%，美术学院等高校大学生之中有 44.44%，选的是 C 项。这反映了数量可观的文科高校大学生、理工科高校大学生、美术学院等高校大学生，亦认为《思想道德与法治》和《毛泽东思想和中国特色社会主义理论体系概论》之中的宪法意识培育内容显得宏观有余、微观不足。

这两本教材内容较多，包括宪法意识培育内容在内的诸多内容，显得宏观有余、微观不足[④]。基于此，对教材设计和课程内容自然应给予调整或优化。

---

① 刘雪芹. 宪法学教学中如何培养学生的宪法意识 [J]. 湖北函授大学学报，2018（8）：74 - 75，78.

② 暂且别说高校，就是一些教师，对宪法意识培育亦稍显重视不足，主要表现在两个方面：一方面，将《宪法》序言、第一章"总纲"、第三章"国家机构"之中与我国近现代史概况、国家机构的设置及其职责权限的划分相关的内容讲成初中或高中思想政治教育课的"复习版"，缺乏从宪法意识培育的角度来设计讲课重点与难点。另一方面，将与宪法意识培育之中《宪法》第一章"总纲"、第三章"国家机构"之中与"对公民权利的保护"相关的内容讲成初中或高中思想政治教育课的"简化版"，亦缺乏从宪法意识培育的角度来设计讲课重点与难点。刘冠军，王银江，李久林. 思想政治理论课重点与难点：第二版 [M]. 北京：首都经济贸易大学出版社，2018：204 - 221.

③ "大学生问卷"第 12 题题目是："你认为在《思想道德修养与法律基础》和《毛泽东思想和中国特色社会主义理论体系概论》教材之中与宪法知识相关的内容，编写得如何？" A. 挺好。B. 还行。C. 宏观有余、微观不足。D. 较差。

④ 例如，2021 年版《思想道德与法治》教材第 196 页的"拓展"板块，在阐述"我国宪法关于平等权的相关规定"之时，只是罗列了我国《宪法》的一些条文，但这些条文到底是哪一条哪一款，教材却以"我国宪法规定"一笔带过。如果能具体到哪一条哪一款，自然会好很多，一方面可以增加宪法规定的指向性，另一方面可以使这个"拓展"板块的阐述更加严谨。而且，这个"拓展"板块，也没有援引相关典型宪法事例对宪法规定的平等权进行适当阐述，这使教材对平等权的讲解稍显抽象、宏观甚是空洞。本书编写组. 思想道德与法治：2021 年版 [M]. 北京：高等教育出版社，2021：196.

5.3.3　课时数量稍显不足且有待优化

大学生宪法意识培育的开展，培育的不仅仅是其宪法意识，而是应借助"大宪法意识"培育，既培育其宪法意识，又培育其政治意识、国家意识、民族意识、国情意识、道德意识等旨在塑造大学生具有"中国认同"的诸多内容，因此对于宪法意识培育课程，倘若大学没有开设这方面课程的话，应尽快开设①，即便不单独开设，亦应依托大学思想政治理论课这门课程，大幅度增加宪法意识培育内容尤其是微观知识讲授的内容，倘若已有开设，则应将其改为必修课，以期鞭策大学生认真学习宪法意识培育的相关课程。包括宪法意识培育在内的法律意识培育，不是说想选修便选修，而是应将其作为必修课程来看待：一方面，是为了满足大学生在校内校外以及毕业之后运用法律知识（包括宪法知识）维护自己合法权益的需要。另一方面，是借助法律意识培育尤其是宪法意识培育，培养大学生的政治意识、国家意识、民族意识、国情意识、道德意识等，使之在精神上成为一个真正的中国人。

现行《宪法》是新中国成立以来的第四部《宪法》，其于 1982 年 12 月通过和开始实施，而且又于 1988 年 4 月、1993 年 3 月、1999 年 3 月、2004 年 3 月和 2018 年 3 月历经五次修改，沿用至今。要求大学生对宪法修改的次数及每一次修改的重点内容进行学习，使之对宪法史的知识有所掌握，亦是培养其宪法意识的重要途径之一，但由大学生对问卷的答题情况可知，其对宪法史的掌握，并不是很乐观。

大学生到了大学阶段，较之于之前，接受包括宪法意识培育在内的诸多意识培育的时间更久，宪法这方面的知识储备理应更多，但其对"大学生问卷"第一部分"我国宪法的制定与修改"的题目，答得并不好。在此，试举以下三例：

例如，第 1 道题目是"现行《宪法》是哪一年颁布的？"② 正确答案是 D 项"1982 年"（见图 5 - 7、图 5 - 8）。其中，"985""211"高校大学生之中有 54.69%，一般公办高校大学生之中有 62.67%，民办三本高校大学生之中有 45.36% 回答正确。第二组大学生的回答，刚跨过及格线。而第一组和第三组大学生的回答，均未及格。反映了数量可观的"985""211"高校大学生、一般公办高校大学生、民办三本高校大学生尤其是第一组和第三组高校大学生，对我国现行《宪法》是哪一年通过的知晓不多。"宪法的颁布时间，是了解公民是否熟悉宪法

---

① 由"大学生问卷"第 10 道题的答题情况可知，"985""211"高校大学生之中有 74.69%（B 项的 29.69% 加上 C 项的 45.00%），一般公办高校大学生之中有 70.21%（B 项 45.72% 加上 C 项 24.49%），民办三本高校大学生之中有 75.41%（B 项 38.25% 加上 C 项 37.16%），声称学校开设了讲解宪法知识的选修课（但是否选修，则另当别论了）。对于该题，文科高校大学生之中有 73.36%（B 项 45.37% 加上 C 项 27.99%），理工科高校大学生之中有 75.06%（B 项 37.53% 加上 C 项 37.53%），美术学院等高校大学生之中有 67.91%（B 项 41.98% 加上 C 项 25.93%），声称学校开设了讲解宪法知识的选修课（但是否选修，则另当别论了）。不管从哪一个维度来看，高校开设讲解宪法知识的选修课的比例还是挺高的，虽然调研结果是这样，但本书仍然怀疑，开设讲解宪法知识的选修课应是嵌入在思想政治理论课或法律意识培育课之中，单独开设讲解宪法知识的选修课，应不会较为普遍。

② "大学生问卷"第 1 道题目是："现行《宪法》是哪一年颁布的？"A. 1954 年。B. 1975 年。C. 1978 年。D. 1982 年。E. 不清楚。

的一个重要方面。"① 该知识点较为重要，但较为简单，在《思想道德与法治》《中国近代史纲要》无论哪一版教材之中基本上均有讲解②，但答题结果确实不甚乐观。

同时，对于该题，文科高校大学生之中有 61.85%，理工科高校大学生之中有 41.02%，美术学院等高校大学生之中有 35.80% 回答正确。第一组大学生的回答，刚跨过及格线。而第二组和第三组大学生的回答，均未及格。亦反映了数量可观的文科高校大学生、理工科高校大学生、美术学院等高校大学生尤其是后两组高校大学生，对我国现行《宪法》是哪一年通过的知晓不多。

又如，第 4 道题目是"'国家尊重和保障人权'是哪一年写入《宪法》的?"③ 正确答案是 D 项"2004 年"（见图 5 - 13、图 5 - 14）。其中，"985""211"高校大学生之中有 27.50%，一般公办高校大学生之中有 48.12%，民办三本高校大学生之中有 21.86% 回答正确。这三组高校学生的回答，均未及格，反映了数量可观的"985""211"高校大学生、一般公办高校大学生、民办三本高校大学生，对"国家尊重和保障人权"是哪一年写入《宪法》的知晓较少。

同时，对于该题，文科高校大学生之中有 20.54%，理工科高校大学生之中有 25.20%，美术学院等高校大学生之中有 25.93% 回答正确。这三组高校大学生的回答，均未及格，反映了数量可观的文科高校大学生、理工科高校大学生、美术学院等高校大学生，对"国家尊重和保障人权"是哪一年写入《宪法》的知晓较少。

再如，第 5 道题目是"'实行依法治国，建设社会主义法治国家'是哪一年写入《宪法》的?"④ 正确答案是 C 项"1999 年"（见图 5 - 15、图 5 - 16）。而"985""211"高校大学生之中有 23.75%，一般公办高校大学生之中有 26.54%，民办三本高校大学生之中有 29.38%，回答正确。这三组高校大学生的回答，均未及格，亦反映了数量可观的"985""211"高校大学生、一般公办高校大学生、民办三本高校大学生，对"实行依法治国，建设社会主义法治国家"是哪一年写入《宪法》的知晓较少。

① 韩大元，秦强. 社会转型中的公民宪法意识及其变迁——纪念现行宪法颁布 25 周年 [J]. 河南省政法管理干部学院学报，2008（1）：1 - 16.
② 以 2021 年版教材为例，《思想道德与法治》教材对现行《宪法》颁布时间的表述是："我国现行宪法即 1982 年宪法就是在这个历史背景下产生的。"《中国近现代史纲要》对现行《宪法》颁布时间的表述是："1982 年 11 月至 12 月，五届全国人大五次会议审议关于宪法修改草案的报告，通过《中华人民共和国宪法》。"本书编写组. 思想道德与法治：2021 年版 [M]. 北京：高等教育出版社，2021：208；本书编写组. 中国近现代史纲要：2021 年版 [M]. 北京：高等教育出版社，2021：252. 在此，需要指出的是，2021 年版的《毛泽东思想和中国特色社会主义理论体系概论》教材删去了 2018 年版教材对现行《宪法》颁布时间的间接表述，原因应是《思想道德与法治》教材与《中国近现代史纲要》教材对该问题已有表述，所以不做重复表述。2018 年版的《毛泽东思想和中国特色社会主义理论体系概论》对现行《宪法》颁布时间的间接表述是："2012 年 12 月 4 日，首都各界隆重纪念我国宪法公布施行 30 周年，习近平明确提出'捍卫宪法尊严''保证宪法实施'。"本书编写组. 毛泽东思想和中国特色社会主义理论体系概论：2018 年版 [M]. 北京：高等教育出版社，2018：146.
③ "大学生问卷"第 4 道题目是："国家尊重和保障人权"是哪一年写入《宪法》的? A. 1988 年。B. 1993 年。C. 1999 年。D. 2004 年。E. 不清楚。
④ "大学生问卷"第 6 道题目是："实行依法治国，建设社会主义法治国家"是哪一年写入《宪法》的? A. 1988 年。B. 1993 年。C. 1999 年。D. 2004 年。E. 不清楚。

同时，对于该题，文科高校大学生之中有 29.35%，理工科高校大学生之中有 33.24%，美术学院等高校大学生之中有 32.10% 回答正确。这三组高校大学生的回答，均未及格，亦反映了数量可观的文科高校大学生、理工科高校大学生、美术学院等高校大学生，对"实行依法治国，建设社会主义法治国家"是哪一年写入《宪法》的知晓较少。

然而，在调研过程之中，又有许多学生普遍反映他们对宪法知识比较感兴趣，期望能获得较为系统的宪法知识教育，但与专业课或其他公共课的课时相比，其课程设置较少，课时安排稍显紧缺，由此导致一些重要知识讲授得并不细致，影响了大学生对相关知识的理解深度。"宪法学的教学内容主要是对我国宪法学文本的注释式解读，在实际讲授中，教师一般主要以我国宪法条文为依据来进行宪法理论的讲授，……很多体现宪法重要精神的宪法原理和理论，……在实际授课中可能由于课时所限无法完全展开。"[1] 没有充足课时，宪法意识培育便得不到保障。之所以出现课时紧缺这一问题，是因为学校在课程设置过程之中未将宪法知识的学习纳入到人才培养的整体规划之中，忽视了宪法意识培育对这些未来社会主义现代化建设的建设者和接班人总体素质的培育。

5.3.4　部分大学生参与的主动性较低

大学教育的实质是人才培养，而且是未来人才的培养。因此，在大学学习阶段，大学生既应学好专业知识，又应受到相关的素质教育，只有这样，他们才能成为德智体美劳全面发展的人才。换言之，他们不但应有良好的专业知识，而且还应有正确的世界观、人生观和价值观。这两者相辅相成，缺一不可。倘若只有较好的专业知识，而没有正确的世界观、人生观和价值观，他们所学的专业知识再好，亦不知道为谁所用、为谁服务。因此，大学生宪法意识培育，不仅要求培育者应因材施教，更要求培育对象即大学生应有积极参与、主动配合的态度。唯有如此，宪法意识培育才能入眼、入脑、入心。"大学生宪法意识不高，与国家未建立完善的宪法权利保障机制有关，但大学生本身对宪法权利的漠视，也是原因之一。"[2] 对于法学专业的大学生如此，而对于非法学专业的大学生更是如此。

在调研过程之中，本书亦确实发现一部分大学生对宪法知识的学习抱着应付的心理，其对包括宪法知识在内的思想政治理论课知识的学习，不认真、不上心，能逃课便逃课，能不去则不去，即便是在课堂上，亦是心不在焉。或是低头看手机，或是与旁边同学窃窃私语。由于绝大多数大学生均已成年（超过 18 周岁），较之于高中生，其对包括宪法知识在内的众多知识的掌握，自然应显著增加，而对宪法实践的认知及参与的机会亦随之增多，所以"大学生问卷"设置有对大学生参与实践进行考察的题目，但答题情况并不乐观，例如第 29 道题、第 30 道题、第 32 道题等。

① 刘雪芹. 宪法学教学中如何培养学生的宪法意识 [J]. 湖北函授大学学报，2018 (8)：74 – 75，78.
② 李诗林. 大学生宪法意识的分析与思考 [J]. 青少年研究（山东省团校学报），2008 (4)：7 – 9.

5.3.5　培育方法较为陈旧且革新较慢

思想政治教育方法是指，"教育者和受教育者在思想政治教育过程中所采用的思想方法和工作方法，或者说，是教育者和受教育者为了达到一定的教育目的所采用的手段和方式。"[①]主体从事某种行为要达到一定的效果，必须讲求方法，方法正确，则事半功倍，否则只能是事倍功半，难以达到理想效果。那么，在宪法意识培育过程之中，只有好的方法，才能为大学生所喜闻乐见，并接受教育者所传播的理念。通过实证考察可以发现，讲授大学思想政治理论课的绝大多数教师均尽职尽责、兢兢业业，但授课效果有时并不好，授课内容有时亦难以引起学生的兴趣，一个较为明显的原因就是授课方法稍显陈旧，对新媒体的运用不够熟练，习惯于运用灌输式等传统方法，这样便和受教育者期望的方法存在较大差距，自然影响了教育者讲授知识和传播理念的成效。

通过实证考察可以发现，宪法意识培育整体状况之所以不佳，是由于包括但不限于思想政治理论课教材之中宪法意识培育内容较少、对基本国情与政治常识掌握不足、高校对宪法意识培育重视不足、宪法意识培育的鞭策机制建设不足、宪法实践稍显滞后、家庭与基层政府的角色存在失位等原因造成的。然而，虽然宪法意识培育整体状况不好，但由"大学生问卷"的答题情况可知，亦有一些题目答得相当不错，或是反映了他们对一些法律知识（包括宪法知识）掌握较好，或是反映了他们对学习法律知识（包括宪法知识）的期待，这些均是改善我国宪法意识培育现状不好的有利条件或动力源泉，例如第22道题。

不管从哪一个维度进行考察，均发现绝大多数的 X 市高校大学生，认为"谈不上应捐钱或不应捐钱，捐多少完全自愿，不应该逼迫明星捐钱"（见图 5 - 49、图 5 - 50），反映了其具有尊重他人依法处置自己合法私有财产，以及他人具有自主捐款决定权的浓厚意识，这对一旦某地发生天灾（地震、洪涝、干旱等），就有明星被逼迫捐款，以及面临网络霸凌这一问题的改善，造就了可能和希望。

此外，仅就"大学生问卷"的单选题而言，例如第20道题（见图 5 - 45、图 5 - 46）、第23题（见图 5 - 51、图 5 - 52）等，虽然某组大学生的答题情况并不理想，但总体而言，答题情况还是相当不错的[②]。而且，有一些题目基本上属于只要适当背诵即可掌握的知识点，即便答题情况不好，亦不能仅仅由此而认为答题的大学生的宪法意识就一定薄弱，毕竟宪法意识的核心是具有遵守宪法的意识，而不是将所有的宪法知识点背诵得有多清楚，所以有理由相信，大学生宪法意识培育现状，应比"大学生问卷"的调研结果稍好一些。但不管怎样，X 市大学生宪法意识培育在整体上情况不佳、现状不好，当无疑问，所存在的各种问题，与一些大学生世

---

① 郑永廷. 思想政治教育方法论：修订版 [M]. 北京：高等教育出版社，2010：3.

② 就"大学生问卷"的单选题而言（有一些题目虽然没有绝对正确的答案，但还是有相对而言较为正确的答案），大学生答题情况较好的单选题的数量确实少一些，其原因是大学生的思考能力更强，所以本书在设置"大学生问卷"之时，将具有绝对正确或相对正确的答案的题目设置得少了一些，所以在客观上，导致大学生答得较好的单选题在客观上较难达到较多的数量。

界观、人生观、价值观的塑造密切相关，他们认为在大学时期只用学好专业课知识，而包括宪法意识培育内容在内的其他知识，与他们将来的工作选择和人生价值的实现无关紧要。那么，对于这种认识上的偏差，需要引起宪法意识培育开展主体、培育对象的共同重视，继而使宪法意识培育这项工作得以改善。

5.3.6　宪法意识培育客观环境待改善

对于高校大学生，宪法意识培育客观环境有两个方面：一方面，是国家对宪法意识培育是否重视。另一方面，是高校对宪法意识培育是否重视。对于第二个方面，由本节第一点分析可知，高校对宪法意识培育重视程度有限，当然较之于以往已有很大改善。对于第一个方面，由于对各级党政机关负责法律意识培育（包括宪法意识培育）的工作人员投放数量可观的调查问卷的难度较大，所以在开展实证考察的过程之中，只对负责法律意识培育（包括宪法意识培育）的个别工作人员做了一些询问或访谈，但与做实证考察之前的预想基本一致，各级党政机关尤其是负责法律意识培育（包括宪法意识培育）的部门，对此重视程度有待提高。一般而言，相关部门对刑法、行政法尤其是治安管理处罚法等与维护社会秩序、提升治安水准的法律，更为重视。而对于宪法，其重视程度则相形见绌一些。

但是，自党的十八大以来尤其是 2018 年 3 月修改宪法以来，宪法意识培育的客观环境已改善许多。较之于 2012 年 11 月党的十八大召开以前的诸份《普法通知》和《普法规划》，制定于 2016 年 4 月的《〈"七五"普法〉通知》和《〈"七五"普法〉规划》，与制定于 2021 年 6 月的《〈"八五"普法〉通知》和《〈"八五"普法〉规划》，均对宪法意识培育更加重视，尤其是《〈"八五"普法〉通知》和《〈"八五"普法〉规划》。有鉴于此，各个地方在贯彻执行这两份文件之时，亦更加重视。例如，陕西省于 2021 年 11 月根据《〈"八五"普法〉规划》制定了《省委依法治省办、省委宣传部、省委普法办、省司法厅〈关于在公民中开展法治宣传教育的第八个五年规划（2021—2025 年）〉》[1]，对于结合陕西省实际情况，如何将包括宪法意识培育在内的法律意识培育开展得能更有的放矢、更有成效，必有助益。

与此同时，高校与律师协会等社会组织联动开展法律意识培育的频率还较少。例如，第 9 道题目是"律师或专家学者去你们学校开设过与法律知识宣讲相关的讲座吗（律师或专家学者，也可以是你们学校的教师）？有的话，讲座内容有没有涉及宪法知识?"[2] 该题目考察的是学校是否经常开设与法律意识宣讲（包括宪法意识宣讲）相关的讲座，虽然选哪一个选项均不为错，但最好选 D 项"经常开设与宪法知识宣讲相关的讲座"（见图 5 - 23、图 5 - 24）。其

---

① 省委依法治省办、省委宣传部、省委普法办、省司法厅《关于在公民中开展法治宣传教育的第八个五年规划（2021 - 2025 年）》［N］. 陕西日报，2021 - 11 - 03.

② "大学生问卷"第 9 道题目是："律师或专家学者去你们学校开设过与法律知识宣讲相关的讲座吗（律师或专家学者，也可以是你们学校的教师）？有的话，讲座内容有没有涉及宪法知识?"A. 从来没有开设过与法律知识宣讲相关的讲座。B. 很少开设与法律知识宣讲相关的讲座。C. 经常开设，但几乎没有涉及宪法知识。D. 经常开设，也经常涉及宪法知识。E. 不清楚。

中，"985""211"高校大学生之中有 5.63%，一般公办高校大学生之中有 2.23%，民办三本高校大学生之中有 1.37% 选了该项。这三组大学生的回答，均远未及格，反映了数量可观的"985""211"高校、一般公办高校、民办三本高校，没有为大学生提供与宪法知识宣讲相关的讲座，这反映了 X 市这三类高校对宪法意识培育的重视程度，有待提高。

同时，对于该题，文科高校大学生之中有 2.26%，理工科高校大学生之中有 2.82%，美术学院等高校大学生之中有 2.47% 选了该项。这三组大学生的回答，均远未及格，反映了数量可观的文科高校、理工科高校、美术学院等高校，亦没有为大学生提供与宪法知识宣讲相关的讲座，这反映了 X 市这三类高校对宪法意识培育的重视程度，有待提高。

从该题目的答题情况来看，除了可以发现高校对宪法意识培育的重视程度不足之外，还可以得出另外一个信息，那就是作为律师协会的社会组织，与高校联动开展宪法意识培育的机制尚未健全。对此，高校与律师协会等社会组织应给予更多重视。而且，在高校内部，开展宪法意识培育较多的是法学院或设有法学专业的二级学院，这固然与法学院或法学专业的固有特性相关，但其他学院或专业明显缺位于法律意识培育（包括宪法意识培育）的开展，亦不容忽视。同时，高校其他党政机关（例如宣传部）时常缺位于法律意识培育（包括宪法意识培育）的开展，亦较为明显。这些问题，均应得到重视，并循序渐进地予以改善。

当然，合宪性审查、宪法解释等制度发展稍显滞后，宪法实施程度稍显不足，使宪法意识培育在实践上缺乏足够的着力点，亦是不争的事实，但自 2012 年 11 月党的十八大召开以来，通过一些重要文件对合宪性审查、宪法解释等已有明确表述①，这对这些制度的研究探讨和建立健全必然具有推动作用。总而言之，宪法意识培育的客观环境虽然有不足之处，但较之于以往，已有积极变化，相信在可以预见的未来，亦会有更为显著的改善。

---

① 例如，2014 年 10 月通过的《中共中央关于全面推进依法治国若干重大问题的决定》指出，"将每年十二月四日定为国家宪法日。在全社会普遍开展宪法教育，弘扬宪法精神。"本书编写组．《中共中央关于全面推进依法治国若干重大问题的决定》辅导读本 [M]．北京：人民出版社，2014：9；2017 年 10 月通过的党的十九大报告指出，"加强宪法实施和监督，推进合宪性审查工作，维护宪法权威。"本书编写组．党的十九大报告辅导读本 [M]．北京：人民出版社，2017：38；2019 年 10 月通过的《中共中央关于坚持和完善中国特色社会主义制度，推进国家治理体系和治理能力现代化若干重大问题的决定》指出，"加强宪法实施和监督，落实宪法解释程序机制，推进合宪性审查工作，加强备案审查制度和能力建设，依法撤销和纠正违宪违法的规范性文件。"本书编写组．《中共中央关于坚持和完善中国特色社会主义制度，推进国家治理体系和治理能力现代化若干重大问题的决定》辅导读本 [M]．北京：人民出版社，2020：14－15．等等。其中，确定"国家宪法日"和建立宪法宣誓制度均已实现，这为宪法意识培育更为有效地开展，提供了新的立足点和落脚点。

第 6 章
大学生宪法意识培育的改善对策

6.1　提高对宪法意识培育的重要性认识

6.1.1　增强受教育者参与积极性

"一个公民的法律意识首先体现在宪法意识上。"① 该观点虽然稍显偏颇，但亦揭示了宪法意识在法律意识之中具有重要地位。对于绝大多数大学生，至迟从大学二年级开始，基本上均已成年，这意味着其有权利能力行使《宪法》第二章规定的基本权利，与履行《宪法》第二章规定的基本义务。唯有对其开展宪法意识培育，其才能更好地行使基本权利，知晓基本权利的边界，切勿滥用基本权利。同时，亦才能更好地履行基本义务。诚然，放弃行使基本权利，是可以的，但基本义务之履行却不能放弃，否则将会由此而承担相应的宪法责任和法律责任。因此，对大学生开展宪法意识培育，有助于其正确地认识宪法基本权利和基本义务，使之在人格上成为一个成熟的、可靠的、稳重的"宪法人"。

同时，除了《宪法》第二章之外，其他章节虽然没有对基本权利和基本义务进行规定②，但包括序言在内的内容，亦有必要使大学生认真学习。由于"一切权威真正的来源，就是全国人民有智慧的承认和赞助"③，所以通过使大学生学习包括序言在内的宪法内容，使之对国家现状、民族关系、社会发展阶段、基本政治制度等有较为深刻的了解，从而使之对宪法内容产生发自内心地认可和拥护，继而在宪法意识之外，亦能培养大学生的政治意识、国家意识、民族意识、国情意识、道德意识等，使之成为具有中国立场、中国精神、中国内核的时代新人，而这亦是本书提出"大宪法意识"培育这一命题的目的所在。

根据思想政治教育学的思想政治教育过程理论，对于大学生，无论是知识理论的学习，还是具体实践的参与，均同等重要。而且，将两者相结合，使之共同促进，亦同样重要。

简而言之，"法律的目的，是保卫生命、自由和财产"。④ 此处的"法律"，当然包括宪法。

---

① 蒋黎. 从培养法律意识到树立法律信仰——谈大学生面对社会的法律修养 [J]. 改革与开放, 2017（10）：41 -42.

② 《宪法》第一章"总纲"的一些规范也规定有公民的权利，尽管条文之中没有"基本"一词，但从内容来看，这些权利均十分重要，其重要性与《宪法》第二章"公民的基本权利和义务"所规定的"基本权利"不相上下。例如，《宪法》第13条规定："公民的合法的私有财产不受侵犯。国家依照法律规定保护公民的私有财产权和继承权。国家为了公共利益的需要，可以依照法律规定对公民的私有财产实行征收或者征用并给予补偿。"

③ ［美］保罗・S. 芮恩施. 平民政治的基本原理 [M]. 罗家伦，译. 北京：中国政法大学出版社, 2003：139. 转引自戴激涛. 宪法，我该如何靠近您？——对广东300名大学生宪法意识调查的思考 [A]. // 王瀚. 法学教育研究：第 8 卷 [C]. 北京：法律出版社, 2013：342 -360.

④ ［法］弗雷德里克・巴斯夏. 财产・法律与政府 [M]. 秋风，译. 贵阳：贵州人民出版社, 2003.66.

中外均应如此，当然在细节上或程度上，因为基本国情不同，可能会有所差别。对于民众与宪法之间关系，有学者作了精准阐述，其认为：

> "人的一生，自小到大都与宪法脱离不了关系。宪法的问题，从大处着眼，牵涉国家政治的运作与前途，洞见观瞻，十分重要；从小处观察，则浸透到每个人的日常生活，俯拾皆是，不足为奇。……但是，习焉不察，一般人往往忽视宪法的意义与重要性，即使曾经在课堂上接触过宪法，也只是把它当作书本内的东西，或者考试必须应付的科目罢了，一走出教室，立刻忘得一干二净，浑然不觉得有宪法的存在。"①

该问题的有力解决，既依靠宪法意识培育的持续开展，使包括大学生在内的诸多群体的宪法意识得以增强，又依靠党和国家继续推进宪法实施，使宪法对民众行使基本权利、履行基本义务的调控能力得以增强，切实使宪法就在民众身边。而作为大学生，既应学好思想政治理论课之中的宪法意识培育内容，若有可能，还应自行学习宪法知识，并积极参与各级党委和政府以及所在高校开展的宪法意识培育，从而使自己宪法意识得以增强，而不是被动地、消极地面对宪法意识培育内容的讲授和宪法意识培育的开展。

6.1.2   培育主体与对象加强互动

诚然，"影响思政课教学效果的因素很多，关键因素是教师"②。但思想政治理论课教学效果的提升，除了依靠教育者的努力之外，受教育者的主动参与亦较为关键。因此，包括法律意识培育在内的宪法意识培育在开展过程之中，党和国家、家庭与社会、高校及教师，尽管均有职责，但他们的努力，只能转化成提升大学生宪法意识培育成效的外在因素，而内在因素还是在大学生自己身上。同时，虽然在《普法通知》和《普法规划》以及其他推进宪法意识培育的机制之中，均将作为青少年的大学生规定为培育对象，但这并不意味着"培育对象"只能被动地等待培育主体对自己进行"填鸭式"教育，而是应积极主动地融入到宪法意识培育的开展过程之中，认真学好以思想政治理论课为依托的包括宪法意识培育内容在内的法律意识培育内容，课上认真上课，课下积极参与和宪法意识培育相关的实践活动，通过对比发现问题，通过思考提出方案，通过践行落实行动，以此不断增强自己的宪法意识、宪法思维和宪法信念。

大学生接受大学教育的阶段，是人生之中最美好的青春岁月，稍纵即逝，既不能因为紧张的高考岁月已成过往而放纵自己，也不能因为大学生就业形势严峻而只顾着学好专业知识，而是应合理规划自己的时间，主动积极学好宪法知识，继而增强自己的宪法意识。大学生必修的思想政治理论课共计五门，即《马克思主义基本原理》《思想道德与法治》《毛泽东思想和中

---

① 许志雄，等. 现代宪法论 [M]. 台北：元照出版有限公司，2002：2. 转引自戴激涛. 宪法，我该如何靠近您？——对广东300名大学生宪法意识调查的思考 [A].∥王瀚. 法学教育研究：第8卷 [C]. 北京：法律出版社，2013：342-360.

② 艾四林. 如何办好思想政治理论课 [M]. 北京：人民出版社，2019：3 (序一).

国特色社会主义理论体系概论》《中国近现代史纲要》和《形势与政策》。同时，思想政治理论课一般没有选修课。其中，第二本教材和第三本教材总是包括一些宪法意识培育内容，第四本教材只有零星的宪法意识培育内容，而第五本教材根据上一学期是否发生宪法或与之相关的重大事件而定，随之不一定总是有。通过学习这些教材之中的宪法意识培育内容，对于增强大学生宪法意识，确实能起到一定成效，但这些内容编写得并不是完美无缺，仍然有一些值得完善之处。因此，若想有足够的宪法意识，仅仅学习包含宪法意识培育内容的思想政治理论课教材，是远远不够的，所以大学生应在课堂之外，勤到资料室、图书馆（图书室）等场所查阅一些与宪法相关的书或资料，多学习一些宪法知识，主动增强自己的宪法意识。

大学生作为青少年之中最重要的一种群体，接受着客观上由国家提供、主观上由自己争取而来的高等教育机会，应格外珍惜，不能昏沉度日，应时刻提醒自己作为新时代大学生的一分子，是未来社会主义建设和"中国梦"得以实现的建设者、接班人，要经常审视自己是否将包括宪法意识培育在内的法律意识培育参与好、践行好，倘若存在差距或出现问题，应及时改善。当然，对待其他教育，亦应如此。作为宪法意识培育的主体和对象，前者对后者往往具有一定的管教权力，这是维护宪法意识培育秩序的需要，但并不意味着在宪法意识的培育主体面前，培育对象只能畏畏缩缩，不敢提出自己对改善宪法意识培育的建议、意见或想法。所以，在宪法意识培育的过程之中，应建立健全培育主体与对象的协同机制，使两者之间少一些对立和管教，多一些互动和沟通，从而提高宪法意识培育的成效。

6.1.3　培育方法与成效相互促进

宪法意识培育的"方法"是欲想达到的培育成效的途径，而宪法意识培育的"成效"是欲想达到的培育效果的目的。"方法"是路径，肯定不止一种；"成效"是结果，亦肯定不止一个。后者依靠前者获得推进与实现，前者依据后者得以改善和优化，两者之间是一种共生共存的辩证关系，应持久注重和有效解决的仍然是"如何让青少年宪法教育成为以受教育者为中心的教育，如何在情景化结构中让宪法知识转化为意义，如何让宪法教育以问题为导向积极回应生活实在"[①] 等问题。普法工作应如此，那么依托思想政治理论课开展宪法意识培育，当然亦应如此。

对于宪法意识培育方法，根据宪法发展、宪法意识培育所处的主观或客观环境的变化，与《〈"八五"普法〉通知》《〈"八五"普法〉规划》所规定的普法途径等内容，有必要不断地拓展宪法意识培育的新方法，从而提高宪法意识培育的成效。各种方法之间，没有直接与间接之分，亦没有主要与次要之分，但一般有传统和新式之分，所以应对各种方法进行改善和优化，使之共同助力于宪法意识培育成效的提高。对于宪法意识培育的开展，直接成效是提高培育对象的宪法意识，这是毫无疑问的，但除了这一个成效之外，必然还应有其他成效，例如促进其他法律意识的培育，推进宪法和法律的实施，提高民众依据宪法和法律解决纠纷的意识和

能力，等等。

与宪法意识培育方法不同，宪法意识培育成效是有直接与间接之分的，其中提高大学生的宪法意识是直接目的，而其他成效应是间接目的。而直接成效（宪法意识增强）的最终目的，其实还是通过充实大学生宪法知识的储备和增强大学生的宪法思维，使之在平时尤其是走出校园、步入社会之后，遇到纠纷之时，能以宪法和法律规定的途径行使权利、履行义务，成为一个具有宪法意识和法律意识，并且践行宪法和法律规定的"宪法人"和"法律人"。因此，不能为了提高大学生的宪法意识而提高，需要结合宪法意识培育的成效对宪法意识培育方法及时进行改善和优化，此可谓之"手段调节"①。而相应地，亦应根据宪法发展、宪法意识培育所处的主观或客观环境的变化，对宪法意识培育所要达到的成效作出适当地预设和调整，此可谓之"目标调节"②。

宪法意识培育方法如何，对宪法意识培育成效起着不可估量的促进作用。无论是思想政治教育学的"知情意信行"理论，还是"知行合一"理念，抑或是《〈"八五"普法〉规划》所规定的"坚持与法治实践深度融合"③，均为改善宪法意识培育方法以及使相关方法取得成效提供了难得的对比与参照，倘若宪法意识培育成效不理想，便应对培育方法进行改善和优化。相应地，倘若培育成效相当不错，那就意味着相关培育方法是有效的，值得继续坚持。所以，宪法意识培育方法与宪法意识培育成效，是一种相互检验、相互促进和相互改善的辩证关系，不能孤立地、静止地、片面地看待两者之间的关系。由此，在宪法意识培育开展的过程之中，应根据培育成效的具体情况，及时对培育方法进行改善和优化。

6.1.4 探索培育新理念与新模式

在法律意识培育的过程之中，课外实践还是有的，开设法学专业的多数高校，与包括司法机关在内的公权力机关建立有协同机制，在大学生的大三至大四之间的暑假（当然，亦可以是其他学期或时间段），一般均安排有实习活动，这对提高参与实习活动的大学生的法律意识，大有裨益。当然，宪法亦可如此，亦有必要如此，因为"宪法实践是一个双向的传导过程：一方面，个体在宪法实践的过程中，认识和理解了宪法；另一方面，公民参与宪法实践，直接或者间接地向宪法传输个体对宪法新的诉求"④。

但是，在宪法意识培育的过程之中，却几乎没有课外实践，究其原因，不外乎两个方面：一方面，我国基本上没有宪法实践，所以自然谈不上使包括大学生在内的诸多群体能有参与宪法实践的机会。另一方面，大学生忙于学习，而且当下大学生的就业形势较为严峻，即便是有实习的机会，但因为高校或大学生所在的二级学院对实习不重视，或是因为大学生自己对实习不重视，或是这两个原因兼有之，随之使实习有时流于形式。

---

① ② 郑永廷. 思想政治教育方法论：修订版 [M]. 北京：高等教育出版社，2010：262.
③ 对于法治宣传教育工作，《〈"八五"普法〉规划》规定了应予以遵循的四个原则。其中，第四个原则是"坚持与法治实践深度融合"。
④ 张占杰. 宪法社会化：宪法实施的着力点 [J]. 河南师范大学学报（哲学社会科学版），2013（9）：50-54.

　　然而，在对大学生开展法律意识培育（包括宪法意识培育）的过程之中，培育主体为大学生讲授法律知识和法律理论，固然较为重要，但这只是法律意识培育（包括宪法意识培育）的起点。无论是大学生主动参与法律意识培育（包括宪法意识培育）的实践，还是按照学校规定被动地参与学校所开展的法律意识培育（包括宪法意识培育）的实践，均是同样重要的。此外，宪法意识培育除了包括培育权利义务意识之外，还应包括培育政治意识、国家意识、民族意识、国情意识和道德意识等。在我国，由于在开展法律意识培育的过程之中，或是以某部单行法（如宪法、刑法、民法典等）为单位开展，或是以某个部门法（如宪法部门法、刑法部门法、民商法部门法等）为单位开展，诸如政治意识、国家意识、民族意识、国情意识和道德意识等内容，置于哪部单行法或哪个部门法之中，均或多或少有点不合适，但倘若将其置于宪法部门法之中，应是最合适的，换言之，不合适之处是最少的。基于此，本书才提出"大宪法意识"培育的理念，对于宪法意识培育内容，除了常见的权利义务意识培育之外，亦应将政治意识培育、国家意识培育、民族意识培育、国情意识培育和道德意识培育等，有逻辑、呈体系地置于宪法意识培育内容之中，继而建立起"大宪法意识"培育理论。

　　此外，在宪法意识培育过程之中，实践内容较为缺乏的这一现状应予以扭转。具体来讲，应从以下两个方面入手。

　　一方面，既然法律意识培育与宪法意识培育密切相关，难以泾渭分明地存在，那么法律实践与宪法实践的关系亦应是密切的，实际上确实如此。虽然我国目前没有宪法诉讼，而且法院亦没有将宪法规范作为审判案件的依据，导致宪法没有机会通过案件裁判对公民享有基本权利和履行基本义务发挥出较强的规制能力，但即便如此，应在法律实践的过程之中，将宪法知识、宪法理论乃至于宪法原理等穿插其中，使宪法的价值尽可能地得以彰显，继而培育相关主体的宪法意识。

　　另一方面，在法务实习过程之中，亦可以对宪法意识开展针对性的培育。例如，省市县镇的"两会"每年召开的时间均基本固定，在不给"两会"召开带来不便，而且在考虑实习便利的情况之下，可以安排大学生尤其是文科高校大学生作为"两会"的志愿者，现场观摩"两会"召开。当然，视具体情况，亦可以承担部分后勤工作，随之亦可以减少"两会"的财务开支。由此，使大学生近距离观察"两会"是如何依据宪法、法律或宪法惯例而召开的。没有参与实习的大学生，学校可以组织其收看"两会"直播的部分议程或宪法意识宣誓场景，亦可以使之了解"两会"是如何依据宪法、法律或宪法惯例而召开的。这些法务实习或学习，只要安排得当，对于高校大学生的宪法意识培育，应是能起到成效的。有学者认为，"有条件地组织大学生亲临宣誓现场或适时地通过媒体观看宪法宣誓场景"①，以期"借助这些隆重的法律仪式，……增强大学生对宪法以及法律的神圣感，……从而服从宪法与信仰宪法，形成尊崇宪法、维护宪法和恪守宪法的高度自觉"。②

　　在全国范围内，《马克思主义基本原理》《思想道德与法治》《毛泽东思想和中国特色社会

---

①②　全其宪. 大学生宪法文化建设中的信仰教育与制度构建 [J]. 黑龙江高教研究，2019（1）：85 - 90.

主义理论体系概论》《中国近代史纲要》和《形势与政策》这五门课程均是必修课，不同的是在哪一个年级学习这五门课程，有的是由学校统一规定，有的是由大学生自己选择。由于只有《思想道德与法治》和《毛泽东思想和中国特色社会主义理论体系概论》较为集中地包含宪法意识培育内容，所以依托相关章节的课本知识对大学生开展宪法意识培育，在全国是统一的。

　　然而，在依托思想政治理论课对大学生开展宪法意识培育的前提之下，应注意将宪法意识培育的统一开展与具体情况相结合。以本书为例，研究对象是 X 市高校大学生，对他们开展宪法意识培育应注意以下三点问题。

　　第一，应注意因人制宜。现行《宪法》共四章、143 条，但最重要的功能只有两种，即规定国家机关权力的行使与分工，与公民基本权利和义务，而对于大学生，在对其开展宪法意识培育之时，在讲授所有的宪法知识与理论的前提之下，公民基本权利和义务自然应稍有侧重。

　　对于大学生其中的一部分人，本科毕业之后倘若考研失利，或者因为家庭和自身因素，随之便不接受层次更高的教育了。他们在毕业之后开始工作，甚至独立创业，所以在思想政治理论课之中，学校除了开展好包括宪法意识培育在内的法律意识培育之外，还应自编教辅材料或开设相关讲座，对大学生开展财产权意识、劳动的权利和义务意识、纳税意识等被宪法所规定的权利义务内容。从这些内容来看，其实作为宪法下位法的一些普通法律对此亦作了规定，由此可以发现，普通法律意识培育与宪法意识培育是难以泾渭分明的，只是在对大学生开展法律意识培育之时，穿插着讲授一些宪法知识与理论即可。在大学生接受大学教育期间，从大学二年级起，绝大多数人均已成年，意味着可以行使宪法所规定的包括选举权与被选举权在内的诸多政治权利，所以应以相关宪法规定和《选举法》等宪法相关法为依据，培育大学生包括民主选举意识在内的宪法意识。

　　第二，应做到因时制宜。X 市大学生人数有 50.27 万人之多（见表 5-16），抽样数量为1331 人/份（见表 5-16）。一方面，大一学生刚从高三学生转变而来，对此身份转变可能还在适应过程之中，而且大一一个学年亦不可能将大学五门思想政治理论课全部学完。另一方面，大四学生或是在外实习，或是在外求职，并非全部大四学年均在学校。所以，本书在对大学生做实证考察之时，虽然托付问卷发放人以大二学生和大三学生为调研对象发放问卷，但倘若该请求无法满足，发放给大一学生或大四学生亦可，所以填写"大学生问卷"的本科年级，从大一到大四均有，不一定仅仅只是大二学生和大三学生，这对调研效果肯定会造成不利影响，但亦是无奈之事。通过实证考察可以发现，X 市大学生宪法意识培育情况并不好。同时，在问卷之中亦有一些与宪法知识关系不大，但反映了问卷作答人的政治意识、国家意识等培育现状，同样有待提高。基于此，需要对 X 市大学生宪法意识培育的思路做一些因人制宜地调整，当然这亦适用于其他意识的培育。一言以蔽之，包括宪法意识培育在内的法律意识培育，应做到有的放矢。

　　此外，按照实证考察之前的预设，无论是第一个维度即"985""211"高校大学生、一般公办高校大学生和民办三本高校大学生的宪法意识培育成效，还是第二个维度即文科高校大学生、理工科高校大学生和美术学院等高校大学生的宪法意识培育成效，均应以居首、居中、居末依次排列，但通过实证考察可以发现，在每一维度之中，宪法意识培育成效如何，与先前预设并不完全契合，在局部甚至出现了与先前预设相反的情形，但本书仍然认为先前预设在理论上是符合常识的，调研结果之所以出现了与先前预设不完全契合的窘状，只有一个解释，即在宪法意识培育的实践之中，其没有得到广泛重视。换言之，因为相当数量的大学生对宪法知识和理论掌握有限，对宪法意识培育重视不足，这应是宪法意识培育成效不佳的根本原因，所以亟待关注、思考和改善。

第三，应做到因地制宜。本书虽然以 X 市大学生为考察对象，涵盖区域较为有限，但仍然可以对其他地区的包括宪法意识培育在内的法律意识培育做一些合理推测。本书主张，在开展宪法意识培育之时，不宜仅仅将其当作宪法意识的培育，而是应树立一种"大宪法意识"的理念，将政治意识、国家意识、民族意识、国情意识和道德意识等亦包含其中，借助"大宪法意识"培育，使包括大学生在内的诸多群体的政治意识、国家意识、民族意识、国情意识和道德意识等亦得到培育。因此，宪法意识培育既不仅仅是一部《宪法》意识的培育，也不仅仅是一个宪法部门法的意识的培育。之所以如此，是基于以下两个方面的原因。

一方面，将政治意识、国家意识、民族意识、国情意识和道德意识等置于任何一部单行法的意识培育的框架之下进行培育并不合适，而将其置于任何一个部门法的意识培育的框架之下进行培育亦并不合适，稳妥之计是将其置于作为一部具有特殊地位的《宪法》单行法的意识培育的框架之下进行培育，或者将其置于作为一个具有特殊地位的宪法部门法的意识培育的框架之下进行培育。

另一方面，无论是宪法较之于其他法律，还是宪法部门法较之于其他部门法，其政治性最强，其更有能力承担起政治意识、国家意识、民族意识、国情意识和道德意识等培育的功能，这是其他虽然亦具有政治性但较之于宪法或宪法部门法而言仍显较弱的其他某一部单行法或某一个部门法所不具有的特质而决定的。

基于此，即便是由从中央到地方的党和国家机关对包括宪法意识培育在内的法律意识培育进行较为细致地规划，但由于我国国土广袤、国情复杂、民族众多，以及各个地区经济和社会发展水平和文化教育水平存在差异，会使包括宪法意识培育在内的法律意识培育在各个地区的表现形式呈现差异，但理应遵守从中央到地方的党和国家机关对包括宪法意识培育在内的法律意识培育所作出的重大机制安排。简单来讲，就是不能违反《普法通知》和《普法规划》——当前适用的是《〈"八五"普法〉通知》和《〈"八五"普法〉规划》——对包括宪法意识培育在内的法律意识培育所作出的基本规定。此外，在一些民族问题较为复杂，以及政治意识、国家意识、民族意识（该民族意识首先是中华民族意识，其次才是具体个人所属于的某一个民族的意识）、国情意识和统一意识等事关政治稳定、国家统一和地区安宁等有待增强的地区，更要树立"大宪法意识"培育的理念，在宪法意识培育框架之下，将政治意识、国家意识、民族意识、国情意识和统一意识等巧妙地嵌入其中，为相关地区的包括大学生在内的诸多群体的政治意识、国家意识、民族意识、国情意识和统一意识等培育，发挥出"大宪法意识"培育的现实意义和时代价值。

6.2   提高宪法意识培育的资源整合力度

新时代大学生宪法意识培育，是思想政治教育之中一个重要理论与实践问题，原因在于大学生宪法意识培育涉及到社会主义现代化建设未来的建设者和接班人的基本素养问题。因此，在新时代大学生宪法意识培育过程之中，要充分认识到资源整合的重要性，加大资源整合力度，提高培育成效。从思想政治教育过程论和方法论的角度来讲，大学生宪法意识培育资源构成的因素较多，而核心要素便是教材编写、课时设置和师资配备等。

6.2.1   提供《宪法》文本及读物

《宪法》文本或与之相关读物，是大学生学习宪法的基础和必备材料。但通过实证考察可以发现，X市高校的图书馆（图书室）提供《宪法》文本的比例较高，但亦未达到或超过九成，而且民办三本高校和美术学院等高校的比例仍显较低，"大学生问卷"第6道题目的答题情况已对此给予了佐证（见图5-17、图5-18）。阅读《宪法》文本，是学习宪法的基础，虽然本书不主张《宪法》文本普及人手一册的地步，但大学生较为容易地获得《宪法》文本，仍是必要的。在大学思想政治理论课教材之中，宪法意识培育内容较多的只有《思想道德与法治》和《毛泽东思想和中国特色社会主义理论体系概论》这两本教材，但在教材末尾，未将《宪法》文本作为附录附之于后以便于大学生学习，这更凸显了学校为大学生提供《宪法》文本具有必要性。至于大学生应主动从网络或其他渠道自行寻找《宪法》文本进行学习，那是大学生主动好学，但并不免除学校应为之提供《宪法》文本的合理义务。因此，学校在图书馆（图书室）应为大学生学习宪法提供数量充足的《宪法》文本。同时，各个二级学院尤其是以文科专业为主导的二级学院亦应如此。但需要注意的是，在购置《宪法》文本之时，最好不要购置那种仅仅只有《宪法》条文的版本，而应购置那种对《宪法》条文尤其是重点条文与每一次修宪重点内容进行背景交代、内容分析或意义阐述的版本。

此外，还有一些对宪法或与之相关内容进行讲解的宪法读本，高校尤其是以文科为主导的高校，应购置必要的数量以供大学生学习宪法使用①。同时，各个二级学院尤其是以文科专业为主导的二级学院亦应如此。当然，宪法读本的编写者，亦应不断改善编写方式和编写内容，以适应宪法与宪法意识培育的发展。一段时间以来，确实有诸多宪法读本问世，但一方面，存在内容单一，可读性、趣味性不足的问题。另一方面，多数宪法读本以党员干部、公职人员为适读对象②，而以包括大学在内的学生群体为适读对象的读本相对较少。对此，应需重视，并

---

①   例如，许安标主编的《宪法学习读本》一书，便存在满篇均是文字，缺少运用典型事例评析、社会热点或热议事件，以及图片或表格等多样化的知识呈现方式对宪法进行讲解的问题。当然，该书也有优点，例如文字说理性较强、阐述较为深入等。许安标. 宪法学习读本 [M]. 北京：中国法制出版社，2014.

②   例如，田瑶. 宪法精神：党员干部学习读本 [M]. 北京：国家行政学院出版社，2015.

予以改善。

而且，思想政治理论课的授课教师尤其是承担讲授《思想道德与法治》和《毛泽东思想和中国特色社会主义理论体系概论》这两本教材的教师，在讲述与社会主义法律体系相关的内容之时，应携带《宪法》文本，在必要之时应具体而准确地援引《宪法》相关条文进行说明，而非总是用"《宪法》规定""根据《宪法》规定""根据《宪法》相关规定"等进行笼统表述。高校或其二级学院在每年的"国家宪法日"或其他场合开展宪法意识培育之时，相关领导应携带《宪法》文本，同时亦应通知参加活动的同学尤其是参加相关讲解环节的同学，或是到图书馆（图书室）借阅《宪法》文本，或是到网上搜索《宪法》文本而自行打印，或是到书店或网店购置《宪法》文本，总而言之，应注意到相关场合根据需要携带《宪法》文本的必要性，之所以如此，是因为两个方面原因：一方面便于随时援引宪法规范，另一方面增加参加活动的仪式感，长此以往，对于增强宪法意识，自然有所裨益。

6.2.2　继续更新教材中相关内容

习近平指出，"思想政治理论课是落实立德树人根本任务的关键课程。"[①] 而若想学好思想政治理论课（包括依托思想政治理论课而开展的宪法意识培育），教材编写及其更新则是必备基础之一，所谓的因材施教不但包括根据不同的教育对象而实施不同的教育方案，还包括根据教育对象的实际情况配置相应的教材。那么，在大学思想政治理论课教材之中不但应有道德与法律基础教育的内容，更为重要的是，在法律基础教育之中，亦应突出宪法知识教育的分量。但通过实证考察可以发现，在大学生思想政治理论课之中，这方面的内容是有一些，但分量不足，不能满足新时代大学生宪法意识培育的现实要求。

在大学阶段的五本必修教材之中，有两本教材（《思想道德与法治》和《毛泽东思想和中国特色社会主义理论体系概论》）的相关章节包含宪法意识培育内容，但几乎均没有援引具体的宪法规范对这些内容进行阐述。而且，通过通读这些内容，发现有一个共性问题，那就是编写的内容宏观有余、微观不足，理论知识阐述有余、具体实践讲解不足。一方面，未明确援引具体的宪法规范用来佐证相关内容与宪法及宪法意识培育存在关系；另一方面，未结合当下社会热点而对宪法知识进行阐述，继而使宪法意识培育更有成效。对此，"大学生问卷"第 12 道题目的答题情况已给予了佐证（见图 5 - 29、图 5 - 30）。此外，其他法律意识培育内容亦存在这方面问题。

基于此，在对与法律意识培育（包括宪法意识培育）相关的思想政治理论课教材的某些章节进行改善之时，至少应包括两个方面内容：一方面，在对某些内容进行阐释之时，教材应增加一些图片、表格等内容，与案例阐述及分析、"探讨"和"总结"等板块，尤其是应增加案例阐述及分析这一栏目。虽然我国因为没有宪法诉讼而缺少宪法案例，但我国是有"宪法事

---

① 习近平主持召开学校思想政治理论课教师座谈会强调：用新时代中国特色社会主义思想铸魂育人、贯彻党的教育方针落实立德树人根本任务 [N]. 央视网，2019 - 03 - 18.

例"的，这完全可以用于宪法意识培育的案例教学（准确地讲，是"事例教学"），该方法"能结合现实，将理论更好地与实际结合起来，能提高学生的学习兴趣，也能体现法的实际价值。"① 另一方面，对一些法律知识（包括宪法知识）的讲解，应醒目地引入相关法律条文（包括宪法条文），让人更直接地感受到该法律知识（包括宪法知识）与法律规范（包括宪法规范）密切相关。

2018 年 3 月，全国人大对《宪法》进行了其自 1982 年 12 月通过以来的第五次修改。2021 年 7 月，高等教育出版社出版的《思想道德与法治》《毛泽东思想和中国特色社会主义理论体系概论》《中国近现代史纲要》这三本教材终于得以修订，随之对 2018 年这次修宪有所反映。"民众对宪法的认识，对宪法价值的判断及其宪法感情等构成一定的宪法意识，对制宪过程及制宪之后的宪法施行过程都会产生深远影响。"② 对于大学生如此，对于修宪亦是如此。此次教材修订，较之于以往，改进幅度较大。例如，《思想道德与法治》教材增加了党和国家领导人的重要讲话摘录（例如第 1 页）、数据速览（例如第 2 页）、知识拓展（例如第 4 页）、示意图（例如第 5 页）、图说（例如第 17 页）等板块③，增加了教材的可读性或趣味性，对于吸引广大大学生阅读和学习教材，自然有益。

至于《毛泽东思想和中国特色社会主义理论体系概论》这本思想政治理论课教材，从其名称来看，"毛泽东思想概论"是其上篇，当然应是重要内容之一，但教材内容过于简略，尤其是对毛泽东关于宪法制定、宪法实施、宪法宣传教育（宪法意识培育）等内容阐述不多。但众所周知，毛泽东于 1954 年 6 月发表了"关于中华人民共和国宪法草案"④ 的讲话，是其对 1954 年宪法草案的初稿而专门发表的一篇讲话，蕴含着毛泽东丰富的宪法思想，既意义重大，又影响深远，对于后来历部宪法尤其是 1982 年《宪法》的制定、实施与普及，具有重要的启示意义。诸如此类问题，2021 年版的《毛泽东思想和中国特色社会主义理论体系概论》教材仍然存在，未得到改进。所以，《毛泽东思想和中国特色社会主义理论体系概论》教材，还是应适当增加人民宪法发展史上重大事件、重要讲话等内容，毕竟宪法以及宪法制度的发展与完善，亦属于中国特色社会主义理论体系的重要组成部分。

当然，思想政治理论课内容如何确定，既应注重内容完整，也应避免重复，思想政治理论课教材亦是如此。因此，需要注意的是，《思想道德与法治》《毛泽东思想和中国特色社会主义理论体系概论》和《中国近现代史纲要》，当然还包括《马克思主义原理概论》和《形势与政策》，这些教材并非相互割裂，而是一个服务于思想政治理论课的教材体系。那么，在增加或更新宪法意识培育内容之时，既应避免遗漏，又应避免赘述，因为宪法意识培育内容再重要，亦只是思想政治理论课内容之一，不可能无限地增加或更新。所以，应以《思想道德与法治》和《毛泽东思想和中国特色社会主义理论体系概论》这两本教材为主进行宪法意识培育内容的更新，《中国近现代史纲要》等教材只扮好辅助角色即可。

---

① 刘雪芹. 宪法学教学中如何培养学生的宪法意识 [J]. 湖北函授大学学报，2018（8）：74 – 75，78.
② 韩大元. 亚洲立宪主义研究 [M]. 北京：中国人民公安大学出版社，1996：90.
③ 本书编写组. 思想道德与法治：2021 年版 [M]. 北京：高等教育出版社，2021：1，2，4 – 5，17.
④ 毛泽东文集：第六卷 [M]. 北京：人民出版社，1999：324 – 331.

6.2.3　保障课时与充实师资力量

课时设置是宪法意识培育不可或缺的必备条件之一。课时既是教师将课程讲授好、将知识讲透彻的必备条件，又是大学生通过足够的课时能学习好相关知识的前提。通过实证考察可以发现，大学思想政治理论课的课时本来就不充分，倘若还为宪法意识培育内容的讲授留下充足课时，便较难做到了。但同时，绝大多数 X 市大学生的课程压力不是很重，平时有较为宽松的时间安排自己的事务。目前，思想政治理论课的课时适中，但难以为大学生开展课时较为充裕的宪法意识培育，这就需要学校教务部门与负责为大学生讲授思想政治理论课的教师所在的学院（一般为马克思主义学院）加强沟通与协调，力争为思想政治理论课安排必要的授课时间，而这亦是间接地为开展宪法意识培育争取较为充足的课时。

习近平指出，"思政课是落实立德树人根本任务的关键课程，思政课作用不可替代，思政课教师队伍责任重大"。[①] 目前，马克思主义学院讲授思想政治理论课的教师，法学专业出身的教师偏少[②]，相应地，思想政治教育专业出身的教师偏多，但这亦是马克思主义学院的特殊定位所决定的。然而，这确实适应不了大学生法律意识培育（宪法意识培育）的现实要求，影响了其开展的成效。这就要求在师资配备这一问题上，学校应重视宪法意识培育方面师资的配备，使宪法意识培育能有较为充足的师资力量作为保障。有学者提出三点建议，即"培养与引进宪法学专业的教师""对宪法学任课教师进行定期培训"和"加强宪法学任课教师理论教学与社会实践相结合的能力培养"[③]，该建议虽然针对的是宪法学任课教师综合素养的提高，但在尊重思想政治理论课具有自身特点的前提之下，将该思路适用于马克思主义学院讲授宪法知识的思想政治理论课教师，亦属可行。

一言以蔽之，"在青年宪法意识培育的人员构成和组成架构中，应当牢牢抓住基层教师特别是思想政治教师和历史老师作为宪法意识培育的主动力"。[④] 此处"历史老师"，自然包括讲授《中国近现代史纲要》的思想政治理论课教师，而且"青年"自然亦包括大学生了。

倘若学校有法学院，还应与法学院加强沟通，由专门从事法学教学和科研的教师（最好是从事宪法学教学和科研的教师）参与宪法知识的讲授，这需要学校教务部门和法学院相互协调，在包含有宪法意识培育内容的《思想道德与法治》和《毛泽东思想和中国特色社会主义理论体系概论》继续由马克思主义学院的教师讲授的前提之下，可以由法学院专门从事宪法学教学和科研的教师为大学生开设讲解宪法知识的讲座、讲堂或补充性的相关课程。当然，视情况可以将这些讲座、讲堂或补充性的相关课程设置为必修或选修，而本书倾向于将其设置为必

① 习近平. 思政课是落实立德树人根本任务的关键课程 [N]. 求是网, 2020 - 08 - 31.
② 有学者主编有法治教育教师读本，以期对高校教师的法治素养进行培育。对于所编教材，从微观内容来看，确实编写较好，其对"公民参与民主选举""公民参与公共决策"和"公民参与社会治理"均有涉及，但从宏观体系来看，却缺失了十分重要的宪法知识的阐述，而且较之于其他群体，教师法治素养的培育有何特殊之处，亦未作阐述。马长山. 法治教育教师读本（高等教育阶段）[M]. 上海：华东师范大学出版社, 2019.
③ 周莹. 网络时代宪法学教学改革的探索与实践 [J]. 齐鲁师范学院学报, 2019 (3)：8 - 13, 81.
④ 王齐一. 青年宪法意识的历史变迁、培育原则和途径 [J]. 当代青年研究, 2019 (5)：122 - 128.

修课程，因为宪法意识培育十分重要，必须对大学生施加一定的压力，其才能将压力转化为动力，认真学好这方面的课程，继而使其宪法意识得以增强。

此外，有学者对 1954 年《宪法》草案颁布之后，党中央及各级党政领导机关如何建设宪法宣传教育队伍作了研究，其认为，措施主要有两点："一是成立专门的宪法宣传员、报告员。……二是提出在中学设置宪法讲师加强对青少年的宪法教育"。① 对此，董必武在党的宣传工作会议上指出，"全国所有中学学校将来都要有宪法讲师"②。时值当下，这两点措施仍然有较大的启示意义。那么，当下高校设置专门的宪法宣传员或报告员，亦属可行。而且，党和国家当时已要求在中学设置宪法讲师（这里"讲师"应指"教师"，与今天"讲师"含义明显相异）。对于当下高校，在法学院或马克思主义学院等其他学院，专门设置为所属学院乃至于高校大学生讲授宪法的教师，并由其负责在每一年"国家宪法日"或其他时间为所属学院乃至于高校开展旨在培育大学生宪法意识的活动，亦是可以考虑之事。可见，在人民宪法发展史上尤其是 1954 年《宪法》通过前后，党和国家开展的一些宪法意识培育工作所蕴含的历史经验，对今天继续开展这项工作仍有重要的借鉴价值，理应得到重视。

6.3　探索和创设宪法意识培育的新方法

6.3.1　优化传统的宪法授课方法

"宪法教育是大学生认识宪法、了解宪法、信仰宪法并最终形成宪法意识的主要途径。"③ 因此，无论何时，加强教育均是不可忽视的重要因素。尽管随着新型传媒的出现与普及，对传统的授课方法带来了挑战，但只要教室还存在，网络在线教育就不可能代替所有的传统课堂教育。在当前和今后所应做的，不是削弱传统的教育方法，亦不是任由以新型传媒为载体的教育方法不断地冲击传统的教育方法，而是对传统教育方法进行革新，使之发挥出应有的作用。对此，主要包括以下两点。

第一，适当增加课堂互动或提问。由于大学思想政治理论课是"大班"授课模式，而且课时有限，部分教师亦不太愿意设置课堂互动或提问环节，从头到尾都是一个人站在讲台上按部就班地授课，而讲台下边的上课学生，由于从来不担心授课教师要求自己参与互动或回答问题，所以没有一点上课的紧张感，随之亦就懒于思考。所以，哪怕依然是"大班"授课模式，亦应根据课程进度而设置必要的互动或提问环节，尤其是应对坐在后排的学生时常提问，既使

---

① 朱映雪，孙秦敏. 新中国成立初期我国普及"五四宪法"的实践与经验研究［J］. 广西社会科学，2015（10）：124 - 128.

② 董必武政治法律文集［M］. 北京：法律出版社，1986：350.

③ 刀慧娟. 浅议新时代背景下大学生宪法意识的培育——以学习最新宪法修正案为例［J］. 北方民族大学学报（哲学社会科学版），2018（5）：78 - 83.

之能融入课堂教学的氛围之中，又能督促其认真上课，以免被提问到却因为没有认真听讲而一问三不知。

对此，有学者建议引入"问题导入式专题教学法"①。可以说，该法显然可行，但需要注意的是，在探索该教学方法之时既应求变，又应求稳，不宜急躁冒进，还是应根据教学大纲制定较为细致的规划，不能因为探索和试行新教学方法而影响了教学进度和教学质量。同时，亦有学者建议引入"参与式教学法"，并认为其优点是，"尊重学生在教学中的主体地位，发挥学生的主体作用，激发学生的学习主动性、积极性和创造性，……引导学生关注生活实际，关注社会发展，学以致用，……同时使学生的自我学习能力、……思想道德素质和法律素质得到提高"②。可以说，"参与式教学法"亦属可行，但需要注意的是，不能影响课程进度，而授课教师亦不能由此而推卸自己的教学责任。但不管怎样，传统的灌输式教学或"填鸭式"教学，对学生主体作用的发挥确实不利，对此应作出回应，并予以革新。

第二，探索"小班"授课模式。一直以来，大学思想政治理论课均是"大班"授课模式，人多便容易嘈杂，授课教师便不容易维护课堂纪律，随之有一些不认真上课的大学生便开始思想抛锚或与邻座同学窃窃私语，甚至其他本来想认真听课的同学亦跟着不认真上课。事实证明，"小班"授课模式的成效，要远远好于"大班"授课模式，所以建议 X 市高校在充实师资力量的前提之下能探索思想政治理论课的"小班"授课模式，使依托该课程而开展的宪法意识培育能更有成效。

但由"大学生问卷"第 14 道题的答题结果可知（见图 5 - 33、图 5 - 34），目前在 X 市高校，无论是"985""211"高校、一般公办高校和民办三本高校这一维度，还是文科高校、理工科高校和美术学院等高校这一维度，均没有哪一所高校在设置包括《思想道德与法治》和《毛泽东思想和中国特色社会主义理论体系概论》在内的思想政治理论课之时，采取"小班"授课模式，但随着国家对马克思主义学院建设投入的增大，与各个高校对思想政治理论课的重视，"小班"授课模式应得到推广，至少应将目前存在的课堂应到人数超过 150 个学生的超大课堂，尽快将其降到 100 个学生以下。

6.3.2　运用新型的媒体传播手段

"宪法普及教育是面向社会大众的教育，必须充分利用大众传媒开展宪法教育。"③ 有学者对 1954 年《宪法》通过前后各种报纸、杂志承担的宪法宣传教育作了研究，认为其主要功能有两个，即"普及宪法知识、宣传宪法精神"和"进行宪法宣传教育活动的工作部署"④。时值当下，亦应如此。当然，随着时代发展与进步，微博、QQ、微信及微信公众号等新型传媒

---

① 王东红. 基于"思想道德修养与法律基础"课的大学生宪法意识培育 [J]. 思想教育研究，2017（11）：90 - 93.

② 曾毅红，吴迪. 高校思想政治教育理论与实践研究 [M]. 北京：光明日报出版社，2019：17 - 18.

③④ 朱映雪，孙秦敏. 新中国成立初期我国普及"五四宪法"的实践与经验研究 [J]. 广西社会科学，2015（10）：124 - 128.

的出现与普及，对报纸、杂志等传统传媒带来了冲击，但新旧传媒在可以承担宪法宣传教育主要功能这一点上，本质上是一样的。新型传媒既为以教室授课、报刊阅读为代表的传统学习模式带来了挑战，又为知识传播与教育模式革新提供了机遇。作为青少年的大学生，应化被动为主动，积极参与到宪法意识培育的活动之中，不断拓展宪法意识培育的新渠道。

由"大学生问卷"第36道题的答题结果可知（见图5-77、图5-78），无论是"985""211"高校大学生、一般公办高校大学生和民办三本高校大学生这一维度，还是文科高校大学生、理工科高校大学生和美术学院等高校大学生这一维度，较为符合X市高校大学生对加强宪法意识培育方法认知的选项是A项、B项、C项和F项①。但同时，D项和E项对加强大学生宪法意识培育亦有助益。这些举措，对于提升大学生参与宪法意识培育的有效性，由此改变长期以来思想政治理论课的教师侧重于对抽象而宏观的宪法知识与理论进行单方面讲授的这一问题，当有裨益。

作为青少年的大学生，对出现的新事物尤其是新型传媒，学习能力强，适应速度快。但是，随着QQ和微信通讯方式的出现，"低头族"日益增多，对其身心健康和出行安全带来了隐患，大学生对此应给予重视。在课堂上，应认真学习以新型传媒为介体的宪法课堂或讲堂，化被动为主动，积极参与其中。在课下，应善于利用新型传媒，积极学习与宪法知识相关的纪录片、短片和公益广告等，从而拓宽宪法意识培育的新渠道，增强自己的宪法意识，而不是被动地、消极地仅仅学好以思想政治理论课为依托的宪法意识培育内容。

同时，高校尤其是依托思想政治理论课对大学生开展包括宪法意识培育在内的法律意识培育的教师及其所在院系，亦应创建和改进官方微信公众号，无论是在每一年的"国家宪法日"（12月4日），还是在开展包括宪法意识培育在内的法律意识培育之时，注意推送一些普法内容（包括"普宪内容"），使大学生愿意点开链接去浏览，并从中学到包括宪法知识在内的法律知识，而这些内容"要兼顾其教育内涵和理论高度，做到寓教于乐"。② 对于高校官方微信的影响力，有学者认为，其"已经成为高校开展宣传工作、学生教育与服务的重要平台和途径，在学生当中具有较高的认同度及较强的影响力，尤其是对于涉及高校或校园的一些传播内容，往往都能引起学生们的广泛关注与认同"。③ 而将"涉及高校或校园的一些传播内容"置换为"涉及包括宪法在内的法律的一些传播内容"，亦没有违和之感。

当然，有些教师及其所在院系可能埋怨大学生不关注官方微信平台，尽管这是事实，但应反思大学生连自己高校尤其是所在院系的官方微信都不关注的原因何在。而官方微信平台是否经常推送新内容以及推送的新内容是否具有可读性、趣味性，这恐怕才是不可回避的重要问题之一。所以，"要提高大学生对网络思想政治教育的关注度和接受度，提高学校官方微信平台

---

① A项是"开展宪法学习网络课堂，为想学习网络宪法知识的大学生提供便利"。B项是"定期举办与宪法知识相关的讲座，为通过专家或者学者的现身说法而学习宪法知识提供机会"。C项是"在'国家宪法日'开展宪法宣传活动，举办宪法知识竞赛，加大宪法知识的普及"。D项是"在学校设立宪法知识宣传栏，从而便于大学生了解宪法"。E项是"编写与宪法知识相关的读本或手册，在图书室设置'宪法书屋'，供大学生免费借阅"。F项是"通过拍摄和播放与宪法知识相关的纪录片、短片、公益广告等传媒，使宪法知识得以传播"。

②③ 王安平，王成光，谷生然. 大学生思想政治教育研究：第一辑［M］. 成都：四川大学出版社，2018：64.

的思想政治教育内容的推送水平非常关键。"① 显然，提高"关注度"是提高"接受度"的前提，而提高"接受度"是提高"关注度"的目的，但根本上还是先提高思想政治教育内容的推送水平。

6.3.3　探索典型宪法事例教学法

虽然我国不实行判例法，但有"典型案例指导制度"，该制度尽管与判例法存在质的不同，但亦显示了被最高人民法院所认可的典型案例可以作为随后各级人民法院判决相同或类似案件的重要参考②，而最高人民法院已于 2020 年 7 月发布了《关于统一法律适用加强类案检索的指导意见（试行）》，通过建立类案检索机制，必然会增大典型案例对随后出现的相同或类似案件如何进行审判所具有的约束力。而且，这些典型案例完全可以作为法律意识培育的重要载体，继而为经常阐述较为抽象的法律知识的法律意识培育模式注入新活力，这对提高法律意识培育的成效自然有益。同时，最高人民检察院也有发布典型案例的做法，而且持续已久③。所以，无论是最高人民法院，还是最高人民检察院，通过践行"典型案例指导制度"的首要目的均是借助对具有代表性的案例进行阐述及评析，继而推广某种案件的最佳办案方法，而将相关典型案例用于法律意识培育乃至于宪法意识培育，亦属可行。

同时，亦有学者提出"案例教学法"④。可以说，该建议是可行的，但需要指出的是，由于我国没有宪法诉讼，所以不存在宪法案例，只能说存在"宪法事例"。因此，在宪法意识培育领域所运用的"案例教学法"，准确地讲，应是"事例教学法"。我国每年均会发生一些涉及宪法基本权利保护的社会热点或热议事件，它们所衍生的争议，虽然不是通过宪法诉讼而是通过民事诉讼、刑事诉讼、行政诉讼或其他途径来解决。在此过程之中，人民法院往往难以对事关宪法基本权利的争议作出裁决，但这些社会热点或热议事件却完全可以运用宪法知识对其

---

① 卢少华. 新时代高校思想政治工作质量提升研究 [M]. 北京：中国政法大学出版社，2018：218.

② 至迟在1990年，最高人民法院便将典型案例作为法律意识培育的素材，所以其在1991年向全国人大作工作报告之时提及"通过《最高人民法院公报》公布了一批典型案例，发挥案例的指导作用"。此后，最高人民法院在其年度工作报告之中，频频对此有所提及。而将最高人民法院借助对具有代表性的案例进行阐述及评析，继而推广相关案例审理的方法的做法，到底冠以何种名称，一直以来未有定论，有时称之为"以案释法""以案说法"或"以案普法"等，而且挑选的案例，是称之为"典型案例"还是"经典案例"，抑或是其他，名称一致未作统一。对于最高人民检察院，也是如此。直到2018年10月修改《人民法院组织法》和《人民检察院组织法》，才将其正式称之为"指导性案例"，且将其予以制度化。2018年10月通过、次年1月起开始施行的新《人民法院组织法》和新《人民检察院组织法》分别对此有所规定。前者第18条第2款规定："最高人民法院可以发布指导性案例。"后者第23条第2款规定："最高人民检察院可以发布指导性案例。"

③ 至迟在1984年，最高人民检察院便将典型案例作为法律意识培育的素材，所以其在1985年向全国人大作工作报告之时提及"运用典型案例教育群众"。此后，最高人民检察院在其年度工作报告之中，频频对此有所提及。此外，通过对比可以发现，最高人民检察院和最高人民法院最初运用"典型案例"的目的并不相同，前者侧重于普法（法律意识培育），后者侧重于指导人民法院随后审理同类案件，但在长时期的实践过程之中，最高人民法院将运用典型案例指导人民法院随后审理同类案件的做法予以制度化，比最高人民检察院运用典型案例对相关主体进行普法（法律意识培育）稍早一些。

④ 王东红. 基于"思想道德修养与法律基础"课的大学生宪法意识培育 [J]. 思想教育研究，2017（11）：90 - 93.

进行分析，随之为宪法意识培育带来新素材①。有学者认为，"宪法事例的形成，既体现了中国社会的进步，也推动了中国社会的发展"②。而且，"随着宪法实施被赋予更高的要求和价值，宪法援引成为推进宪法实施的有效路径。"③ 基于此，运用宪法原理、援引宪法规范对社会热点进行学理分析的"宪法事例"，完全可以作为宪法意识培育的新素材，这必然会推动我国宪法意识培育的发展和进步。

对此，本书在实证考察之时，"大学生问卷"设置了相应题目，即第 15 道题。由于担心大学生对"宪法事例"一词不熟悉，所以将选项所涉及的争议之事称之为"社会热点或热议事件"。该题虽然是多选题，没有绝对的对错。但该题的答题情况相当不好（见图 5 - 19 - 1、图 5 - 19 - 2）。无论是"985""211"高校大学生、一般公办高校大学生、民办三本高校大学生这一维度，还是文科高校大学生、理工科高校大学生、美术学院等高校大学生这一维度，大多数大学生对选项所涉及的九个社会热点或热议事件均知晓甚少。当然，相对而言，第一个考察维度的"985""211"高校大学生，与第二个考察维度的文科高校大学生对 D 项④的答题情况稍显不错，但却不能从整体上改变 X 市高校大学生对选项所涉及的九个社会热点或热议事件知晓甚少的事实，这既说明 X 市大学生对社会热点或热议事件给予的关注度明显不足，又说明 X 市高校在对大学生开展宪法意识培育之时对社会热点或热议事件的运用意识有待提高。

因此，"为了提高宪法意识部分的教学质量，提升大学生的宪法意识，需要把理论教学与案例教学有机地结合起来。"⑤ 那么，在对大学生开展法律意识培育（包括宪法意识培育）之时，X 市高校应对将社会热点或热议事件作为新素材开展研究。在法律意识培育（包括宪法意识培育）开展之时，无论是编写思想政治理论课教材，还是与法律知识（包括宪法知识）相关的宣传、讲堂、讲座等，基本上是抽象而宏观的理论阐述有余，但具体而形象的事例分析不足，影响了法律意识培育（包括宪法意识培育）开展的成效。对此，需要注意以下三点：

第一，社会热点或热议事件未进入诉讼程序之前，仍是其本身，但一旦进入诉讼程序，便是案例了，法院一旦作出了审判，法律文书上必然会有事实阐述、法理评析和判决结果等信息，而在将案例引入法律意识培育（包括宪法意识培育）之时，往往可能会根据需要做出删减，但不宜影响读取案例的核心信息，以免影响对案例所蕴含的法理知识全面而深入地进行学习与探讨。

第二，虽然我国没有宪法诉讼，社会热点或热议事件即便进入诉讼程序，人民法院在审理案件之时亦不会援引宪法规范对案件纠纷作出判决，但可能会将宪法原理作为部分说理依据，

---

① 在此，试举两例：例一，中国人民大学韩大元教授针对每一年在我国所发生的、值得运用宪法知识进行评析的社会热点，会挑选一些较为典型或重要的事例进行探讨，并以《中国宪法事例研究》的书名予以出版，截至 2022 年，已出版到第 8 卷（第 1 卷始于何时，暂未得知）。例二，中国人民大学法学院胡锦光教授针对每一年我国所发生的、值得运用宪法知识进行评析的社会热点，会挑选 10 个较为典型或重要的事例进行探讨，并以《X 年中国十大宪法事例评析》的书名予以出版，截至 2022 年，该书已出版至 2019 年（第 1 本始于何时，暂未得知）。

② 胡锦光. 2016 年中国十大宪法事例评析 [M]. 北京：法律出版社，2018：1.

③ 魏健馨，张瑞黎. 宪法实施视域中宪法援引典型案例分析 [J]. 沈阳工业大学学报（社会科学版），2021（2）：97 - 104.

④ "大学生问卷"第 15 道题的 D 项是"2015 年全国人大常委会建立宪法宣誓制度（涉及宪法意识培育）"。

⑤ 王东红. 基于"思想道德修养与法律基础"课的大学生宪法意识培育 [J]. 思想教育研究，2017（11）：90 - 93.

所以我国没有"（典型）宪法案例"，但可以有"（典型）宪法事例"，而相关专家学者亦可以根据宪法知识、宪法理论对社会热点或热议事件作出评析。在这一方面，韩大元教授、胡锦光教授已主编有多本宪法事例评析，在开展法律意识培育（包括宪法意识培育）之时，可以将这两位教授的相关著作作为参考①。当然，授课教师亦可以自行选取相关宪法事例，而各个学校亦可以组织相关专家学者自行编写相关宪法事例评析②。

对此，亦有学者偏爱用"宪法故事"③。其认为，宪法故事"通常带有明显的正能量性和一定的'正剧'色彩。"④ 显然，其是想将"讲好中国故事"理念运用于"讲好宪法故事"，该理念新颖，但大学生课堂毕竟不同于针对一般普通群众所开展的宪法意识培育，需要力求故事有趣、言语通俗、内容易懂，而且从其所列的"2014～2018 年的中国典型宪法权利事例"来看，亦是韩大元、胡锦光等学者编纂的《中国宪法事例研究》或《X 年中国十大宪法事例评析》可能选取的热点事件。可见，并无必要非得使用"宪法故事"一词，还是用"宪法事例"或其他稍显严肃的称谓好一些。

第三，最高人民法院、最高人民检察院均已建立"典型案例指导制度"，而且不断地给予完善，这两个中央一级国家机关时而发布一些典型案例，这些均是各个学校在开展法律意识培育（包括宪法意识培育）之时可以运用的素材，在一个网络日益发达的时代，最高人民法院、最高人民检察院亦在积极践行司法公开。因此，这些素材的获取，还是较为容易的。

当然，无论是办学层次存在差异的高校，还是主导学科存在差异的高校，其大学生由于视野面的宽窄存在不同，对社会热点或热议事件的关注度多少存在不同，所以在运用宪法事例开展法律意识培育尤其是宪法意识培育之时，可以根据大学生受教育阶段的不同而做出因人制宜之举，以期提高法律意识培育（包括宪法意识培育）开展的成效。2016 年 6 月，教育部、司法部、全国普法办联合印发的《青少年法治教育大纲》指出，"以宪法教育为核心，把法治教育融入学校教育的各个阶段，全面提高青少年法治观念和法律意识"。随后，针对该大纲，很快便有相关研究机构出版了适用于中小学的宪法知识读本⑤，那么适用于大学生的宪法知识读本亦应尽快出台。此外，在保障教学进度、课程质量的前提之下，可以根据需要，适当介绍一些国外宪法案例或事例，这样既可以拓展大学生的知识储备，又可以在中外制度对比的过程之

---

① 对于宪法事例的选取标准，有学者作了研究。例如，有学者认为，标准是经典代表性、客观性、可探讨性和开放性。王新娟，张斌. 法律方法与法律思维的培养——以问题意识为导向的宪法案例教学 [J]. 当代教育论坛（综合研究），2011（9）：125 - 127. 有学者认为，应从侵害主体、侵害客体和侵害对象来考虑。范进学，杨阿妮. 宪法事例评析之于宪法学研究的价值分析 [J]. 江苏社会科学，2008（6）：110 - 114. 有学者认为，标准是针对性、客观性、典型性或有代表性。陈建平. 让日常生活事例走近宪法学课堂 [A].// 王瀚. 法学教育研究：第 10 卷 [C]. 北京：法律出版社，2014：116 - 126. 等等。

② 对于包括宪法意识培育内容的思想道德与法治课程，有学者主编的相关学习辅导读本已出版，其在"学习宪法法律、建设法治体系"一章，当然亦引用相关案例对课程内容进行分析，但选取的案例总体上还是以阐述民法、刑法等法律的知识为主，与阐述宪法知识几乎没有关系。因此，在为开展宪法意识培育而选取案例——准确地讲，是选取"宪法事例"——之时，应注意其是否与宪法知识讲解存在密切关系。郑明月. 《思想道德修养与法律基础》学习辅导读本 [M]. 北京：中共党史出版社，2013：100 - 123.

③④ 谭波. 论我国宪法国民教育的目标、载体及完善——基于宪法故事和宪法自信的展开 [J]. 浙江工业大学学报（社会科学版），2019（2）：215 - 221.

⑤ 李林，艾其来. 宪法知识中小学生读本：以案释法版 [M]. 北京：中国民主法制出版社，2016.

中使大学生具体而形象地感受到我国宪法制度的内涵与意蕴。

6.4　持续营造宪法意识培育的良好环境

6.4.1　各级党政机关应更加重视

通过通读 1986 年以来党和国家制定的每一份《普法通知》和《普法规划》可以发现，党和国家对法律意识培育较为重视，但一些部门和单位在实践之中，对宪法意识培育却重视不足。然而，该局面到了《〈"七五"普法〉通知》和《〈"七五"普法〉规划》相继出台之后（自 2021 年 6 月起，开始适用《〈"八五"普法〉通知》和《〈"八五"普法〉规划》），得到了显著改变，反映了党和国家自 2012 年 11 月党的十八大召开以来对宪法意识培育给予了高度重视。对于全民守法及其重要性，习近平指出，"要坚持把全民普法和守法作为依法治国的长期基础性工作，采取有力措施加强法制宣传教育。……使尊法守法成为全体人民共同追求和自觉行动"。①

当前，对于开展包括宪法意识培育在内的法律意识培育，起着重要指导意义的是《中共中央关于全面深化改革若干重大问题的决定》（以下简称《关于全面深化改革若干重大问题的决定》）和《关于全面推进依法治国若干重大问题的决定》这两份重要文件了。其中，前者涉及的面较广，包括宪法意识培育在内的法律意识培育，只是众多内容之中的一小部分内容，而后者涉及的面较窄，只对与全面推进依法治国相关的事项作了阐述，但却阐述得很全面、很深刻。

虽然法律意识培育与宪法意识培育之间难以泾渭分明，但从具体内容来讲，还是可以稍作区分的，而党和国家对法律意识培育所给予的重视，较之于对宪法意识培育，确实要多一些，这亦是宪法意识培育现状不佳的重要原因之一。尽管从逻辑关系来讲，法律包括宪法，法律意识包括宪法意识，法律意识培育当然亦包括宪法意识，但在法律意识培育开展的过程之中，到底是哪一部或哪几部法律，是否包括作为特殊法律的宪法，则是较为明确之事。同时，包括宪法意识培育在内的法律意识培育，在全面推进依法治国的顶层设计之中，是一种"软件建设"，而非"硬件建设"，其受到的重视程度，稍显逊色，但并不代表不重要，随之可以被忽视。实际上，包括大学生在内的诸多群体，倘若其法律意识（包括宪法意识）较为浓厚，必然会助益于全面依法治国的推进成效，反之亦然。因为作为"软件建设"的法律意识培育（包括宪法意识培育），可以为全面依法治国（包括全面依宪治国）提供坚实的民意基础，而较为浓厚的法律意识（包括宪法意识），对党和国家依法治国（包括依宪治国）、公职人员依法履职（包括依宪履职），既可以给予支持，又可以进行监督，因此法律意识培育（包括宪法意识培育）作为一项基础性工作，相当重要。所以，党和国家应"在行动力上启动宪法意识的启蒙工作，与国民教育、法律职业训练紧密结合，使全体社会成员具备主体意识、权利意识和社会

---

① 习近平. 论坚持全面依法治国 [M]. 北京：中央文献出版社，2020：115.

责任意识，成为真正意义上法治国家的公民。"① 当然，此处的"公民"，亦包括大学生了。

在党和国家对宪法意识培育给予持久重视的前提之下，各省市县的党委根据情况，应督导每一级的司法行政部门、教育行政部门在高校开展包括宪法意识培育在内的法律意识培育。相应地，各级人大常委会和各级人民政府在向产生它们的同级人大作年度工作报告之时，亦应用适当的篇幅，向人大报告其在过去的一个年度是如何开展包括宪法意识培育在内的法律意识培育这项工作的。此外，根据"谁执法，谁普法"机制（此处的"执法"，应给予广义理解，包括立法、执法、监察、审判和检察等行为），各级监察委员会、人民法院和人民检察院在宪法和法律规定的职责范围之内，亦应力所能及地为普法（"法"当然包括"宪法"）作出自己应有的贡献。较之于职权范围较窄的监察委员会、人民法院和人民检察院，人大常委会和人民政府尤其是后者的职权范围较为宽泛，而且行使职权更具有主动性和能动性。因此，虽然普法机制及其要求是"谁执法，谁普法"，但在普法的过程之中，人大常委会和人民政府尤其是后者承担的权重自然多一些，所以这两者尤其是后者下设的司法行政部门和教育行政部门，应与之同级的、各级党委下设的宣传部门建立健全协调机制，继而将包括宪法意识培育在内的法律意识培育这项工作开展好，以使包括大学生在内的诸多群体的包括宪法意识在内的法律意识得以持续增强。所以说，"宪法意识培育是一项系统性工程"②，该工作的开展不仅仅是高校的职责，而且是需要全社会各种相关主体相互协调、共同参与。

同时，在对每一次旨在对以"五年"为周期的普法教育进行规划的《普法规划》，以及要求各级公权力机关——当然，亦包括诸多高校——将《普法规划》予以实施的《普法通知》，确实有将青少年（尽管没有明确提及大学生，但"青少年"在范畴上当然包括大学生）作为普法重点对象的做法。但同时，亦有以下两点不足。

第一，未经常将包括青少年（包括大学生）作为法律意识培育（包括宪法意识培育）的重点对象之一。诚然，公权力机关的公职人员由于享有公权力，其法律意识（包括宪法意识）倘若较为薄弱，在面对诱惑之时容易定力不足，或是违法乱纪，或是执法不力，或是两者兼有之，既损害党和国家机关的威信，又使宪法和法律未得到彻底贯彻，自然应予以惩处。但作为国家希望、民族未来的青少年（包括大学生），虽然在求学阶段，其未掌握公权力，但应使之接受必要的、有成效的法律意识培育（包括宪法意识培育），不能指望他们在走出校园、步入工作岗位之后再学习法律知识（包括宪法知识），继而使其法律意识（包括宪法意识）得以增强。而且，通过实证考察可以发现，相当数量的大学生亦确实认为平时便应加强法律知识（包括宪法知识）的学习。

第二，对宪法意识培育涉及较少。由于我国宪法实践稍显滞后，导致包括大学生、公职人员在内的诸多群体，虽然对全面推进依法治国（包括全面推进依宪治国）具有重要性，几乎均不否认，但对宪法到底如何重要，还是缺乏深刻的体会。而且，经过改革开放四十余年来的努力，以宪法为基础与核心的社会主义法律体系已基本建成，通过制定细化性立法或补充性立

① 魏健馨. 宪法实施的基础条件——宪法意识及其启蒙研究 [J]. 吉林大学社会科学学报，2016（9）：128 - 136，191.
② 水晶. 大学生宪法意识研究综述：现状与反思 [J]. 教育现代化，2020（5）：170 - 173.

法，宪法规范及其蕴含的法治精神得以持续实现。基于此，法律意识培育必然是将宪法意识培育包括其中，当然这种"包括"，往往显得较为隐晦或不明显。

但是，法律与宪法之间、法律知识与宪法知识之间、法律意识与宪法意识之间、法律意识培育与宪法意识培育之间，除了前者包括后者这种辩证关系之外，还有一种辩证关系，即前者与后者亦存在并列关系。虽然在依法治国（包括依宪治国）、依法执政（包括依宪执政）、全面推进依法治国（包括全面推进依宪治国）实施的过程之中，法律与宪法之间难以泾渭分明地存在，但在法律意识培育内容之中，法律与宪法还是可以分得清楚的。而在对法律意识培育（包括宪法意识培育）进行规划的《普法规划》① 之中，绝大多数《普法规划》对宪法意识培育提及较少，这亦是导致《普法规划》在实施过程之中，各级党委和政府在对大学生、公职人员开展法律意识培育（包括宪法意识培育）之时，对宪法知识涉及较少的重要原因之一，该问题当然应得以重视。党和国家——具体而言，是党中央下设的宣传部门和国务院下设的司法行政部门——在制定《普法规划》之时，应适当增加宪法意识培育的内容。而且，在《普法通知》之中，亦应适当提及宪法。若是如此，既可以昭示党和国家对宪法十分重视，又可以提醒有义务、有职责贯彻或实施《普法通知》和《普法规划》的相关主体，切实将法律意识培育这项工作开展好，而且注意厘清法律意识培育与宪法意识培育之间的辩证关系，在法律意识培育内容之中适当增加宪法意识培育的内容。

6.4.2　各种社会组织应有效参与

"宪制实践的基础条件之一，就是全社会认可宪法具有至高无上的地位。"② 而这种认可，不仅仅是认识上的，同时亦是实践上的，但首先应做的是通过开展宪法意识培育，使全社会的宪法意识得以显著增强。当然，"全社会"亦包括大学生。而宪法意识培育，却不仅仅是大学生自己的责任，亦是高校及授课教师的责任。但同时，相关公权力机关、事业单位和基层政府等主体，均应依据宪法和法律，以及各级党委通过的文件尤其是党的重要文件（例如《关于全面推进依法治国若干重大问题的决定》），建立健全各相关部门之间的协同机制，继而尽职尽责地开展好包括宪法意识培育在内的法律意识培育这项工作。对此，可以作出以下两点分解：

第一，从党中央到各省市县的每一级党委下设的宣传部门，与从中央到各省市县每一级政府下设的司法行政部门，应建立健全两者之间的协同机制，继而筛选从中央到地方各级党委和政府通过或出台的某些重要文件之中助推法律意识培育（包括宪法意识培育）的重要内容，以此为依据制定这方面的相关文件。此外，除了人大常委会、人民政府之外的监察委员会、人民法院和人民检察院，相对而言，虽然职责范围较窄，但根据"谁执法，谁普法"的普法机制（此处的"执法"，应给予广义理解，包括立法、执法、监察、审判、检察等行为），监察委员

---

① 《普法通知》虽然不涉及法律意识培育（包括宪法意识培育）的规划，只是计划开展下一个以"五年"为周期的法律意识培育（包括宪法意识培育）的"通知"，但这些"通知"对宪法提及的亦确实较少。

② 魏健馨．宪法实施的基础条件——宪法意识及其启蒙研究［J］．吉林大学社会科学学报，2016（9）：128－136，191．

会、人民法院和人民检察院的党务部门或宣传部门，亦应参与到法律意识培育（包括宪法意识培育）的开展过程之中，力所能力地作出应有的贡献。

第二，除了党和国家通过或出台的包括法律意识培育（包括宪法意识培育）在内的重要内容的报告或决定等之外，还有针对法律意识培育（包括宪法意识培育）而出台或制定的专门文件，即《普法通知》和《普法规划》。前者只是一份内容较短的通知，法律意识培育（包括宪法意识培育）的对象是哪些，可以不予提及，但作为对以"五年"为周期的法律意识培育（包括宪法意识培育）进行规划的《普法规划》，培育内容应提及宪法，培育对象应提及青少年（包括大学生），甚至应直接提及大学生，而不是将该种主体笼统地包括在青少年之中。此外，通过通读《普法规划》可以发现，所有的规划均没有国务院下设的教育行政部门参与，这较为容易给人造成一种在大学开展法律意识培育（包括宪法意识培育）并不重要或可以被忽视的错觉。而且，《普法规划》在发布之后，从中央到各省市县的教育行政部门针对该规划，是否制定有适用于对大学生开展法律意识培育（包括宪法意识培育）的细化性、补充性的文件，本书并未搜索到，或许因为教育行政部门真的制定相关文件了，但由于制定主体的行政层级不高，所以网络并未收录相关信息，但国务院与省级政府分别下设的教育行政部门倘若真的制定相关文件了，制定主体的行政层级显然不低，网络并未收录相关信息的可能性不大。

基于此，有理由相信，对于《普法规划》，国务院与省级政府分别下设的教育行政部门没有就此而针对大学生开展法律意识培育（包括宪法意识培育）制定有细化性、补充性的文件①。所以，下一份《普法规划》即《〈"九五普法"〉规划》在制定过程之中②，除了按照惯例由党中央下设的宣传部门和国务院下设的司法行政部门参与之外，还应有国务院下设的教育行政部门的参与，随之对大学生开展法律意识培育（包括宪法意识培育）作出详略适当的规定，既昭示党和国家对大学生开展法律意识培育（包括宪法意识培育）十分重视，又便于在《普法规划》发布之后，国务院下设的教育行政部门针对大学生开展法律意识培育（包括宪法意识培育）制定较为细化性、补充性的文件。同时，各省市县的各级党委尤其是省级党委下设的宣传部门，与省级政府下设的司法行政部门和教育行政部门，针对《普法规划》应制定适用于对大学生开展法律意识培育（包括宪法意识培育）的相关文件。

由于大学生是开展法律意识培育（包括宪法意识培育）的重点对象之一，所以无论是党

---

① 2018 年 8 月，人力资源社会保障部法规司发布了《人力资源社会保障部关于做好"七五"普法中期督导检查工作的通知》（人社部函〔2018〕104 号），该通知有一个名为"全国人力资源社会保障系统法治宣传教育第七个五年规划考核评估指标体系（试行）"的附件。但无论是"通知"，还是"通知"末尾附的附件，均不是针对《〈"N 五"普法〉规划》而制定的适用于各级人力资源和社会保障行政部门的细化性或补充性的普法文件。此外，需要指出的是，无论是"通知"，还是"通知"之后附的"附件"，用语都是"人力资源社会保障"，即在"人力资源"和"社会保障"之间少了一个"和"字，用语稍失严谨。

② 目前，我国正处于"八五普法"（2021～2025 年）阶段。其中，从"一五"普法至"七五"普法开展的时间段依次是："一五"普法（1986～1990 年）、"二五"普法（1991～1995 年）、"三五"普法（1996～2000 年）、"四五"普法（2001～2005 年）、"五五"普法（2006～2010 年）、"六五"普法（2011～2015 年）和"七五"普法（2016～2021 年）。在此，需要指出的是，按照惯例，"七五"普法应于 2020 年底前后结束，相应地，"八五"普法应于 2021 年初前后开始，但由于《"八五"普法规划》直到 2021 年 6 月才出台（延迟原因不明），所以致使"七五"普法阶段较之于以"五年"为周期的"一五"普法至"六五"普法时间段长约半年。

中央下设的宣传部门，还是国务院下设的司法行政部门，在制定《普法规划》之时，均应有教育行政部门的参与，而且将对大学生开展法律意识培育（包括宪法意识培育）的相关事项写入《普法规划》。同时，在制定《普法通知》之时，教育行政部门亦应参与其中，而且对大学生开展法律意识培育（包括宪法意识培育）的相关事项，亦应明确提及。此外，无论是《普法通知》还是《普法规划》，或是将宪法意识培育单独提及，或是将其置于法律意识培育这一较大的框架之下予以提及。当然，鉴于《普法通知》的篇幅一般较短，对于对大学生开展法律意识培育（包括宪法意识培育）稍作提及即可，但在《普法规划》之中，一方面，注意改善以往对大学生（有时将"大学生"明确或隐含地包括在"青少年"之中）开展法律意识培育（包括宪法意识培育）提及较少的这一问题，所以需要对大学生法律意识培育（包括宪法意识培育）给予篇幅适当地提及。另一方面，应矫正以往对宪法意识培育——其重点对象包括但不限于大学生，至少还包括另外两种重要对象即党员干部、公职人员——提及较少这一问题，因此需要或是将宪法意识培育单独提及，或是将其置于法律意识培育这一较大的框架之下予以提及，但本书认为还是应单独提及，毕竟长期以来将其单独提及得太少，当下和以后应多弥补这一缺陷。

以往的基层普法，被描述为："一般是司法局印制材料，法学院学生和居委会大妈发传单，受众为普通老百姓，目的是为了'扫盲'"。[①] 这导致宪法意识培育带有形式主义色彩，成效常常有限。所以，在地方上开展法律意识培育（包括宪法意识培育）之时，党委下设的宣传部门，与政府下设的司法行政部门，应建立健全协同机制，而且将这种协同机制予以制度化。同时，倘若某一次具体的法律意识培育在大学开展，或者涉及在大学开展，教育行政部门亦应参与其中。此外，相对而言，由于律师的法务经验较多，专家学者的法务知识较多——两者身份可以重合——亦应通过律师协会或大学之中的教务机构，使这两种主体亦能参与其中，为法律意识培育（包括宪法意识培育）的开展，力所能及地作出应有的贡献。当然，为了提高这两种主体参与法律意识培育（包括宪法意识培育）的积极性，对于律师，应给予经费支持或财务补贴；对于专家学者，除了经费支持或财务补贴之外，还可以将参与法律意识培育（包括宪法意识培育）的工作量换算成一定额度的课时量。但倘若律师与专家学者的身份存在重合，经费支持或财务补贴，以及将参与法律意识培育（包括宪法意识培育）的工作量换算成一定额度的课时量，则不应重复计算。总而言之，使律师或专家学者参与到法律意识培育（包括宪法意识培育）之中，既不使之吃亏明显，又不使之得利太过，以免有损公平。

对律师或专家学者是否参与到法律意识培育（包括宪法意识培育）之中而言，"大学生问卷"之中设置有相应的题目。第9道题目是"律师或专家学者去你们学校开设过与法律知识宣讲相关的讲座吗（律师或专家学者，也可以是你们学校的教师）？有的话，讲座内容有没有涉及宪法知识？"该题虽然是单选题，但没有绝对的对错。当然，最好选D项，选C项亦还算可以，但答题情况却相当不好（见图5-23、图5-24）。

不管从哪一个维度进行考察，均发现绝大多数的X市高校大学生，在其法律意识培育

---

① 陈圣利，裴枫. 基层普法与增强宪法意识 [J]. 哈尔滨师范大学学报（社会科学版），2015（2）：42-44.

（包括宪法意识培育）过程之中，有关律师或专家学者较为缺位。律师的法务经验较多，专家学者的法务知识较多，他们对法律条文、法律知识、法律意识和法律意识培育等内容，有着较为丰富的阅历、思考与感悟，使他们在法律意识培育过程之中发挥好作用、扮演好角色，必然可以使法律意识培育开展得更有成效。相应地，虽然我国宪法实践稍显滞后，宪法解释、合宪性审查以及宪法司法化还有待研究和探讨，所以对包括大学生在内的诸多群体开展宪法意识培育，其内容往往较为宏观、抽象，较难引起多数受众的兴趣。对此，可以从两个方面进行思考：一方面，政府与高校应协力改善或优化宪法意识培育的内容、方法，挖掘社会热点或热议案件所蕴含的包括宪法意识培育在内的法律意识培育的价值。另一方面，党和国家亦应继续加强对宪法解释、合宪性审查以及宪法司法化的研究和探讨，使其早日构建成为可供实施的具体制度，继而为宪法意识培育提供新的立足点和落脚点。

6.4.3　高校各种各级部门应配合

无论是以往、当下，还是今后，"以学校教育作为系统学习掌握知识的主要途径"[①] 的现实不会发生质的改变，但某些高校或其相关部门，对于宪法意识培育的重视程度，还有待提高。目前，虽然对大学生开展宪法意识培育，依托的是思想政治理论课，而对该课程给予管理和服务的是马克思主义学院，但这并不意味着对大学生开展宪法意识培育只是马克思主义学院一个部门的责任，学校的教务部门、宣传部门、财务部门和人事部门等均应在各自职责范围之内承担相应的责任。为了整合资源，提高宪法意识培育开展的成效，应在相关部门之间建立健全协同机制，定期或不定期地召开联席会议，相互配合、支持，共同发力，将有助于大学生宪法意识增强的宪法意识培育内容，教师讲授好，学生学习好。此外，在马克思主义学院，主管领导应时常过问依托思想政治理论课而开展的宪法意识培育的成效到底如何，是否需要购置新版教材、配套书籍及其他硬件或软件资源，尽心尽力使宪法意识培育这项工作开展得有成效。

而且，马克思主义学院思想道德修养与法律基础教研室（由于《思想道德修养与法律基础》于 2021 年名称改为《思想道德与法治》，所以该教研室应改名为思想道德与法治教研室），为了增加宪法意识培育的多样性和趣味性，可以举办一些宪法知识竞赛供马克思主义学院的学生参加。当然，活动应具有开放性，倘若其他学院的师生愿意参加，应提供必要的机会和便利。同时，亦可以在每一年 12 月 4 日的"国家宪法日"来临之前或之时，举办一些旨在普及宪法知识的宣讲活动。在此，需要注意以下三点：

第一，倘若学校设有法学院，马克思主义学院可以与之联合举办，法学院发挥宪法学研究优势，马克思主义学院发挥思想政治教育研究优势，通过强强联合，共同将宪法知识竞赛、宪法知识宣讲等活动举办好。

---

① 秦怡红. 论公民宪法意识的培育 [J]. 长春理工大学学报（社会科学版），2018（5）：37−41，71.

第二，在举办宪法知识竞赛①、宪法知识宣讲的具体内容之时，应秉持"大宪法意识"培育的理念。换言之，在举办此类活动之时，除了"核心内容（《宪法》文本及历次修宪的重点内容）"之外，亦应将"密切内容（人民宪法近百年发展史）""关联内容（宪法相关法与法律体系）""延展内容（党情、国情和内外形势）"和"延伸内容（道德、生活和人生教育）"适当地列入其中，由此既可以拓展参与者的视野面，又可以增加内容的趣味性，而不是一直只围绕着《宪法》文本知识出题目、定内容，以免让参与者误以为宪法意识培育内容仅仅只是《宪法》文本本身，或者只需将《宪法》文本看懂、熟识，其宪法意识便能增强。

第三，无论是马克思主义学院单独举办，还是与法学院等其他学院联合举办活动，在学校层面上，其他相关部门均应在场地、经费、宣传等方面给予适当协助和必要便利。

诚然，我国的宪法意识培育还存在一些问题，而宪法实施亦稍显滞后，宪法在现实生活之中力量不强、分量不够、存在感不强，但不能就此而忽视宪法意识培育的重要性。"可以说，宪法实施是宪法精神、宪法原则与宪法规范的实现过程，不仅需要政治和法律保障，同时需要强大的文化保障。"② 而文化保障的实现，核心便是增强全社会的宪法意识。实际上，党和国家一直都重视宪法意识培育的开展，这从《〈"一五"普法〉通知》至《〈"八五"普法〉通知》和《〈"一五"普法〉规划》至《〈"八五"普法〉规划》的内容便可以看出，2012 年 11 月党的十八大召开以来更是如此。党的十八大报告、十九大报告和《关于全面推进依法治国若干重大问题的决定》等重要文件，对宪法、宪法意识培育和宪法实践均作出了系列重要论述。

同时，2014 年 11 月全国人大常委会将 12 月 4 日确定为"国家宪法日"，2015 年 7 月全国人大常委会通过《关于实行宪法宣誓制度的决定》而建立了宪法宣誓制度，并于 2018 年 2 月进行了完善。而且，2017 年 10 月党的十九大报告又提出"合宪性审查"的论点。凡此种种，均是有助于推进宪法意识培育的积极信号，这既为宪法意识培育提供了新的着力点，又为宪法意识培育提供了新的契机。大学生作为青少年之中最为重要的群体之一，应主动将学习宪法发展尤其是党的十八大以来的新发展作为宪法意识培育的重要任务之一，应以主人翁的心态对待宪法意识培育，对其取得的进步热情以待而不冷漠，对其所存在的问题理性看待而不悲观，而且在参与宪法意识培育之时，除了要增强自己的宪法意识之外，还应增强自己的政治意识、国家意识、民族意识、国情意识和道德意识等，使自己不但具有宪法意识，而且还具有中国立场、中国精神和中国内核。

一言以蔽之，对于宪法意识培育，培育的不仅仅是宪法意识，而是以宪法意识为着力点的、内容更加广泛的"大宪法意识"。当然，党和国家亦应循序渐进地推进宪法的直接实施和间接实施，并使宪法制度日益建立健全，从而使宪法知识有处可用，亦使宪法意识有宪法实践可供依托，唯有如此，宪法意识培育的开展才能更有成效。

---

① 有学者对"宪法知识竞赛"下了定义，其认为，"主要是指以宪法知识问答和宪法知识比拼为主要内容的活动。"王东红．基于"思想道德修养与法律基础"课的大学生宪法意识培育 [J]．思想教育研究，2017（11）：90 – 93．可以说，这个定义无错，但将其置于本书提倡的"大宪法意识"培育的理念之下，其内容则显得较为狭窄，应使之得以适当拓展。

② 韩大元，孟凡壮．中国社会变迁六十年的公民宪法意识 [J]．中国社会科学，2014（12）：123 – 142，162．

第 7 章
结　语

"宪法意识研究本质上是反映社会变迁要求，也成为'全面推进依法治国'背景下研究推进国家治理体系现代化的重要命题，成为研究'全面推进依法治国'总目标的深层次精神动力。"① 可见，宪法意识研究何其重要，而宪法意识培育研究随之何其重要，亦无需多言。在我国，宪法意识培育基本包括在法律意识培育之中，而法律意识培育又时常包括在思想政治教育之中。宪法及宪法意识培育对我国推进和实现依法治国（包括依宪治国）至关重要。2012年11月党的十八大召开以来，党和国家较之于以往对宪法及宪法意识培育更加重视。一方面，2014年11月"国家宪法日"的设立，与2015年7月宪法宣誓制度的构建（该制度于2016年1月正式施行，于2018年2月得以完善，而且于次月入宪），以及合宪性审查的提出等举措，为宪法意识培育提供了新的着力点。另一方面，诸如"宪法的生命在于实施，宪法的权威也在于实施"② 等重要论述频繁出现，引起了全社会的关注、热议和好评。这两个方面的变化，为发展与促进宪法意识培育带来了新的契机。但同时，我国宪法意识培育的成效，亦确实不容乐观。

本书以"'985''211'高校大学生、一般公办高校大学生、民办三本高校大学生"，与"文科高校大学生、理工科高校大学生、美术学院等高校大学生"为两个维度，对 X 市大学生宪法意识培育现状进行实证考察。基于此，得出了一个较为令人信服的结果，即大学生宪法意识培育层次，与所在学校的办学层次的高低，或主导学科是文科、理工科还是美术等学科，在大体上还是呈现出了较为一致的对应关系，但在局部上，亦确实呈现出不完全契合的窘状。这只能说明一个问题，即在部分大学生及所在高校和教师的视域之内，包括宪法意识培育在内的法律意识培育并非十分重要，除了完成最基本的课程教育之外，并未对包括宪法意识培育在内的法律意识培育给予较多重视，正因如此，对于哪一类高校及其师生，包括宪法意识培育在内的法律意识培育均未占据较为重要的地位。

换言之，并不因为是高考生源理应较好和学习能力理应较强的"985""211"高校大学生，其宪法意识就一定总是较为浓厚，其宪法意识培育成效就一定总是较为良好。同时，亦并不因为应对属于社会科学领域的宪法知识了解得稍多一些的文科高校大学生，其宪法意识就一定总是较为浓厚，其宪法意识培育成效就一定总是较为良好。究其原因，是对宪法知识、宪法意识培育关注程度不高，甚至有一些人认为其不重要，随之对宪法知识的知晓是多还是少，对宪法意识培育的成效是重视还是忽略，亦就无足轻重了。这亦反映了包括宪法在内的法律，在X 市部分大学生及其所在高校和教师的视域之内，并未有足够的分量、力量、存在感，而这亦恰恰说明了包括宪法意识培育在内的法律意识培育的现状，确实不容乐观，亟待关注、重视和

---

① 韩大元，孟凡壮. 中国社会变迁六十年的公民宪法意识 [J]. 中国社会科学，2014（12）：123 - 142，162.
② 习近平谈治国理政 [M]. 北京：外文出版社，2014：138.

改善。

通过对 X 市大学生宪法意识培育进行实证考察，发现其存在包括但不限于六点问题，即对宪法意识培育重视程度不够、教材内容的微观说理较为欠缺、课时数量稍显不足且有待优化、部分大学生参与的主动性较低、培育方法较为陈旧且革新较慢、宪法意识培育客观环境待改善等。基于此，应从包括但不限于四点进行着手，以期改善宪法意识培育较为颓势的现状，即提高对宪法意识培育的重要性认识、提高宪法意识培育的资源整合力度、探索和创设宪法意识培育的新方法、持续营造宪法意识培育的良好环境等。而同样重要的是，党和国家应大力推进宪法实践，既为宪法意识培育的开展提供新的着力点，又使大学生能真切地感受到宪法有分量、有力量、有存在感，以此提醒其"宪法有用"，并鞭策其认真对待宪法及宪法意识培育。

同时，宪法意识培育当然包括宪法意识，因为宪法意识是宪法意识培育的核心内容所在，但又不限于此，还应包括政治意识、国家意识、民族意识、国情意识和道德意识等，党和国家及各级公权力机关与高校及教师，当然亦包括大学生，应树立"大宪法意识"培育的理念，适当拓展宪法意识培育的内容，亦将政治意识、国家意识、民族意识、国情意识和道德意识等包括在内，使大学生无论是在校园之时，还是在步入工作岗位之后，均能成为一个又一个不但具有宪法意识，而且还具有中国立场、中国精神、中国内核的时代新人。

在此，亦需要阐明一个虽然不属于本书研究但却十分重要的问题，即不能忽视宪法实施，该问题与宪法意识培育相比，同样重要甚至更为重要，因为"一部宪法的生命力和权威性不仅在于它的文本，更重要的是其实施过程。只有全面实施宪法，才能把纸上的宪法变为现实的宪法"。① 同时，亦有学者认为：

> "要提升全社会的宪法意识，造就立宪主义的缔造者和承担者，最简单有效的途径就是实施宪法，只有当宪法得以实施而能够解决现实生活中各种各样的宪法问题时，宪法才能够成为人们看得见、摸得着的实在之物；只有当宪法成为一部活的宪法而走进寻常百姓的生活空间时，人们才能真切感受到宪法对自己'有用'。……只有在不断的行动与实践中，才能积累起宝贵的点点滴滴的行宪经验和智慧，才能使法治进程获得实质性推进，也才能使人民真正习得宪法的规则和精神。"②

可见，宪法意识培育应被重视的同时，宪法实施亦应如此。虽然宪法实施不属于本书研究的重点，但其亦确实是另一个需要着重研究的问题了。对此，学术界已出现了许多有分量的研究成果，而且宪法的直接实施和间接实施尤其是后者已迈出了坚实的步伐，这为宪法意识培育的开展提供了具体、形象和丰富的实践依托。回首本书，其研究结论主要有以下四点。

第一，党和国家在推进包括全面依宪治国在内的全面依法治国的过程之中，广大民众需要有较为浓厚的宪法意识。若能如此，既可以使之更好的行使基本权利和履行基本义务，也可以使之更好地监督公权力机关及其工作人员是否合宪合法地行使职权，随之有利于提高民众监督的质量，从而促使善治的实现。"有了品质优良的宪法，并不意味着它所包含的各种特性能自

---

① 韩大元，孟凡壮. 中国社会变迁六十年的公民宪法意识 [J]. 中国社会科学，2014（12）：123 – 142，162.
② 苗连营. 宪法实施的观念共识与行动逻辑 [J]. 法学，2013（11）：58 – 65.

动地显示出来。"① 因此，宪法制定得再好、修改得再好，还是依靠宪法实施将其何以为好体现出来，而在一个自上而下推行法治的国家，能为宪法实施提供坚实的民意基础，则务必要对广大民众持续开展宪法意识培育这项工作。

第二，大学生是这个社会最富有朝气的一代人，除了少部分在大学毕业之后继续深造之外，绝大多数人都会步入岗位，为了使之在工作之中能合宪合法处置各种事务，务必具有较为浓厚的宪法意识和法律意识。换言之，大学是绝大多数大学生最后一次接受由国家所提供的、较为正规、较为严格，而且便利条件较多的宪法意识培育了。无论是大学生及其所处的高校，还是党和国家及其领导下的各级宣传部门、司法行政部门、教育行政部门等，均应高度重视大学生宪法意识培育。

第三，本书以 X 市四十所本科高校为例，按照办学层次将其分为"'985''211'高校、一般公办高校、民办三本高校"，与按照主导学科将其分为"文科高校、理工科高校、美术学院等高校"两个维度，由此分析办学层次不同和主导学科不同是否会对大学生宪法意识培育产生显著影响。由实证考察结果来看，在每一种维度之中，前一类高校的大学生不一定总是比后一类高校的大学生在整体上表现得稍显出色，甚至对个别题目的作答情况，差距还较为明显。这与前一类高校的大学生由于办学层次较高所以其大学生对宪法或与之相关知识的储备应稍微较好，或者由于其是以文科主导的高校所以其大学生对宪法或与之相关知识的知晓应稍微较多的一般常识时常出现相悖之窘状，核心原因只有一个，即无论是哪一种维度的高校及其大学生，对宪法及宪法意识培育均缺乏足够重视。因为普遍不重视，所以对宪法或与之相关知识普遍知晓较少，而这也促使党和国家及其领导下的各级宣传部门、司法行政部门、教育行政部门等，与各种高校及其大学生，应认真重视宪法意识培育。

第四，2012 年 11 月党的十八大以来，党和国家将"依法治国"（包括"依宪治国"）发展为"全面依法治国"（包括"全面依宪治国"）。借此形势，党和国家确定了"国家宪法日"，建立健全了宪法宣誓制度，并对宪法解释、合宪性审查等研究和探讨作了论述。更重要的是，2018 年 3 月，全国人大顺利完成了现行宪法的第五次修改，而这也是其于 1982 年 12 月通过和开始实施以来幅度较大的一次修改，在宪法发展史上意义重大，"标志着宪法在新时代背景下的又一次与时俱进，并再次掀起学习最新宪法修正案、提升宪法意识的潮流。"② 凡此种种，为宪法意识培育这项工作的开展，奠定了良好的制度基础和时代氛围。那么，该项工作的开展机制应及时改进和完善，从而使其开展得更有成效。

当然，本书的研究，还存在诸多有待深化之处，其主要包括以下三点。

第一，在研究对象方面，应对硕士生、博士生与专科生等群体的宪法意识培育现状、问题、改进稍加注意，这些群体也是高校大学生的重要组成部分。同时，对从小学至高中的学生的宪法意识培育现状、问题、改进亦应稍加注意，从而使当前教育体系之中学生这一群体的宪

① 刘一纯. 成就宪法稳定性的内在因素和外在条件 [J]. 武汉大学学报（社会科学版），2003（2）：141-146.
② 刀慧娟. 浅议新时代背景下大学生宪法意识的培育——以学习最新宪法修正案为例 [J]. 北方民族大学学报（哲学社会科学版），2018（5）：78-83.

法意识培育研究在内容上、逻辑上、体系上更加完整。

第二，本书以 X 市四十所本科高校为例进行实证考察，研究成果在多大程度上与其他地区高校的实际情况相契合，是存疑的。所以，宪法意识培育的深入研究，应更加注意不同地区、不同学校的实际情况，继而使宪法意识培育机制的健全，更能因地制宜、因人制宜。同时，宪法意识培育这项工作的开展，亦应紧跟宪法发展及其所处的时代，从而更能因时制宜。

第三，在所有法律之中，宪法与政治关系最为密切，宪法受政治影响最为突出，而宪法对政治、经济、社会、文化等制度的健全，所应具有的规制能力，亦应更强。因此，这些领域的相关群体的宪法意识培育工作如何开展，并借助其开展增强宪法意识，以及以宪法意识为中介培育其政治意识、国家意识、民族意识、国情意识和道德意识等更多内容，亦是值得重视之处。

总而言之，宪法以及宪法意识培育，已不是一个是否重要的问题，而是如何重要的问题，同时亦是一个如何使之更为重要的问题。宪法意识培育因宪法而生，因宪法需要重视而存，在一个缺乏法治传统，需要自上而下推行法治的国家，宪法在制定之后、发展之中，如何更好地使广大民众对其"知情意信行"，至关重要，而大学生作为广大民众之中重要的一种群体，亦是广大青年的重要组成部分，其地位重要，毋庸赘述。习近平指出，"青年是整个社会力量中最积极、最有生气的力量，国家的希望在青年，民族的未来在青年"。① 因此，广大大学生宪法意识如何，基本上决定了广大青年宪法意识如何，亦在很大程度上决定了未来社会主义建设的部分中坚力量的宪法意识如何，所以唯有更好得开展宪法意识培育这项工作，并使广大大学生融入其中，不断提高增强自身宪法意识的主动性、积极性，使宪法意识内化于心、外化于行，是一个需要持久关注、更加重视的重大时代问题。

---

① 习近平在纪念五四运动 100 周年大会上的讲话 ［N］. 新华网，2019 - 04 - 30.

参 考 文 献

一、中文参考文献

[1] 艾四林. 如何办好思想政治理论课 [M]. 北京: 人民出版社, 2019.

[2] [美] 保罗·S. 芮恩施. 平民政治的基本原理 [M]. 罗家伦, 译. 北京: 中国政法大学出版社, 2003.

[3] 本书编写组. 马克思主义基本原理: 2021 年版 [M]. 北京: 高等教育出版社, 2021.

[4] 本书编写组. 马克思主义基本原理概论 [M]. 北京: 高等教育出版社, 2007, 2008, 2009, 2010, 2013, 2015, 2018.

[5] 本书编写组. 毛泽东思想、邓小平理论和"三个代表"重要思想概论 [M]. 北京: 高等教育出版社, 2007, 2008.

[6] 本书编写组. 毛泽东思想和中国特色社会主义理论体系概论 [M]. 北京: 高等教育出版社, 2008, 2009, 2010, 2013, 2015, 2018, 2021.

[7] 本书编写组. 思想道德修养与法律基础 [M]. 北京: 高等教育出版社, 2006, 2007, 2008, 2009, 2010, 2013, 2015, 2018.

[8] 本书编写组. 思想道德与法治: 2021 年版 [M]. 北京: 高等教育出版社, 2021.

[9] 本书编写组. 习近平总书记教育重要论述讲义 [M]. 北京: 高等教育出版社, 2020.

[10] 本书编写组. 形势与政策 (2010 – 2011, 2011 – 2012, 2012 – 2013, 2013 – 2014) [M]. 北京: 高等教育出版社, 2010, 2011, 2012, 2013.

[11] 本书编写组. 形势与政策 (2014 – 2015 (一), 2014 – 2015 (二), 2015 – 2016 (一), 2015 – 2016 (二), 2016 – 2017 (一), 2016 – 2017 (二), 2017 – 2018 (一), 2017 – 2018 (二), 2018 – 2019 (一), 2018 – 2019 (二), 2019 – 2020 (一), 2019 – 2020 (二), 2020 – 2021 (一), 2020 – 2021 (二), 2021 – 2022 (一)) [M]. 北京: 高等教育出版社, 2014, 2015, 2015, 2016, 2016, 2017, 2017, 2018, 2018, 2019, 2019, 2020, 2020, 2021, 2021.

[12] 本书编写组. 《中长期青年发展规划 (2016 – 2025)》学习辅导读本 [M]. 北京: 人民出版社, 2019.

[13] 本书编写组. 中国近现代史纲要 [M]. 北京: 高等教育出版社, 2007, 2008, 2009, 2010, 2015, 2018, 2021.

[14] [日] 播磨信义, 康树华. 日本学生的宪法意识与宪法教育的任务 [J]. 国外法学, 1983 (1).

［15］［美］伯尔曼．法律与宗教［M］．梁治平，译．北京：三联书店，1991.

［16］［美］E. 博登海默．法理学：法律哲学与法律方法［M］．邓正来，译．北京：中国政法大学出版社，2004.

［17］蔡定剑．蔡定剑教授再谈民主与宪制［A］．// 王学辉，汪太贤．宪法学与行政法学讲演录：第一卷［C］．北京：法律出版社，2010.

［18］蔡定剑．宪法精解［M］．北京：法律出版社，2006.

［19］蔡定剑．依宪执政方能提高执政能力［J］．浙江人大，2004（11）.

［20］蔡诗敏．李达法学思想研究［D］．武汉：武汉大学，2015.

［21］常青．全球化视野下公民爱国意识培育研究［M］．北京：人民出版社，2016.

［22］陈春华．大学的意义［M］．北京：机械工业出版社，2016.

［23］陈建平．让日常生活事例走近宪法学课堂［A］．// 王瀚．法学教育研究：第10卷［C］．北京：法律出版社，2014.

［24］陈立峰．新社会阶层法治意识及其培育——以浙江省的问卷调查为基础［J］．中共浙江省委学校学报，2017（3）.

［25］陈圣利，裴枫．基层普法与增强宪法意识［J］．哈尔滨师范大学社会科学学报，2015（2）.

［26］陈万柏，张耀灿．思想政治教育学原理：第二版［M］．北京：高等教育出版社，2007.

［27］陈万柏，张耀灿．思想政治教育学原理：第三版［M］．北京：高等教育出版社，2015.

［28］陈欣新．宪制之鉴［M］．北京：法律出版社，2008.

［29］程凌．当代大学生宪法意识的培养［J］．华南理工大学学报（社会科学版），2006（4）.

［30］崔建利．大学生公共精神培育的文化困境及破解［J］．江苏高教，2018（5）.

［31］戴激涛．我国特定问题调查制度的宪法逻辑及其展开［J］．江西社会科学，2019（4）.

［32］戴激涛．宪法，我该如何靠近您？——对广东300名大学生宪法意识调查的思考［A］．// 王瀚．法学教育研究：第8卷［C］．北京：法律出版社，2013.

［33］戴激涛．宪法学应成为大学通识教育的核心课程——从"国家宪法日"的设立说起［J］．江汉大学学报（社会科学版），2017（5）.

［34］党的十九大报告辅导读本［M］．北京：人民出版社，2017.

［35］刀慧娟．浅议新时代背景下大学生宪法意识的培育——以学习最新宪法修正案为例［J］．北方民族大学学报（哲学社会科学版），2018（5）.

［36］邓联繁．论宪法思维的基本特征［J］．河北法学，2006（6）.

［37］邓世豹．当代中国公民宪制意识及其发展实证分析［M］．北京：中国政法大学出版社，2013.

[38] 邓小平文选：第 1 卷 [M]. 北京：人民出版社，1994.

[39] 邓小平文选：第 2 卷 [M]. 北京：人民出版社，1994.

[40] 邓小平文选：第 3 卷 [M]. 北京：人民出版社，1993.

[41] 丁国强. 马克思的法治观 [N]. 中国文明网，2011 - 04 - 11.

[42] 《董必武选集》编辑组. 董必武选集 [M]. 北京：人民出版社，1985.

[43] 董必武政治法律文集 [M]. 北京：法律出版社，1986.

[44] 董和平. "依宪治国" 必须树立的基本理念 [J]. 暨南学报（哲学社会科学版），2014（11）.

[45] 杜兰晓. 大学生国家认同研究 [M]. 北京：中国社会科学出版社，2018.

[46] 范进学. 论宪法全面实施 [J]. 当代法学，2020（5）.

[47] 范进学. 论宪法信仰 [J]. 法学论坛，2020（6）.

[48] 范进学. 宪法精神应成为我国的主流价值观 [J]. 山东社会科学，2013（2）.

[49] 范进学，杨阿妮. 宪法事例评析之于宪法学研究的价值分析 [J]. 江苏社会科学，2008（6）.

[50] 范毅. 论宪法精神的概念 [J]. 现代法学，2004（2）.

[51] 范毅. 论宪法精神的价值 [J]. 南京社会科学，2004（7）.

[52] 范毅. 论宪法精神的科学内涵 [J]. 求索，2004（8）.

[53] 冯刚. 改革开放以来高校思想政治教育发展史 [M]. 北京：人民出版社，2018.

[54] [法] 弗雷德里克·巴斯夏. 财产·法律与政府 [M]. 秋风，译. 贵阳：贵州人民出版社，2003.

[55] 付子堂，葛天博. 深化教育改革必须树立遵从宪法意识 [J]. 中国高等教育，2018（8）.

[56] 付子堂. 马克思主义法律思想研究 [M]. 北京：高等教育出版社，2008.

[57] 葛先园. 我国八二宪法序言中历史叙事的法理与功能 [J]. 海南大学学报（人文社会科学版），2015（5）.

[58] 公丕祥. 马克思主义法律思想通史：第一卷 [M]. 南京：南京师范大学出版社，2014.

[59] 公丕祥. 马克思主义法学中国化的进程 [M]. 北京：法律出版社，2012.

[60] 龚廷泰. 马克思主义法律思想通史：第二卷 [M]. 南京：南京师范大学出版社，2014.

[61] 龚祥瑞. 比较宪法与行政法 [M]. 北京：法律出版社，2003.

[62] 顾莎莎. 略论我国宪法教育的改进 [J]. 齐齐哈尔大学学报（哲学社会科学版），2016（2）.

[63] 关于修改宪法的报告——一九七八年三月一日在第五届全国人民代表大会第一次会议上的报告 [N]. 中国国情 - 中国网，2011 - 12 - 30.

[64] 郭思颖. 基于宪法意识的宪法学教学创新研究 [J]. 吉林省教育学院学报，2021

（3）.

　　[65] 郭星华 . 走向法治化的中国社会——我国城市居民法治意识与法律行为的实证研究 [J]. 江苏社会科学，2003（1）.

　　[66] 韩大元 . 比较宪法——宪法文本与宪法解释 [M]. 北京：中国人民大学出版社，2008.

　　[67] 韩大元 . 比较宪法学：第二版 [M]. 北京：高等教育出版社，2008.

　　[68] 韩大元，孟凡壮 . 中国社会变迁六十年的公民宪法意识 [J]. 中国社会科学，2014（12）.

　　[69] 韩大元 . 1954 年宪法与中国宪制 [M]. 武汉：武汉大学出版社，2008.

　　[70] 韩大元，秦强 . 社会转型中的公民宪法意识及其变迁——纪念现行宪法颁布 25 周年 [J]. 河南省政法管理干部学院学报，2008（1）.

　　[71] 韩大元 . 认真对待我国宪法文本 [J]. 清华法学，2012（6）.

　　[72] 韩大元，王德志 . 中国公民宪法意识调查报告 [J]. 政法论坛，2002（6）.

　　[73] 韩大元 . 宪法实施与中国社会治理模式的转型 [J]. 中国法学，2012（4）.

　　[74] 韩大元 . 宪法与社会共识：从宪法统治到宪法治理 [J]. 交大法学，2012（1）.

　　[75] 韩大元 . 亚洲立宪主义研究 [M]. 北京：中国人民公安大学出版社，1996.

　　[76] 韩大元 . 中国共产党依宪执政论析 [J]. 中共中央党校学报，2014（6）.

　　[77] 韩大元 . 中国宪法教育的起源及其演变 [J]. 苏州大学学报（法学版），2021（3）.

　　[78] 韩大元 . 中国宪法事例分析：第 8 卷 [M]. 北京：法律出版社，2018.

　　[79] 韩大元 . 中国宪法事例研究（四）[M]. 北京：法律出版社，2010.

　　[80] 韩大元 . 专家建议把"法制宣传日"改为"宪法日"[N]. 法制日报，2012 - 03 - 07.

　　[81] 何华辉 . 比较宪法学 [M]. 武汉：武汉大学出版社，1988.

　　[82] 何华辉 . 比较宪法学 [M]. 武汉：武汉大学出版社，2013.

　　[83] [德] 黑格尔 . 法哲学原理 [M]. 范扬，张企泰，译 . 北京：商务印书馆，1961.

　　[84] 胡建淼 . 公权力研究——立法权·行政权·司法权 [M]. 杭州：浙江大学出版社，2005.

　　[85] 胡建淼 . 公法研究：第九辑 [M]. 杭州：浙江大学出版社，2011.

　　[86] 胡建淼 . 外国公法译介与移植 [M]. 北京：北京大学出版社，2009.

　　[87] 胡锦光 . 外国宪法 [M]. 北京：高等教育出版社，2011.

　　[88] 胡锦光 . 违宪审查比较研究 [M]. 北京：中国人民大学出版社，2006.

　　[89] 胡锦光 . 宪法学原理与案例教程 [M]. 北京：中国人民大学出版社，2006.

　　[90] 胡锦光 . 中国十大宪法事例评析 [M]. 北京：法律出版社，2008～2018.

　　[91] 胡锦涛文选：第 1 卷 [M]. 北京：人民出版社，2016.

　　[92] 胡锦涛文选：第 2 卷 [M]. 北京：人民出版社，2016.

　　[93] 胡锦涛文选：第 3 卷 [M]. 北京：人民出版社，2016.

　　[94] 胡锦涛在首都纪念我国宪法公布施行 20 周年大会上的讲话 [N]. 新华网，2002 - 12 - 04.

［95］胡康生. 依法执政最根本的是依宪执政［J］. 党建研究, 2004（5）.

［96］胡绳. 中国共产党七十年［M］. 北京: 中国党史出版社, 1991.

［97］黄李辉, 阮永平. 文献分析法在我国管理会计研究中的应用——基于33篇样本文献的分析［J］. 财会通讯, 2017（4）.

［98］黄惟一. 论我国宪法序言的法律效力［J］. 法学杂志, 2010（2）.

［99］吉喆. 中国大学生公共精神培育研究［D］. 长春: 吉林师范大学, 2020.

［100］江必新, 蒋清华. 习近平法治思想对宪法理论和实践的发展创新［J］. 法学评论, 2021（2）.

［101］江国华. 论宪法文化［J］. 中南民族大学学报（人文社会科学版）, 2010（3）.

［102］江泽民文选: 第1卷［M］. 北京: 人民出版社, 2006.

［103］江泽民文选: 第2卷［M］. 北京: 人民出版社, 2006.

［104］江泽民文选: 第3卷［M］. 北京: 人民出版社, 2006.

［105］姜明安. 论依宪治国与依法治国的关系［J］. 法学杂志, 2019（3）.

［106］蒋传光. 马克思主义法学理论中国化理论与实践研究［M］. 北京: 中国法制出版社, 2013.

［107］蒋黎. 从培养法律意识到树立法律信仰——谈大学生面对社会的法律修养［J］. 改革与开放, 2017（10）.

［108］教育部: 中小学品德教材统一更名为"道德与法治"［N］. 人民网－教育频道, 2016 – 04 – 29.

［109］接剑桥, 张驰. 宪法意识与宪法实施路径研究［J］. 山东青年政治学院学报, 2019（4）.

［110］金一鸣. 中国社会主义教育的轨迹［M］. 北京: 华中师范大学出版社, 2000.

［111］［德］卡尔·拉伦茨. 法学方法论［M］. 陈爱娥, 译. 北京: 商务印书馆, 2003.

［112］蓝维, 高峰, 吕秋芳, 邢永富. 公民教育: 理论、历史与实践探索［M］. 北京: 人民出版社, 2007.

［113］［美］劳伦斯·却伯. 看不见的宪法［M］. 田雷, 译. 北京: 法律出版社, 2011.

［114］李步云, 高全喜. 马克思主义法学原理［M］. 北京: 社会科学文献出版社, 2014.

［115］李步云. 依宪治国的科学内涵与重大意义［J］. 法学, 2018（4）.

［116］李步云. 法制、民主、自由［M］. 成都: 四川人民出版社, 1985.

［117］李昊. 紧急状态的宪法实施机制与完善路径［J］. 法学论坛, 2021（1）.

［118］李锦顺. 论宪法意识缺位［J］. 广州广播电视大学学报, 2004（3）.

［119］李俊卿. 大学生公民意识的实证研究与培育路径［J］. 社会科学家, 2010（11）.

［120］李林, 艾其来. 宪法知识中小学生读本: 以案释法版［M］. 北京: 中国民主法制出版社, 2016.

［121］李林. 论习近平全面依法治国的新思想新战略［J］. 法学杂志, 2016（5）.

［122］李林, 王演兵. 树立宪法至上权威是依法治国的根本——学习四中全会《决定》

及习近平总书记重要讲话的心得体会 [J]. 人民论坛，2015（15）.

[123] 李少文. 强化领导干部的宪法思维 [J]. 中国党政干部论坛，2017（3）.

[124] 李诗林. 大学生宪法意识的分析与思考 [J]. 青少年研究（山东省团校学报），2008（4）.

[125] 李爽. 大学生依法治国理念和法律意识的培育 [J]. 沈阳农业大学学报（社会科学版），2015（3）.

[126] 李湘刚. 影响中国宪法权威的因素分析 [J]. 学术论坛，2011（4）.

[127] 李晓波. 我国宪法博物馆建设的理念、功能和路径 [J]. 苏州师范大学学报，2019（6）.

[128] 李秀林，王于，李淮春. 辩证唯物主义和历史唯物主义原理：第五版 [M]. 北京：中国人民大学出版社，2004.

[129] 李铸伦. 公民宪法意识对于树立我国宪法权威之影响 [J]. 内蒙古民族大学学报，2012（7）.

[130] 连瑞谦. 青年理性认知与成长 [M]. 天津：天津社会科学院出版社，2018.

[131] 廖克林，黄仁夫，王晓永. 树立宪法意识，维护宪法权威 [J]. 贵州大学学报（社会科学版），2004（3）.

[132] 列宁全集：第 12 卷 [M]. 北京：人民出版社，2017.

[133] 列宁选集：第 1 卷 [M]. 北京：人民出版社，1995.

[134] 列宁选集：第 2 卷 [M]. 北京：人民出版社，1995.

[135] 列宁选集：第 3 卷 [M]. 北京：人民出版社，1995.

[136] 列宁选集：第 4 卷 [M]. 北京：人民出版社，1995.

[137]《林伯渠文集》编辑组. 林伯渠文集 [M]. 北京：华艺出版社，1996.

[138] 林来梵. 剩余的断想 [M]. 北京：中国法制出版社，2007.

[139] 林来梵. 宪法学讲义：第二版 [M]. 北京：法律出版社，2015.

[140] 林来梵. 转型期宪法的实施形态 [J]. 吉林大学社会科学学报，2014（4）.

[141] 刘冠军，王银江，李久林. 思想政治理论课重点与难点：第二版 [M]. 北京：首都经济贸易大学出版社，2018.

[142] 刘瑞复. 马克思主义法学原理读书笔记：第 1 卷——法意识原理 [M]. 北京：中国政法大学出版社，2018.

[143] 刘嗣元，程建锋. 人民政协的若干理论问题研究 [J]. 行政与法（吉林省行政学院学报），2004（11）.

[144] 刘星. 中国法律思想：故事与观念·古代卷：增订版 [M]. 南宁：广西师范大学出版社，2008.

[145] 刘雪芹. 宪法学教学中如何培养学生的宪法意识 [J]. 湖北函授大学学报，2018（8）.

[146] 刘一纯. 成就宪法稳定性的内在因素和外在条件 [J]. 武汉大学学报（社会科学

版），2003（2）.

[147] 刘振洪. 当代大学生的人生价值与历史责任 [M]. 北京：中国文史出版社，2015.

[148] 卢琴怡. 重视增强当代大学生的宪法意识 [J]. 上海铁道大学学报，2000（7）.

[149] 卢少华. 新时代高校思想政治工作质量提升研究 [M]. 北京：中国政法大学出版社，2018.

[150] 罗红杰. 主体间性思想政治教育的多维透视 [J]. 思想政治课教学，2018（4）.

[151] [美] 罗斯科·庞德. 法律史解释 [M]. 北京：华夏出版社，1989.

[152] 马长山. 法治教育教师读本（高等教育阶段）[M]. 上海：华东师范大学出版社，2019.

[153] 马克思恩格斯全集：第2卷 [M]. 北京：人民出版社，2005.

[154] 马克思恩格斯全集：第4卷 [M]. 北京：人民出版社，1958.

[155] 马克思恩格斯全集：第6卷 [M]. 北京：人民出版社，1961.

[156] 马克思恩格斯全集：第21卷 [M]. 北京：人民出版社，2003.

[157] 马克思恩格斯全集：第46卷 [M]. 北京：人民出版社，2001.

[158] 马克思恩格斯选集：第1卷 [M]. 北京：人民出版社，2012.

[159] 马克思恩格斯选集：第2卷 [M]. 北京：人民出版社，2012.

[160] 马克思恩格斯选集：第3卷 [M]. 北京：人民出版社，2012.

[161] 马克思恩格斯选集：第4卷 [M]. 北京：人民出版社，2012.

[162] [美] 马克·图什内特. 宪法为何重要 [M]. 田飞龙，译. 北京：中国政法大学出版社，2012.

[163] 马岭. 宪法权力解读 [M]. 北京：北京大学出版社，2003.

[164] 马秀华，王从烈. 法律基础教学应以宪法为重点 [J]. 南京人口管理干部学院学报，2006（3）.

[165] 毛泽东同志论教育工作 [M]. 北京：人民教育出版社，1958.

[166] 毛泽东文集：第5卷 [M]. 北京：人民出版社，1996.

[167] 毛泽东文集：第6卷 [M]. 北京：人民出版社，1999.

[168] 毛泽东文集：第7卷 [M]. 北京：人民出版社，1999.

[169] 毛泽东文集：第8卷 [M]. 北京：人民出版社，1999.

[170] 毛泽东选集：第1卷 [M]. 北京：人民出版社，1991.

[171] 毛泽东选集：第2卷 [M]. 北京：人民出版社，1991.

[172] 毛泽东选集：第3卷 [M]. 北京：人民出版社，1991.

[173] 毛泽东选集：第4卷 [M]. 北京：人民出版社，1991.

[174] 毛泽东著作选读：上册 [M]. 北京：人民出版社，1986.

[175] 毛泽东著作选读：下册 [M]. 北京：人民出版社，1986.

[176] [法] 孟德斯鸠. 论法的精神：上册 [M]. 张雁深，译. 北京：商务印书馆，1961.

［177］苗连营．公民法律素质研究［M］．郑州：郑州大学出版社，2015.

［178］苗连营．公民法律意识的培养与法治社会的生成［J］．河南社会科学，2005（5）.

［179］苗连营．宪法实施的观念共识与行动逻辑［J］．法学，2013（11）.

［180］莫纪宏．全面提高公民的宪法意识［J］．求是，2002（8）.

［181］莫纪宏．实践中的宪法学原理［M］．北京：中国人民大学出版社，2007.

［182］莫纪宏．以宪法修改为契机全面推进依宪治国［J］．西北大学学报（哲学社会科学版），2018（4）.

［183］莫于川．从认识宪法、尊重宪法到依宪治国、法治中国——现行宪法 31 年变迁、31 条修正案是我国改革发展的一个缩影［J］．河北法学，2014（2）.

［184］［奥］欧根·埃利希．法社会学原理［M］．舒国滢，译．北京：中国大百科全书出版社，2009.

［185］［美］庞德．法律肆言［M］．北京：商务印书馆，1934.

［186］彭辉，史建三．领导干部宪法意识的理论与实证研究——基于上海市 805 个领导干部调查样本数据［J］．行政法学研究，2013（4）.

［187］浦增元．依法执政首先要依宪执政［J］．政治与法律，2004（6）.

［188］钱穆．中国历代政治得失：第 2 版［M］．北京：生活·读书·新知三联书店，2005.

［189］乔克裕，曹义孙．法律教育论［M］．北京：中国政法大学出版社，2014.

［190］秦前红，李雷．民法典热背景下的宪法学冷思考［J］．暨南学报（哲学社会科学版），2017（8）.

［191］秦前红．习近平法治思想蕴含深刻宪法精神［N］．检察日报，2020 - 12 - 04.

［192］秦前红．中国共产党未来长期执政之基——宪法共识下的依宪执政、依宪治国［J］．人民论坛·学术前沿，2013（15）.

［193］秦强．转型中国的法律意识变迁［J］．黑龙江社会科学，2014（6）.

［194］秦怡红．论公民宪法意识的培育［J］．长春理工大学学报（社会科学版），2018（5）.

［195］秦怡红．新时代大学生宪法意识培育研究——以吉林省 5 所高校为例［J］．长春理工大学学报（社会科学版），2020（2）.

［196］全国人大常委会办公厅，中共中央文献研究室．人民代表大会制度重要文献选编（一）［M］．北京：中国民主法制出版社，中央文献出版社，2015.

［197］全国人大常委会办公厅，中共中央文献研究室．人民代表大会制度重要文献选编（二）［M］．北京：中国民主法制出版社，中央文献出版社，2015.

［198］全国人大常委会办公厅，中共中央文献研究室．人民代表大会制度重要文献选编（三）［M］．北京：中国民主法制出版社，中央文献出版社，2015.

［199］全国人大常委会办公厅，中共中央文献研究室．人民代表大会制度重要文献选编（四）［M］．北京：中国民主法制出版社，中央文献出版社，2015.

［200］全国人大常委会法制工作委员会宪法室．中华人民共和国制宪修宪重要文献资料选编［M］．北京：中国民主法制出版社，2021.

［201］全国人民代表大会常务委员会工作报告（2011 年）［N］．中国人大网，2011 - 03 - 11.

［202］任喜荣．理解宪法基本价值的五个维度——重塑依宪治国的观念基础［J］．吉林大学社会科学学报，2015（2）.

［203］任仲文．深入学习习近平同志关于党风廉政建设和反腐败斗争重要讲话［M］．北京：人民日报出版社，2014.

［204］如期形成并不断完善中国特色社会主义法律体系［N］．新华网，2013 - 03 - 08.

［205］陕西省人民代表大会常务委员会关于开展第八个五年法治宣传教育的决议（2021年 7 月 28 日陕西省第十三届人民代表大会常务委员会第二十七次会议通过）［N］．陕西人大网，2021 - 07 - 30.

［206］商继政．论胡锦涛同志的宪法权威观［J］．毛泽东思想研究，2012（6）.

［207］上官丕亮．宪法命运的文化构建［J］．政治与法律，2004（5）.

［208］沈宗灵．比较宪法——对八国宪法的比较研究［M］．北京：北京大学出版社，2002.

［209］十八大报告辅导读本［M］．北京：人民出版社，2012.

［210］石旭斋．大学本科生法治素养及其提升策略［M］．北京：中国法制出版社，2019.

［211］石云霞．习近平依法治国思想研究［J］．中国化马克思主义研究，2015（2）.

［212］水晶．大学生宪法意识研究综述：现状与反思［J］．教育现代化，2020（5）.

［213］斯大林选集：上卷［M］．北京：人民出版社，1979.

［214］斯大林选集：下卷［M］．北京：人民出版社，1979.

［215］苏力．送法下乡——中国基层司法制度研究：修订版［M］．北京：北京大学出版社，2011.

［216］苏力．法治及其本土资源：修订版［M］．北京：中国政法大学出版社，2004.

［217］孙如意．领导干部宪法思维的内涵与运用［J］．求实，2017（1）.

［218］孙笑霞．法的现象与观念［M］．济南：山东人民出版社，2001.

［219］谭波．论我国宪法国民教育的目标、载体及完善——基于宪法故事和宪法自信的展开［J］．浙江工业大学学报（社会科学版），2019（2）.

［220］谭泽光．启蒙宪法意识、培育法治素养——《生活需要法律》优化教学研究［J］．思想政治课研究，2019（6）.

［221］檀传宝，等．公民教育引论：国际经验、历史变迁与中国公民教育的选择［M］．北京：人民出版社，2011.

［222］唐克军．比较公民教育［M］．北京：中国社会科学出版社，2008.

［223］陶波．培养和增强公民的宪法意识［J］．新东方，2005（3）.

［224］田华．论宪法意识的培育［J］．河北青年管理干部学院学报，2014（1）.

［225］田容嘉．图解宪法［M］．北京：中国法制出版社，2015.

［226］田瑶．宪法精神：党员干部学习读本［M］．北京：国家行政学院出版社，2015.

［227］仝其宪．大学生宪法文化建设中的信仰教育与制度构建［J］．黑龙江高教研究，2019（1）.

［228］童之伟．中国30年来的宪法学教学与研究［J］．法律科学，2007（6）.

［229］汪栋．论高等学校学生宪法意识的培养［J］．山西农业大学学报（社会科学版），2004（1）.

［230］汪进元．基本权利的核心价值及其导向功能［A］．∥莫纪宏，苗连营．宪法研究：第十二卷［C］．香港：中国人文科技出版社，2011.

［231］汪太贤．中国宪法学：第二版［M］．北京：法律出版社，2016.

［232］王安平，王成光，谷生然．大学生思想政治教育研究：第一辑［M］．成都：四川大学出版社，2018.

［233］王蓓．全面推进依法治国的特色要求［A］．∥西安市法学会编写组．西安法学文库（2014）［C］．西安：世界图书出版公司，2015.

［234］王东红．大学生宪法意识培育研究［D］．北京：北京科技大学，2021.

［235］王东红．大学生宪法意识研究述评［J］．学校党建与思想教育，2018（24）.

［236］王东红．基于"思想道德修养与法律基础"课的大学生宪法意识培育［J］．思想教育研究，2017（11）.

［237］王东红．首都大学生宪法意识现状的调查与思考［J］．思想教育研究，2016（6）.

［238］王东明．建国初期新政权合法性与意识形态资源［J］．党史研究与教学，2004（2）.

［239］王发棠．论近代中国宪法观念的萌生［J］．理论学刊，2014（3）.

［240］王峰，郝丽丽．论公民的宪法意识及其提高［J］．山东工商学院学报，2005（4）.

［241］王光辉，杨盛达．论宪法实践权威的达致——以亚洲代表性国家为考察对象［J］．宁波大学学报（人文科学版），2009（2）.

［242］王广辉．比较宪法学：第二版［M］．武汉：武汉大学出版社，2020.

［243］王汉斌．社会主义民主法制文集：上［M］．北京：中国民主法制出版社，2012.

［244］王汉斌．社会主义民主法制文集：下［M］．北京：中国民主法制出版社，2012.

［245］王红，傅思明，王勇．比较宪法与行政法［M］．北京：中共中央党校出版社，2003.

［246］王江伟．改革开放以来公民法治观念研究回顾与前瞻［J］．政府与法治，2020（3）.

［247］王军．简论社会主义公民意识与宪法意识［J］．东岳论丛，1987（3）.

［248］王培堃．图解中华人民共和国宪法［M］．北京：中国人民大学出版社，2018.

［249］王培英．中国宪法文献通编：修订版［M］．北京：中国民主法制出版社，2007.

［250］王齐一．青年宪法意识的历史变迁、培育原则和途径［J］．当代青年研究，2019（5）.

［251］王瑞萍，赵国军，董捷．高校国家认同感教育研究［M］．北京：中国社会科学出

版社，2017.

[252] 王世杰，钱端升. 比较宪法 [M]. 北京：商务印书馆，1999.

[253] 王薇. 公民宪法意识薄弱原因分析 [J]. 当代法学，2001 (5).

[254] 王薇. 论公民的宪法意识 [J]. 当代法学，2001 (4).

[255] 王新娟，张斌. 法律方法与法律思维的培养——以问题意识为导向的宪法案例教学 [J]. 当代教育论坛（综合研究），2011 (9).

[256] 王耀海. 马克思主义法学的逻辑脉向 [M]. 北京：中国社会科学出版社，2016.

[257] 王勇飞，等. 中国法理学研究综述与评价 [M]. 北京：中国政法大学出版社，1992.

[258] 王禹. 中国宪法司法化：案例评析 [M]. 北京：北京大学出版社，2005.

[259] 王月明. 宪法案例图表 [M]. 北京：法律出版社，2010.

[260] 魏健馨. 宪法实施的基础条件——宪法意识及其启蒙研究 [J]. 吉林大学社会科学学报，2016 (5).

[261] 魏健馨. 张瑞黎. 宪法实施视域中宪法援引典型案例分析 [J]. 沈阳工业大学学报（社会科学版），2021 (2).

[262] 魏陆. 完善我国人大预算监督制度研究——把政府关进公共预算"笼子"里 [M]. 北京：经济科学出版社，2014.

[263] 魏晓阳. 现代日本人的法律生活——从宪法诉讼看日本法律意识变迁 [M]. 北京：法律出版社，2012.

[264] 魏治勋. 论宪法权威的自我保障制度 [J]. 西北大学学报（哲学社会科学版），2015 (1).

[265] 吴邦国. 论人大工作：上 [M]. 北京：人民出版社，2017.

[266] 吴邦国. 论人大工作：下 [M]. 北京：人民出版社，2017.

[267] 吴朝香. 一张泛黄的稿纸、见证浙江人 60 年前的那场大讨论 [N]. 浙江新闻，2014 - 12 - 09.

[268] 吴念. 宪法与公民的生活密切相关 [A].//赖梁盟. 当代法学论坛：第 4 辑 [C]. 北京：中国方正出版社，2002.

[269] "五四宪法"历史资料陈列馆开馆，习近平作重要指示 [N]. 新华网，2016 - 12 - 04.

[270] 习近平. 论坚持全面依法治国 [M]. 北京：中央文献出版社，2020.

[271] 习近平. 思政课是落实立德树人根本任务的关键课程 [N]. 求是网，2020 - 08 - 31.

[272] 习近平谈治国理政 [M]. 北京：外文出版社，2014.

[273] 习近平谈治国理政：第二卷 [M]. 北京：外文出版社，2017.

[274] 习近平谈治国理政：第三卷 [M]. 北京：外文出版社，2020.

[275] 习近平在纪念五四运动 100 周年大会上的讲话 [N]. 新华网，2019 - 04 - 30.

[276] 习近平在庆祝全国人民代表大会成立 60 周年大会上的讲话 [N]. 新华网，2014 -

09 – 05.

[277]《习近平法治思想概论》编写组. 习近平法治思想概论［M］. 北京：高等教育出版社，2021.

[278] 习近平主持召开学校思想政治理论课教师座谈会强调：用新时代中国特色社会主义思想铸魂育人、贯彻党的教育方针落实立德树人根本任务［N］. 央视网，2019 – 03 – 18.

[279] 习近平主持召开中央全面依法治国委员会第一次会议［N］. 新华社，2018 – 08 – 24.

[280] 现行有效法律目录（291 件）（截至 2021 年 12 月 24 日十三届全国人大常委会第三十二次会议闭幕，按法律部门分类））［N］. 全国人民代表大会 – 中国人大网，2021 – 12 – 27.

[281] 宪法的生命在于实施［N］. 人民日报，2018 – 03 – 12.

[282]［美］小奥利弗·温德尔·霍姆斯. 普通法［M］. 冉昊，姚中秋，译. 北京：中国政法大学出版社，2006.

[283] 肖前，黄楠森，陈晏清. 马克思主义哲学原理：下册［M］. 北京：中国人民大学出版社，1994.

[284] 肖蔚云. 增强宪法意识、维护宪法权威——学习胡锦涛同志两次关于宪法的重要讲话的体会［J］. 法学杂志，2003（5）.

[285] 谢红星. 类宪法现象刍论——兼论广义宪法史观及宪法史学研究对象的扩展［J］. 云南大学学报（法学版），2009（5）.

[286] 谢璐妍. 胡锦涛构建和谐社会思想研究［M］. 北京：人民日报出版社，2014.

[287] 谢维雁. 回望一九五四：制宪者的宪法观念及其反思［J］. 四川大学学报（哲学社会科学版），2011（6）.

[288] 谢维雁. 论宪法序言［J］. 社会科学研究，2004（5）.

[289] 谢文晶. 中国共产党领导人民制宪修宪的历程与经验研究［D］. 武汉：华中师范大学，2017.

[290] 信春鹰. 我国宪法修改的重点内容及其重大历史意义（宪法学习宣传报告摘编）［N］. 人民网 – 人民日报，2018 – 05 – 16.

[291] 许安标. 宪法学习读本［M］. 北京：中国法制出版社，2014.

[292] 许冰融. 我国公民宪法意识的培育［J］. 人民论坛，2015（23）.

[293] 许崇德，胡锦光. 宪法：第四版［M］. 北京：中国人民大学出版社，2009.

[294] 许崇德全集：第 6 卷［M］. 北京：中国民主法制出版社，2009.

[295] 许崇德全集：第 7 卷［M］. 北京：中国民主法制出版社，2009.

[296] 许崇德. 制定宪法、一切权利属于人民［N］. 人大新闻网，2009 – 08 – 06.

[297] 许崇德. 中国共产党八十年与中国宪法的发展［J］. 法学家，2001（4）.

[298] 薛剑符. 社会主义民主政治视野下的五四宪法研究［D］. 长春：东北师范大学，2011.

[299] 严存生. 法律的人性基础［M］. 北京：中国法制出版社，2016.

[300] 严显生. 公民宪法意识问题的调查报告［J］. 北京大学学报（哲学社会科学版），

1985（4）．

　　［301］严显生．我国公民"宪法意识"调查［J］．政治学研究，1986（1）．

　　［302］杨冰郁．高原新声：陕甘宁边区红色话语传播范式研究［M］．北京：人民出版社，
2019．

　　［303］杨泉明．增强社会主义宪法意识是一项迫切任务［J］．现代法学，1985（4）．

　　［304］杨武松．中国共产党依宪执政的历史考察［J］．马克思主义理论研究，2011（2）．

　　［305］杨银霞．再论我国1954年宪法的价值［J］．长春大学学报，2017（9）．

　　［306］杨源．对我国宪法权威缺失及其构建途径的几点思考［J］．中北大学学报（社会科
学版），2010（4）．

　　［307］杨宗科．树立新型法治思维：以全面法治观指导法治体系建设［A］．∥西安市法学
会编写组．西安法学文库（2014）［C］．西安：世界图书出版公司，2015．

　　［308］姚建国，秦奥蕾．宪法学案例研习［M］．北京：中国政法大学出版社，2013．

　　［309］姚秩琳．论公民宪法意识的基本内涵［A］．∥郑州大学教育研究中心．"两岸四地
公民意识教育"专题研讨会论文集［C］．郑州：郑州大学出版社，2008．

　　［310］叶海波．论公民宪法意识的培养［J］．湖北社会科学，2008（5）．

　　［311］殷啸虎，李莉．宪法序言的功能与效力研究［J］．上海交通大学学报（哲学社会科
学版），2004（6）．

　　［312］曾明．我国宪法普及教育的历程探析［J］．求索，2013（12）．

　　［313］曾宪义．中国法制史：第三版［M］．北京：北京大学出版社，高等教育出版社，
2013．

　　［314］曾毅红，吴迪．高校思想政治教育理论与实践研究［M］．北京：光明日报出版社，
2019．

　　［315］曾瑜．论宪法权威［J］．四川师范大学学报（社会科学版），2010（2）．

　　［316］翟国强．八二宪法颁布以来宪法观念与理论基础的变迁［J］．华东政法大学学报，
2012（6）．

　　［317］张昌辉．法律意识形态的概念分析［J］．法制与社会发展，2008（4）．

　　［318］张恒山，刘永艳，封丽霞，等．法治与党的执政方式研究［M］．北京：法律出版
社，2004．

　　［319］张劲．让宪法回归生活：青少年宪法教育的一个路向［J］．预防青少年犯罪研究，
2020（3）．

　　［320］张晋藩．中国宪法史：修订本［M］．北京：中国法制出版社，2016．

　　［321］张萍，王静．宁波市公民宪法知识调查［J］．中共宁波市委党校学报，2004（6）．

　　［322］张千帆．宪法实施的概念与路径［J］．清华法学，2012（6）．

　　［323］张千帆，肖泽晟．宪法学：第三版［M］．北京：法律出版社，2015．

　　［324］张善根．地域差异与公民宪法意识——基于简单量化的观察［J］．常州大学学报
（社会科学版），2016（5）．

[325] 张太保. 论公民宪法意识的培养 [J]. 安徽理工大学学报（社会科学版），2004（4）.

[326] 张文显. 法理学：第四版 [M]. 北京：高等教育出版社，北京大学出版社，2011.

[327] 张文显. 中国法治40年：历程、轨迹和经验 [J]. 吉林大学社会科学学报，2018（5）.

[328] 张晓琴. 宁夏公民宪法意识调查研究 [J]. 宁夏社会科学，2009（2）.

[329] 张耀灿. 思想政治教育学前沿 [M]. 北京：人民出版社，2006.

[330] 张耀灿，郑永廷，吴潜涛，骆郁廷，等. 现代思想政治教育学：第2版 [M]. 北京：人民出版社，2006.

[331] 张占杰. 宪法社会化：宪法实施的着力点 [J]. 河南师范大学学报（哲学社会科学版），2013（9）.

[332] 张志昌. 公民宪法意识的培养 [J]. 政法学刊，2002（3）.

[333] 张志建. 中学思想政治课发展史 [M]. 北京：北京师范大学出版社，1994.

[334] 赵杨. 论我国宪法权威的缺失及构建途径 [J]. 山西青年管理干部学院学报，2010（2）.

[335] 郑洁. 宪法的文化基础及其构建 [J]. 山东社会科学，2008（2）.

[336] 郑明月. 《思想道德修养与法律基础》学习辅导读本 [M]. 北京：中共党史出版社，2013.

[337] 郑夏蕾. 以话语分析看我国宪法意识的变迁 [J]. 江汉论坛，2015（3）.

[338] 郑永廷. 思想政治教育方法论：修订版 [M]. 北京：高等教育出版社，2010.

[339]《中共中央关于全面深化改革若干重大问题的决定》辅导读本 [M]. 北京：人民出版社，2013.

[340]《中共中央关于全面推进依法治国若干重大问题的决定》辅导读本 [M]. 北京：人民出版社，2014.

[341]《中共中央关于深化党和国家机构改革的决定》《深化党和国家机构改革方案》辅导读本 [M]. 北京：人民出版社，2018.

[342]《中共中央关于坚持和完善中国特色社会主义制度、推进国家治理体系和治理能力现代化若干重大问题的决定》辅导读本 [M]. 北京：人民出版社，2019.

[343] 中共中央、国务院转发《中央宣传部、司法部关于在公民中开展法治宣传教育的第七个五年规划（2016－2020年）》[N]. 新华网，2016－04－17.

[344] 中共中央、国务院转发《中央宣传部、司法部关于开展法治宣传教育的第八个五年规划（2021－2025年）》[N]. 人民网－人民日报，2021－06－16.

[345] 中共中央文献研究室. 十八大以来重要文献选编：上 [M]. 北京：中央文献出版社，2014.

[346] 中共中央文献研究室. 十八大以来重要文献选编：中 [M]. 北京：中央文献出版社，2016.

［347］中共中央文献研究室．十八大以来重要文献选编：下［M］．北京：中央文献出版社，2018．

［348］中共中央文献研究室．十九大以来重要文献选编：上［M］．北京：中央文献出版社，2019．

［349］中共中央文献研究室．习近平关于青少年和共青团工作论述摘编［M］．北京：中央文献出版社，2017．

［350］中共中央文献研究室．习近平关于全面依法治国论述摘编［M］．北京：中央文献出版社，2015．

［351］中共中央文献研究室．习近平关于社会主义政治建设论述摘编［M］．北京：中央文献出版社，2017．

［352］中共中央宣传部．习近平新时代中国特色社会主义思想学习纲要［M］．北京：学习出版社，人民出版社，2019．

［353］中共中央宣传部．习近平总书记系列重要讲话读本［M］．北京：学习出版社，人民出版社，2014．

［354］中国共产党第十九届中央委员会第二次全体会议公报［N］．央视网，2018－01－19．

［355］周鹄昌．宪法序言是具有法律效力的［J］．法学，1983（4）．

［356］周立，李卫刚．宪法意识本论［J］．宁夏社会科学，2004（6）．

［357］周良书．1956—1966年：中共在高校中的建设［J］．党史研究与教学，2010（2）．

［358］周叶中，邓联繁．宪制中国战略标志论——宪法思维基本问题研究［J］．求是学刊，2005（1）．

［359］周叶中．关于中国共产党运用宪法思维执政的思考［J］．中共中央党校学报，2007（5）．

［360］周叶中．宪法：第四版［M］．北京：高等教育出版社，2016．

［361］周莹．网络时代宪法学教学改革的探索与实践［J］．齐鲁师范学院学报，2019（3）．

［362］朱炜．试论宪法观念的更新［J］．政治与法律，2003（6）．

［363］朱行书．中国宪法意识特征探析［J］．长江大学学报（社会科学版），2005（2）．

［364］朱应平．新中国成立以来我国宪法基本权利的变迁及评析［A］．//公丕祥．法制现代化研究：第十卷［C］．南京：南京师范大学出版社，2006．

［365］朱映雪，孙秦敏．新中国成立初期我国普及"五四宪法"的实践与经验研究［J］．广西社会科学，2015（10）．

［366］卓泽渊．法治中国——学习习近平总书记关于法治的重要论述［M］．北京：人民法院出版社，2014．

［367］卓泽渊．中国"普法"二十年：回顾与前瞻［J］．探索，2006（1）．

［368］最高人民法院中国特色社会主义法治理论研究中心．江泽民法治思想研究［M］．北京：人民法院出版社，2016．

二、外文参考文献

［1］Anna Triningsih, Oly Viana Agustine. *Community Participation as a Constitutional Awareness of Democracy Development in Digital Era* ［C］. *Proceedings of the 1st International Conference on Indonesian Legal Studies* (*ICILS* 2018).

［2］Author unknown. *National Identity and Constitutional Patriotism in the Context of Modern Hungarian History：An Overview* ［J］. *The Hungarian Historical Review*, 2016 (1).

［3］Baeihaqi. *Civic Education Learning Based on Law – Related Education Approach in Developing Student's Law Awareness* ［C］. *2nd Annual Civic Education Conference* (*ACEC* 2019).

［4］Budimansyah Dasim, Fitriasari Susan, Iswandi Dede, Muthaqin Dwi Iman, Insani Nisrina Nurul. *Green Constitution：Developing Environmental Law Awareness* ［C］. *2nd International Conference on Social Sciences Education* (*ICSSE* 2020).

［5］Cranford R. E., Smith D. R.. *Consciousness：The Most Critical Moral (Constitutional) Standard for Human Personhood* ［J］. *American Journal of Law & Medicine American Journal of Law & Medicine*, 1987 (2 – 3).

［6］Donald P. Green, Peter M. Aronow, Daniel E. Bergan. *Does Knowledge of Constitutional Principles Increase Support for Civil Liberties？Results from a Randomized Field Experiment* ［J］. *The Journal of Politics*, 2011 (2).

［7］Dr. M. Aunul Hakim. *Indonesian Presidental Candidacy on Constitutional Democracy Perspective* ［J］. *Academic Research International*, 2014 (2).

［8］D. Sundawa, S. Fitriasari, D. Iswandi. *Sustainable Development Principles in the Green Constitution* ［J］. *IOP Conference Series：Earth and Environmental Science*, 2018 (1).

［9］Fagan, Anton. *The Constitutional Court Loses its (and our) Sense of Humour：Le Roux v Dey：notes* ［J］. *South African Law Journal*, 2011 (3).

［10］Geoff Craig. *The Australian Way of Life：Journalism, Citizenship and the Constitutional Convention* ［J］. *Journalism Studies*, 2000 (3).

［11］Hacker – Daniels. *Is it too heavy of a Constitutional cross to bear？Making Sense of the Decision in American Legion v. American Humanist Association* ［J］. *First Amendment Studies*, 2020 (1).

［12］Han Dayuan, Meng Fanzhuang. *The Constitutional Consciousness of Chinese Citizens over 60 Years of Social Change* ［J］. *Social Sciences in China*, 2016 (2).

［13］Hobbs Harry, Trotter Andrew. *The Constitutional Conventions and Constitutional Change：Making Sense of Multiple Intentions* ［J］. *Adelaide Law Review*, 2017 (1).

［14］Jay Krehbiel. *Elections, Public Awareness, and the Efficacy of Constitutional Review* ［J］. *Journal of Law and Courts*, 2019 (1).

［15］John Tingle. *Unlocking the NHS Constitution：Recommendations for Change* ［J］. *British Journal of Nursing*, 2015 (4).

［16］Jonas Bergan Draege, James Dennison. *Making Sense of Italy's Constitutional Referendum*

［J］. *Mediterranean Politics*, 2018（7）.

　　［17］ Jonas Bergan Draege, James Dennison. *Making Sense of Italy's Constitutional Referendum* ［J］. *Mediterranean Politics*, 2018（3）.

　　［18］ Joris Larik. *From Speciality to a Constitutional Sense of Purpose: On the Changing Role of the Objectives of the European Union* ［J］. *International and Comparative Law Quarterly*, 2014（4）.

　　［19］ Joseph Wronka. *Human Rights and Social Policy in the United States: an Educational Agenda for the 21st Century* ［J］. *Journal of Moral Education*, 1994（3）.

　　［20］ Khanal Kalpana, Bracarense Natalia. *Constitutional Change in Nepal: Liberalization, Maoist Movement, Rise of Political Consciousness and Constitutional Change* ［J］. *Review of Political Economy*, 2021（1）.

　　［21］ Kobayashi Naoki. *On Constitutional Consciousness* ［J］. *The Sociology of Law*, 1983（35）.

　　［22］ McMillan, Clark. *Making Sense of Indigeneity, Aboriginality and Identity: Race as a Constitutional Conundrum since 1983* ［J］. *Griffith Law Review*, 2015（1）.

　　［23］ Naveeda Khanum, Jagannath K. Dange. *Construction of Achievement Test to Assess Awareness about Fundamental Duties of Constitution* ［J］. *International Journal of Research in Social Sciences*, 2018（1）.

　　［24］ Nelson Wiseman. *In Search of Manitoba's Constitutional Position, 1950 – 1990* ［J］. *Journal of Canadian Studies/Revued'études canadiennes*, 1994（3）.

　　［25］ Okamura Tatsuo. *The Fundamental Law of Education and Problems of Postwar Responsibility: a Focus on Awareness of "The Constitution and Fundamental Law of Education System"* ［J］. *The Japanese Journal of Educational Research*, 1998（4）.

　　［26］ Retno Mawarini Sukmariningsih. *Examing Constitutional Awareness and Strengthening Judicial Integrity* ［J］. *Yustisia*, 2018（12）.

　　［27］ Roberta Cooper Ramo. *Letter From the Front: Support for Constitutional Awareness and Lawyer Involvement is Ongoing* ［J］. *ABA Journal*, 1995（11）.

　　［28］ Roger D. Congleton. M arkus J. P rutsch. *Making Sense of Constitutional Monarchism in Post – Napoleonic France and Germany* ［J］. *The American Historical Review*, 2014（1）.

　　［29］ Roger D. Congleton. *Review: Making Sense of Constitutional Monarchism in Post – Napoleonic France and Germany* ［J］. *The American Historical Review*, 2014（1）.

　　［30］ Stefan Andonovski, Stefan. *The Effects of Post-conflict Constitutional Designs: the "Ohrid Framework Agreement" and the Macedonian Constitution* ［J］. *Croatian International Relations Review*, 2018（81）.

　　［31］ 원준호. *The Constitutional Patriotism and the Issue of Identity in Reunified Germany* ［J］. *Journal of International Area Studies*, 2002（3）.

　　［32］ Victoria Molotova, Alexander Molotov, Dmitry Kashirsky, Natalia Sabelnikova. *Survey for Assessment of a Person's Legal Consciousness: Development and Preliminary Validation* ［J］. *Behavioral*

Sciences，2020（5）.

［33］ Wei CUI，Yexun HU. *Enhancing Humanism in the Construction of the Constitutional Government of China* ［J］. *Canadian Social Science*，2014（1）.

［34］ Wertsch Paul A.. *Proposed Constitutional Amendment Means Restrictions of Health Care Access* ［J］. *Official Publication of the State Medical Society of Wisconsin*，2006（6）.

附　　录

关于 X 市大学生宪法意识培育情况的调查问卷

您好！我是某所大学马克思主义学院的一名博士研究生，我博士论文的题目是"新时代大学生宪法意识培育研究"，在研究过程之中需要做一些调查问卷，麻烦您多多配合和帮助！

您在填写调查问卷之时，请您注意：1. 有的题目是单选，有的题目是可以多选的（选项可能是一个，也可能是两个或两个以上），倘若是不定项选择，我在题目后边已注明"（可以多选）"，请您在填写之时稍加注意。2. 您既可以把答案写在题目后边的括号之中，又可以在答案下边划横线，例如 <u>不清楚</u>，还可以在答案前边的字母上画"√"或用圆圈（"〇"）把答案圈起来。

特别承诺：您填写的调查问卷，只用于学术研究，绝对不会泄露您的答题情况，请您放心填写。

第一部分：对宪法制定与修改的认知

1. 现行《宪法》是哪一年通过的？【应选 D 项】

A. 1954 年　　　　　B. 1975 年　　　　　C. 1978 年　　　　　D. 1982 年

E. 不清楚

2. 现行《宪法》是由哪一个机构制定的？【应选 B 项】

A. 党的全国代表大会　B. 全国人大　　　　C. 全国人大常委会　　D. 全国政协

E. 不清楚

3. 现行《宪法》从通过以来一共进行过几次修改？【应选 B 项】①

A. 3 次　　　　　　　B. 4 次　　　　　　　C. 5 次　　　　　　　D. 不清楚

4. "国家尊重和保障人权"是哪一年写入《宪法》的？【应选 D 项】

A. 1988 年　　　　　B. 1993 年　　　　　C. 1999 年　　　　　D. 2004 年

E. 不清楚

5. "实行依法治国，建设社会主义法治国家"是哪一年写入《宪法》的？【应选 C 项】

A. 1988 年　　　　　B. 1993 年　　　　　C. 1999 年　　　　　D. 2004 年

E. 不清楚

---

①　对 X 市大学生投放问卷的时间是 2017 年 12 月，截至此时，《宪法》修改了 4 次，但到了 2018 年 3 月，全国人大对《宪法》作了第 5 次修改，但该题目仍以投放问卷之时《宪法》修改了 4 次为正确答案。

第二部分：对宪法及相关事项的关注

6. 你们学校的图书馆（图书室）有没有现行《宪法》文本？有的话，你有没有完整地读过现行《宪法》文本？【最好选 A 项】

    A. 有；完整地读过　　　　　　　　B. 有；没有完整地读过

    C. 没有；但在其他地方完整地读过　D. 没有；也没有在其他地方完整地读过

7. 根据你寒暑假回家的观察，基层政府到你们村或小区发放过讲解法律知识（包括宪法知识）的读本吗？要是发放的话，那你读过这些读本吗？【最好选 C 项】

    A. 没有　　　　　　　　　　　　　B. 有，但我没有读过

    C. 有，我读过

8. 我国《宪法》内容分为四章，每一章的标题是什么？【应选 A 项】

    A. 序言；总纲；公民的基本权利和义务；国家机构；国旗、国歌、国徽、首都

    B. 序言；总纲；公民的基本权利和义务；国家机构；附则

    C. 序言；总则；公民的基本权利和义务；国家机构；附则

    D. 序言；总则；公民的基本权利和义务；国家机构；国旗、国歌、国徽、首都

    E. 不清楚

9. 律师或专家学者去你们学校开设过与法律知识宣讲相关的讲座吗（律师或专家学者，也可以是你们学校的教师）？有的话，讲座内容有没有涉及宪法知识？【最好选 D 项】

    A. 从来没有开设过与法律知识宣讲相关的讲座

    B. 很少开设与法律知识宣讲相关的讲座

    C. 经常开设，但几乎没有涉及宪法知识

    D. 经常开设，也经常涉及宪法知识

    E. 不清楚

10. 学校有没有开设讲解宪法知识的选修课？有的话，你愿意选修吗？【最好选 B 项】

    A. 没有　　　　B. 有，我打算选修　　　　C. 有，但我不打算选修

11. 你平时通过下列哪些途径了解宪法？（可以多选）【选某一项或某几项均可】

    A. 书籍或报刊杂志　　　　　　　　B. 电视

    C. 网络　　　　　　　　　　　　　D. 学校举办的宪法知识学习活动

    E. 亲朋好友时常为我讲解宪法知识　F. 其他途径

    G. 没了解过宪法

12. 你认为《思想道德修养与法律基础》① 和《毛泽东思想和中国特色社会主义理论体系

---

① 本书在做实证考察之时，投放问卷的时间是 2017 年 12 月，所以问卷之中涉及的《思想道德修养与法律基础》教材均是 2015 年版的（该教材到了 2021 年 8 月改名称为《思想道德与法治》），后来在写作本书之时，主要分析的是 2015 年版和 2018 年版的教材。2021 年 8 月，最新版的教材即 2021 年版教材出来之后，又对涉及该教材分析的内容做了更新。但是，问卷之中涉及对教材的评价，因为投放问卷时间关系，均指向 2015 年版的教材。下同。

概论》① 教材之中与宪法知识相关的内容，编写得如何？【最好选 A 项】

　　A. 挺好　　　　　　　　　　　　B. 还行

　　C. 宏观有余、微观不足　　　　　D. 较差

　　13. 学校教师在讲授《思想道德修养与法律基础》和《毛泽东思想和中国特色社会主义理论体系概论》教材之时，与你们一起上课的应到同学大概是多少个？【最好选 C 项】

　　A. 50 个以下　　　B. 50 个至 100 个　　C. 100 个至 150 个　　D. 150 个至 200 个

　　E. 200 个以上

　　14. 下列重要文件，你读过哪一个或哪几个？②【选某一项或某几项均可，但选了 E 项，则不宜选其他选项了】

　　A. 党的十八大报告

　　B. 《中共中央关于全面深化改革若干重大问题的决定》

　　C. 《中共中央关于全面推进依法治国若干重大问题的决定》

　　D. 党的十九大报告

　　E. 都没读过

　　15. 下列社会热点或热议事件，你知道几个？（可以多选）【选某一项或某几项均可，但选了 J 项，则不宜选其他选项了】

　　A. 2014 年全国人大常委会设立"国家宪法日"（涉及宪法意识培育）

　　B. 2014 年"秦火火诽谤、寻衅滋事案"（涉及网络言论自由的行使及限制）

　　C. 2014 年"浙江女大学生就业性别歧视案"（涉及男女性别平等）

　　D. 2015 年全国人大常委会建立宪法宣誓制度（涉及宪法意识培育）

　　E. 2015 年广东某校女生因高校教材"污名"同性恋而起诉教育部（涉及同性恋者的名誉权）

　　F. 2015 年国家主席根据全国人大常委会决定签署特赦部分罪犯（涉及特赦制度及其行使）

　　G. 2016 年计划生育基本国策调整（涉及国家对公民生育权的承认及限制）

　　H. 2016 年国家监察体制改革（涉及监察体制由"行政监察"转变为"国家监察"）

　　I. 2016 年"辽宁贿选案"（涉及选举权与被选举权的行使及滥用）

　　J. 都没听说过

---

　　① 本书在做实证考察之时，投放问卷的时间是 2017 年 12 月，所以问卷之中涉及的《毛泽东思想和中国特色社会主义理论体系概论》教材均是 2015 年版的，后来在写作本书时，主要分析的是 2015 年版和 2018 年版的教材。2021 年 8 月，最新版的教材即 2021 年版教材出来之后（名称未变），又对涉及该教材分析的内容做了更新。但是，问卷之中涉及对教材的评价，因为投放问卷时间关系，均指向 2015 年版的教材。下同。

　　② 2012 年 11 月党的十八大召开以来，中共中央通过的重要文件，除了 A 项、B 项、C 项和 D 项涉及的重要文件之外，还有《中共中央关于深化党和国家机构改革的决定》《深化党和国家机构改革方案》（两者均于 2018 年 2 月由十九届三中全会通过），与《中共中央关于坚持和完善中国特色社会主义制度、推进国家治理体系和治理能力现代化若干重大问题的决定》（于 2019 年 11 月由十九届四中全会通过），以及《中共中央关于党的百年奋斗重大成就和历史经验的决议》（于 2021 年 11 月由十九届六中全会通过），但本书调研时间为 2017 年 12 月，当时这四份重要文件还未出台，所以"大学生问卷"第 14 道题目的选项之中没有这四份重要文件。

16. 你认为与日常生活联系最密切的部门法,是哪一种或哪几种?(可以多选)【最好选 E 项】

A. 民法   B. 刑法

C. 宪法   D. 行政法

E. 都重要,无主次之分   F. 不清楚

17. 我国的"国家宪法日"是每年的哪一天?【应选 D 项】

A. 1 月 1 日   B. 3 月 1 日   C. 10 月 1 日   D. 12 月 4 日

E. 不清楚

18. 学术界一直提倡的宪法宣誓制度,我国实施了没有?【应选 A 项】

A. 已经实施   B. 计划实施   C. 还未实施

19. 下列哪些论述,是党在十八大之后提出的?【应选 D 项】

A. 依法治国,首先是依宪治国;依法执政,关键是依宪执政

B. 宪法的生命在于实施,宪法的权威也在于实施

C. 宪法的根基在于人民发自内心的拥护,宪法的伟力在于人民出自真诚的信仰

D. 都是党在十八大之后提出的

E. 都不是党在十八大之后提出的

F. 不清楚

第三部分:对宪法权利的认知

20. 根据我国《宪法》规定,公民享有选举权和被选举权的最低法定年龄是多少周岁?【应选 B 项】

A. 16 周岁   B. 18 周岁   C. 20 周岁   D. 22 周岁

E. 不清楚

21. 下列哪些宪法权利,对你来说是最重要的?(可以多选)【选某一项或某几项均可,但选了 I 项,则不宜选其他选项了】

A. 财产权   B. 选举权

C. 人身自由权   D. 人格尊严不受侵犯权

E. 平等权   F. 言论自由权

G. 受教育权   H. 劳动权

I. 不清楚

22. 当某地发生天灾(地震、洪涝、干旱等)之时,明星是否应该捐钱?【应选 B 项】

A. 应该捐钱,谁让明星赚得多,谁让明星比我富

B. 谈不上应该捐钱或不应捐钱,捐多少完全自愿,不应该逼迫明星捐钱

C. 人们常说"天灾无情人有情",发生了天灾,国家应该强行要求明星捐钱

第四部分:对宪法规范的认知

23. 公职人员在行使权力之时,应遵守宪法和法律吗?【应选 A 项】

A. 应该遵守　　　　B. 不用遵守　　　　C. 看具体情况　　　D. 不清楚

24. 我国宪法规定的最高国家权力机关，是下列哪一个？【应选 B 项】

A. 党中央　　　　B. 全国人大　　　　C. 国务院　　　　D. 全国政协

E. 不清楚

25. 我国的国家主席，由下列哪一个机构选举？【应选 B 项】

A. 党中央　　　　B. 全国人大　　　　C. 全国人大常委会　　D. 全国政协

E. 选民　　　　F. 不清楚

26. 下列哪些机关，是我国宪法上规定的国家机关？（应该多选）【应选 C 项、D 项、F 项、G 项】①

A. 党委　　　　B. 纪委　　　　C. 各级人大　　　　D. 人民政府

E. 政协会议　　F. 人民法院　　G. 人民检察院　　H. 纪委

I. 不清楚

27. 根据我国《宪法》规定，宪法修改需要多少比例的人大代表赞成才能通过？

【应选 A 项】

A. 全体代表的 2/3　　　　　　　B. 全体代表的 1/2

C. 与会代表的 2/3　　　　　　　D. 与会代表的 1/2

E. 不清楚

28. 我国的基层群众自治制度包含哪些内容？【应选 C 项】

A. 城市居民自治制度　　　　　　B. 农村村民自治制度

C. 两者均是　　　　　　　　　　D. 两者均不是

E. 不清楚

第五部分：对宪法实践的认知

29. 你选举过人大代表吗？倘若选举过，那你对候选人的情况了解吗？【最好选 B 项】

A. 没有选举过人大代表　　　　　B. 选举过，对候选人非常了解

C. 选举过，对候选人基本了解　　D. 选举过，对候选人不太了解

E. 选举过，对候选人一点都不了解

30. 倘若你被遴选成为人民陪审员，你愿意参与案件庭审吗？（可以多选）【最好选 A 项、B 项】

A. 愿意，可以了解相关法律知识　　B. 愿意，可以了解案件审判流程

C. 愿意，但我担心难以承担此职　　D. 不愿意，我不感兴趣

---

① 本书在做实证考察之时，投放问卷的时间是 2017 年 12 月，而"国家监察委员会"是次年 3 月通过修宪才成为中央一级国家机关的，所以该题目的选项之中没有"监察委员会"这一选项。但需要说明的是，在 2018 年 3 月之前，我国是有监察机关的，中央最高监察机关是下设于国务院的监察部，该部门在 2018 年 3 月由于修宪而升格为"国家监察委员会"，基于此，我国的监察体制由"行政监察"转变为"国家监察"。所以，"大学生问卷"第 26 道题目的选项之中没有"监察委员会"的选项。

E. 不愿意，我没有时间

31. 宪法最重要的功能是什么？（应该多选）【应选 B 项、C 项】

A. 限制公权力机关的权力　　　　　　　B. 规定公民基本权利和义务

C. 规定国家机关权力的行使与分工　　　D. 确定党的路线方针政策

32. 倘若宪法规定的基本权利受到侵犯，你认为找哪一个机关寻求救济较为有效？【最好选 C 项】

A. 人大常委会　　　B. 人民政府　　　C. 人民法院　　　D. 人民检察院

E. 信访部门　　　F. 不清楚

33. 在日常生活之中，你是否会用宪法来维护自己权利？【最好选 A 项】

A. 会用　　　　　　　　　　　　　　　B. 不会用

C. 想用，但不知道怎么用　　　　　　　D. 没想过这个问题

34. 我国存在权力腐败的主要原因是什么？（可以多选）【选某一项或某几项均可】

A. 旧社会的专制主义和官僚主义残余仍有影响

B. 社会发展水平有待提高，腐败土壤仍然存在

C. 公民法治意识不强，难以抵制权力腐败

D. 公权力机关及公职人员的权力缺乏制约

E. 公务员待遇有待提高，应实施高薪养廉制度

F. 某些公职人员自身素质差

G. 经济迅速发展所带来的负面效应

H. 法治建设有待完善

I. 外国腐朽思想的渗透

第六部分：对宪法与宪法意识培育发展的认知

35. 如果想大力推进宪法实施，你认为关键应怎么做？（可以多选）【选某一项或某几项均可，但选了 G 项，则不宜选其他选项了】

A. 党和国家的重视　　　　　　　　　　B. 修改宪法，使之更加完善

C. 增强公民法律意识（包括宪法意识）　D. 建立违宪审查机构

E. 推进宪法监督制度　　　　　　　　　F. 法院直接适用宪法

G. 不清楚

36. 如果想大力增强大学生的宪法意识，你认为应采取下列哪些改善措施？（可以多选）【选某一项或某几项均可，但选了 G 项，则不宜选其他选项了】

A. 开展宪法学习网络课堂，为想学习宪法知识的大学生提供便利

B. 定期举办与宪法知识相关的讲座，为通过专家或学者的现身说法而学习宪法知识提供机会

C. 在"国家宪法日"开展宪法宣传活动，举办宪法知识竞赛，加大宪法知识的普及

D. 在学校设立宪法知识宣传栏，从而便于大学生了解宪法

E. 编写与宪法知识相关的读本或手册，在图书馆设置"宪法书屋"，供大学生免费借阅

F. 通过拍摄和播放与宪法知识相关的纪录片、短片、公益广告等传媒，使宪法知识得以传播

G. 不清楚

对您能在百忙之中抽出您的宝贵时间填写问卷调查，再次对您表示感谢。祝您生活愉快！学习顺利！事事顺心！

后　记

　　2021 年 12 月，好不容易领到博士毕业证、学位证，活着毕业了，西安却封城了，直到 2022 年 3 月才入职，继而正式成为马克思主义学院（以下简称"马院"）大家庭、思想道德与法治教研室（以下简称"德法教研室"）小家庭的小小新进一员。能被这里认可与接纳，深感荣幸，也非常感激。

一、感谢马院的领导们

　　感谢闫团结闫院长。自从联系工作和面试之后，因为我毕业流程较长，再加上其他一些主客观原因，迟迟未能入职，闫老师及时与学校人事处等部门耐心沟通，为我争取到了足够的有利时间直至我入职。入职前后与入职以来，闫老师又经常询问我的工作情况，并对我的个人发展给予了一些宝贵的指导，为我迅速熟悉工作和融入马院大家庭、德法教研室小家庭，助益很多。

　　感谢王勇王书记。面试试讲之后，王老师与我谈话，既详细询问我的毕业进展，又热心关心我的个人问题。毕业前夕，我办理组织关系和档案关系手续，王老师一方面详细询问与此相关的一切问题，另一方面又及时帮我与学校组织部门、人事部门联系，在王老师和学校相关部门老师的悉心指示之下，我的组织关系和档案关系手续办理的很迅速，与读博学校的相关部门对接得很顺畅。入职前后与入职以来，王老师又经常询问我的工作情况，并向我传授了一些宝贵的经验。

　　感谢黄斌黄副院长。面试试讲之时，面试组的领导们一一点评我的试讲，并提出了一系列宝贵的建议，其中就包括黄老师。入职前后与入职以来，黄老师经常询问我的工作情况，对于我熟悉工作和个人发展给予了一些宝贵的指导。我出版本书一事，黄老师既给我给予一些细致的建议，又热心帮我联系出版社，在后续的事宜之中，黄老师又及时询问我、悉心帮助我。

　　感谢侯明晖侯老师。从面试之后到入职前后与入职以来，侯老师根据学院领导的指示及时联系我参与面试和办理入职手续，她工作负责，态度很耐心。2021 年 9 月开学之后，我开始上课，由于还未入职，所以没有教工卡，上课得通过教室多媒体平台联系后台老师帮我打开多媒体，虽然后台老师每一次都很热心，但毕竟不太方便，侯老师得知之后，爽快地将她的教工卡借我使用，使我上课大为方便。平时侯老师对我们这些刚入职的晚辈，也是关照有加。

　　闫老师、王老师、黄老师、侯老师人品贵重、政德优良、师德高尚，为人谦逊，待人宽和，是值得我们学习、效仿的长辈、老师、领导。与领导们或长辈们之间，虽然有上下级之分、长辈晚辈之别，但他们都是把我们当成人格独立、尊严自主的人来对待，也把我们当成学院的希望和未来来爱护和关照。

远的不说，自从读本科以来，我遇到、看到一些老师能当好老师，但当不好领导，或者能当好领导，但当不好老师，但马院领导们，是我遇到的、看到的既能当好领导，又能当好老师的一个班子。为我们能顺利而愉快的工作，营造了一个良好而温馨的氛围和环境。

二、感谢教研室的老师们

入职之时，我有幸被分到了德法教研室小家庭。通过入职之前的谈话，领导们得知我本硕学的是法学，博士学的是思政教育，便根据我的学习经历和个人期待，将我分到德法教研室，我很荣幸，也很开心，很感谢领导们能考虑我的个人期待。当然，也感谢教研室主任任艳妮老师及教研室对我的认可和接纳。

感谢教研室任艳妮老师。她是我的教学导师，学院让她做我的教学导师之时，任老师尽管工作忙碌，而且她也给其他新进老师当着教学导师和科研导师，但她没有任何的迟疑，并爽快应允。入职前后与入职以来，任老师一直都很关心我的工作情况，当然也包括我的个人问题。任老师虽然对我们要求很严格，但同时也很宽容和细心。对我的讲课方法、个人发展等诸多方面，提出了一些宝贵的指导。

同时，也感谢杜志丽老师、李聪明老师、刘红老师、李望舒老师、王莉老师、邢婉莹老师、耶旭妍老师、张竣哲老师、张丽老师、张子荷老师、赵锦老师（按姓氏拼音首字母顺序排列）。随着入职时间越来越长，与诸位老师们交集越来越多，感谢老师们对我工作、生活等方面给予的关心和指教。当然，也感谢老师们对我个人问题的经常记挂。但限于篇幅，与长辈们、老师们点点滴滴的交集，在此不予展开，永远感谢长辈们、老师们一直以来给予我的宝贵关心和热心帮助。

三、一些感谢、感悟与祝愿

能被这里认可和接纳，并在这里工作的很愉快，我很荣幸，也很感激。

感谢这里很正气。在面试之后至入职之初，尽管根据我自己的感受和听他人所讲，知道这里氛围很好，但入职之后，随着时日增多，发现这里比自己入职之前预想的好得多。学校领导到学院来调研，新进老师可以坦率直言，甚至指出学校一些政策存在问题（我就做出过这样的事），但无论是学校领导，还是在场学院领导，也都坦诚应对，或是记录下来留待研究，或是当场悉心解疑答惑，领导们当场不指责，事后不刁难。在这里，既可以说一些真话，又可以听到一些实话，对待问题敢说出，面对不足不回避，甚是难得。

感谢大家很和善。无论是学院领导还是教研室领导，也无论是长辈还是同辈，大家都很和善。涉及公事之时，领导们都能及时履职、秉公办理，严肃而没有官威，严格而不会刻板，既坚持原则，又体谅下属。请求签字之时，在依规给予审核的前提之下，从来都是迅速果决，没有拖延，不用久等，不用跑冤枉路。涉及私事之时，长辈们和蔼可亲、平易近人，时常关心晚辈的生活、住行、婚育等问题。上下级之间、长辈晚辈之间，不管是交集少还是交集多，无论是熟悉还是不熟悉，在接触之时，大家都很宽和、谦逊、仁爱。

感谢学生很配合。从开始上课到现在，绝大多数同学对工作都很配合。请教问题之时彬彬有礼，提出建议之时言语中肯，完成作业之时及时高效。有人说，在学生眼里，只认专业课老师，不认或少认公共课老师，此话或许有一点道理，但只要自己做好自己，做到立德树人先树己，多一些耐心，少一些指责，绝大多数学生对公共课老师还是认可的。

有如此良好的工作氛围，自然更应尽心尽力地将工作开展好，于公为单位发展尽一份绵薄之力，于私使自己更快更好地进步。

珍惜机会多学习。与其他新进教师一样，虽然同为"新进"，但与其相比，我已不占年龄优势，所以每当提起年龄，总有一种人比人、差距大的惶恐之感。深知不能随着工作落实而荒废学习、怠慢工作、惯于躺平。要做的便是珍惜机会好好学习，多多提升自己，既是胜任工作所必须，又是实现个人发展之必然。

立德树人先树己。这几年，"立德树人"已讲得很多，但基本上都是将对象定为学生，而较少将老师也列为对象，其原因应是认为老师们当然都能做到为人师表，但应然并不代表实然，作为老师，自己能否做到以及能否一直做到，只有自己知道得最清楚。对此，欢迎大家常监督，而我也应时刻自省。

站好讲台讲好课。讲课讲得好，是使学生对老师产生良好观感的直接原因。我带的德法课是给大一的孩子们上，他们进大学之后，最初的课程，老师们教得好不好，很大程度上决定了他们对大学的认知，因此我应尽最大努力将课讲好，使他们对大学能有一个好的认知。

回首面试、入职和工作以来，得到了这里很多人的帮助，我一直都铭记于心。祝福这里的人、这里的事，能一直很美好，也能更美好。祝愿学生有所成，祝愿大家梦如愿。

总而言之，被这里接纳，在这里工作，我很荣幸，也很感激。工作上彼此帮助，生活上相互关心，但相对而言，大家给予我的更多。

四、感谢出版社的老师们

今年 3 月入职之后我及时将出版我的博士论文提上了工作日程，随之便与黄斌黄副院长联系，请求其帮我联系他之前提及的经济科学出版社，他便很热心地帮我联系了。随后，按照出版社的流程和规定，她很快将我的博士论文出版一事排上日程，各种手续办理的很迅速。之后，便开始审稿了。10 月，编辑老师将审稿意见发给我。审稿速度很快，远超我的预期，我还以为至少得等到今年底或明年初了。当我打开文档看到密密麻麻的批注之时，着实很震惊，因为我对博士论文的质量多少是有些自负的，但在我一一拜读这些批注之时，既感叹审稿老师们的专业和负责，也惶恐自己的博士论文还有很多完善之处，由于有审稿老师批注的修改意见，所以答疑和修改进行得很快。无需多说，书稿的排版、校对、出版等流程，自然也很快。当然，出版质量也很高。

看着和等着自己的博士论文一步一步地付梓出版，很期待，也很高兴。感谢经济出版社对我书稿的认可，感谢编辑老师在洽谈、签约、审稿等流程之中给予的帮助。您们辛苦了！非常感谢！

在此，由衷感谢西安财经大学对我博士论文出版一事给予的热忱帮助，也由衷感谢马克思主义学院对我博士论文出版一事给予的宝贵指教。特别需要感谢的是，马克思主义学院黄斌副院长帮我联系经济科学出版社出版我的博士论文。

最后，祝愿大家事事顺心！万事如意！当然，也一定会平安度过新冠疫情，祝愿大家东西南北辛弃疾！春夏秋冬霍去病！万福！金安！

西安财经大学马克思主义学院讲师：何旺旺

2022 年 10 月